国家级一流本科专业建设点监狱学 · 系列教材

狱政管理学（第二版）

Prison Administration

吴丙林　王定辉／主编

法律出版社
LAW PRESS·CHINA
北京

图书在版编目(CIP)数据

狱政管理学 / 吴丙林，王定辉主编. -- 2 版. -- 北京：法律出版社，2022(2023.7 重印)
ISBN 978-7-5197-7034-1

Ⅰ. ①狱… Ⅱ. ①吴… ②王… Ⅲ. ①监狱－管理学－中国 Ⅳ. ①D926.7

中国版本图书馆 CIP 数据核字(2022)第 158593 号

狱政管理学(第二版)
YUZHENG GUANLIXUE(DI-ER BAN)

吴丙林　王定辉 主编

责任编辑 慕雪丹　章　雯
装帧设计 汪奇峰　臧晓飞

出版发行 法律出版社
编辑统筹 法商出版分社
责任校对 赵明霞
责任印制 胡晓雅
经　　销 新华书店

开本 710 毫米×1000 毫米　1/16
印张 19.25　　**字数** 340 千
版本 2022 年 10 月第 2 版
印次 2023 年 7 月第 2 次印刷
印刷 三河市兴达印务有限公司

地址：北京市丰台区莲花池西里 7 号(100073)
网址：www.lawpress.com.cn
投稿邮箱：info@lawpress.com.cn
举报盗版邮箱：jbwq@lawpress.com.cn

销售电话：010-83938349
客服电话：010-83938350
咨询电话：010-63939796

书号：ISBN 978-7-5197-7034-1
定价：46.00 元

编辑委员会

总　序

如果从20世纪初国人翻译日本学者佐藤信安、小河滋次郎等人的监狱学著作算起,现代意义的监狱学在中国出现已有百余年。历经百年沧桑,监狱学已经发展成为涵盖数十门分支学科的学科群。从移译西学到自主创新,从依附西方到独立自主,中国监狱学的百年发展成为中国学术由弱到强发展历程的缩影。

2018年,为推进教材建设,中央司法警官学院启动了监狱学系列教材编写的计划,首批推出五本教材,分别是《犯罪心理学》《监狱学基础理论》《狱政管理学》《罪犯教育学》《法医学》。教材出版得到了兄弟院校的支持和肯定。三年来,高等教育形势发生了变化,监狱工作改革不断推进,司法警官教育取得了一系列成绩,现实对教材建设提出了新要求、新期待。

从全国高等教育形势来看,全国教育大会胜利召开,为加快推进教育现代化、建设教育强国、办好人民满意的教育指明了方向;教育部发布《关于加快建设高水平本科教育　全面提高人才培养能力的意见》(新时代高教40条),教育部会同有关部门联合推出"六卓越一拔尖"计划2.0;教育部、财政部、国家发展和改革委员会联合发布《关于高等学校加快"双一流"建设的指导意见》,明确"双一流"建设的核心是人才培养;《深化新时代教育评价改革总体方案》印发,对引导全党、全社会树立科学的教育发展观、人才成长观、选人用人观具有重大意义。

从监狱改革发展来看,2018年以来,司法部连续召开了两次全国监狱工作会议,要求提高政治站位,夯实监狱事业发展基石,狠抓内部管理,深化监狱改革,打造过硬队伍,不断开创监狱工作新局面。2019年4月,中共中央办公厅、国务院办公厅印发《关于加强和改进监狱工作的意见》,要求努力建设一支信念坚定、执法为民、敢于担当、清正廉洁的高素质监狱人民警察队伍,并强调,加强教学练战一体化培训,进一步加强司法行政系统所属院校警察类专业毕业生培养和入警工作。同时,《刑法修正案(十一)》施行,《社区矫正法》以及修订后的《未成年人保护法》《预防未成年人犯罪法》正式实施,这些新规定的出台,都要求监狱学专业教育教学内容作出及时调整。

作为监狱学研究和教学的重要机构,中央司法警官学院三年来取得了一系列成绩。2019 年 12 月,经教育部高等学校教学指导委员会评议,中央司法警官学院监狱学专业、侦查学专业获批国家级一流本科专业建设点。这是全国首个监狱学一流本科专业建设点,标志着司法行政系统所属高等院校学科专业建设取得历史性突破,对提升人才培养质量、增强服务监管改造工作能力和水平具有重要意义。此后,狱内侦查学入选首批国家级一流本科课程,罪犯教育学课程和团队被评为国家级课程思政示范课程和团队,"新文科建设框架下的监狱学专业升级改造"成功获批教育部首批新文科研究与改革实践项目。

在上述背景下,监狱学专业人才培养目标、培养规格、课程体系乃至教学方式方法等都有必要作出相应调整。为此,我们组织校内外相关学者,同时吸收实务部门专家共同编写"国家级一流本科专业建设点监狱学系列教材"。

教材是教育理念的反映,同时也引领教育理念的变革。一些重要的教育理念,往往可以通过教材内容、形式的变化得到反映。教育需求决定教育创新,学习需要影响教学方式。诚如陶行知先生所说,教的法子必须根据学的法子,学习方式的变革正在悄悄影响着教学方法和教学理念。在教材编写过程中,我们充分考虑学习需求,努力贯彻"学生中心、产出导向、持续改进"理念,注重将价值塑造、知识传授和能力培养三者融为一体,力争体现高阶性、创新性和挑战度。同时,在教材体例上作出调整,在每节之前增加了要点提示,节末设置研究与思考题,在章节中增加图例、图表、专栏或案例,尽量方便学生自学。

期待这个系列教材能为监狱学专业的教育改革、为司法警官教育的高质量发展作出应有的贡献。

中央司法警官学院教材编审委员会

2021 年 7 月

前　言

本书是普通高等教育监狱学专业核心课程之一的狱政管理学的教材。

“狱政管理”,有时简称“狱政”,在不同的场合有不同的用法,一是泛指国家对监狱事务的管理,与“民政”“邮政”等用法一样,指国家对某一方面行政事务的管理;二是代指监狱内部所有行政事务的管理,在这一用法上,类似于“监狱行政”;三是专指监狱对服刑罪犯的管理;四是特指监狱狱政管理职能部门的工作。狱政管理学所研究的是第三种含义的“狱政管理”。

狱政管理学是我国监狱学领域的专门学科。新中国监狱学领域经过长期的发展和变革,现已形成由监狱学基础理论、狱政管理学、罪犯教育学、罪犯改造心理学、罪犯劳动改造学、狱内侦查学、罪犯心理矫治技术等组成的监狱学科群。狱政管理学是这一学科群之中的专门学科。狱政管理学的研究对象,既不是国家对监狱事务的管理,也不是监狱内部所有行政事务的管理,而是监狱对罪犯的管理,其包括但不限于狱政管理职能部门的业务。狱政管理学以我国监狱对服刑罪犯的管理为研究对象,致力于考察监管改造的客观现象并揭示监管改造的运行规律。

狱政管理学是我国监狱学领域的新兴学科。自有监狱之时,就有监狱对囚禁对象的管理,但作为专门研究监狱对罪犯管理的学科,则是中华人民共和国成立后逐步形成的。经过多年的发展,狱政管理学日趋成熟。每一部狱政管理学的教材和著作,每一篇狱政管理的学术论文,都包含着对新中国狱政管理的传统经验和创新实践的总结和升华。例如,关于狱政管理是改造罪犯基本手段的问题,有学者提出狱政管理具有约束、矫治、引导、激励、惩戒、养成的改造功能,有学者则归纳为惩戒威慑、行为训练、人道主义感化、考核激励和组织改造等功能。虽然表述各不相同,但狱政管理是具有特殊改造功能的改造罪犯基本手段的论断还是得到了理论和实务界的普遍认同,也道出了狱政管理与监管改造实为一体的客观现实。其中,监管改造就是狱政管理学所要研究的狱政管理活动的核心内容。

狱政管理学是我国监狱学领域的应用学科。狱政管理学的研究主要包括以下内容:一是监管改造的理论研究。狱政管理学的理论研究由对狱政管理的静态和动态分析组成。静态分析主要是揭示其概念和依据,分析其属性和地位,探讨其要素和策略。动态分析主要是解决理念和原则两大问题。理念是思想认识基础,原则是监管改造行为指南。两者的有效结合就是“知行合一”,解决“知其然,不知其所以然”的问题,从而提升监管人员认知和行动的自觉性。二是监管改造的实务研究。我国狱政管理学在基本业务方面,最初的研究脱胎于监狱职能部门的具体工作,章节名称与职能科室(组)的设置名称基本对应或完全吻合,如罪犯生活卫生管理、狱内侦查工作[①]等。这样的布局,业务对应关系明确,可操作性强,但理论性弱、系统性差。为增强学科体系的科学性,之后的研究以刑罚学和管理学为支撑,以刑罚的实现和罪犯的管理为经纬两条线,划分为狱政实施要素和罪犯监管构成两大部分,在实务部分提出了刑务管理、设施管理、安全管理、信息管理、处遇管理、分类管理、现场管理和激励管理等“八大实务管理”[②]。之后又加上罪犯的组织管理,定型为“九大实务管理”[③]。这样的实务研究格局,既遵循现代管理学的管理职能的基本分类标准,又充分考虑了刑罚实施的要素和监狱管理实际情况,在理论性、系统性和可操作性之间达成一种共融兼顾的基本平衡关系,也为今后的发展提供了思路和框架。本书则在以前研究的基础上,调整为新的“八大实务体系”,即监管改造环境、监管改造流程、罪犯现场管理、监狱安全防范、监狱应急处置、罪犯待遇管理、罪犯考核奖惩和监狱信息管理。三是监管改造的技术研究。监管改造技术指根据监管改造实践经验、自然科学原理和社会学科理论而发展成的各种操作方法与技能。其中的技能,一般认为是通过练习而形成的合乎法则的活动方式。狱政管理学所研究的监管改造技术,如监管信息技术、现场警务技术、安全防范技术、应急处置技术、罪犯激励技术等,分布在监管改造的各个实务领域。监管改造技术研究可以有效提升监管改造的科学化程度。

目前,狱政管理学的研究迎来前所未有的发展机遇。中国特色社会主义进

---

① 最早的狱政管理学有狱内侦查工作这一章,后来分化为狱内侦查学学科,课程设置也随之调整。

② “八大实务管理”,参见王泰主编:《狱政管理学》,中国政法大学出版社 1996 年版,目录第 1 ~ 2 页。

③ “九大实务管理”,参见王泰主编:《新编狱政管理学》,中国市场出版社 2005 年版,目录第 1 ~ 2 页。

入新时代,监狱工作步入深化改革、优质发展的关键期,狱政管理学将围绕中国特色社会主义新型监狱的建设,进一步开展相关的理论研究、实务研究和技术研究。

本书由中央司法警官学院组织编写,特别邀请中央司法警官学院原党委副书记王泰教授和中央司法警官学院党委委员、纪委书记赵正国同志担任顾问,编写人员全部来自中央司法警官学院。吴丙林、王定辉担任主编,赵树青、李志艳、栗志杰、李天发担任副主编,参加撰写的还有董琦、冯景、李朝运。具体分工如下:

吴丙林　第一章、第二章、第三章
赵树青　第四章、第十一章
栗志杰　第五章
董　琦　第六章
冯　景　第七章
王定辉　第八章
李天发　第九章
李朝运　第十章
李志艳　第十二章

本书由主编召集撰稿人集体研究并编写大纲,经主编、副主编审议统稿,在吸收采纳本书顾问的意见和建议后,由主编吴丙林定稿。

由于水平有限和时间仓促,书中疏漏和错误之处难以避免,敬请读者批评指正。

吴丙林
2022 年 5 月于古城保定

目录

Contents

第一章　狱政管理概述　1

第一节　狱政管理的概念和依据　1

第二节　狱政管理的属性和地位　9

第三节　狱政管理的要素和策略　14

第二章　狱政管理的理念　22

第一节　政治引领的理念　22

第二节　法律至上的理念　26

第三节　崇尚科学的理念　33

第三章　狱政管理的原则　38

第一节　公正管理原则　38

第二节　直接管理原则　41

第三节　规范管理原则　44

第四节　管教结合原则　45

第四章　监管改造环境　50

第一节　监管改造环境概述　50

第二节　外围警戒设施　58

第三节　狱内监管设施　60

第四节　生活卫生设施　64

第五节　教育劳动设施　66

第五章　监管改造流程　69
第一节　监管改造流程概述　69
第二节　监管改造的起始　73
第三节　罪犯的分类管理　76
第四节　罪犯的分级管理　82
第五节　监管改造的终结　85

第六章　罪犯现场管理　92
第一节　罪犯现场管理概述　92
第二节　罪犯现场管理的内容　104
第三节　罪犯现场管理的方法　112

第七章　监狱安全防范　118
第一节　监狱安全防范概述　118
第二节　监狱的安全警戒　123
第三节　监狱的安全控制　128

第八章　监狱应急处置　144
第一节　监狱应急处置概述　144
第二节　罪犯脱逃事件的应急处置　156
第三节　哄监闹狱事件的应急处置　161
第四节　狱内劫持事件的应急处置　168

第九章　罪犯待遇管理　174
第一节　罪犯待遇管理概述　174
第二节　罪犯生活卫生待遇　177
第三节　罪犯教育、劳动待遇　186
第四节　罪犯外界联系待遇　190
第五节　其他人道主义待遇　199

第十章 罪犯考核奖惩 208

第一节 罪犯考核奖惩概述 209
第二节 对罪犯的考核 217
第三节 对罪犯的奖励 225
第四节 对罪犯的处罚 238

第十一章 监狱信息管理 244

第一节 监狱信息管理概述 244
第二节 罪犯档案管理 251
第三节 狱政统计 253
第四节 狱务公开 257
第五节 监狱信息化建设 263

第十二章 未成年犯和女犯的管理 271

第一节 未成年犯的管理 271
第二节 女犯的管理 281

主要参考文献 295

第一章　狱政管理概述

重点提示

1. 狱政管理是我国监狱机关依法强制剥夺在监狱内服刑罪犯的人身自由，履行监管改造罪犯的职能，维护监狱安全稳定的刑事执法活动。其具有法律、政策、理论与实践上的依据。

2. 狱政管理具有政治属性、法律属性和社会属性。

3. 狱政管理在国家安全领域、法治建设领域、社会建设领域和监狱工作领域有不可替代的地位。狱政管理既是刑罚执行的重要手段，其本身也具有惩戒威慑、规范约束、养成教育、保障感化和激励督导等改造罪犯的功能。

4. 狱政管理的要素包含管理人员、管理对象、管理手段等，在管理中要讲究一定的策略。

第一节　狱政管理的概念和依据

一、狱政管理的概念

狱政管理是我国监狱机关依法强制剥夺在监狱内服刑罪犯的人身自由，履行监管改造罪犯的职能，维护监狱安全稳定的刑事执法活动。

狱政管理的概念可从以下几方面理解。

（一）狱政管理是我国监狱机关对服刑罪犯的管理

狱政管理的主体是我国依法设立的监狱机关。《监狱法》第2条第1款规定：“监狱是国家的刑罚执行机关。”监狱机关担负着正确执行刑罚、惩罚和改造罪犯、预防和减少犯罪的历史使命。狱政管理在完成这一历史使命的过程中，扮演着重要角色，发挥着不可替代的功能。狱政管理的主体是我国依法设置的监狱机关，而狱政管理的实施离不开专门的管理人员。《监狱法》第5条规定：“监狱的人民警察依法管理监狱、执行刑罚、对罪犯进行教育改造等活动,受法律保护。”《监狱法》第12条第2款规定:“监狱的管理人员是人民警察。”由此可见,狱政管理的实施主体是监狱人民警察。监狱人民警察依法实施狱政管理活动,受法律保护。

狱政管理的对象是在监狱内服刑的罪犯。《监狱法》第2条第2款规定:“依照刑法和刑事诉讼法的规定,被判处死刑缓期二年执行、无期徒刑、有期徒刑的罪犯,在监狱内执行刑罚。”《监狱法》第15条第2款规定:“罪犯在被交付执行刑罚前,剩余刑期在三个月以下的,由看守所代为执行。”这就明确了狱政管理的对象是被判处死刑缓期二年执行、无期徒刑、有期徒刑,并且在监狱内服刑的罪犯。

(二)狱政管理的内容是剥夺自由、监管改造和维护安全稳定

依法强制剥夺罪犯的人身自由,是狱政管理的前提性内容。依法在监狱内服刑的罪犯当中,无期徒刑和有期徒刑属于自由刑,以剥夺罪犯的人身自由为实现方式。死刑缓期二年执行是我国法律规定的生命刑的一种执行方式,本质上属于剥夺罪犯的生命,但在其缓期执行期间则以剥夺人身自由的方式执行。总之,监狱对罪犯的刑罚执行均以剥夺人身自由为实现方式。在监狱执法实践中,对罪犯自由的剥夺又称为监禁,即严格将服刑罪犯的活动范围限定在监狱内,除非确有正当理由,罪犯不得离开监狱。监禁使罪犯失去自由行动的自决权,由此承受自由刑自身所固有的痛苦。这就是刑罚意义上的惩罚。监狱惩罚罪犯的任务主要是通过狱政管理来实施和实现的。

监管改造罪犯是狱政管理的核心内容。当前我国监狱坚持“惩罚与改造相结合,以改造人为宗旨”的工作方针,以将罪犯改造成为守法公民为目标,形成了改造罪犯基本手段的完整体系。在改造手段上,最先出现的是劳动改造和教育改造。20世纪50年代,监狱改造罪犯事业处于起步期,强调组织罪犯劳动是改造罪犯的基本手段,用劳动改造代指监狱工作,如第一部由政务院颁布的监狱管理的行政法规就叫作《劳动改造条例》,监狱被称为劳动改造机关,监狱管理人员被称为劳动改造管教队。《劳动改造条例》中提出了教育改造的概念。20世纪80年代初,第八次全国劳改工作会议提出要加强教育改造工作,强调教育是改造罪犯的基本手段,随后,狱政管理是改造罪犯基本手段的论断,得到了大家的普遍认同,同时推出了监管改造的概念。自此,劳动改造、教育改造和监管改造成为监狱改造罪犯的“三大基本手段”。

依法维护监狱安全稳定,是狱政管理的基础性内容。安全稳定是监狱工作的基本要求。没有一个安全稳定的环境和局面,监狱所有工作必将受到严重干扰,处于无序状态。安全稳定是狱政管理的基础性内容。狱政管理通过营造安全环境,建

立监管流程,维护监管秩序,防控监管风险和应对监狱突发事件,为监狱各项工作的顺利实施提供基本保障。

（三）依法管理是狱政管理的根本要求

自有监狱以来,监狱的管理经历了由人治到法治的脱胎换骨的质变。在人治时代,被监禁人的管理听凭“狱官擅自决断”。而今的狱政管理,事关罪犯切身利益的予夺,事关惩罚和改造罪犯的成效,事关社会安全稳定的大局,必须融入全面推进依法治国的法治进程之中。狱政管理要实现依法管理,狱政管理者要牢固树立宪法法律至上、法律面前人人平等、权由法定、权依法使等基本法治观念。在尊法、学法、守法、用法等环节上,狱政管理者要尊崇法治、敬畏法律,了解法律、掌握法律,遵纪守法、捍卫法治,带头护法,厉行法治、依法办事,做到“心中高悬法律的明镜,手中紧握法律的戒尺”。[①] 在狱政管理中营造处理管理事务依法、遇到管理问题找法、解决管理问题用法、化解管理矛盾靠法的法治文化环境,要在管理中遵守法律规范,自觉用习近平法治思想指导监狱的各项执法管理行为。

（四）强制性是狱政管理的典型特征

监狱负责执行的刑罚是自由刑(有期徒刑、无期徒刑)和以自由刑为实际执行方式的生命刑(死刑缓期二年执行)。自由刑是剥夺罪犯人身自由的刑罚,监狱通过将罪犯与社会相隔离并在监狱内进一步限定其活动范围,来实现对罪犯人身自由的剥夺。众所周知,人身自由在公民权利体系中处于仅次于生命权利的高阶,尤其重要的是人身自由是实现许多公民权利的基础。人身自由一旦被剥夺,许多权利无法实现。自由刑给罪犯带来的自身痛苦和许多权利无法实现的现实,使罪犯在服刑中产生严重的抵制心理,并化为对监狱管理的对抗行为。另外,监狱关押管理的是世界上最难以管理的人群,多数罪犯入监时带有行为散漫、放荡不羁、仇视社会等恶习和陋习。有鉴于此,监狱对服刑罪犯必须实行强制管理。这项活动内容属于狱政管理的范围,具体表现在:强制罪犯接受管理、强制罪犯接受教育改造、强制具有劳动能力的罪犯参加劳动改造、强制罪犯遵守基本行为规范等方面。

在理解狱政管理的强制性特征时,必须处理好以下问题:

1. 惩罚与改造相结合

惩罚是指监狱依法对罪犯实施监禁,借以剥夺其人身自由。惩罚体现刑罚的内在属性,其目的是实现社会公平正义。改造是监狱依法通过管理、劳动、教育等各

---

① 中共中央总书记、国家主席、中央军委主席习近平 2015 年 2 月 2 日在省部级主要领导干部学习贯彻十八届四中全会精神全面推进依法治国专题研讨班开班式上的重要讲话。

种手段,系统地改变犯罪思想、矫正犯罪恶习的活动。惩罚和改造相结合,围绕着一个目标运行,那就是将罪犯转变成为守法公民。

需要注意的是,惩罚与强制,既有联系又有区别。惩罚是对罪犯利益的剥夺,其本质是给罪犯带来痛苦,造成损害,以实现刑罚内容。强制是带有一定程度强力干预,其本质是使罪犯走上正途,以实现改造目标。凡是惩罚必然需要强制,但并非所有的强制都属于惩罚。教育改造和劳动改造都具有强制性,但这不是惩罚的手段,而是改造的手段。

2. 剥夺与保障相同步

在管理中既要剥夺被管理者(罪犯)的人身自由和部分公民权,又要对其合法权益予以保障。

刑罚意味着剥夺,罪犯的人权要在剥夺中保障。通过管理,既要实现和完成刑罚,又要充分保障罪犯的合法权益,这是任何其他管理所没有的。在这方面,狱政管理有三个作用:第一,保证法律规定的刑罚必须对罪犯实行剥夺的部分,得到准确无误的剥夺。第二,保证法律规定罪犯应当拥有的权益,得到充分的保障。第三,除去法律规定的必须剥夺和必须保障的权益以外,有目的地将其余部分权益纳入管理调控之中,使之成为改造罪犯的引导和激励手段。

3. 强制与自觉相匹配

强制与自觉是指服刑罪犯他律和自律。狱政管理带有极强的强制性。在监狱实施惩罚方面,强制罪犯接受刑事处罚,强制罪犯遵守监规纪律;在改造罪犯方面,强制罪犯接受教育,参加劳动。自觉是罪犯在接受强制性的管理和教育过程中,逐步适应监狱生活,并产生安心服刑、积极改造的愿望,继而将遵守监规、参加学习和劳动变成自觉自愿的行动。在这一转变过程中,强制性的他律是前提,自觉性的自律是目标。

(五)狱政管理属于国家的刑事执法活动

监狱的性质决定狱政管理的性质。监狱历来被视为国家机器的组成部分,国家权力的运行,国家机器的运转,都离不开监狱的正常运作。在制刑权、求刑权、量刑权和行刑权组成的国家刑罚权体系中,监狱依法行使行刑权,行刑权的运作又大多是通过狱政管理来实现的。因此,狱政管理是国家的刑事执法行为。

二、狱政管理的依据

(一)法律依据

狱政管理是依法进行的,必须接受法律的规范,那么狱政管理要接受哪些法律的调整，依据哪些法律来实施，是必须明确回答的问题。下面从立法的层次和规范的类别两个方面探讨狱政管理的法律依据。

1. 狱政管理法律依据的层次构成

狱政管理的法律依据分为四个层次。一是全国人民代表大会制定的《宪法》和《刑法》、《刑事诉讼法》等基本法律。二是全国人民代表大会常务委员会制定的《监狱法》、《人民警察法》和《国家赔偿法》等其他法律。三是国务院制定的相关行政法规。四是司法部制定的相关行政规章。

(1)宪法和基本法律。宪法是实施狱政管理的根本性的法律依据，《宪法》第5条规定，中华人民共和国实行依法治国，建设社会主义法治国家；第28条明确规定，国家惩办和改造犯罪分子；第33条规定，国家尊重和保障人权。宪法的这些条款对狱政管理起到直接的指导作用。《刑法》和《刑事诉讼法》是刑事法律中的基本法律，处在国家刑事法律领域的狱政管理必须接受其规范，《刑法》和《刑事诉讼法》为狱政管理提供了基本法律依据。

(2)其他法律。这里指全国人大常委会针对某一特殊领域制定的法律。作为狱政管理依据的特殊性法律主要指《监狱法》《人民警察法》《国家赔偿法》等。

(3)相关行政法规。这是由国务院制定的与监狱行刑有关的行政法规，有《人民警察使用警械和武器条例》等。

(4)相关行政规章。这里指司法部制定的有关监狱工作的行政规章。作为主管全国监狱工作的国家司法行政机关，司法部根据法律规定，制定了《监狱服刑人员行为规范》《未成年犯管教所管理规定》《监狱提请减刑假释工作程序规定》《罪犯离监探亲和特许离监规定》《外国籍罪犯会见通讯规定》等一系列行政规章及部门规范性文件。

除此之外，国家立法和司法机关相关的立法和司法解释及规定，也是狱政管理的依据。

2. 狱政管理法律依据的规范类别

从法律规范的角度来看，狱政管理的法律依据可以分为指导性、命令性、授权性、禁止性规范。

(1)指导性规范。其是指对监狱工作全局和监管活动起到观念性指导作用的法律规范。如《监狱法》所确定的“惩罚与改造相结合，以改造人为宗旨”，既是监狱工作方针，又是指导监狱人民警察监管活动的重要规范，明确了监管工作的总体目标。

(2)命令性规范。其是指规定监狱人民警察必须依法作出一定行为的法律规范。这类规范在法律条文中常以“必须”“须”“应该”“应当”“有……义务”“有义务……”等词来表述。例如,《监狱法》规定罪犯有重大立功表现的,应当减刑。

(3)授权性规范。其是指规定监狱及监狱人民警察可以作出一定的行为,或者要求他人作出或不作出某种行为的规范。

(4)禁止性规范。其是禁止监狱及监狱人民警察作出某种行为或者必须抑制一定行为的法律规范。这类法律规范在法律条文中多以“禁止”“严禁”“不得”“不应”“不许”“不准”等词来表述。

(二)政策依据

作为国家刑事执法活动的构成部分,狱政管理活动自始至终接受国家刑事政策的指导和调整。对狱政管理产生重大影响的刑事政策,有宽严相济的刑事政策、给出路的刑事政策、区别对待的刑事政策、人道主义的刑事政策等。

1. 宽严相济的刑事政策

宽严相济是我国的基本刑事政策,贯穿于刑事立法、刑事司法和刑事执法的全过程,是惩办与宽大相结合政策的继承、发展和完善,是惩罚犯罪、预防犯罪、保护人民、保障人权、正确实施国家法律的指南。在狱政管理中贯彻宽严相济刑事政策,要从是否有利于罪犯教育改造和回归社会的角度,推行和完善罪犯分级处遇措施。根据罪犯的具体情况,做到该宽则宽、当严则严;严中有宽、宽以济严;宽中有严、严以济宽。

2. 给出路的刑事政策

给出路是我国一直坚持的重要刑事政策,在狱政管理中起着“定盘星”的指导作用。罪犯在监狱封闭空间服刑,备尝失去人身自由的痛苦,极易产生悲观失望甚至绝望的心态。如何帮助罪犯消除消极心态,激励其积极改过自新,给出路的政策是有效方法。先施痛苦,后给出路,让罪犯在痛苦之中看到希望,让罪犯在希望之中服刑改造。减刑、假释等引导和措施,便是给出路刑事政策的诠释。给出路的刑事政策,还表现在处理罪犯服刑期间的违规违法问题时,既要使罪犯承担相应责任,又要为其指明遵纪守法的明路,防止罪犯走上绝路。采取单纯惩罚和不给出路的办法,是改造不好罪犯的。①

3. 区别对待的刑事政策

区别对待是我国长期奉行的刑事政策。根据区别对待的刑事政策和监狱管理改革实际情况,监狱对罪犯实行分类管理。《监狱法》第 39 条第 2 款规定,监狱根

① 参见第八次全国劳改工作会议纪要。

据罪犯的犯罪类型、刑罚种类、刑期、改造表现等情况，对罪犯实行分别关押，采取不同方式管理。在此基础上，我国监狱还在探索实现刑罚执行个别化。

4. 人道主义的刑事政策

人道主义是我国长期坚持的刑事政策。根据关怀人、爱护人、尊重人的人道主义精神，狱政管理中对罪犯的基本权利加以全面保障，对罪犯在监禁处境中的待遇实行规制，并执行特许离监、暂予监外执行等人道主义措施。

（三）理论依据

狱政管理不是盲目的实践，而是在科学理论指导下有目的的实践活动。狱政管理的理论依据主要体现在以下几个方面。

1. 狱政管理的指导思想

在中国特色社会主义新时代，监狱工作必须以习近平法治思想为指导。在坚持和落实习近平法治思想中，狱政管理应当做到依法管理，定分止争，良法善治。

2. 现代刑罚学研究成果

现代刑罚学原理是狱政管理的理论基础。监狱是我国的刑罚执行机关，执行刑罚是监狱的整体性功能，社会主义刑罚学的研究成果为监狱正确履行国家赋予的刑罚执行职责提供了精神食粮。监狱在完善刑罚执行制度，统一刑罚执行体制，建立侦查权、检察权、审判权和执行权分工负责、相互配合和相互制约的新机制等方面，都有着广阔的拓展空间。

3. 现代管理学研究成果

当今，日新月异的现代管理科学飞速发展，有关管理的知识系统有了前所未有的充实、丰富和提高。以对罪犯管理为核心内容和基本对象的狱政管理，正在大量引进现代管理科学成果，并且以此为依据，不断充实、发展和提高自己。

4. 其他相关学科的研究成果

狱政管理是一个十分复杂的活动和过程。要更好地完成这个活动和过程，单靠某一种学科是很难取得效果的。因此必须大量引进相关学科的知识、原理和成果，作为自己的综合科学依据。我国的狱政管理涉及很多学科，如社会学、心理学、组织科学、行为科学、医学等。这些学科的研究成果都为狱政管理提供了重要的科学依据和理论依据。

综上所述，我国狱政管理已经形成了以指导思想为统领，以刑罚学和管理学为基础，以相关学科为拓展的系统化的理论依据。因此，狱政管理不再是单纯的监狱事务性工作，转而成为目的明确、组织严密、体系完备、成效显著的刑事执法实践活动。

(四)实践依据

狱政管理的实践依据内容十分丰富,概括起来至少有以下几个方面:

1. 我国古代监狱的管理经验

狱政管理是一个古老的话题,自有监狱之日开始,监狱对囚犯的管理就是监狱一切活动的基础和重心。监狱是人类文明的产物,在延续几千年的发展中,积累了大量的管理经验,融合了大量的文化元素。例如,明代山西洪洞的苏三监狱,采用的安全防范措施,构思之巧妙,布局之严谨,成效之明显,至今仍令人感叹,给人启迪。

2. 外国监狱管理的管理制度与有益做法

改造罪犯的中国道路,绝不是一条闭关锁国的道路。我国狱政管理制度的不断发展和完善,一定程度上是由于我们打开视野,遍观世界各国的监狱制度,从当代中国的国情出发,以人之长补己之短。在吸收和借鉴外国监狱制度管理经验时,对其存在的问题和弊端注意防范和避免;对其有益的做法,要注意结合我国监狱的实际情况予以借鉴和学习;要学蜜蜂采蜜而不要学蚂蚁搬家,要取其精华,不要照搬照抄。

3. 新中国监狱创立、发展所积累的实践经验

新中国监狱工作是在毛泽东等老一辈无产阶级革命家直接领导下创建并发展起来的。监狱在对罪犯剥夺人身自由过程中,组织其从事劳动,使其监禁生活在劳动中度过,在劳动中完成自我的改造。在此基础上,对罪犯的改造措施不断扩充,劳动改造、教育改造、心理矫治和监管改造相互补充,相互协作,从而走出了一条改造罪犯的中国道路。例如,自中华人民共和国成立初期,监狱就开始了"分关分押",后经"分管分押""分押分管"的调整,到现在实际上已经形成了"分类分级分阶段"的管理模式,这一模式就是监管改造流程的核心要义。

我国狱政管理的制度量多面广,其中监狱安全制度占据中心地位,可以确切地讲,几乎每一项监狱安全制度背后,都有监狱人民警察流出的鲜血和付出的生命。例如,有的监狱曾经发生罪犯利用劳动工具伤害监狱人民警察的事件,造成严重后果。因此,司法部明确规定,罪犯使用的劳动工具应当实行定人、定位、编号管理,刀具、刃具、钝器等有危险性的劳动工具,使用时应当链锁,防止罪犯利用这些工具实施犯罪。

我国监狱目前已建立起较为健全的制度体系,这些制度都是在长期的监管实务中逐步创制起来的,都是实践积累、提炼、鉴别的成果。对这些制度,要完善之、笃行之、珍视之、呵护之。

以上分析的狱政管理的法律依据、政策依据、理论依据和实践依据,揭示出狱

政管理所应当具有的合法性、合理性、科学性和实践性,对于推动和完善狱政管理活动起着至关重要的作用。

第二节　狱政管理的属性和地位

一、狱政管理的属性

(一)狱政管理的政治属性

狱政管理的政治属性决定于监狱的政治属性。监狱是人民民主专政的工具,伴随着国家的出现而产生,是构成国家机器的一项内容。当今世界各国,无论实行什么社会制度,几乎无一例外地都设有监狱。监狱与警察、军队、法庭一起,构成国家政权力量,以实现政治、经济、文化和社会等方面的国家基本功能。应当指出,监狱的政治属性是一个历史范畴,人类社会不同发展时期,监狱的政治属性是不同的。

我国监狱是人民民主专政的重要工具,这一论断反映出了狱政管理的政治属性。人民民主专政是中华人民共和国的国家性质即国体。在我国的国体中,民主与专政这两个方面是缺一不可、辩证统一的。只有在人民内部实行充分的民主,调动广大人民群众的积极性,形成强大的政治统治力量,才能对破坏分子实行有效的专政;也只有对破坏分子实行强有力的专政,严惩他们的破坏活动,才能保障人民的民主权利和根本利益。如果把民主和专政割裂开来,对立起来,削弱任何一个方面,都会导致对人民民主专政国家制度的严重损害。正因如此,监狱的政治属性表现为民主功能和专政功能的有机统一。

(二)狱政管理的法律属性

我国的刑事司法可分为刑事案件的办理和刑事被执行人的管理两大部分。前者体现为办案,属于法律的适用,围绕犯罪事实和刑事责任展开,其重点是调查、审查、审理犯罪嫌疑人、被告人是否实施了犯罪行为,犯罪行为是否已查实,是否应当承担刑事责任以及应当承担怎样的刑事责任。后者体现为管理,属于法律的实施,围绕犯罪嫌疑人、被告人的羁押管理,以及罪犯的管理展开,这里称为刑事执法。

所谓刑事执法,是国家特定机关在刑事司法领域所承担的对被执行人的管理和教育活动。这里需要明确构成刑事执法的三个必备条件:第一,主体是国家的特定机关,如监狱、社区矫正机关、公安机关。第二,国家特定机关必须参加刑事司法活动,承担刑事司法职责。司法行政机关、公安机关等往往具有行政执法和刑事司法的双重功能,只有其参加刑事司法活动并承担刑事司法职责时,才能成为刑事执法的主体。第三,刑事执法的基本职责是刑事执行。刑事执行包括刑罚执行、刑事强制措施执行、强制医疗执行等内容。刑事执法不参与对刑事案件的侦查、检察和审判,其核心业务是对国家刑事司法过程中对被执行的人实施的管理,属于国家权力体系中的一项特别的管理活动。

将刑事执法从刑事司法当中提取出来,作为一项特别的管理活动来定性,符合我国刑事法律活动的真实情况,也有助于从根本上划清刑事司法领域的各种不同属性的司法职权的界限。刑事执法兼具司法和行政双重属性,但“刑事执法”一词是一个偏正结构,“刑事”显示其处于刑事司法领域的现实情况,代表其司法权的特征,“执法”一词显示其属于管理活动的本质,代表其行政权的性质。

(三)狱政管理的社会属性

狱政管理是维护社会安全稳定的重要手段。这是狱政管理的社会属性。狱政管理是针对社会的特定人群展开的监管改造活动,属于社会管理的特殊组成部分,在社会建设领域肩负着特殊使命。第一,狱政管理通过对罪犯集中关押、重点管控,使这些人不能继续危害社会,从而最大限度地消除他们对社会的威胁,减少社会不和谐因素,增强人民群众的安全感。第二,狱政管理坚持以改造人为宗旨,坚持惩罚与改造相结合,与其他改造手段密切协同配合,把绝大多数罪犯改造成守法公民,使他们顺利回归社会,为社会增加和谐因素。第三,作为国家的刑罚执行活动,狱政管理要把维护社会公平正义作为监狱工作的生命线。社会公平正义是社会和谐的基本条件,司法和执法公正是社会公平正义的重要保障。作为刑罚执行的一个关键环节,监狱刑罚执行的成效,直接关系刑事判决或裁定能否得到落实,法律正义能否得到伸张。监狱人民警察在刑事执法中,必须维护执法公正,促进社会公平正义。

二、狱政管理的地位

(一)狱政管理在国家安全领域的地位

在国家安全领域,狱政管理占据不可替代的独特地位。国家依法设立监狱,并授权监狱机关以及监狱人民警察管理罪犯,就是把罪犯这一特殊群体的安全管理重任交给了监狱机关和管理人员。监狱服刑的罪犯群体安全风险大、管理难度高、安全责任重。新时代的监狱机关必须坚持总体国家安全观,结合自身特点,扎实开展安全管理工作。在做好自身安全的同时,还要对在政治、经济、文化等安全领域发生的危害乃至犯罪行为予以震慑和惩治,是和平时期国家安全极为重要的环节和手段。

（二）狱政管理在国家法治建设领域的地位

在国家法治建设领域，狱政管理处于依法行使国家刑罚执行权的主体地位。

我国《宪法》第5条规定，中华人民共和国实行依法治国，建设社会主义法治国家。党的十八届四中全会作出了《中共中央关于全面推进依法治国若干重大问题的决定》，明确要求优化司法职权配置。其中一项要求是健全公安机关、检察机关、审判机关、司法行政机关各司其职，侦查权、检察权、审判权、执行权相互配合、相互制约的体制机制。另一项要求是完善刑罚执行制度，统一刑罚执行体制。这两项要求前后衔接，不难看出，司法行政机关（包括监狱机关）依法行使刑罚执行权，承担刑罚执行的主体责任。

（三）狱政管理在社会建设领域的地位

在社会建设领域，狱政管理是平安社会的建设主体之一。虽然监狱是独特的国家机关，但同时也属于社会单位。经过多年的实践，监狱与其他社会单位围绕着改造罪犯和社会平安建设，形成了良性互动机制。一方面，来自监狱以外的社会积极力量参与到监狱改造罪犯的过程中，发挥了不可替代的促进作用。另一方面，监狱也要主动作为，积极承担社会平安的责任，"有为才能有位"，监狱的主动作为，必将赢得社会公众的"点赞"，从而树立监狱执法的良好形象。

（四）狱政管理在监狱工作领域的地位

1. 狱政管理是监狱执行刑罚的重要手段

根据《刑事诉讼法》和《监狱法》的规定，被判处有期徒刑、无期徒刑和死刑缓期二年执行的罪犯由监狱执行刑罚。监狱对罪犯执行的是自由刑，自由刑的基本执行方式是将罪犯监禁在特定设施内一定的刑期，并在此期间内强制其遵守执行机关的各种纪律和规范，强制其履行各项法定义务。禁止的事情不得做，要求做的事情不得不做，否则将会被强制执行，以此体现自由刑执行的强制性。以上这些工作，基本都是通过狱政管理来完成，因此，狱政管理是通过监禁和罪犯管理来实施的监狱执行刑罚的重要手段。

2. 狱政管理是保证改造罪犯有序进行的基础性工作

狱政管理是监狱的基础性工作，为教育改造和劳动改造的顺利实施提供前提和保障。在这个方面，狱政管理具有以下功能。

（1）组织功能。组织是狱政管理的基本功能。首先，我国监狱形成了"内在式"罪犯组织管理模式。监狱内的基本押犯单位实际是由人民警察和服刑罪犯混编成一体的组织，管理人员直接置身于罪犯正式组织之中，并且担任这些组织的行政领导,同时还配置有专职的政治思想工作人员。这一模式便于发挥人民警察集体力量,实现对罪犯的直接管控,也便于在罪犯群体中树立集体主义精神,建立良好的狱内人际关系。其次,我国监狱建立了直线型的罪犯基础组织架构。监狱无论采取两级管理体制还是三级管理体制,监区或分监区都要下设罪犯互相监督小组,形成监区或分监区直至小组的直线型组织形态。罪犯被编入小组,并不得擅自脱离小组行动。最后,我国监狱推行罪犯服刑的流程化组织形态。监狱以入监管理和出监管理组织为基础,积极尝试通过设计不同的组织形态,实现罪犯服刑的流程化,借以实现对服刑初期、服刑中期和服刑后期罪犯的分阶段管理和改造。

(2)协调功能。协调是管理的一项重要的功能。我国的狱政管理是特殊的协调控制工作。一是对监狱行刑各种要素的协调。监狱行刑过程有很多的要素,如程序、时空、剥夺、处遇等,这就要求有强有力的协调工作,把众多要素整合为一个有机的整体;狱政管理通过对执行过程的协调,使刑罚的执行更富有弹性、更富有激励作用,从而具有更加强烈的改造功能。二是对各种改造手段的协调。改造罪犯已发展为多手段共同作用的活动,各种手段需要整合协调,使之形成合力,避免出现互相牵制或者争夺时间空间等不和谐现象。

(3)控制功能。控制是狱政管理的又一项重要功能,是整个监狱活动的重要问题。控制是指监狱以及时有效的控制措施,为监管改造罪犯提供信息、管制、秩序等必要的基础状态与条件,使监管改造工作安全有效地运行。

第一,减少罪犯的再犯机会和控制其再犯能力。监狱依据国家的强制力,依法实现罪犯与社会相对隔离,以此净化社会环境。但是,罪犯不是自愿而是被强制进入监狱这一隔离区的,是被迫接受剥夺人身自由的刑事处罚的,刑罚所带来的痛苦感,促使其想尽办法早日离开监狱。罪犯一旦非法逃离监狱,就会扰乱社会秩序,并有可能继续危害社会。因此,监狱历来将防止罪犯越狱脱逃、减少其对社会的再次危害和严格控制其再犯能力,列为监狱安全的一件大事。据调查,随着监狱硬件设施的改善和监管工作的加强,罪犯越狱脱逃案件正逐年下降,狱内安全状况大为改观。

第二,预防和减少狱内犯罪。罪犯在狱内服刑,其社会危害性不会自然消失,仍是一个"高危人群",在监狱内仍有实施犯罪行为的可能。监狱通过对狱内犯罪进行预防、控制和处理,为罪犯服刑改造提供安全稳定的环境,并对罪犯人身安全、管理人员的人身安全以及国家和公民财产安全加以切实的保护。狱内的安全,表面看起来是一个监狱内部的管理问题,但从社会功能的角度看,也是维护社会稳定的重要措施。以保护罪犯的人身安全为例,监狱服刑罪犯有家庭、亲友和各种社会关系,这些亲人盼望罪犯能够顺利度过刑期,平安归来。如果服刑人员的人身安全受到伤害,其亲友必然会强烈不满,给社会带来不稳定的因素。监狱服刑罪犯的安全状况也受到社会公众的关注,如果出现严重问题,则有可能引起社会公众的强烈不满,甚至造成政治影响,带来社会波动。

3. 狱政管理是具有独特功能的改造罪犯的基本手段

狱政管理的改造作用具体表现在以下几个方面。

(1)惩戒威慑。罪犯收监后,要在监狱内服刑改造。所谓监狱“内”,即指罪犯要在监禁条件下度过刑期。监禁是监狱行刑的主要方式。由狱政管理所形成的特殊的监禁条件与环境,对罪犯的心理产生必要的巨大威慑作用,使罪犯感到失去自由的痛苦和国家的力量、法律的威严。这对于罪犯产生积极的改造动机,具有很重要的外部影响作用,是不可缺少的外部条件。从实际情况来看,大多数罪犯在收监后一定时期内,都会产生逃跑的念头。但其中大部分罪犯看到监狱的大墙、电网、持枪的哨兵,知道逃跑是不太可能的,才慢慢地打消了逃跑的念头。监狱的特殊环境迫使罪犯逐步认识到,只有一条路可走,那就是老老实实地接受改造。

(2)规范约束。我国的狱政管理实行明确的系统的规范化管理,将预期的、合乎改造目标的罪犯服刑行为要求,以规范的形式、标准的形式,公开昭示出来,让罪犯对照检查,争取达标,这一努力的过程,实际上已是一种形成自律的过程,有极强的改造作用。

改造罪犯是自律与他律的统一。狱政管理通过协调和调动起自律与他律的作用,从而达到改造的目的。我国的狱政管理还以分类管束来形成他律模式和他律机制。改造罪犯不能坐等罪犯“立地成佛”,除了实施大量的针对性教育改造的感化教育外,按照其不同类型的行为习性、特征,予以严格的分类管束,实施强制的外在约束,同样是必不可少的改造措施。常言道,“没有规矩无以成方圆”,对罪犯加以严格的“规矩”,就是要使他们成“方”成“圆”,成为守法公民,成为能顺利回归社会的人。立规矩和守规矩,都有着重要的“矫正”作用。

(3)养成教育。狱政管理通过严格的军事化的管理,对罪犯的生活、言行、举止、交往、作风、内务等方面都要求按设定的模式去一丝不苟地完成或者实行。久而久之,就会使罪犯养成新的良好的行为习惯,摒弃不良的行为习惯。

我国的狱政管理处处渗透着教育,每一项管理措施都有教育的含义。并不是简单地要罪犯去机械地服从,不仅要求怎样做,而且告诉罪犯为什么要这样做。细致的管理携带着点滴的教育,积少成多,日积月累,终成强有力的管理教育,发挥改造的作用。

(4)保障感化。罪犯的待遇问题,一向被视为监狱的基本问题之一,是狱政管理的基本内容之一。我国的狱政管理通过对罪犯的生活卫生实施人道主义的待遇,充分发挥着重要而独特的改造作用。例如,人道主义的待遇可以产生感化作用;对罪犯分级管理中,待遇与改造表现挂钩,可以产生强烈的激励改造作用。

(5)激励督导。在现代管理科学中,激励理论是一系列有效管理方式和方法的科学总结。将激励理论引入狱政管理之中,充分运用各种激励手段改造罪犯,为狱政管理增添了重要的改造功能。监狱要根据罪犯的服刑改造表现决定改造措施和进程,罪犯也需要了解自己的改造程度及监狱对自己的评价。狱政管理建立一整套考核评估体系,定性分析与定量分析相结合,通过科学的考核,产生竞争机制,激励和推动罪犯的改造,同时也造成一种态势和氛围,使那些不愿改造的罪犯得到督促和推动。狱政管理还致力于建立科学的奖惩体制,依法运用奖惩手段,激励罪犯的改造,同时也体现着肯定什么、否定什么,发挥引导作用。

第三节　狱政管理的要素和策略

一、狱政管理的要素

(一)管理人员

狱政的管理人员是监狱人民警察。

根据《人民警察法》和相关规定,人民警察包括公安机关、国家安全机关、监狱、劳动教养管理机关的人民警察和人民法院、人民检察院的司法警察。监狱人民警察是我国人民警察序列的一个法定警种。《监狱法》第12条规定,"监狱的管理人员是人民警察"。监狱人民警察是一个较为宽泛的概念,在狱政管理中,特指担负着对罪犯执行刑罚、依法监管的职责的人民警察。

1.监狱人民警察的职责和职权

监狱人民警察肩负着维护国家安全,维护社会秩序,保护公民的人身安全、人身自由和合法财产,保护公共财产,预防和减少犯罪的使命。为此,监狱人民警察要依法履行职责、依法行使职权。

监狱人民警察的职责和职权可以概括为:第一,对罪犯实施刑事惩罚。监狱人民警察根据监狱的授权,依法剥夺罪犯的人身自由,完成刑事判决由确定态到实施态的转变。在监狱执行的刑罚,是剥夺罪犯人身自由的刑罚,通过监狱人民警察对罪犯的人身自由的依法限制来实施。第二,依照法定条件和程序处理收监、暂予监外执行、减刑、假释和释放等刑罚执行的事务，负责对狱内又犯罪案件的侦查，受理罪犯的申诉、控告、检举等事务。通过刑罚执行的有效运作，发挥监狱在对犯罪的一般预防和特殊预防中的功能。第三，创制良好的监狱秩序，确保监狱安全，为教育改造和劳动改造的顺利实施提供基础保障。第四，充分发挥狱政管理自身独特的改造罪犯功能。监狱人民警察要在各自的岗位上，围绕改造罪犯的目标，与其他改造岗位的人民警察一道，将罪犯改造成为守法公民。

2. 监狱人民警察职业涵养

作为狱政管理人员的监狱人民警察必须做到信念过硬、政治过硬、责任过硬、能力过硬、作风过硬。在此前提下，还应当注重职业涵养的提升。与修养、素养、素质比较起来，“涵养”一词的基本含义是容纳、积淀和育化，更强调的是内在的信念指引，而不是外在的规范约束；更加注重的是历练，而不是传授。从事监管改造的监狱人民警察职业涵养可以概括为以下几方面。

(1)通法理。作为国家执法人员，监狱人民警察不光要学习掌握法律知识，更要在自己的内心培育起法治精神。可以说，后者更为重要。法治精神的培育，是落实全面依法治国，建设社会主义法治国家的本质需求。法治精神的培育可以概括为“通法理”。这个看似普通的要求，却很难实现。现实中在这方面存在的问题也比较突出。要做到法理通，就要注意在处理法律实务时，既要理解法律条款的正确含义，又要通晓法律条款的背景和原理。需要避免对法律规范的生搬硬套、误用乱用。例如，监狱组织罪犯劳动，是改造性的劳动，是监狱改造罪犯的基本手段之一，关于监狱组织罪犯劳动，受监狱法调整。由于罪犯与监狱之间并不存在自愿达成的劳动关系，因此不受劳动法的调整。有的人在论及罪犯劳动问题时，直接引用劳动法的具体规定，从而搞错了法律的适用范围。再如，监狱法为保护罪犯的人身权和健康权，规定劳动保护、安全生产问题按照国家规定执行，罪犯的工伤问题则是参照国家有关规定执行，“参照”不是“按照”，必须注意两者之间的区别。监狱人民警察要养成法治精神，通晓法理，就需要下一番苦功夫。就监狱法的研读来讲，要原原本本地学习，并了解其立法背景、立法过程、立法依据等详情，参透监狱法的立法目的、监狱性质和监狱总体目标等法理。

(2)持义理。“铁肩担道义”，法律实务工作者要知道自己肩上断是非、秉公义的担当和使命。在处理任何一件法律实务时，都要站在公允的立场上。个别的监狱人民警察在处理罪犯与罪犯之间的纠纷时，偏袒一方，导致原本属于罪犯之间的纠纷演化成警察与罪犯之间的纠纷，使矛盾复杂化，有的还促发成恶性案件。

(3)明事理。监狱人民警察在处理狱政管理实务当中，需要对事和理作出判断,历经由事而理、由理而断的过程。事明而后才能厘清,事不明则理必乱。狱政管理中遇到事情一定要先行展开调查,探明事实真相。唯有如此,才能保证公正执法,并做好管理和教育工作。例如,河北省某监狱一名聋哑罪犯,在会见其母亲回到监舍后,突然又哭又闹,还想要自杀。监狱人民警察开始根据他比画的手势推测可能是他二哥被杀了,导致他情绪失控。后经仔细调查,发现了原因。该罪犯把他母亲给他的一包花生和一包糖果(当时规定会见时可以送给罪犯少量生活物品)带回监舍后,东西被其他罪犯哄抢了。他又表达不清,因此才哭闹。了解真相后,监狱人民警察在办公桌上为他准备了这两样东西,他一被带进来,就明白了一切,随后激动不已。这个事例说明,事实查不清,论理再多,也只能是枉费口舌。

只有忠于事实,才能忠于真理。监狱人民警察如果只掌握一些法学理论,而缺乏忠于事实的品行,只关注自我利益,那就只能给法治建设增加干扰,不会形成正能量。

(4)懂情理。中国有条古训,叫作法不容情。现代法治社会讲情理,绝不意味着违背古训。恰恰相反,法治国家绝不允许法律实务人员在执法过程中徇私情,携私入法。这里所谓情理,意即人之常情。一是指公众在经久不息的社会变迁中所形成的普遍情感,二是指个体在生存和发展的过程中与他人形成的合乎常理的情感关系。只看到情,看不到理,不是情理;只注重理,蔑视情,则违背人之天性。

人生活在一个物质世界中,但每个人都拥有一个属于自己的精神世界。在这个精神世界中,打点好自己的情感是生存和提升自己品性的关键所在。许多被监管对象的违法犯罪都或多或少与此有关。有的是情绪一时难以控制,有的是情绪积攒多时难以自控,有的是情感受挫、精神空虚,不一而足。执法中讲情理,其目的是帮助罪犯修复好自己的情感世界,从情感阴影中走出来,过上与常人一样的生活。监狱人民警察要担负起“人类灵魂工程师”的重任,就必须以大爱无疆的心胸,做到通情达理,关怀那些需要帮助的人。

(5)念俗理。从字形上看,俗字看似三人加一口组成,三人为众,因此俗字可解为众人同口,众人发出一个声音,这个声音就是规范众人行为的规范。学习并积累一些我国的民间俗语,对加深监狱人民警察的职业涵养有很大帮助。例如,我国《宪法》规定,国家尊重和保障人权。民间的一句俗语“打人不打脸,揭人不揭短”可视为对尊重人权的注解。再如,“有理让三分”,也是调解狱内各种纠纷时的一个常用的“药方”。

(6)讲文理。“文理”一词中的“文”,原意是“文身”,“理”的原意是树木生长的纹路。文理合起来,可以理解为古人在观察大自然、认识大自然规律的过程中,将他们认为符合大自然规律并颇具美感的征象刻在自己身上。照此升发,所谓讲文理,一是文要顺,文章是用来说明规律的,有文以载道之说。二是理要顺,用于文章,有顺理成章之说。当然,对监狱人民警察不能要求其成为作家和诗人,也不能要求所有的监狱人民警察都成为理论研究人员。他们日常接触的是法律文书等应用文体。应用文体以通顺为长,讲求"实、准、清、直、快"五字风格。[①] 从整体来看,目前监狱系统应用写作水平功底普遍较低,是需要"恶补"的短板。

上述六个方面的要求,通法理是根本是中心,持义理、明事理、懂情理、念俗理、讲文理是枝干是局部。当后面五个方面与当代中国之法治不容时,必须遵从法治。[②] 以上内容之间的关系见图1-1。

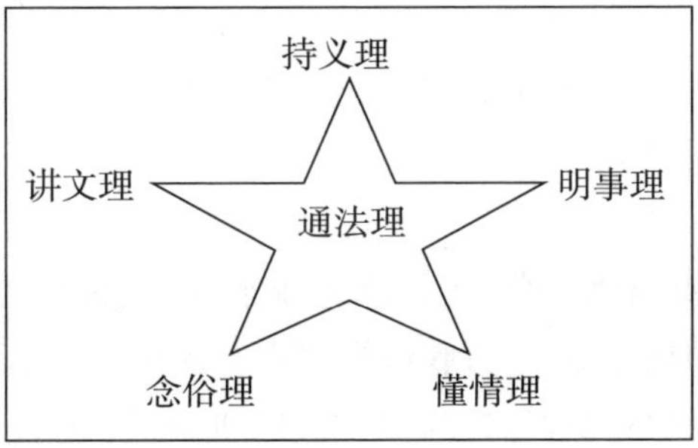

图1-1　监狱人民警察职业涵养关系

3. 监狱人民警察履职能力的提升

监狱人民警察要成为合格的执法者、管理者和教育者,要具备高超的实际工作能力,要提高执法水平和改造质量,就必须注重"察、谈、写、做"四个方面的职业涵养历练。

(1)察。察即观察、察看,引申为对外部事物的感知。敏锐的观察能力是法律实务工作者尤其是监狱人民警察所必须具备的。监所内暗含着各种危险,将危险源及时识别并迅速做出反应,很多时候靠的就是人民警察明察秋毫的观察力。

(2)谈。这里指执法主体与相关对象的语言交流和沟通。监所管理过程中,涉及言语沟通交流的场合非常多,如罪犯管理教育中的入监教育谈话、出监教育谈话、个别谈话,狱内侦查中的询问、讯问,监狱突发事件处置中的谈判,心理矫治中的

---

① 参见吴丙林、裴玉良主编:《监狱文书制作原理与实务》,中国市场出版社2012年版,第10页。

② 参见孙梦真、潘春燕:《论监狱人民警察的职业涵养及其历练》,载《安徽警官职业学院学报》2018年第1期。

言谈等。“说”的能力也可以归在此类中,如罪犯队前讲话、专题演讲等。

(3)写。这里指执法过程中的应用写作。提高写作能力的主要途径有:第一,习读范文。选择一些思路清晰,语言朴素、自然,见解深刻的范文,反复习读,从中可以为提高文书内在质量汲取大量营养。第二,评析例文。例文的评析训练,旨在练眼光、品风格、挑毛病,是消化理论、熟悉规范的有效途径。第三,修改原文。动手修改有毛病的文书,是文书写作的一项基本功,也是切实提高文书制作水平的必经之路。

(4)做。监狱人民警察执法业务中需要动手操作的项目很多,有狱内侦查中的现场勘查、现场摄像、现场痕迹提取,有应对突发事件中的警用器械的使用,等等。①

(二)管理对象

在监狱服刑的罪犯是狱政管理的基本对象。作为管理对象的罪犯,可以分为以下三个层次。

1. 罪犯整体

罪犯整体作为狱政管理对象,可以称为罪犯的“整体概念”。对于监狱服刑罪犯的整体,监狱要按照国家法律、行政法规和规章的统一要求,实施有效的监管,实施有别于其他人群的独特的管理方式,其最明显的表现,就是监狱对所有的监狱服刑罪犯实施监禁和监管,统一落实监狱服刑人员行为规范。对罪犯实施统一标准的普遍性管理。

2. 罪犯类别

罪犯类别作为管理对象,可以称为“类概念”。监狱对所有罪犯实施统一标准的同时,还要对罪犯进行分类,针对罪犯的每一个类别的不同特点,进行分类管束,分类改造。

3. 罪犯个体

罪犯个体作为管理对象,可以称为“个体概念”。在分类改造的同时,还要针对每一个罪犯,实施个别管理和改造。由此可见,普遍性管理是基础,分类管理是桥梁,个别管理是目标。对于罪犯的管理是如此,对于罪犯的教育改造也是如此。

(三)管理手段

1. 堵与疏

堵与疏是管理的基本手段,也体现管理的本意。管理中的“管”字,原意为细长

---

① 参见孙梦真、潘春燕:《论监狱人民警察的职业涵养及其历练》,载《安徽警官职业学院学报》2018 年第 1 期。

而中空之物,其四周被堵塞,中间可通达。引申到管理中,闭塞为堵,通行为疏。堵意味着限制、规避、约束、否定、闭合,疏意味着疏通、引导、促进、肯定、打开。任何一项管理都是堵与疏的结合,狱政管理也不例外。作为强制力极高的国家刑事执法活动,狱政管理首先是采取"堵"的手段。狱政管理要创制一个高度封闭的监管环境,并严格限制和约束罪犯的服刑行为,还要对违反监规监纪的罪犯作出否定性评价和相应的制裁措施,这都是堵的手段在起作用。然而,狱政管理并不排斥"疏"的作用,在一定程度上还要强调疏导在管理罪犯过程中的功效,将罪犯服刑的人生规划引导、心理干预、思想沟通、说服教育等一系列疏导措施综合运用到狱政管理当中。经过多年的探索,我国的狱政管理建立了比较完善的疏堵结合的管理机制。

2. 予与夺

予是给予;夺是剥夺。予和夺直指罪犯服刑期间的自由、权利和利益,是狱政管理的题中之义。予意味着保障罪犯基本权利,特别是罪犯的人权,还意味着对罪犯施以人道主义待遇。夺意味着剥夺罪犯的人身自由,也意味着对破坏监管秩序罪犯的处罚。予和夺是对罪犯实际利益的调整,必须依法进行,管理人员不得擅自处置。

3. 矛与盾

矛是进攻之器;盾是防卫之器。矛与盾代指狱政管理当中的攻防手段。其中,攻是进攻性行为,如监狱对罪犯危险性的主动排查,是保证监狱安全运行的进攻性的行为。防是防守行为,监狱实施的一系列防范手段,就是保证监狱安全的防御性手段。矛与盾的结合,构成监狱安全防范的科学体系。

4. 明与暗

明代指监狱公开的监管行为;暗代指监狱隐蔽的监管行为。为确保监狱安全,监狱始终坚持明暗两条线并行,做到公开监管与隐蔽控制相结合。公开监管包括人民武装警察部队对监区、作业区的武装警戒,还包括监狱对监区、作业区的内部监管,如公开进行的清监、点名、查铺、人身检查、物品检查等监管活动。在公开监管的同时,监狱还要采取一系列的隐蔽控制工作。隐蔽控制与公开监管结合起来,可以有效增加监狱的安全系数。

监狱拥有法律授权的一系列管理手段,运用起来既要合法,又要合理。管理的"理",本义为顺物之纹而剖析,包含合理、顺理、理顺的意思。管理手段使用前要进行合理性审查,做到审时度势,因势利导;应用中要注意刚柔并用,张弛有度,宽严相济;预期效果一旦达成,则适可而止,注意把握好"度"。

二、狱政管理策略

(一)守拙和工巧

守拙意即监狱人民警察要不折不扣地执行监管制度,守住法律底线、纪律底线、政策底线、道德底线和安全底线。监狱人民警察必须牢固树立底线意识,时刻牢记越过底线的严重后果,始终警醒自己坚守底线。工巧来自《周礼·考工记》中的“天有时,地有气,材有美,工有巧”。这句话是说,造物要材料上乘,做工精巧。同理,狱政管理的实施也要突出一个“巧”字。监狱人民警察在实施监管时,面对复杂多变的现实问题,要讲究管理策略,掌握管理技能,运用管理技巧。守拙和工巧是提升狱政管理人员执行力的不可或缺、相互补济的重要渠道,要求监狱人民警察既要守底线,下苦功,又要想巧法,用巧劲儿。

(二)守常和应变

守常应变是对狱政管理常态管理和非常态管理提出的基本要求。狱政管理的运作,始终面对两种监管形态:一种是常态;另一种是非常态。现实中,从正常的监管状态可能瞬间转入非正常的监管状态,正如天有不测风云,监狱发生的罪犯脱逃、劫持人质、骚乱、暴乱等事件,经常被定义为突发事件,就点明了非常态出现迅疾的特性。这两种形态不仅研究力度远远不够,还受到“平时急时一个样”等宣传口号的影响。应当明确,这是两种相互关联又相互独立的阶段,在行事规则、处理程序、警力调配等方面存在较大差异。加大研究力度,先要诠释两种形态的转化机理。从力量博弈角度看,狱政管理始终处于控制力和破坏力的博弈之中,此长彼消。当破坏力抵消控制力,达到临界点时,安全事件突发,监狱进入紧急状态,需要动用非常规的控制力加以平复,以重新建立正常的监管形态。

(三)守中和开合

狱政管理实务涉及监狱行刑的方方面面,既有行刑者,又有受刑人;既有对罪犯自由的剥夺,又有对罪犯权利的保障;既要考虑罪犯狱内待遇人道化,又要顾及社会现状和公众理解和接受的程度。面对多元化的主体和多样化的主张,监狱人民警察要兼顾各方利益,寻求恰当的处理方案。监狱人民警察要秉公守中,就是在各方利益和主张面前,秉持公平正义的立场,既不受明显为某一特定主体服务的观点和主张所左右,也不因某一方缺乏权威声音为其代言而无视其利益存在。

监狱人民警察在履行职责过程中,既要守中,又要注意开合。因执法方式和执法环境的影响,狱政管理闭合性特征明显,开放性特征微弱。因此,狱政管理给人的印象就是“大墙之内”的管理。实践证明,要做好狱政管理,监狱人民警察必须破除思维的壁垒，在国家运行、政府管理和社会建设中寻求定位、破解难题，建立狱内狱外资源共享、良性互动的新机制。狱政管理要形成闭合性和开放性并行，开合有度的运作系统。

研究与思考

1. 如何理解狱政管理的概念？
2. 狱政管理的依据有哪些？法律依据的构成的层次有哪些？
3. 如何理解狱政管理的政治属性、法律属性和社会属性？
4. 如何理解狱政管理的地位？狱政管理的改造功能体现在哪些方面？
5. 狱政管理的基本要素包括哪些？

第二章　狱政管理的理念

重点提示

1. 政治引领理念是指监狱机关在新时代监管改造罪犯过程中，坚持党的绝对领导、坚持监狱的根本属性、坚持总体国家安全观的基本观念。政治引领的理念是习近平法治思想关于坚持党对全面依法治国的领导在监狱执行刑罚工作中的要求和体现。

2. 政治引领理念的基本内容包括坚持党对狱政管理的绝对领导，坚持监狱的政治属性和坚持总体国家安全观。

3. 法律至上理念是指监狱在执行刑罚和改造罪犯的过程中，坚持依法管理，权责明晰，良法善治的基本观念。

4. 法律至上理念的基本内容包括确立依法管理的观念、法律至上的核心是定分止争、优化刑罚执行的司法职权配置、推动和完善刑事执行立法。

5. 崇尚科学理念是指监狱机关在监管改造中，坚持以人为本、实事求是、讲求效益、与时俱进，致力于揭示并遵循管理罪犯的客观规律的基本理念。

6. 崇尚科学理念的基本内容包括以人为本、实事求是、讲求效益、与时俱进。

第一节　政治引领的理念

一、政治引领理念的含义

政治引领理念是指监狱机关在新时代监管改造罪犯过程中，坚持党的绝对领导、坚持监狱的根本属性、坚持总体国家安全观的基本观念。政治引领的理念是习近平法治思想关于坚持党对全面依法治国的领导在监狱执行刑罚工作中的要求和体现。

政治，从政治学的角度来看，包括国家、政党、民族、人民、阶级或阶层等人类社会现象。换言之,政治学是研究国家、政党、民族、人民、阶级或阶层人类社会现象的人文学科。在我国监狱对罪犯的管理中,纳入政治研究视野的,主要是监狱在国家治理中的地位和职责、中国共产党对监狱工作的绝对领导、以人民为中心的论断对监狱工作的重大影响、总体国家安全观地监狱工作的引领和落实。

二、政治引领理念的基本内容

(一)坚持党的绝对领导

中国共产党是中华人民共和国的执政党,坚持党的领导是中国特色社会主义建设的根本保证。在中国特色社会主义改革和建设中,党是领导一切的。监狱工作也不例外,必须绝对服从党的领导。新中国监狱工作从一开始就把党的领导放在第一位,监狱的各级机关和单位都按照规定建立党的组织,如监狱党委、监区或分监区党支部。与此同时,从上到下设立专门的政治工作岗位。例如,监狱一级设政治委员,监区一级设教导员,分监区一级设指导员,分别在各自管辖范围内履行党的政治工作职责。监狱人民警察队伍中绝大多数是中国共产党党员或拥戴党的领导的工作人员。党的领导是中国特色社会主义的根本保证,也是监狱正确执行刑罚、成功改造罪犯的根本保证。

(二)坚持监狱的政治属性

监狱机关是我国人民民主专政的工具,是党的政治机关。这两个论断揭示了监狱的政治属性。应当指出,关于阶级,新中国成立后,剥削阶级被消灭,阶级斗争在整体上不复存在,但在特殊领域,还存在敌我双方的斗争,这种斗争在一定条件下还会变得异常激烈。监狱是敌我斗争的焦点。所谓的“敌”,并不是指所有的服刑罪犯,而是指那些颠覆国家政权、仇视社会主义制度、分裂中华民族、严重破坏社会秩序,以我为敌的势力和人员。另外,监狱管理的对象还有各种安全风险和隐患。坚持监狱的政治属性,就要求监狱人民警察认清狱内敌对分子的存在,保持高度警觉,积极稳妥地处理狱内敌情,保证监狱的安全稳定。

(三)坚持总体国家安全观

坚持总体国家安全观,是新时代坚持和发展中国特色社会主义的一项基本方略。党的十九大报告阐述了总体国家安全观的深刻内涵,即必须坚持国家利益至上,以人民安全为宗旨,以政治安全为根本,统筹外部安全和内部安全、国土安全和国民安全、传统安全和非传统安全、自身安全和共同安全,完善国家安全制度体系,加强国家安全能力建设,坚决维护国家主权、安全、发展利益。党的十九大报告又指出,国家安全是安邦定国的重要基石,维护国家安全是全国各族人民根本利益所在。特别强调必须严密防范和坚决打击各种渗透颠覆破坏活动、暴力恐怖活动、民族分裂活动、宗教极端活动。监狱机关在维护国家安全的整个体系中承担着不可替代的法定职能,对判处刑罚的危害国家安全的罪犯实施惩罚和改造,是监狱机关在维护国家安全的大局中不可替代的法定职能。目前对危害国家安全的罪犯改造难度远远超出以往的任何一个时期,监狱机关面对新情况、新问题,必须要找出新对策,取得新成效。

三、政治引领理念的要求

(一)着力探讨政治改造的内涵

由于政治这一用语涉及国家、政党、民族、人民等话题,监狱对罪犯的政治改造,可以围绕着这些话题来展开探讨。

从国家层面上看,罪犯作为国家公民,要具备爱国情怀和对中国特色社会主义制度的高度认同感。从政党层面上看,中国共产党是新中国的执政党,服刑罪犯要具备对党的领导的高度认同感。从民族层面上看,中华民族是由若干民族共同组成的民族大家庭,服刑罪犯要具备对中华民族的高度认同感。从人民层面上看,人民是指国家成员中占据绝大多数、对国家和社会主义建设作出了贡献的积极力量。服刑罪犯在被判处刑罚以前,大多都归属于人民的行列,因其实施了犯罪行为而脱离了人民的行列(人民和公民不是一个概念,人民行列的脱离不代表公民身份的失去)。如此一来,服刑罪犯在出狱后,应当能够通过自身的积极行动表明重新归属人民行列。对于与人民为敌的犯罪分子,除了依法制裁外,也要通过依法有效地干预,使其转化到人民的行列。监狱围绕以上方面所进行的改造工作,可以视为政治改造的基本内涵。

(二)重新审视改造罪犯的目标

"惩罚与改造相结合,以改造人为宗旨",是监狱工作的现行方针,是监狱工作整体性的要求和反映。"以改造人为宗旨",既符合服刑人员自身的根本利益,也符合社会对监狱的基本要求。同时,"以改造人为宗旨",也是处理好监狱内部各项职能活动的重要尺度。监狱执行刑罚、监管、教育等职能工作,要围绕改造人的目标,既要发挥各自在改造中的积极作用,同时也必须整合成为一个相互配合、相互渗透的有机整体,切实提高罪犯的改造质量。

关于"以改造人为宗旨",大家早已形成了高度的共识。但在将罪犯改造成为什么人的问题上却存在不同认识。《监狱法》第 3 条规定的"将罪犯改造成为守法公民",作为新时代的改造目标是否合适或者说还应当增加一些内容、增设一些新的目标,成为重新审视的焦点。

根据政治引领的理念,结合法律、政治和社会三个维度,可以得到以下启发:第一,从法律层面上讲,罪犯应当成为守法公民。这一论断不宜变动。第二,从政治层面上讲,服刑罪犯的改造目标应当是重新成为或转化成为人民行列中的一员。具体表述为:罪犯通过接受政治改造,在出狱后成为对社会主义祖国、中国共产党的领导、中国特色社会主义制度和中华民族具有高度认同感的中国人民行列中的一员。第三,从社会层面上讲,"不断满足人民群众对美好生活的需要","全面建成小康社会一个也不能少",新时代中国特色社会主义的社会建设的目标可以理解为使每一个社会成员都能过上美好生活,这里每一个社会成员应当包括刑满释放人员。

(三)树立大局意识和总体观念

在总体国家安全观的指引下,狱政管理要树立大局意识和总体观念,将监狱执法领域所涉及的利益主体全部纳入管理视界,全面关注所有的人的利益,从一面观、两面观、三面观过渡到面面观。

所谓一面观,是指只关注服刑罪犯的利益,那种以罪犯为本的思想就是一面观的突出表现。

所谓两面观,是指同时关注服刑罪犯和监狱人民警察双方的利益。在以人为本的理念中,要解决"依靠谁"和"提高谁"的基本问题。监狱人民警察是狱政管理的主体,是实施狱政管理所依靠的主要力量;狱政管理要取得预期的成效,也必须提高监狱人民警察的执法水平和改造质量。监狱执法实践中,狱政管理是监狱人民警察与服刑罪犯的互动,不仅存在监狱人民警察因履行职责而使罪犯合法利益受损的情况,也存在监狱人民警察的自身利益受到服刑罪犯违法侵扰的情况。监狱执法在关注罪犯利益的同时,也必须高度关注监狱人民警察的利益。

所谓三面观,要求关注狱政管理领域所涉及的罪犯、警察和被害方的利益。除了罪犯和警察,狱政管理领域还存在许多在监狱看不见的人。例如,刑事案件的被害人及其亲友就属于这一范围内的人。一般的刑事犯罪案件都有明确的被害人,罪犯正是基于侵犯了被害人的合法利益,而触犯刑法、构成犯罪、被追究刑事责任并在监狱服刑的人。从一定意义上讲,正是因为被害人的利益严重受损才导致国家不得不动用刑罚手段惩罚犯罪人,安抚被害人。惩罚和安抚,贯穿刑事案件侦查、起诉、审判和执行每一个环节,监狱执行刑罚也不例外,只不过刑事案件的被害人在监狱内成了看不见的人。但是,从狱政管理的各种制度设计看,监狱实际处于刑事案件的加害方(罪犯)和刑事案件的被害方(被害人及其亲友)之间,任何一项管理制度都力求在双方利益之间达成一种动态的平衡。形象一点讲,监狱人民警察好比担着一根扁担,一头挑着的是服刑罪犯,另一头挑着的是被害方。如果只考虑罪犯的利益,不考虑被害方的切身利益和感受,监狱人民警察身上这副担子就会失衡。有些看起来对罪犯服刑改造非常有利的措施为什么不能用?其中一项重要原因是"苦主不原谅"(苦主即被害方)。现在很多学者倡导恢复性司法,恢复性司法的实质就在于通过刑罚的实施,使被害方受损的利益得到修复和补偿,化解社会冲突,促进社会和谐。在监狱执法领域,现今罪犯人权保障的呼声很高,但对被害人的保障却很少提及,对被害人的安抚缺少实质有效的内容。在犯罪预防和控制领域,真正的弱者是刑事案件的被害人。狱政管理应当将被害人的安抚列入研究视野,在条件成熟时,从罪犯劳动收益中拿出一部分建立对被害人一方的安抚基金,以此缓解犯罪对社会造成的危害,缓解社会矛盾和冲突。罪犯用自己的一部分劳动收益直接或间接地补偿给被害人,也是罪犯对社会作出的贡献,可以视为有立功表现而得到减刑。

所谓面面观,就是在监狱执法中,将社会公众的利益和普遍感受考虑进去,用公正的执法效果、良好的监管成效、过硬的改造质量来回应社会对监狱活动的关切。有为才能有位,监狱及其人民警察对社会和谐稳定做出了切实有效的努力,自然会赢得受人尊重的社会地位。

第二节　法律至上的理念

一、法律至上理念的含义

法律至上理念是指监狱在执行刑罚和改造罪犯的过程中,坚持依法管理、权责明晰、良法善治的基本观念。

依法管理历来是我国监狱强调的管理总基调。党的十八届四中全会通过的《中共中央关于全面推进依法治国若干重大问题的决定》(以下简称《全面推进依法治国决定》)将"保证公正司法,提高司法公信力"作为全面推进依法治国的一项重大任务,要求"优化司法职权配置",提出"健全公安机关、检察机关、审判机关、司法行政机关各司其职,侦查权、检察权、审判权、执行权相互配合、相互制约的体制机制"。这一论述对狱政管理法律至上理念有着极其重要的指导意义。

二、法律至上理念的基本内容

(一)确立依法管理的观念

法律至上的理念,基础是树立依法管理的观念,破除“以法管理”的观念。依法管理和以法管理,字面上只差了一个字,还是一个谐音字,但其内涵截然不同。依法管理意味着管理者和被管理者都要依法,管理者必须接受法律规制,管理者和被管理者都在法之内,任何人不得将自己摆在法之外,更不能摆在法之上。以法管理意味着管理者是用法律作为管理工具实施管理,是约束被管理者的手段,而管理者不受法律的规制,管理者在法之外,甚至是在法之上。依法管理中,法是规范,法是标准;以法管理中,法是工具,法是手段。依法管理是法治的精髓,以法管理是人治的表现。法治和人治的区别不在于有没有法,不是说有法就是法治,法治和人治的区别在于,前者将法置于至高无上的地位,人们仰视法律,信仰法律,遵从法律。后者将法作为管理工具使用,而同样为人的管理者则在法之上。监狱执法领域人治的遗毒还没有肃清,没有完全树立法律至上的精神,喜欢拿法去约束和指责他人,自己却不愿受法的约束,存在言不讲法、行不守法的现象。管理人员要彻底完成从人治向法治的质变,就是要真正做到依法管理,而摒弃以法管理。

(二)法律至上的核心则是定分止争

依法管理是法律至上的基础,法律至上的核心则是定分止争。“一兔走街,百人追之,分未定也;积兔满市,过而不顾,非不欲兔,分定不可争也”(《意林》卷二引《慎子》佚文)。这是定分止争的来历,梁启超指出,这里的“分”就是指权利,“创设权利,必借法律,故曰定分止争也”。狱政管理中的权利主体有监狱人民警察、罪犯、罪犯利益关联人、刑事犯罪被害人等。现实立法中各个主体的权利并不十分明晰,造成罪犯与监狱之间、罪犯亲属与监狱之间发生一些难以处理的纠纷。由于授权不充分、不细密,权责不对等,导致监狱人民警察不愿管、不敢管的现象发生。立法上的空白和欠缺,源自理论研究的不深入、不透彻。以罪犯权利为例,人们多从罪犯是人,应当享有人权的角度出发,得出只要罪犯权利未被剥夺和限制,就应当与他人平等享有的结论。人们往往忽视了一个重要的现实因素,即自由对其他权利的现实影响。罪犯是被剥夺人身自由的,而人身自由不仅是一项独立的权利,更是许多权利行使的基础和前提条件。一旦失去人身自由,所有以此为基础的权利则不能实现,由此出现某些罪犯权利未被剥夺和限制,虽然享有却在狱内无法正常实现的情况。例如,监护、经商、登记结婚等。没有人身自由,离不开监狱,罪犯无法实现这些权利。根据有关规定,罪犯要求登记结婚的,必须亲自到婚姻登记机关登记,规定中强调了“亲自”一词。如果没有监狱允许其暂时离开监狱,罪犯便不能亲自登记结婚。基于以上分析,建议在理论和实务研究中,充分考虑到人身自由对罪犯其他权利的影响,而不是仅仅从现有规定的字面上看有没有对罪犯权利的限制。

法律至上的理念不仅要求对罪犯的权利作出全面、准确的界定,而且要求对监狱人民警察的职权、权力作出明确的规定。监狱人民警察的权力规定包括指导性规范、命令性规范、授权性规范和禁止性规范。目前亟须发挥法律的监督指导和保障的作用,特别是对指导性和授权性规范作出补充和完善,从法律层面解决一线警察不敢管、不会管的问题,解决监督多、指导少、保障差的问题。

(三)优化刑罚执行的司法职权配置

《全面推进依法治国决定》对优化司法职权配置提出了新要求,也给我们带来了新的启发。

首先,司法职权自此实现完整的序列化。司法权与司法职权历来被视为同一概念,指我国独立设置的人民检察院的法律监督权和人民法院的审判权。根据《全面推进依法治国决定》的表述,司法职权应当进行重新定义。司法职权涵盖司法权,但不限于司法权。司法职权不是某一项两项权力,是为保证公正司法,各个不同机关在司法实践中承担的性质各异的职权之和。侦查权、检察权、审判权和执行权,共同构成司法职权的完整体系,从而实现了司法职权的序列化。将侦查权和执行权列入司法职权之中,司法职权不再局限于检察权和审判权。

其次,司法职权自此实现属性的差异化。被列入司法职权序列的每一项职权的性质各异。其中,侦查权是调查权,检察权是监督权,审判权是判断权,执行权是执法权。对各种司法职权的本质属性的解析,为实现公安机关、检察机关、审判机关、司法行政机关各司其职奠定了理论基础。不同属性的职权应当各归其位,摒弃同一主体行使多项权力和同一权力多个主体行使等配置欠佳的做法。

再次,司法职权自此实现独特的领域化。司法职权的配置中,既有独立设置的国家检察机关和审判机关,又有隶属于政府的公安机关和司法行政机关。将公安机关中的侦查职权和司法行政机关的刑事执行权扩充到司法职权中,由此形成了与政府行政管理相区别的国家司法领域,而国家的司法领域与国家的行政管理领域有着不同的运行规律。明确划分两者之间的界限,对于确定侦查和执行机关司法职权的归属,探究各项司法职权的运行规则,规范司法人员的司法行为,都有着重要的意义。

最后,司法职权自此实现合理的流程化。《全面推进依法治国决定》提出,公安机关、检察机关、审判机关、司法行政机关分别行使侦查权、检察权、审判权和执行权,“四机关”“四环节”构成刑事司法合理有序的完整链条。缺少任何一个环节,缺少任何一个机关的参与，司法权都必然闲置和落空。在刑事司法的流程中，侦查是启动刑事司法的第一道程序，检察是审查起诉、司法监督的重要环节，审判是刑事诉讼的中心环节，执行是刑事司法的最后一道程序。只有四步流程受到严格的规制，公正司法才能得以实现，才能让人民从每一个司法案件中感受到社会正义。

(四)推动和完善刑事执行立法

从法理的角度不难看出，狱政管理因监狱与罪犯的不平等关系而不受民事诉讼法辖制，又因其执行刑罚的属性而不受行政诉讼法的辖制。同时《刑事诉讼法》虽然设有执行一编，并对监狱执行刑罚有明确授权，但是《刑事诉讼法》仅仅规定了执行的基本方式和变更执行问题，既没有揭示执行刑罚的内涵和构成，也未涉及执行刑罚中的各种争议的处理。如此看来，国家的三大诉讼法都没有将狱政管理争议列为规制对象。刑罚执行事实上已经成为一个特别的领域，特别的领域需要特别的法律来规制。目前，有关刑罚执行的立法，主要是《监狱法》《社区矫正法》以及配套规章，根据党中央关于统一刑罚执行制度的部署，应尽快制定一部统一的刑罚执行法或刑事执行法。立法中有关狱政管理的规定，主要是明确狱政管理的执行刑罚属性，明确监管环境、监管流程、监管警务和罪犯权益保障机制等内容。其中，罪犯权益保障机制，主要是罪犯权利救济机制，应当由狱务公开、狱政复议、专项检察、中立调解、国家赔偿等构成。

三、法律至上理念的基本要求

(一)依法处理监狱执行刑罚的业务

刑罚执行是刑事执法的重要内容。刑罚执行作为国家刑事司法活动的最后环节，事关惩治预防犯罪效果，事关公民基本权利保障，事关社会稳定大局，事关司法公信力。[①] 目前，我国的刑罚执行呈主体多元化。死刑立即执行、罚金和没收财产由人民法院负责执行；死刑缓期二年执行、无期徒刑和有期徒刑罪犯由司法行政机关管理的监狱负责执行，交付执行前剩余刑期在3个月以下的由公安机关代为执行；拘役罪犯由公安机关执行；判处有期徒刑同时宣告缓刑、管制、假释、暂予监外执行罪犯由司法行政机关的社区矫正机构负责执行。为克服刑罚执行主体多元化带来的弊端，党的十八届四中全会《全面推进依法治国决定》提出要完善刑罚执行制度，统一刑罚执行体制。

---

① 2015年11月2日第十二届全国人大常委会第十七次会议上最高人民检察院关于刑罚执行监督工作情况的报告。

就刑罚执行现状看,除了法院负责的死刑立即执行、罚金和没收财产以外,刑罚的执行都具有以下特征:第一,执行主体均隶属国家行政机关。监狱和社区矫正机构隶属国家司法行政机关,公安机关也是政府下辖的行政部门。第二,执行对象是具有罪犯身份的人。侦查、起诉和审判阶段,都是围绕犯罪嫌疑人、被告人的犯罪行为和刑事责任来展开,核心是刑事中的"事"和"刑",即犯罪和刑罚。如犯罪行为是否存在、犯罪事实是否足以认定、是否构成犯罪、是否需要追究刑事责任和应当承担怎样的刑事责任。一旦判决裁定作出并产生法律效力,刑事犯罪案件的审理即告结束,也就是"事已清""刑已明",继而转入执行程序。到了刑罚执行阶段,其对象就成了承担刑事责任的人,也就是被判有罪的"罪犯"。例如,监狱执行刑罚的第一项法律"规定动作"是"收监",是针对法院交付执行的罪犯而言的,最后一项"规定动作"是"释放",也是针对刑期已满的人而言的(我国法律规定有审判监督程序,但那是刑罚执行中的特别审理程序)。第三,执行均以对罪犯的管理为实现方式。从侦查、起诉、审判,到刑罚执行,经历了由"办案"到"管人"的转变过程。侦查、起诉、审判活动属于刑事案件的"办理",但到了刑罚执行阶段就变成了对罪犯的"管理"(涉及刑罚执行中的变更措施如减刑、假释、暂予监外执行以及又犯罪的处理时使用"办理",这只是特例)。监狱承担的刑罚执行,刑罚的种类多,被执行的人数多,管理的难度大,是刑事执法的重心。

(二)依法保障罪犯的合法权益

监狱人民警察在管理罪犯的过程中,必须树立保障人权的执法观念,尊重罪犯人格,保护其合法权益。要做到这一点,就必须对罪犯的权利状况进行客观而全面的分析。

被人民法院交付执行的罪犯,在监狱内服刑期间,其权利状况较入监前发生了显著变化。首先,罪犯在服刑期间,其人身自由被剥夺,以人身自由为前提的一些权利无法行使和实现。这是由刑罚的特性所决定的。国家依法惩治犯罪,是为了保障社会普通公民的生命财产安全和其他各项人权不受侵犯。在监狱内执行的刑罚,实际上就是通过对罪犯人身自由的剥夺和相关权利的限制,来换取对社会普通公民权利的保障。其次,罪犯虽然是被剥夺了人身自由的人,但仍然是国家的公民,仍然享有宪法、法律所规定的未被依法剥夺和限制的公民权利。再次,罪犯入监之后,作为被管理者,与管理者之间形成了特定的法律关系,在管理过程中,也就增添了一些特定的权利,如会见亲属、监护人的权利,获得狱政奖励的权利等。最后,罪犯在监狱这一特定环境中,相对处于弱势,其作为人的基本权利应当受到特别强调和特别保护。如此看来,罪犯在服刑期间的权利,可以分为被剥夺和限制的权利、未被剥夺和限制的权利、服刑过程的特定权利、需要特别保护的权利。在监狱工作中，需要解决的问题是如何划分这四类权利，再根据不同的类别，进行相应的处理。

目前对罪犯的权利问题的处理，亟须解决的是明确界定罪犯被剥夺和限制的权利内容。这一问题的解决，有一个理论性的前提，就是对罪犯权利采用什么样的原则？是“非授权即为限制”的原则，还是“非禁止即为许可”的原则。考虑到罪犯权利属于私权的范畴，应当采用非禁止即为许可的原则。但是，必须看到，我国现行法律、法规和规章恰恰是在罪犯哪些权利应当受到限制的问题上，有不少的空白点，所以，还不能用现有的法律规范照套在罪犯身上。我们需要用法律规范的形式对罪犯权利中应当受到限制的部分，进行明确界定。

要明确罪犯权利中被剥夺和限制的内容，需要考虑以下因素：一是自由刑自身的执行要求，比如，罪犯的人身自由权被明确剥夺。二是罪犯被剥夺自由的现实对罪犯权利结构的影响，即罪犯的一部分权利因其失去自由而无法自主行使。如前文所述，罪犯结婚问题就是如此。民政部《关于贯彻执行〈婚姻登记条例〉若干问题的意见》（民函〔2004〕76 号）规定：“服刑人员申请办理婚姻登记，应当亲自到婚姻登记机关提出申请并出具有效的身份证件；服刑人员无法出具身份证件的，可由监狱管理部门出具有关证明材料。”罪犯身处在监狱之内，如果不是经监狱同意，如何亲自出去办理登记？监狱是不是对所有要求登记结婚的罪犯都允许其离开监狱办理登记？监狱是不是可以根据罪犯的实际情况，允许符合一定条件的罪犯离开监狱办理登记？对类似问题必须进行全面论证，制定出相关的法律规范。三是要考虑社会公众的接受和容许的程度。还以罪犯结婚问题为例，如果所有在服刑中的罪犯，特别是刚刚进入监狱服刑的罪犯，都可以办理结婚登记，社会公众会是什么样的反应？因此，在处理涉及罪犯服刑期间权利问题时，要注意社会反响，考虑公众的接受和容许程度。

在保障罪犯合法权益的问题上，还有一个重点内容，那就是要特别注意保护《监狱法》第 7 条所规定的罪犯的人格不受侮辱，以及人身安全、合法财产和辩护、申诉、控告、检举权利。《监狱法》之所以在总则中以具体列举的形式明确宣布罪犯的这些权利，是在总结以往历史经验和对现实情况进行调查研究的基础上所得出的结论，这些权利是罪犯在监狱这个相对封闭的环境中，尤其容易受到侵犯而又尤其值得保护的权利。

（三）正确把握狱政管理纷争的法律适用

所谓狱政管理纷争，是指狱政管理过程中发生在服刑罪犯与所在监狱之间的各种法律纷争。在解决这种纷争中，最为重要的是明确法律适用问题。

1. 国家赔偿法的适用问题

国家赔偿是指国家机关及其工作人员因行使职权给公民、法人及其他组织的人身权或财产权造成损害,依法应给予的赔偿。国家赔偿由侵权的国家机关履行赔偿义务。国家赔偿分为行政赔偿和刑事赔偿两大部分,监狱被列为刑事赔偿义务主体。《国家赔偿法》第 17 条、第 18 条规定了刑事赔偿的范围,第 19 条规定了刑事赔偿的排除情形。根据司法部《司法行政机关行政赔偿、刑事赔偿办法》第 5 条的规定,司法行政机关的监狱部门及其工作人员在行使职权时,有下列侵犯人身权情形之一的,应当予以刑事赔偿:刑讯逼供或者体罚、虐待服刑人员,造成身体伤害或死亡的;殴打或者唆使、纵容他人殴打服刑人员,造成严重后果的;侮辱服刑人员造成严重后果的;对服刑期满的服刑人员无正当理由不予释放的;违法使用武器、警械、戒具造成公民身体伤害、死亡的;其他违法行为造成服刑人员身体伤害或者死亡的。根据该办法第 8 条的规定,属于下列情形之一的,司法行政机关不予赔偿:与行使司法行政机关管理职权无关的机关工作人员的个人行为;服刑人员、被劳动教养人员自伤自残的行为;因公民、法人和其他组织自己的行为致使损害发生的;法律规定的其他情形。

当罪犯的合法权益因监狱及其人民警察行使职权而遭受侵害时,有权申请国家赔偿,国家赔偿是罪犯权利救济的主要方式。

2. 民事诉讼法的适用问题

监狱是国家的刑罚执行机关,罪犯是在监狱被执行刑罚的对象,监狱与罪犯之间是监管与被监管的刑事法律关系,而民事诉讼法的调整范围是平等主体之间的民事法律关系。所以,罪犯及其亲属与监狱在狱政管理中出现的纷争,不属于民事诉讼的受案范围。

3. 行政复议法的适用问题

行政复议是公民、法人或其他组织通过行政救济途径解决行政争议的一种方法。根据《行政复议法》和司法部2001 年6 月22 日发布施行的《司法行政机关行政复议应诉工作规定》,对司法行政机关作出的关于行政赔偿、刑事赔偿决定不服的,可以提出行政复议。但是,对于执行刑罚的行为不能申请行政复议。例如,监狱组织罪犯生产劳动,是依据《刑法》《刑事诉讼法》《监狱法》的有关规定进行的执法活动。罪犯不是职工,不属于《劳动法》调整的范畴。罪犯在劳动中致伤、致残或死亡,应当按照《监狱法》的有关规定及其配套规章处理。对处理不当的,监狱管理机关应依据有关法律法规,按照公正执法和维护稳定的原则,提出处理意见,责成监狱予以纠正。依照《行政复议法》第 6 条和《司法行政机关行政复议应诉工作规定》

第7条的规定，监狱对罪犯在劳动中致伤、致残或死亡的补偿决定行为，不是司法行政机关行政复议范围。

4. 行政诉讼法的适用问题

行政诉讼是公民、法人或其他组织认为行政主体以及法律法规授权的组织作出的行政行为侵犯其合法权益而向法院提起的诉讼。包括狱政管理、劳动改造和教育改造等在内的监狱执行刑罚行为，不属于《行政诉讼法》的受案范围。根据相关司法解释，公安、国家安全等机关依照刑事诉讼法的明确授权实施的行为，不适用行政诉讼法。监狱是国家的刑罚执行机关，负责对判处死刑缓期二年执行、无期徒刑和有期徒刑罪犯执行刑罚。监狱执行刑罚的行为有刑事诉讼法的明确授权，所以，不适用行政诉讼法。

第三节　崇尚科学的理念

一、崇尚科学理念的含义

崇尚科学理念是指监狱机关在监管改造中，坚持以人为本、实事求是、讲求效益、与时俱进，致力于揭示并遵循管理罪犯的客观规律的基本理念。

崇尚科学的理念，构筑于我国监狱长期坚持的科学管理实践。科学管理是现代监狱管理的基本特征，强调在探究监管规律的基础上，用科学的思想观察问题，用科学的方法处理问题，用科学的知识解决问题。崇尚科学的理念意味着坚持以人为本，实事求是，讲求效益，与时俱进。

二、崇尚科学理念的基本内容

（一）以人为本

坚持以人为本，可以说是狱政理论界和实务界的共识，但是必须科学把握其实质，避免照搬照套和简单化的推演。例如，有人把以人为本误解为以罪犯为本，提出“监狱管理应是以作为人的罪犯为本：罪犯的生活、罪犯的权利、罪犯的教育、罪犯的矫治、罪犯的未来，诸如此类，均应体现以罪犯为本”①。坚持以人为本的理念，前提是全面和准确地理解以人为本的理念。以人为本所讲的“人”，包含两层含义：一是指全体社会成员，即马克思所说的“每个人”“一切人”。二是指人民，人民是

① 吴占英：《狱政管理研究思路新探》，载《法学杂志》2005年第2期。

"人"的主体和核心。[①] 从第一种含义来看,"人人"都应为本,关注社会每一个成员的生存和发展是以人为本的要义。如果以社会某一些人为本,无视其他人的存在,排斥其他人的利益,则完全背离以人为本的本意。从第二种含义来看,人民是"人"的主体和核心,以人为本要维护好实现好人民的根本利益。由此可见,狱政管理中的以人为本,既要通过惩罚和改造罪犯,预防和减少犯罪,维护人民的根本利益,又要关注执法管理过程中涉及的每一个人,关注他们的生存和发展,关注他们切实利益。"以罪犯为本"的观点,既违背了以人为本的本意,又违反了监狱的行刑目的和根本职能,且无视狱政视野中罪犯以外的人的存在和利益。

狱政管理中的以人为本,意味着将狱政管理过程中所涉及的人纳入关注的视野,重点解决为了谁、依靠谁、提高谁、保障谁、改造谁等一系列问题。具体包括以下方面:为了维护人民的根本利益,为了公众有一个安定和公正的社会环境,为了刑事被害人得到法律的安抚,依靠监狱人民警察对罪犯实施有效监管,保障监狱人民警察公正执法,提高监狱人民警察的执法能力,依法剥夺和保障罪犯的法律权利,保障利益关联人的合法权益,改造罪犯,使其顺利重返社会、融入社会、守法自立。

(二)实事求是

"是"就是事物发展的客观规律。实事求是,是崇尚科学的理念的本质属性,也是监狱实施科学管理的精髓。第一,我国监狱长期致力于探索监狱执法的客观规律,形成了现行的"惩罚与改造相结合,以改造人为宗旨"的工作方针。"立足于改造"是这一方针在狱政管理当中的具体体现,是一切管理活动的出发点和归宿。应当看到,惩罚与改造是狱政管理的两项基本职能,都需要在管理当中加以实现和落实。但是,管理的立足点不是惩罚,而是改造。狱政管理在对罪犯实施刑罚惩罚的前提下,始终围绕着改造罪犯进行。第二,狱政管理要做到实事求是,就必须解放思想。目前我国的改革开放已进入"深水区",每一个管理领域都面临着进一步解放思想的任务,狱政管理也是如此。在经历监狱布局调整和监狱体制改革后,狱政管理面临着大量的新情况和新问题,思想僵化、墨守成规已然成为探索新时期监狱执法规律的严重阻碍。坚持解放思想,实事求是,就是要主动适应时刻变化的监管改造工作的实际,自觉地从那些不合时宜的观念、做法和体制的束缚中解放出来,既要发扬优良传统,又要创造新鲜经验。第三,实践证明,狱政管理的制度设计、措施出台,符合客观规律的,就会顺风顺水,事半功倍;不符合客观规律的,势必逆风逆

① 参见教育部邓小平理论和"三个代表"重要思想研究中心:《深刻认识以人为本的科学内涵》,载《人民日报》2006年8月7日,第9版。

水，事倍功半。符合执法规律的制度和措施带有顽强的生命力，不符合执法规律的制度和措施即便强力推行，也难免夭折。

（三）讲求效益

崇尚科学的理念，意味着狱政管理要讲求刑罚执行效益和社会效益。科学的管理应当是在付出和收益之间取得最佳效果，用较少的投入获得较大的收效。科学管理排斥烦琐管理。简便易行，减压增效，才是科学管理的目标。有一种出现在狱政管理研究和实践的现象值得注意，即有的项目缺乏效益观念，应用深奥难懂的理论，采用繁复操作的措施，徒增一线警察的压力，浪费行刑资源，成效却微乎其微。狱政管理要取得预期的效益，就必须整合管理资源，强化整体观念。

（四）与时俱进

我国监狱在科学探索的征程中，坚持道路自信、理论自信、制度自信和文化自信，逐步创制并完善了中国特色社会主义监狱制度。与此同时，日益复杂的监管形势，不容许监狱管理止步于已有的成果，而是要与时俱进，继续修正和完善狱政管理制度，推出适应时代发展的新举措，不断引进和吸收先进的监管技术和装备，增强科学应对复杂局面的执法能力。监狱人民警察还必须开阔视野，了解和把握当今世界各国监狱发展的趋势，借鉴其先进的经验，汲取其发展中的教训，避免走弯路。另外，要主动吸收、消化其他管理领域的成果，形成科学的管理机制，以达成刑罚的最佳效益。在监狱各项改革中，要审时度势，做到稳中求变，以保持监狱执行刑罚的延续性和严肃性，增强监狱执法的公信力。

三、崇尚科学理念的基本要求

全面依法治国，建设一支德才兼备的高素质法治工作队伍至关重要。科学发展观的核心是以人为本，狱政管理活动的顺利有效地实施，首先是打造一支过硬的人民警察队伍。

（一）科学育警，坚持执法为民

以人为本，对于作为国家执法机关的监狱来讲，应是以最广大人民群众的根本利益为本，切实做到执法为民。首先，与其他的执法机关相比，与其他警种的人民警察相比，监狱和监狱人民警察的活动，基本上处于与社会相隔离的特殊环境中，面对的是在监狱服刑的特殊人群，与社会上的人民群众直接打交道的机会不是很多，执法为民的体现不是那么直接和明显。但是，监狱执法的任务和目的，是执行刑罚、惩罚和改造罪犯、预防和减少犯罪，而在此之上的目的则是实现和保护最广大人民群众的根本利益；监狱在建立和谐社会进程中的隔离、惩罚、保障和改造功能，也无一不体现着人民群众的根本利益。所以,监狱和监狱人民警察要做到执法为民,首要的就是严格依法履行法定职能,充分发挥其在促进社会和谐稳定中的积极功能。其次,执法为民要求监狱在处理执法过程的有关事务时,必须以保护人民群众的利益,维护社会的安全稳定为前提。例如,在处理罪犯暂予监外执行、提请假释和准予离监探亲等实务时,严格依照法律规定,全面、准确地认定罪犯是否有社会危险性,只有在确认不再具有社会危险性的前提下,才可以适用上述措施。再次,执法为民意味着监狱实施各项管理制度,特别是新型的管理制度,要考虑人民群众的接受和满意程度。最后,监狱人民警察因履行职务而与群众直接接触,如接待罪犯亲属、监护人来监探视时,既要严肃执法,又要热情服务,树立监狱人民警察执法为民的良好形象。

(二)科学布警,优化警力配置

监狱要根据监管、教育和组织罪犯劳动的实际需要,科学组织和部署警力。首先,积极争取相关部门的支持,增加监狱人民警察的编制,监狱内警察与罪犯的比例要尽量达到合理的标准。其次,满足监管一线的警力需求。按照司法部的统一要求,保证罪犯生活、学习和劳动现场的值班带班人民警察的数量,压缩机关科室的人民警察的数量,保证大多数人民警察工作在监区。最后,监狱人民警察实现执法的科学分工。为适应监狱执法专业化的需求,监狱要组建和完善狱内警卫、现场值守、狱内防暴、警务督察和备勤等专项执法力量,形成各司其职、相互协同的监管机制。

(三)科学兴警,提升监管能力

提升监狱人民警察的监管能力,是目前监狱执法的迫切要求,其关键点在监区。监区是监狱执法的第一线,所有执法目标的实现和监管任务的完成,最终都要在监区实现。同时,监区也是所有罪犯生活、学习和劳动的场所。监管执法中绝大多数的问题在监区产生,也最终要在监区解决。监狱要以科学兴警为抓手,按照政治过硬、业务过硬、责任过硬、纪律过硬、作风过硬的要求,切实加大对一线警察的培训力度,加强监区建设,提升基层民警的监管能力,切实解决一线警察不敢管、不愿管和不会管的普遍性问题。

(四)科学强警,打造科技警力

先进的监管技术,在狱政管理中不是可有可无、可快可慢、可多可少的东西,应当从科学强警的战略高度认识监管技术在狱政管理中的地位。一个装备精良、训练有素的监狱人民警察与一个"手无寸铁"、无防身制敌之术的警察,其安全执法力自然不可同日而语。监管技术的应用可以起到固本、开源、增效的显著作用。要像对待围墙一样对待基本的监管技术,像对待警服一样对待警察的基本技术装备。没有基本物质屏障和基本技术支撑的监狱,是不达标、不及格的监狱。但是,在监狱的安全防范中,人、物、技不是平行并列的关系。人是本源,是根本,是目的;而物和技则是屏障和支撑。人只有借助物和技才能耳聪目明、力量倍增,物和技只有用在人的身上才能发挥其效用。如果割裂人、物、技三者的有机联系,所谓的物防、技防则容易走向见物不见人的单方面发展的歧途。要保障监狱的安全稳定,从而维护社会稳定,就必须走科技强警之路,向科技要警力。“人、物、技”三者的有机结合,就可以催生一支新型的科技警力。这支警力由用现代的警用装备武装并熟练掌握先进监管技术的监狱人民警察组成。监狱人民警察的装备和技术建设,要符合监狱人民警察的职业特点,满足监狱人民警察的工作需求,向基层监管单位倾斜,向一线人民警察倾斜。重点解决基层的信息管理手段落后、防卫设施装备不足、报警通信手段难以适应需要等问题。

(五)科学出警,平息突发事件

应对监狱的突发事件,要做到科学出警。首先,事前制定的科学的应急处置预案,是科学出警的基本保障。预案要经过多次演练加以完善,目的是突发事件一旦发生,所有警务人员都知道自己的处置位置、岗位职责和行动任务。其次,科学出警还要求所有警务人员切实把握紧急状态下的运行规则。监狱在紧急状态下,要启用不同于常态的特殊运行规则。例如,那种“平时与战时一个样”的说法,从运行规则的角度看是不科学的。平时可以注重决策的民主化,一项决策的形成可以进行上上下下、反复商讨,最终形成一个科学的结论。在突发事件面前,时间成为第一宝贵财富,不容得走平时的民主程序,所以必须采取集中指挥的方式,执行集权型的指挥系统,同时总指挥也必须对事件的处置负全责。权与责的统一,是应急处置的一项重要原则。我们有些单位的各种应对突发事件的预案当中,除了设总指挥之外,还设有多名副总指挥,实际是平时工作系统的翻版,不符合紧急运行规则,不符合科学出警的要求。

政治引领、法律至上、崇尚科学三项狱政理念,相互关联、相互渗透、相互补充、互为支撑,形成不可随意割裂的整体,从而为彰显当代中国监狱文明建设奠定了思想基础。

研究与思考

1. 如何理解政治引领理念的内涵和基本要求?
2. 如何理解法律至上理念的内涵和基本要求?
3. 如何理解崇尚科学理念的内涵和基本要求?

第三章　狱政管理的原则

重点提示

1. 公正管理原则，是指狱政管理人员信守社会公理，站稳公道立场，平等对待罪犯，公允处理管理事务，从而提升监狱执法公信力的行为准则。其包括信守公理的目标、站稳公道的立场、常存公心的情怀和把握公允的尺度几方面。公正管理的原则要求坚持一视同仁、法理情理交融、法德相辅相成、相得益彰、以公开促公平。

2. 直接管理原则，是指监狱与罪犯建立通达无阻的管理关系，并由监狱人民警察亲临监管一线，亲自行使监管权力的行为准则。包括监狱和监狱人民警察直接管理罪犯两方面。直接管理原则的要求：管理关系上做到无障碍；管理主体上做到无移位；管理职权上做到无转让；管理效果上做到无脱管。

3. 规范管理原则，是指监狱依法合理地制定基本制度、组织规程和作业流程，构架统一稳定的动态管理体系，达成监狱管理动作的井然有序、协调高效之目的。规范管理原则的要求：严格规范监管改造环境；严格规范罪犯的服刑改造行为；严格规范监狱人民警察的执法行为。

4. 管教结合原则，是指监狱将教育注入罪犯管理的全过程，实现管中有教、寓教于管的行动准则。管教结合原则的要求：戒之以规，导之以行；分类管束，分类教育；因人施管，因人施教。

第一节　公正管理原则

一、公正管理原则的含义

公正管理原则是指狱政管理人员信守社会公理，站稳公道立场，平等对待罪犯，公允处理管理事务，从而提升监狱执法公信力的行为准则。

公平正义是人类社会的共同追求。“公者无私之谓也；平者无偏之谓也。”（清·

何启)正,即居中而不偏斜;义,谓天下合宜之理。公平正义合起来的基本含义,是无私以立其身,居中以去其邪,秉天下合宜之理,止世间不平之事。由此可见,公平正义是针对国家机关及其工作人员而言,是国家机关及其工作人员履行职责的底线标准。

公平正义是社会主义核心价值观的组成部分。党的十八大提出积极培育和践行社会主义核心价值观。富强、民主、文明、和谐是国家层面的价值目标,自由、平等、公正、法治是社会层面的价值取向,爱国、敬业、诚信、友善是公民个人层面的价值准则。其中,公正即社会公平和正义,它以人的解放、人的自由平等权利的获得为前提,是国家、社会应然的根本价值理念。

公平正义是社会主义法治的生命线。维护社会公平正义,是党的十八大作出的庄重承诺。社会公平正义的实现,离不开司法和执法公正。司法和执法公正对社会公正具有重要引领和保障作用,司法不公对社会公正具有侵蚀基础的破坏性作用。

二、公正管理原则的内容

刑罚执行是刑事司法的最后一道程序,监狱执法必须坚持公平正义的原则。

(一)信守公理的目标

公理,这里指社会公理,是建立在自由、平等、公正、法治基础上,为社会公众所认可并遵行的社会行为准则。“世间自有公理在。”公平正义不仅是社会大环境建设的目标,而且是监狱小环境的建设目标。监狱执法的各项环节、各个方面都要着力体现社会公理的存在,充满对社会公理的敬畏。

(二)站稳公道的立场

人们在遇到同一个问题时,由于立场不同则会得出不同的处理方法和结果。狱政管理也是如此,面对纷繁复杂的管理事务,狱政管理人员要及时反应,拿出应对方案。特别是当罪犯之间发生矛盾和纠纷时,狱政管理人员的立场就显得尤为重要。如果管理人员站在一方的立场上,过度顾及一方的利益,罔顾另一方的利益,那得出的处理结论必然是有失公道的。对于管理人员来讲,遇事讲公道,站稳公道的立场,就是中立的立场,不偏向任何一方,不袒护任何一方。另外,注意避免把罪犯之间的矛盾转化为罪犯与警察之间的矛盾。

(三)常存公心的情怀

监狱执法的公平正义,不仅要站稳公道的立场,还要常存出于公心的情怀。狱政管理人员手握刑罚执行权力,可以使用“堵与疏”“予与夺”“矛与盾”“明与暗”等多种特殊管理手段。动用权力,使用手段,狱政管理人员都要做到出于公心,排除私心杂念。在管理中要做到公私分明,即便是对顶撞过自己的罪犯,在其接受教育和处罚后,也不要耿耿于怀,挟私施管,更不能打击报复,要允许其改过自新。公务活动中一定要做到与罪犯之间不结私怨。

(四)把握公允的尺度

公允指公平和恰当,不偏袒任何一方。公允意味着监狱人民警察在处理罪犯与罪犯之间的矛盾和冲突时,站在公平的立场上,根据具体情况予以恰当地处理。把握好公允的尺度,不仅能够处理好个别的事件,也能够给其他罪犯彰显出公正管理的态度,这对于监狱人民警察威信的树立和法律公信力的确立,都有着极为重要的作用。随着我国监狱狱务公开的不断深化,社会公众对监狱的关注程度不断提升,特别是一些敏感话题常常成为公众关注的焦点。监狱在实施管理尤其是推出新的举措时,也要注意预测和评估社会公众的认可和接受程度,把握好执法公允这一尺度。

综上,公正管理原则在狱政管理中起着重要的行为引领作用,监狱要将公平正义的准则落实到狱政管理的全过程,着力提升监狱执法的公信力。

三、公正管理原则的要求

(一)坚持一视同仁

公平正义体现法律面前人人平等的法治精神,监狱对罪犯要坚持一视同仁,注重罪犯之间的权利公平、机会公平和规则公平。所谓权利公平,是指服刑罪犯的权利不因经历、智力的差别而有所不同,其未被剥夺和限制的公民权益要得到同等的保障与尊重。所谓机会公平,是指对罪犯在涉及自身利益的一系列问题上建立公平的竞争机制,罪犯能普遍地享受到积极改造带来的成果。所谓规则公平,包括实质性规则公平和程序性规则公平。狱政管理制度要符合公平的要求,在罪犯日常考核、狱政奖惩、申报暂予监外执行、提请减刑、提请假释等关键环节要使罪犯受到平等对待,切实排除人情、人际关系的干扰。

这里需要注意的是一视同仁与区别对待的关系。一视同仁并不排斥区别对待,区别对待是在一视同仁的基础上,根据罪犯的实际情况依法作出的待遇和教育处置。

(二)法理情理交融

经过多年的努力,我国有关监狱执法的法律体系已经基本建立。但法律并不能覆盖公平正义的全部内容。狱政管理中公平正义的实现,必须注重法理与情理的相互统一。情理指社会公众的普遍感情,是大众情感的集中体现,是社会公众议事论理、判断是非的普遍标准。狱政管理中遇到的各种问题,并不都是法律问题,并非所有问题都有法律来规制。有法律规制的应当进行合法性审查,没有法律规制的应当进行合理性审查。所谓的合理性审查,判断的标准就是社会公众所普遍认可的情理。在狱政管理中,用法理为情理提供正当性支持,以情理强化法理施行的社会效果。在涉及罪犯处遇等社会关注的焦点和敏感问题上,监狱既要遵循法律、法规的相关规定,又要适当考虑人民群众的普遍性情感;既要维护执法的严肃性,又要考虑社会现实状况和人民群众的接受程度。这些问题的解决方案应当是合法和合理的统一,使其结果尽量体现实质正义。

(三)法德相辅相成、相得益彰

国家和社会治理需要法律和道德共同发挥作用。法律是成文的道德,道德是内心的法律;法安天下,德润人心。法律和道德是两类重要的社会规范,法治和德治是两种重要的治理形式。坚持依法治国和以德治国相结合,是实现社会公平正义的主要渠道。狱政管理领域也不例外,必须坚持一手抓法治,一手抓德治,大力弘扬社会主义核心价值观,弘扬中华传统美德,培育罪犯社会公德和个人品德,既重视发挥法律的规范作用,又重视发挥道德的教化作用。以法治体现道德理念,强化法律对道德建设的促进作用;以道德滋养法治精神,强化道德对法治文化的支撑作用,实现法律和道德相辅相成,法治和德治相得益彰的管理效果。

(四)以公开促公正

狱务公开,是增强监狱执法透明度,促进执法公平正义,提升执法公信力的有效措施,监狱要根据中央的统一部署,进一步深化狱务公开。按照公开为常态,不公开为例外原则,增强主动公开、主动接受监督意识,围绕监狱执法领域的罪犯及其近亲属、社会公众关注度较高的重点和热点问题,进一步深化公开内容,创新公开方式方法,建立完善工作制度。要依托现代信息手段确保各项公开措施得到落实,切实推动执法的内容、方式、制度、服务公开,以公开促公正。

第二节　直接管理原则

一、直接管理原则的含义

直接管理原则是指监狱与罪犯建立通达无阻的管理关系,并由监狱人民警察亲临监管一线,亲自行使监管权力的行为准则。

直接管理是我国监狱在长期监管实践中探索出来的一项狱政管理特有原则。新中国监狱工作从创建时期开始直到改革开放初期,从正反两个方面逐步认识到直接管理的重要性。1982 年 2 月 18 日公安部出台的《监狱、劳改队管教工作细则(试行)》把直接管理写进了“管理的原则”一节当中,明确提出劳改工作干警必须坚持犯人犯进行直接管理,做到 24 小时内不使犯人脱离监管。自此以后,直接管理原则的内容越来越丰富,要求也越来越清晰,操作也越来越精细。

直接管理的法理依据是刑罚执行权的专属性。刑罚执行作为国家刑罚权的重要组成部分,依法由监狱等特定机关行使,法律未授权的任何机关、任何个人不能行使刑罚执行权。狱政管理权属于刑罚执行权的基本权力,自然必须由监狱并通过监狱人民警察来依法行使。监狱人民警察亲自行使狱政管理权,是刑罚执行权的专属性使然,也是维护正常监管秩序、维护监管公平正义的需要,同时也为教育改造和劳动改造提供了基本的制度保障。

二、直接管理原则的内容

(一)监狱直接管理罪犯

监狱直接管理罪犯意味着在监狱与罪犯之间建立起直接的管理关系。监狱必须按刑事诉讼法和监狱法规定的管辖范围,对罪犯收监执行。在实际操作中应避免出现以下情况:一是公安机关随意截留罪犯。按照《刑事诉讼法》和《监狱法》的规定,交付执行时剩余刑期在 3 个月以下有期徒刑的罪犯由看守所代为执行。有的公安机关未按规定执行,将原本属于监狱执行的罪犯滞留在看守所。二是公安机关送交时遗漏罪犯。对判决生效前因采取取保候审、监视居住等强制措施而未在看守所羁押的被告人,由于人民法院交付执行和公安机关送交罪犯的衔接上出现脱节,致使应当由监狱执行的罪犯未被及时收监。三是监狱违反程序擅自决定罪犯自行离开监狱就医。四是对于监狱上级管理机关批准的暂予监外执行的罪犯,出现应当依法收监执行的,未及时将其收监执行。针对以上情况,监狱要依法依规及时处理,负责刑事执行检察的检察机关也要依法进行监督并纠正,确保应当在监狱内服刑的罪犯置于监狱的直接管理之中。

(二)监狱人民警察直接管理罪犯

监狱人民警察是监狱对罪犯实施管理的主体,也是行使狱政管理权的唯一适格主体。监狱只能通过监狱人民警察实施狱政管理,不得将狱政管理权交给其他任何人。监狱人民警察也必须按照监狱法的授权和监狱的职责分工,直接行使职权。在罪犯生活、学习、劳动三大现场,监狱人民警察要亲自完成下列工作:严格做到亲自开、锁门(柜),掌管钥匙;亲自点检人数;亲自组织罪犯集体活动及会见、打亲情电话;亲自检查门窗、人身、物品等;亲自带领罪犯倒垃圾、保管分发药品和剃须卫生用具;亲自安排生产项目、工种岗位、讲解安全要领。

三、直接管理原则的要求

(一)管理关系上做到无障碍

一般的管理活动采用层级管理方式,我国监狱也实行"监狱与监区"的层级管理。直接管理不是对层级管理的否定,而是建立在层级管理基础上,强调在监狱人民警察和罪犯之间建立起直接的管理关系。在狱政管理实践中,则强调打掉发生在监狱人民警察与罪犯之间的管理阻碍层,这个阻碍层就是罪犯中的"牢头狱霸",他们凭借自己的影响力,常常欺凌其他罪犯,奠定"霸主"地位。对此,监狱人民警察坚持直接管理,就可以及时打击这些罪犯的嚣张气焰,维护执法的公平正义。

(二)管理主体上做到无移位

在狱政管理中,监狱人民警察是管理主体,而罪犯只能是管理对象,不能成为管理主体。基于管理、学习、劳动的需要,监狱往往要利用一些服刑改造表现比较好的罪犯,从事一些辅助性、事务性活动,以前将这些罪犯叫作"事务犯",现在一般称为"特殊岗位罪犯"。对特殊岗位罪犯,监狱只能是利用,而不能依靠;只能更加严格管理,不能放松管理;要严防其利用岗位的优势破坏正常监管秩序,严防其成为掌握一定管理权的特殊主体。

(三)管理职权上做到无转让

只有监狱人民警察才能行使对罪犯的管理权,监狱不得安排工人从事罪犯的管理工作,监狱人民警察不得将监管权转让给他人,特别是罪犯。按照直接管理的要求,该自己亲自做的事情必须亲自做,禁止罪犯从事的活动要严格落实,绝不能出现"由罪犯管理罪犯"的现象。

(四)管理效果上做到无脱管

无数的罪犯脱逃案例表明,罪犯欲脱逃则先脱管,要防脱逃必先防脱管。直接管理追求的管理效果,就是追求罪犯一天24小时不脱管。首先,必须建立健全警察岗位责任制,强调警察不得擅离职守,将罪犯的活动置于警察的组织、指挥、监督之下。其次,建立和完善罪犯互监小组等监管制度,杜绝脱离互监小组单独行动。最后,配合视频监控报警系统和智能巡更系统的使用,尽量做到视频监控报警系统的全覆盖、无死角,发挥智能巡更系统的现场动态监控功能。概括起来讲,直接管理要实现罪犯时刻不脱离管理人员的视线,不脱离互监小组,不脱离视频监控的视野。

第三节　规范管理原则

一、规范管理原则的含义

规范管理原则是指监狱依法合理地制定基本制度、组织规程和作业流程,构架统一稳定的动态管理体系,达成监狱管理动作的井然有序、协调高效之目的的行为准则。

规范管理原则又称严格管理原则。这是因为,严格管理中的“格”就是标准,就是规范。为了实现规范管理,司法部先后制定了《监管改造环境规范》《罪犯改造行为规范》《监狱服刑人员行为规范》。同时,监狱人民警察的执法行为也有《人民警察法》《公职人员政务处分法》《监狱法》等予以约束和规范。

二、规范管理原则的要求

(一)严格规范监管改造环境

新中国监狱重视监管改造环境的建设。早在1954年9月7日政务院公布施行的《劳动改造条例》粗略地提及罪犯监房和作息场所,1982年《监狱、劳改队管教工作细则(试行)》也对警戒设施等提出要求。1990年11月6日,司法部颁布《监管改造环境规范》,从此监管改造环境走上了规范化建设的道路。2002年12月3日经建设部、国家计委批准发布《监狱建设标准》。2010年经住房和城乡建设部、国家发展和改革委员会批准,再度发布新的《监狱建设标准》。历经数年努力,监狱建设标准一再提升,规范化程度越来越高,监狱的监管改造环境得到根本性的改观。

(二)严格规范罪犯的服刑改造行为

《监狱服刑人员行为规范》于2004年3月2日司法部部务会议审议通过,自2004年5月1日起施行。1990年11月6日司法部令第12号《罪犯改造行为规范》同时废止。《监狱服刑人员行为规范》是罪犯接受改造必须遵守的行为准则,是考核罪犯改造表现的一项基本内容,是实施奖惩的重要依据。

监狱服刑人员行为规范分基本规范、生活规范、学习规范、劳动规范和文明礼貌规范。其中,基本规范主要包括以下内容:拥护宪法,遵守法律法规规章和监规纪律;服从管理,接受教育,参加劳动,认罪悔罪;爱祖国,爱人民,爱集体,爱学习,爱劳动;明礼诚信,互助友善,勤俭自强;依法行使权利,采用正当方式和程序维护个人合法权益。服刑期间严格遵守下列纪律:不超越警戒线和规定区域、脱离监管擅自行动;不私藏现金、刃具等违禁品;不私自与外界人员接触,索取、借用、交换、传递钱物;不在会见时私传信件、现金等物品;不擅自使用绝缘、攀援、挖掘物品;不偷窃、赌博;不打架斗殴、自伤自残;不拉帮结伙、欺压他人;不传播犯罪手段、怂恿他人犯罪;不习练、传播有害气功、邪教。

罪犯的文明礼貌规范主要包括以下内容:爱护公共环境,不随地吐痰,不乱扔杂物,不损坏花草树木;言谈举止文明,不讲脏话、粗话;礼貌称谓他人,对人民警察称"警官",对其他人员采用相应礼貌称谓;服刑人员之间互称姓名,不起(叫)绰号;来宾、警官进入监舍时,除患病和按规定就寝外,起立致意;与来宾、警官相遇时,文明礼让。(罪犯的生活规范、学习规范和劳动规范的内容参见本书"罪犯现场管理"一章)

(三)严格规范监狱人民警察的执法行为

从《劳动改造条例》(已失效)到《监狱、劳改队管教工作细则(试行)》,都对监狱人民警察的执法提出了明确要求。1991 年 9 月 10 日,司法部颁布《劳改劳教工作干警行为准则》,全面系统地提出了监狱人民警察的执法规范。随后,《监狱法》以法律形式规定了监狱人民警察的执法规范。《监狱法》第 13 条规定:"监狱的人民警察应当严格遵守宪法和法律,忠于职守,秉公执法,严守纪律,清正廉洁。"《监狱法》第 14 条规定了监狱的人民警察不得有九种行为:索要、收受、侵占罪犯及其亲属的财物;私放罪犯或者玩忽职守造成罪犯脱逃;刑讯逼供或者体罚、虐待罪犯;侮辱罪犯的人格;殴打或者纵容他人殴打罪犯;为谋取私利,利用罪犯提供劳务;违反规定,私自为罪犯传递信件或者物品;非法将监管罪犯的职权交予他人行使;其他违法行为。2006 年 2 月 14 日司法部印发《监狱人民警察六条禁令》,规定监狱人民警察严禁殴打、体罚或者指使他人殴打、体罚服刑人员;严禁违规使用枪支、警械、警车;严禁索要、收受服刑人员及其亲属的财物;严禁为服刑人员传递、提供违禁物品;严禁工作期间饮酒;严禁参与赌博。之后在关于监狱管理的有关文件中,多次重申和强调监狱人民警察必须规范执法行为。2020 年 8 月,习近平总书记在中国人民警察警旗授旗仪式上所致的训词,要求中国人民警察做到"执法公正,纪律严明"。监狱人民警察在工作中应当时刻牢记训词的要求和精神,严格规范自己的执法行为,以此树立起新时代监狱人民警察良好的执法形象。

第四节　管教结合原则

一、管教结合原则的含义

管教结合原则是监狱将教育注入罪犯管理的全过程,实现管中有教、寓教于管的行动准则。

管教结合是我国监狱在长期的执法过程中积淀和提炼出的宝贵经验。对罪犯进行教育改造,早在中华人民共和国成立初期就得到监狱机关的足够重视。1952年第一次全国劳改工作会议《决议》指出:"要经常地系统地在罪犯中进行认罪服法教育、劳动改造世界教育、时事教育、罪犯前途教育和生产知识教育,以启发罪犯劳动改造自己、重新做人的自觉性。"之后,遵照毛泽东同志关于"我们的监狱其实是学校"这一伟大构想,大力举办特殊学校。特殊学校以"改造思想,造就人才,面向社会,服务四化"为指导思想,以政治思想教育为核心,文化教育为基础,职业技术教育为重点,借助学校教育形式,持之以恒地对罪犯进行比较正规、系统的教育,着力改造犯罪恶习,提高人的综合素质。① 在这个过程中,十分注重管理与教育的相互促进作用,1982年《监狱、劳改队管教工作细则(试行)》将管教结合写入第三章"狱政管理"第一节"管理原则"中,强调寓教于管、管中有教、管教结合,充分发挥管理的约束、矫治、引导、激励、惩戒、养成功能。② 从此管教结合原则不断细化和规范化,渗透在狱政管理的方方面面,贯彻于狱政管理的各个环节,其改造成效日趋明显,既切实提高了管理水平,又有效提升了改造质量。

管教结合是体现管理和教育的目标一致性和功效互补性的科学方法。狱政管理和监狱教育有着一个共同的目标,那就是"以改造人为宗旨",都是为了将罪犯改造成为守法公民。目标的一致性构成管理和教育相互结合的理论基础。在这个共同目标的指引下,狱政管理和监狱教育又发挥出各自应有的对罪犯的影响作用,狱政管理发挥约束、矫治、引导、激励、惩戒、养成功能,监狱教育则发挥灌输、渗透、沁润、感染、熏陶功能。前者重在规范行为,后者则重在提升认识。两者的有效结合形成由外而内,由内而外的循环往复的影响机制。

值得指出的是,监狱执法不仅要倡导管理与教育的相互结合,还要做到管理、教育与组织罪犯从事生产劳动的有效结合,实现狱政管理、教育改造和劳动改造三大改造手段的密切协同和配合。

二、管教结合原则的内容

(一)管教职能的结合

管理和教育是监狱执法的两项基本职能,所谓管教结合的原则,顾名思义是做

---

① 参见王明迪:《监狱文化建设与管理创新(代序)》,载马志冰、赖德毅主编:《监狱文化建设与监狱管理创新工作研究》,法律出版社2014年版,第3页。

② 参见王明迪:《监狱文化建设与管理创新(代序)》,载马志冰、赖德毅主编:《监狱文化建设与监狱管理创新工作研究》,法律出版社2014年版,第3页。

到管理职能和教育职能的结合。监狱以改造人为宗旨,改造的目的是从根本上改变罪犯的不良意识,培养守法观念,罪犯的转变说到底是意识和观念的转变,这种转变主要是通过接受教育来实现的。所以,监狱要确立教育在监狱改造罪犯工作中的中心地位,狱政管理既要发挥自身改造罪犯的作用,又要体现管理为教育服务的观念。狱政管理为教育改造的顺利实施提供安全保障,建立良好秩序,搭建教育平台,从而使教育改造取得预期成效。

(二)管教部门的结合

追溯监狱下设的执法职能部门的发展历史,可以说最早是一个管教部门,称为"管教科",之后分化为狱政管理部门和教育改造部门,后来又逐步成立罪犯生活卫生、狱内侦查、刑罚执行、劳动改造以及监狱安全等多个执法职能部门。尽管执法职能部门数量增幅很大,分工越来越细,但监狱实际工作中还是把这些部门统称为"管教"部门。例如,监狱一般每周要召开管教例会,除了监狱主管领导和监区领导参加外,这些管教部门的负责人都要参加。监狱执法部门之间要围绕管教结合的原则,加强联系、沟通和协调,防止由任务分工可能带来管理上的疏漏、阻塞和耗损。

(三)管教人员的结合

随着监狱执法职能的细化,监狱人民警察队伍也在逐步分化,执法职能部门的监狱人民警察逐步成为各司其职的专业人员,有些监区也设狱政干事、狱侦干事或教育干事。在这些监狱人民警察之间要做到管教结合,树立分工不分家的观念。专业化是监狱人民警察队伍的发展方向,但是,管理和教育是监狱人民警察必备的基本技能,不能将管理和教育搞成两张皮。为全面提高监狱人民警察的管教能力,监狱可以采取执法部门之间、执法岗位之间的人员流动的办法,让监狱人民警察特别是新入职的人员在轮岗中得到历练。

(四)管教能力的结合

监狱执法实际中,从监狱一直到监区,存在管教一条线,监狱设分管管教的监狱领导,监区有分管管教的监区领导,在罪犯改造第一线工作的监狱人民警察,大多是管教人员,集管理人员和教育人员两个身份为一身。大多数一线监狱人民警察实际是罪犯的管教员。从这个意义上讲,管理和教育呈现一体两面的特性。一线监狱人民警察的管教能力直接影响罪犯监管和改造的成效,按照管理教育一体化推进的思路,监狱应注重培养和提升一线监狱人民警察的管教能力。

三、管教结合原则的要求

从长期改造罪犯实践中来、符合监狱执法实际、蕴意科学精神的管教结合原则,基本要求是寓教于管,管中有教,切实做到管教结合。其具体要求体现在以下三个层次。

(一)戒之以规,导之以行

管教结合对整个罪犯群体而言,就是充分运用管理的外在约束和教育的内在引导,使之形成完整的改造机制。管理和教育有共同的目的,也有相互转化的特性。管理通过外在的约束来教育罪犯,教育则通过内在的引导管理罪犯。教育蕴含在管理之中,管理就不再刻板、僵硬;管理渗透在教育之中,教育就有了依托和屏障。所以,在监狱执法中,既要通过管理来戒之以规,又要通过教育来导之以行。只有在管理的每一个环节都融入教育元素,管理才能顺畅无阻。如果管理缺乏教育的人文内涵和人文精神支持,管理就免不了遭到抵触和反抗。所以,在狱政管理实施中,要坚持寓教于管,防止不教而诛。

(二)分类管束,分类教育

经过多年不懈努力,我国监狱执法在分管分押的基础上,推出了"分押分管分教"模式。"三分"中,分押是分开关押和分类关押,分管是分类管束和分级处遇,分教是分类教育和分层教育。把分教与分管分押联系起来,一体实施,体现了管理与教育相结合的思想。特别是其中的分类管束和分类教育,更是这一思想的核心内涵。"三分"制度实施后,按照罪犯的犯罪类型将罪犯进行分类关押,实现了罪犯群体的"类概念"。每一类罪犯都有与其他类型罪犯不同的群体特征和服刑特征。挖掘不同类型罪犯的群体特征,成为分类管束和分类教育的共同任务。虽然分类管束和分类教育有着不同的行动属性和内容,但是分类管束和分类教育存在密不可分的联动关系,甚至在某些方面呈现交叉叠加效应。以盗窃犯这一群体为例,其群体特征主要是贪、散、懒。由此产生的改造对策是,强化思想教育治贪,强化行为管束治散,强化劳动观念治懒。这些对策实际是分类管束和分类教育的有机结合。分类管束和分类教育,体现了改造从罪犯整体向罪犯特定群体的转化,同时也为实现对罪犯的个别化管理和分别化教育搭起了一道桥梁。

(三)因人施管,因人施教

个别化管理和个别化教育,是罪犯管理和教育显现实际成效的关键,其基本要求是实现因人施管,因人施教,并将两者紧密结合起来。对每个罪犯的服刑改造来讲,管理和教育是一体两面,并形影相随。在管理的关键环节,教育改造必须及时跟进和介入。例如,根据司法部《监狱教育改造工作规定》,罪犯有下列情形之一的,监狱人民警察应当及时对其进行个别谈话教育:新入监或者服刑监狱、监区变更时;处遇变更或者劳动岗位调换时;受到奖励或者惩处时;罪犯之间产生矛盾或者发生冲突时;离监探亲前后或者家庭出现变故时;无人会见或者家人长时间不与其联络时;行为反常、情绪异常时;主动要求谈话时;暂予监外执行、假释或者刑满释放出监前;其他需要进行个别谈话教育的。

——— 研究与思考 ———

1. 如何理解公正管理原则的含义和要求?
2. 如何理解直接管理原则的含义和要求?
3. 如何理解规范管理原则的含义和要求?
4. 如何理解管教结合原则的含义和要求?

第四章　监管改造环境

重点提示

1. 狭义的监管改造环境包括场地、建筑物和配套设施装备。其建设目标应当符合监狱执法、监管安全、监狱文化建设和监狱生态建设的需求。其建设遵循分类建设、一次规划，合理布局、功能完备，体现特色、规范建设，软硬并举、追求成效的原则。

2. 外围警戒设施的基本功能是隔离防护，主要包括围墙、岗楼、大门等，应当推动其规范化、现代化、智能化发展。

3. 狱内监管设施的科学设计、系统配置是保障监管安全的重要基础。主要包括警察值班室和谈话室、禁闭室、家属会见室和亲情电话室、警察备勤室、安全防范技术装备等设施。

4. 罪犯生活卫生设施的系统化、规范化，既是保障罪犯权利的必然要求，又是监管和改造罪犯客观需要。主要包括监舍、伙房和餐厅、医院或医务室、日用品供应站及其他服务设施。

5. 罪犯教育劳动设施是罪犯教育改造、文化改造和劳动改造的前提条件和物质保障。主要包括图书阅览室、教室、技能培训用房、心理咨询室、法律咨询室、社会帮教室、文体活动场所等教育改造设施和厂房、生产设施装备、库房等劳动改造设施。

第一节　监管改造环境概述

一、监管改造环境的含义

监管改造环境简称监管环境，是指监狱基于执行刑罚和改造罪犯的需要而建设的，由各种特殊设施和场地所形成的人造空间。

监狱执行刑罚离不开特定的环境。《监狱法》第 2 条第 1 款和第 2 款分别规定：

“监狱是国家的刑罚执行机关。”“……被判处死刑缓期二年执行、无期徒刑、有期徒刑的罪犯，在监狱内执行刑罚。”该条第1款中的“监狱”是刑事执法机关，第2款中的“监狱”则是一个特定的场所。这里之所以强调“监狱内”，是要求在监狱这样一处与社会相隔离的特定场所，对上述罪犯采用监禁的方式执行刑罚。监狱要完成对罪犯的监禁，就必须设立隔离设施，构成一个与社会相对隔离的监禁场所。罪犯在监狱内要顺利度过刑期，也需要监狱为其提供必要的狱内生活设施。监狱对罪犯的监管、教育和组织劳动，还需要配置相应的监管设施、教育设施和劳动生产设施。由上述特殊设施构成物质性的监管环境，以满足监狱执行刑罚和改造罪犯的实际需要，为监狱的执法职能活动的顺利进行提供必要的物质条件。应当说明的是，广义的监管改造环境，还应包括由监管氛围所形成的软环境。本节重点放在探讨由监管设施所形成的硬环境上。

我国监狱历来重视监管环境的建设。1990年11月6日司法部发布了《监管改造环境规范》，随后各地监狱按照规划合理、确保安全、利于监管、方便生产和生活的要求，展开监管改造环境的规范化建设，收到监院建筑物布局、建造规范合理，监舍、教室、监区环境清洁整齐，车间、场院设置有序的基本成效。

1994年颁布的《监狱法》对监管环境建设在经费保障上作出规定。《监狱法》第8条规定：“国家保障监狱改造罪犯所需经费。监狱的人民警察经费、罪犯改造经费、罪犯生活费、狱政设施经费及其他专项经费，列入国家预算。国家提供罪犯劳动必需的生产设施和生产经费。”《监狱法》对监管环境还作出了保护性规定。《监狱法》第9条规定：“监狱依法使用的土地、矿产资源和其他自然资源以及监狱的财产，受法律保护，任何组织或者个人不得侵占、破坏。”另外，《监狱法》对监管环境建设还提出了一些具体要求。例如，《监狱法》第43条规定：“监狱根据监管需要，设立警戒设施。监狱周围设警戒隔离带，未经准许，任何人不得进入。”第53条规定：“罪犯居住的监舍应当坚固、通风、透光、清洁、保暖。”第54条规定：“监狱应当设立医疗机构和生活、卫生设施。”

1998年司法部发布《监狱狱政警戒设施建设标准》（司发通〔1998〕095号）。2002年12月3日由司法部编制的《监狱建设标准》（已失效），由建设部、国家计委批准发布，对新建、扩建和改建的监狱监管环境作出了明确的规定。2010年9月7日住房和城乡建设部、国家发展和改革委员会批准发布经司法部修订的《监狱建设标准》，新标准于2010年12月1日起施行，2002年《监狱建设标准》同时废止。新《监狱建设标准》是监狱建设项目决策及合理确定监狱建设水平的全国统一标准；是编制、评估和审批监狱建设项目建议书、可行性研究报告的重要依据；是有关部门审查项目,初步设计和监督、检查项目建设全过程的尺度。该标准对监管设施建设起到直接的规范和控制作用。

二、监管改造环境的构成

(一)监狱房屋建筑

监狱房屋建筑是监狱为行使其法定职能,利用所掌握的物质技术手段,并运用一定的科学规律和美学法则建造的建筑物。

1. 罪犯用房

罪犯用房包括监舍楼、禁闭室、家属会见室、伙房和餐厅、医院或医务室、文体活动用房、技能培训用房、教育学习用房、劳动改造用房及其他服务用房等。

2. 警察用房

警察用房包括办公用房、公共用房、特殊业务用房、管理用房、备勤用房、学习及训练用房。

3. 武警用房

武警用房建设项目及标准应按武警总部有关规定执行,主要包括执勤用房、训练用房、工作用房和生活用房等。

4. 其他附属用房

其他附属用房包括收发值班室、门卫接待室、辅助管理岗位人员用房、车库、仓库、配电室、锅炉房、水泵房、应急物资储备房、污水处理站等。

(二)场地及其配套设施

场地包括警察及武警训练场、罪犯体训场及监狱停车场。配套设施主要包括消防、给排水、暖通、供配电、燃气、通讯与计算机网络、有线电视、环保、节能、道路、绿化以及警察行政办公、罪犯生活、教育、医疗、劳动改造设施设备等。

三、监管改造环境的建设

(一)监管改造环境的建设目标

1. 符合监狱执法的需求

监管环境建设的首要目标是符合法治监狱执法的基本需求。从监管硬环境的角度来看,监狱建设应严格按照监狱法及监狱建设标准执行。安全警戒设施、罪犯监管设施、罪犯生活设施、罪犯卫生设施、罪犯教育设施和罪犯劳动设施,均应符合监狱法的要求,符合监狱建设标准。从监管软环境的角度来看,监狱要致力于营造良好的法治环境。

2. 符合监管安全的需求

监狱安全是监狱工作的重中之重。监管环境建设必须符合监管安全、改造罪犯和应对突发事件的需要，应从监狱的实际情况出发，与经济、社会发展相适应，达到安全、坚固、适用、经济、庄重。监狱的建筑物、构筑物、配套设施都应当符合安全需要，消除设计、施工、维护、保养等各个环节的安全隐患。监狱要广泛吸收借鉴国内外监狱安全设施之长，把监狱安全这篇文章做足做细。平安监狱的建设，也离不开营造罪犯安心服刑、积极改造的监管氛围。

3. 符合监狱文化建设的需求

监狱文化建设是将人类优秀文化的精髓贯穿于监狱领域的建设目标，着力提升监狱事业中的人文精神、人文环境、人文关怀、人文素养。作为国家刑罚执行机关的监狱，应当具备庄重、质朴、充满生机的文化氛围。例如，设置监狱文化建设长廊，展现古今中外监狱的文化内涵，使其成为颇具特色的人文景观。有了这样一所充满文化气息的监狱，将有助于培养和提升监狱人民警察人文精神和人文素养，发挥人文精神对服刑罪犯感召熏染作用。

4. 符合监狱生态建设的需求

生态监狱作为监狱建设的目标，一是监狱要处理好人与大自然的关系。监狱要运用春、夏、秋、冬四时之大自然的生机，激发罪犯积极向上的服刑心态，消除沉闷、枯燥的消极心理，营造生机盎然的狱内生态环境。修订后的《监狱建设标准》，将新建监狱与改建扩建监狱的绿地率分别由以前的20%和15%，提升至25%和20%。二是监狱可以创立自然能源微循环系统，充分利用沼气池、太阳能、风能等，建设节能环保型的监狱。

（二）监管改造环境建设的原则

1. 分类建设，一次规划

（1）监狱的分类。监狱建设按关押罪犯人数分为小型监狱、中型监狱和大型监狱。押犯在1000～2000人的属于小型监狱，押犯在2001～3000人的属于中型监狱，押犯在3001～5000人的属于大型监狱。监狱的建设项目与监狱押犯规模相联系，实行不同的指标控制。监狱按押犯的危险程度，分为低度戒备监狱、中度戒备监狱和高度戒备监狱。高度戒备监狱的押犯规模应以关押罪犯人数在1000～3000人为宜。

（2）监狱的选址。新建监狱的选择应当同时满足四个条件。第一，新建监狱应选择邻近经济相对发达、交通便利的城市或地区。监狱作为国家的刑罚执行机关，承担着惩罚和改造罪犯、预防和减少犯罪的神圣职责，监狱建设选在上述城市或地区,有利于维护监狱安全稳定,有利于综合利用社会资源对罪犯实施教育改造和劳动改造,也有利于监狱生活保障和警察队伍的稳定。未成年犯管教所和女子监狱由于分别关押着未成年犯和女性罪犯,在年龄、生理、心理方面具有特殊性,因此选址在经济发达、交通便利的大中城市,以便更好地利用社会资源,实施社会帮教,体现社会关爱。第二,新建监狱应选择地质条件较好、地势较高的地段。新建监狱严禁选在有滑坡、洪水淹没、海潮侵袭等可能发生自然灾害且足以危及监狱安全的地区。第三,新建监狱还应选择在给排水、供电、通讯、电视接收等条件较好的地区。第四,新建监狱与各种污染源、易燃易爆危险品、高噪声、高压线走廊、无线电干扰、光缆、石油管线、水利设施的距离应符合国家有关规定。

(3)一次规划

新建监狱建设项目应一次规划到位,并考虑监狱长远发展,适当预留发展用地。监狱建设项目应避免二次施工和反复投资,从而降低监狱建设成本,提高监狱建设的科学规划水平。扩建和改建的监狱建设项目应充分利用原有可用设施,做到合理规划、设计和建造,防止浪费,提高投资效益。监狱建设应统一规划,并纳入当地城市和地区的总体规划,各项公用设施应尽可能地利用当地提供的社会协作条件。

2. 合理布局,功能完备

(1)监管环境的功能分区。监狱的总平面布局应分为罪犯生活区、罪犯劳动改造区、警察行政办公区、警察生活区、武警营房区;各区域之间彼此相邻,有通道相连,并有相应的隔离设施。在平面布置中,应按功能要求合理确定各种功能分区的位置和间距。在各功能分区中,应按功能要求合理确定各种用房的位置;用房的布置应符合联系方便、互不干扰和保障安全的原则。中度戒备监狱围墙内建筑物距围墙距离不应小于10m,高度戒备监狱围墙内建筑物距围墙距离不应小于15m。

(2)中度戒备监狱的区域划分。罪犯的学习、劳动、生活等区域应有明确的功能划分,主要建筑物之间应当以不低于3m高的防攀爬金属隔离网进行隔离并应有通道相连。中度戒备监狱可设立高度戒备监区,用于关押高度危险性的罪犯。该区域必须远离其他区域或建筑,与其他监区、建筑物的距离不宜小于20m,自成一个分区,封闭独立,且应布置在武警岗哨观察视线范围内,并应以不低于4m高的防攀爬金属隔离网进行封闭隔离。

(3)高度戒备监狱的区域划分。高度戒备监狱关押的罪犯具有高度危险性和难控制性,需要特殊的管理和控制,高度戒备监狱分设若干个封闭独立的监区,每个监区具备罪犯生活、教育、劳动、文体活动等功能用房,可以将罪犯日常活动范围限制在一定的区域内;同时,设置警察巡视专用通道,能够有效保障执勤警察的安全;各功能用房之间应设置必要的隔离防护设施,便于对此类罪犯的有效管理和控制,充分降低监管的安全风险。另外,为了有效控制罪犯活动的路径,层层设防,增加可控性,提高防越狱和处置突发事件的能力,最大限度地保障监管安全,高度戒备监狱内各监区、家属会见室、罪犯伙房、罪犯医院、禁闭室等区域之间均应以不低于4m高的防攀爬金属隔离网进行隔离,并用封闭通道相连;封闭通道与各区域的连通处应设置牢固的金属防护门;封闭通道内应根据监管安全的实际需要分段设置牢固的金属防护门。

3. 体现特色,规范建设

监管环境的建设项目,如监狱的隔离设施、安全警戒和监管设施,都有着特定的用途和建设标准,这在其他的社会公共设施领域是极其少见的。2010 年的《监狱建设标准》,从监狱的实际情况出发,制定了一系列的特殊标准,充分考虑了监狱建设的特殊性。第一,监狱监管区大门的标志应醒目、统一,标志上宜有警徽及监狱名称的中文字样;在有少数民族文字规定的地区应按当地规定执行。第二,监狱内的道路应使各功能分区联系畅通、安全;应有利于各功能分区用地的划分和有机联系;应根据地形、气候、用地规模和用地四周的环境条件,结合监狱的特点,选择安全、便捷、经济的道路系统和道路断面形式。第三,监狱建筑的装修,应遵循简朴庄重、经济适用的原则,结合监管工作实际,合理确定装修标准。各类用房原则上应采用普通装修,严禁豪华装修。微机室、会议室、监控室及气候炎热地区监狱的行政用房应设局部空调。采暖地区的监狱建筑应按国家现行的有关规定设置采暖设施。第四,监狱建筑应设置完备的给水、排水系统。第五,中度戒备监狱的供电电力负荷等级宜为一级,高度戒备监狱应为一级,并均应附设备用电源和应急照明器材。

狱政设施的建设也要遵循公共设施建设的通用标准。公共设施建设的标准化,是我国建设领域非常关注的问题。监狱建设除了执行一些特殊标准外,还要符合国家现行的有关规范、标准的要求。监狱的节能、环保、卫生等各项内容应符合国家有关法规、规范、标准的规定。在修订后的《监狱建设标准》中,也多次提到国家的相关规范和标准,如监狱内医疗用房、教学用房、伙房、餐厅等应根据建设规模和监狱管理体制,参照现行国家标准《民用建筑设计统一标准》《综合医院建筑设计规范》《中小学校设计规范》《饮食建筑设计标准》等有关规范、标准,按实际需求设置。又如,监狱建筑的耐火等级、抗震设防,监狱的垃圾处理、污水处理和烟尘排放,必须符合国家有关法规、规范、标准的规定。再如,监狱内各建筑之间及狱内建筑与狱外建筑之间的距离应符合国家现行的安全、消防、日照、通风、防噪音和卫生防护等有关标准和规定。

此外,监狱建筑还应结合当地的建筑传统、风格,并体现监狱建筑的特殊性、统一性。

4. 软硬并举,追求成效

监狱在建设监管设施的同时,还要注重监管氛围的营造。首先,硬件环境建设要为监管氛围的营造提供条件,用看得见摸得着的外显形式,如环境布置、装饰效果、宣传栏、标语口号等,推动良好的监管氛围的形成。其次,针对罪犯服刑期间普遍存在的沉闷、压抑、失望、精神萎靡不振等消极心态,监狱要努力营造积极向上的监管氛围。硬件环境和软件环境的有机结合,为保障监管安全、促进罪犯安心服刑和积极改造打好基础和铺垫。

(三)监管改造环境的建设途径

根据监狱建筑的历史演变趋势、现代行刑理念和监狱建筑规范化的基本原则,监管环境特别是监狱建筑应当把握"隔""分""融""糅"四个实施要点。

1. 监管环境建设中的"隔"

监管环境建设的首要任务是必须完成监狱周界与比邻社会单位的严格隔离。马克思主义认为,监狱是国家的机器,是强迫他人意志服从暴力的特殊强制机构。监狱通过严密的周界警戒隔离设施向社会公众明确地宣告,监狱的惩罚和改造活动是有国家强制力为保证来实现的,代表着不可侵犯的国家意志,也无可争辩地体现着我国监狱的隔离罪犯、惩罚犯罪的职能。对罪犯的人身实施与社会的隔离,以此完成对剥夺自由刑的实现,杜绝罪犯对社会继续侵害或威胁的可能性,是监狱的一项基本的社会功能。监狱这一隔离功能的发挥,离不开必要的特殊设施。监狱的围墙、大门、电网、岗楼、隔离地带等设施,都是具有隔离功能的监狱设施。监狱通过设置这些隔离设施,实现罪犯与社会的隔离。监狱的隔离设施的正常运行和使用,显示着监狱的隔离功能。

从技术层面上讲,监狱的隔离警戒设施目前可分为两种形态。一是砖石结构的全封闭性的大墙,二是金属网格式的半开放型的隔离墙。对于半开放的单位,如农场式的罪犯出监教育中心,还可以探索使用其他隔离设施。无论哪一种类型的隔离带,都应当采用主次分明的三道防线,即主围墙、主网的内外两侧,分别设置电子围栏、辐射电缆报警等系统。

2. 监管环境建设中的"分"

监管环境建设要适应监狱和监区的分类、分级、分区和分层建设的需要。

(1)分类建设。按关押对象的年龄,我国监狱设置成年犯监狱和未成年犯管教所;按关押对象的性别,成年犯监狱分为男犯监狱和女犯监狱;按罪犯服刑的不同阶段，许多地方监狱开始设置入监教育中心和出监教育中心。上述监狱的分类，要求监狱在建设中适应押犯的服刑特征，满足各自不同的管理和教育的需要。

（2）分级建设。我国监狱开始推行以罪犯危险程度和社会危害性的大小为基本标准的分级建设，设置高度戒备监狱、中度戒备监狱和低度戒备监狱。其中，未成年犯管教所和女犯监狱被界定为低度戒备监狱。从现实需要来看，应当扩大低度戒备监狱至成年男犯监狱，将以关押短刑犯、过失犯为主的监狱设置成低度戒备监狱，在外围警戒设施、内部监管设施等方面采用低于中度戒备监狱的标准。对于死缓犯和无期徒刑的罪犯，应当设置专门的监狱来关押，采用最为严密的警戒和监管设施。另外，在监狱内部，宜设置不同管教条件和不同待遇标准的严管监区、普通监区和宽管监区，实现监狱内部监区的分级建设。

（3）分区建设。监狱建设中，办公区、武警营房区、劳动改造区与罪犯生活区要依照规章分区建设。劳动改造区与罪犯生活区要分隔封闭，尽量与罪犯生活区相邻，并有通道相连。区域外围要有相应的隔离设施，隔离设施可以采用围墙、警戒隔离标志等形式。罪犯生产区内要道路通畅，有齐全、完好的防火、防爆、防毒和防暑降温设备；工业单位车间要设更衣室、工具箱或者保管室，并设污物箱、卫生箱，生产设备应合理布局；农业单位的生产区必须标明警戒线或者其他警戒标记，库房、场院要保持整洁。

（4）分层建设。目前我国监狱一般采用多层建筑，为便于控制，许多监狱采用了分层设置出入口的措施，即每一个监区或分监区占据一个楼层，每个楼层设置独立的楼梯间。这一做法值得推广。

3. 监管环境建设中的“融”

监管环境的整体风貌要与监狱所在地区的自然环境和社会环境相融合，融入现代文明成果，融入优秀文化元素。

（1）监管环境要与监狱所在地区的周边环境相融合。监狱所在地区的周边环境，包括自然环境和社会环境。监狱建筑既要保持庄严、肃穆的整体效果，又要与周边的自然环境相协调。同时，要参照所在地区的民用建筑的基本格调，追求古朴大方的风貌。

（2）监管环境要融入优秀文化元素。中华文化在建筑上有集中的体现，为监狱建筑提供了很好的滋养，可以有选择地融入监狱建筑中。例如，在防范设施和装置的细节设计上，可淘汰生硬、呆板的铁窗护栏，代之以具有民族特色的铁艺窗。

（3）监管环境要融入当代文明成果。绿色、环保是当代建筑的主题和主流，可以吸收进监狱的建设之中，可以充分利用太阳能、沼气等能源，建设节能监狱。另外,智能化监管设施与监狱建筑充分融合,已成为监狱建设的一条主线。

4. 监管环境建设中的“糅”

监管环境建设不仅要遵守监狱领域的特殊性规范,还要遵守一般建设项目的普遍性规范。从安全角度看,监狱要遵守的普遍性规范有抗震、防火、避雷、防空袭等一系列具体规定。监狱建设要糅合上述规范,兼顾各种标准,设计出满足需要和要求的方案。这就需要建筑设计师既要掌握监狱的监管工作实际,熟悉监狱的监管安全需求和具体规范,又要严格落实建筑的普遍性规范。也就是说,要把各种规范糅合成为一个合理有效的体系。例如,每一所监狱都要有防震避难场所,该场所可以跟室外运动场合建,安装应急供水、排污设施,建立生活物资储备仓库,划定每个监区的临时疏散通道和避难区域,每个监区的避难区域之间宜在震后实施物理分割。监狱建筑要本着平急结合的原则,糅合各种建筑规范,充分发挥应有的效能。

第二节　外围警戒设施

一、外围警戒设施的含义

外围警戒设施是为保障监狱安全防止狱内外安全事件而建造配置的隔离防护设施。

外围警戒设施是确保监狱安全稳定,有效实施对罪犯的监管改造,防止越狱、暴狱、劫狱的必要措施。外围警戒设施建设应推广应用先进的科技成果,不断提高其现代化、智能化程度。外围警戒设施由围墙、岗楼、大门等组成。

二、外围警戒设施的内容

(一)围墙

1. 围墙的含义

围墙又称狱墙或者大墙,是监狱用于封闭监狱监管区域的主要隔离设施。《监狱法》所规定的罪犯在监狱内执行刑罚,是指通常情况下监狱要将罪犯的活动范围控制在围墙之内,罪犯的生活、学习和劳动场所的外围要用围墙封闭。从事农业生产的单位,罪犯的劳动场所往往是农田、林地,不容易用围墙封闭,但是其生活和学习场所则必须设在监狱的围墙之内。

围墙由围墙主体、围墙内外的警戒地带、围墙的照明装置、围墙上部的电网以及监控报警装置等构成。由于高度戒备监狱关押罪犯的高度危险性和难控制性,应重点加强其防越狱、防暴狱、防劫狱、防冲击的功能。因此在安全隔离设施上采用特别规定。其围墙高度、墙体的安全防护要求，围墙内外警戒地带宽度，都较中度监狱有所增加。

2. 围墙主体

中度戒备监狱围墙一般应高出地面 5.5m，墙体应达到 0.49m 厚实心砖墙的安全防护要求，围墙上部宜设置武装巡逻道。围墙地基必须坚固，围墙下部必须设挡板，且深度不应小于 2m，当围墙基础埋深超过 2m 时，可用围墙基础代替挡板。围墙转角应呈圆弧形，表面应光滑，无任何可攀登处。

高度戒备监狱围墙应高出地面 7m，墙体应达到 0.3m 厚钢筋混凝土的安全防护要求，上部应设置武装巡逻道。围墙地基必须坚固，围墙下部必须设钢筋混凝土挡板，且深度不应小于 2m，当围墙基础埋深超过 2m 时，可用围墙基础代替挡板，如遇软土等特殊地基时，围墙基础埋深应适当加深。

3. 警戒隔离带

警戒隔离带是设在监狱围墙内外两侧一定区域内、确保无障碍的空间隔离设施。《监狱法》第 43 条规定："监狱周围设警戒隔离带，未经准许，任何人不得进入。"

警戒隔离带的作用：一是防止罪犯接近、攀越或破坏围墙脱逃，防止外来人员及车辆对监狱的冲击，增强围墙的隔离性能；二是保证岗楼上执勤和围墙武装巡逻的武装警察的视线，有助于对围墙两侧区域的控制。

中度戒备监狱围墙内侧 5m、外侧 10m 为警戒隔离带，隔离带内应无障碍。围墙内侧 5m、外侧 10m 处均应设一道不低于 4m 高的防攀爬金属隔离网。

高度戒备监狱围墙内侧 10m、外侧 12m 为警戒隔离带，隔离带内应无障碍。在围墙内外警戒隔离带内各增设一道防攀爬金属隔离网，从而加大了罪犯从监狱围墙越狱和外来人员冲击监狱的难度，还可以赢得预警和处置越狱、暴狱、劫狱等突发事件的时间，进一步提高安全防范能力。围墙外侧两道隔离网之间设置防冲撞设施（如防撞桩、隔离壕沟等），从而有效阻止外来车辆对监狱围墙的冲击。

4. 围墙的电网、照明、监控报警装置

监狱围墙上部应设电网，其高度、电压等应按照有关标准执行。监狱围墙应设置照明装置；照明灯具的位置、距离应适当，照明灯具应配有防护罩。监狱围墙内、外侧警戒线内照明效果应良好。围墙及隔离网网上均应设监控装置以及红外线、雷达、泄露电缆等报警装置，与监狱监控指挥中心联网，构成智能监控报警系统。

（二）岗楼

岗楼宜为封闭建筑物，四周应挑平台，平台应高出围墙 1.5m 以上，并设 1.2m

高栏杆。岗楼一般应设于围墙转折点处,视界、射界良好,无观察死角,岗楼之间视界、射界应重叠,并且岗楼间距不应大于150m。岗楼应设置金属防护门及通讯报警装置。

(三)监狱大门

监狱大门指监狱罪犯监管区的大门,是监区人员车辆出入的咽喉地带,由大门及门卫值班室、武警哨位和武警备勤室构成。

1.大门的设置标准

监狱大门内外应留有一定的缓冲区域。监狱大门应分设车辆通道、警察专用通道和家属会见专用通道,每一通道均应设二道门,且电动AB开闭,并应设带封顶的护栏,从而可实现人车分流、警察和罪犯家属分流,有效控制车辆和人员的进出,便于管理和监控。警察专用通道和家属会见专用通道应设门禁、安检系统。车辆通道宜宽6m、高5m,车辆通道进深(AB门之间的距离)不宜小于15m,通道两端应设防冲撞装置(如防撞桩、破胎阻车器),可有效拦截外来车辆对监狱大门的冲击。车辆通道顶部和地面应设监控、探测等安检装置,可监控车辆的顶部和底部,并对车辆内部进行监控和检测,有利于监管安全。

2.门卫值班室的设置标准

监狱大门处应设门卫值班室、武警哨位,并应设置防护装置,外门应为金属门。室内应设通讯、监控和报警装置,并设有可在室内控制大门开闭的装置。

3.武警哨位的设置标准

根据司法部和武警总部的规定,监狱大门设置武警哨位,加强对监狱大门的管理,增强监狱大门的武装力量,提高震慑力。武警哨位参照门卫值班室的标准设置。

第三节 狱内监管设施

一、狱内监管设施的含义

狱内监管设施是监狱为实现对罪犯的监管和安全防护而设立的专门建筑及其配套设施。

监狱对罪犯监管活动的有效开展以及监管安全的有效保障,离不开科学设立的监管设施。监管设施是监狱监管环境的重要组成部分。

二、狱内监管设施的内容

（一）警察值班室、谈话室

监舍楼内应设警察值班室、谈话室，且应位于楼层出入口附近，并应设置牢固的隔离防护设施，内设警察专用通道及专用卫生间。警察值班室内应设通讯和报警装置。

劳动改造用房、技能培训用房应设警察值班室、警察专用卫生间，警察值班室的门窗应有牢固的隔离防护设施，并应设通讯和报警装置。

（二）禁闭室

禁闭室应集中设置于监狱围墙内，自成一区，离其他建筑物距离宜大于20m，其他用房之间的联系也不应穿越该区。区内设禁闭监室、值班室、预审室、监控室及警察巡视专用通道。禁闭监室内应有蹲便器和小水池各一个。考虑到罪犯的起居及防止脱逃，禁闭监室单间使用面积不应小于6m^2，室内净高不应低于3m，室内设施应具备防止罪犯自残、自杀的功能。禁闭监室外带一个小型放风间。禁闭监室内不应设电器开关及插座，应采用低压（宜采用24V电压）照明，并设置安全防护罩。照明控制应由警察值班室统一管理。禁闭室内预审室应隔音、通风。

（三）家属会见室和亲情电话室

家属会见室是监狱用于安排罪犯与前来探视的亲属、监护人会见的专用场所。为确保监管安全，家属会见室罪犯的活动区域应严格限制在监狱围墙内。同时，为便于会见人员进出，家属会见室应设在监狱大门附近区域。家属会见室作为罪犯与其亲属见面的场所，从安全防范考虑，罪犯和家属应各行其道，各走其门。会见室内应设置从严、一般和从宽会见的区域及设施，以适应分级处遇的需要。会见室宜设一高0.8m、宽1m平台，上设对讲装置以方便双方沟通，平台中线处设置高达棚顶的安全防护设施。监狱按每50名罪犯设一个会见位。家属会见室内应设置会见登记、家属等候、警察值班（监控）及小卖部等服务用房。

监狱按规定在基层押犯单位设置罪犯亲情电话室。

（四）警察备勤室

为应对监狱突发事件和开展紧急警务，监狱建立警察备勤制度。依据相关规范设立警察备勤室。中度戒备监狱按警察编制人数的55%配置，高度戒备监狱按警察编制人数的70%配置。科员以下按三类居室，每人综合使用面积8m^2；科员以上（含科员）按二类居室，每人综合使用面积12m^2。

（五）安全防范技术设施

监狱系统应当按照有关规定加强监狱信息化基础设施建设，按照一个平台、一个标准体系、三个信息资源库、十个应用系统的监狱信息化框架体系,[①]完善部、省、监狱三级网络建设,建立和完善通讯、监控、门禁、报警、无线信号屏蔽、目标跟踪、周界防范、应急指挥等技术防范设施,并应与监狱同步规划、同步设计、同步建设、同步投入使用。

监狱均应建立监控指挥中心。监狱的大门、围墙、会见室、禁闭室、警察值班室、劳动现场、学习现场、监舍走廊等所有需要监控的部位应当安装视频监控装置。各区域视频监控信号应当与监控指挥中心联网,监狱大门、围墙、禁闭室、会见室等要害部位的视频监控信号应当与驻监武警部队作战勤务室联网。监狱内警察值班室、大门值班室、监舍走廊、餐厅、学习劳动现场等警察带班执勤部位应当安装触发式报警装置。监狱应当安装手机信号屏蔽装置。

1. 监听装备

监听器的分类方法很多,可分为无线监听器、有线监听器,也可分为电话监听器、红外激光监听器、微波监听器等。监狱可根据工作的需要,在罪犯的学习、劳动、生活“三大现场”安装监听器,在秘密、半公开、公开的情况下,掌握被侦查罪犯的活动情况,便于及时采取相应措施。

2. 监视装备

它分为一般视频监控系统和夜视仪两部分。一般视频监控系统由前端(如摄像机、镜头、云台、支架等)、信号传输(无线、有线传输)、信号处理及终端(如监视器、录像系统等)四大部分组成。利用闭路电视系统可以弥补音响监控系统的许多缺陷。

夜视仪包括主动红外夜视仪、被动红外夜视仪、微光夜视仪、微光电视等。它是一种在全黑条件下能够观察到目标成像的光电装置。根据工作需要,每个监狱应配置一台夜视仪,供夜间监视罪犯活动和追捕时使用。有条件的监狱还可在光源差或既无光源又属要害部位或罪犯易于脱逃的出没场所安装微光电视,既能起到一般的夜视仪所具有的防范作用,又可以收到特殊的窥视监控效果。

上述监视、监听装备既可以单独使用,也可以作为多媒体监控系统的组成部分。通过多媒体监控系统,使监视、监听、报警装备集合成为一个整体而有效的综合安全防范系统。

3. 门禁装备

门禁装备是指对进、出监区的正常通道进行管理、控制人员出入的电子控制系

---

① 详见本书第十一章第五节“监狱信息化建设”。

统。一般由门禁控制器、读卡器、电子门锁、门禁考勤软件和通讯转换器等几部分组成。配合监控系统的使用,应急指挥中心除了可以监视这些门的状态以外,还可以直接控制这些门的开启和关闭。对监狱会见室等地方,也可以按照上述方式,对会见室出入口进行管理和控制,同时通过 ID 卡识别、记录前来会见人员的基本情况。有条件的单位还可以在各个监房安装电动门锁,由各个监区(分监区)值班室和总控制中心管理和控制,并和监控、报警系统连接,实现联动报警。

4. 探测报警设备

探测报警设备具有及时发现入侵、有效制止犯罪的作用,它包括防爆、安全检查、防盗报警、出入口控制以及其他各种安全防范系统等。按使用范围通常分为点控制、空间控制、周界控制等几类。

点入侵探测器分为磁控开关、微动开关、接近探测器等。空间入侵探测器分为声波探测器、被动红外探测器、微波入侵探测器、双鉴探测器、视频移动探测器等。周界探测器分为钢丝网扰动报警器、电场报警器、埋线报警器、主动红外入侵探测器、对射微波探测器、激光探测器等。

选用报警器要对使用报警器的现场做一番确切调查。对室内外的情况及环境影响做详细的了解。对室外主要看地形(是平地还是丘陵抑或山地)、植被情况(是否有草、树等植物)、气候情况(包括气温、风、雪、雨、雾、冰雹等)和土质情况,还要注意周围是否有各种动物,是否有各种电磁干扰(如附近是否有广播电台、高频设备等)。在室内要了解一切可能的出入口,房间面积大小及其形状,屋内家具的种类及布置情况,窗户情况,是否靠近交通要道,附近是否有空调、热源、超声源(如空气压缩机等),以及用电情况,室内是否有易振动的物体等。

上述情况对于选用报警装置是密切相关的,就室外报警器来说,如果地形高低不平,周界弯弯曲曲,就不宜采用波束型的微波或主动红外报警器,而应采用能随地形走向而改变的电场感应式或驻极体电缆等报警装置;如气候多为浓雾天气,则不宜采用红外报警装置,而应采用主动式微波报警装置;若室内走廊是狭长形的,则应采用小角度长距离的报警装置;环境噪声较多的房间应采用抗干扰能力强的双技术报警装置,等等。

(六)其他安全防护设施

监狱的安全防护应当符合以下要求。

1. 室外疏散楼梯周围应设金属防护栅栏;通向屋顶的消防爬梯离地面高度不应小于 3m,且 3m 水平距离内不应开设门窗洞口。罪犯用房楼梯的临空部位应用金属栅栏封闭。

2. 围墙内所有建筑物外窗应设金属防护栅栏,内窗宜设置防护设施。围墙内所有建筑物的门应安全、坚固。

3. 监狱围墙内所有的水、电、暖气检查口、检查井及穿越围墙的各种管道口、检查井口等处应设牢固的防护装置。

4. 高度戒备监狱围墙内建筑物使用的玻璃,应根据监管安全的实际需要,具备相应的安全性能。

5. 为防止通过直升机等航空器劫夺罪犯,高度戒备监狱罪犯室外活动区域宜设置必要的防空网、防空索等防航空器劫夺的设施。

第四节 生活卫生设施

一、生活卫生设施的含义

生活卫生设施是监狱为安排罪犯服刑生活和保障罪犯身体健康所设立的设施。

监狱根据监狱法和相关规定,按照部颁标准设立罪犯生活卫生设施。这些设施的设立为罪犯提供了在监狱内服刑的基本生存条件,同时也是对罪犯实施生命权、健康权加以保障的具体表现,是对罪犯关怀感化的重要手段。

二、生活卫生设施的内容

(一)监舍

监舍是罪犯在监狱内的最基本的生活设施,是监狱建筑的主体部分之一。

1. 监舍建设的基本要求

我国法律非常关注监舍的建设,《监狱法》第53条规定,“罪犯居住的监舍应当坚固、通风、透光、清洁、保暖”。

(1)监舍要符合坚固的要求。建筑物的坚固主要体现在建筑设计耐久年限上,在这方面监舍与民用建筑的要求是完全一致的,并不因为监舍是罪犯居所就降低标准,监舍的建筑要按国家现行的有关抗震设计规范、规程进行设计,其耐久年限不应少于50年;超过耐久年限或属于危房的旧监舍不能继续使用。这充分体现了我国法律从罪犯居住环境方面对罪犯人身安全所持的保护态度。

(2)监舍要符合通风的要求。监舍属于人员密集的区域,如果没有良好的通风条件,监舍内的空气流通不畅,就会滋生有害细菌,产生异味,危及罪犯的身体健康。

所以,我国法律特别强调监舍的通风问题。监舍的通风有自然通风和机械通风两种形式。自然通风是指监舍在朝向和方位的选择上,在窗地比例上充分考虑通风的要求。自然通风时应加设机械通风系统,例如,采暖地区监舍楼建设,应加设机械通风系统,换气次数按有关规范计算确定;风口应采用扁长形风口,以防罪犯爬入;采暖负荷计算时应考虑通风所损失的热量。监狱对监舍通风的重视,也是切实保护罪犯的身体健康的具体例证。

(3)监舍要符合透光的要求。这是从充分保障罪犯身体健康的角度提出的建设要求,要具有良好的朝向,并应直接天然采光,其采光窗洞面积与房间地板面积之比,要符合规定的标准,保证每一间监舍都能采到符合规范要求的自然光,绝对防止用采不到自然光的“黑房子”作为罪犯的居住房间。

(4)监舍要符合清洁的要求。这是从监舍管理方面提出的环境卫生的要求。监舍的管理,要按照《监管改造环境规范》等部门规章的要求,做好罪犯生活场所的环境卫生。罪犯的居室、走廊、墙壁、盥洗室、厕所要保持清洁、卫生。

(5)监舍要符合保暖的要求。监舍要按规定采用隔热保暖性能比较好的墙体材料,有良好的朝向和布局,采暖地区的监舍要保证有良好的采暖设施。

2. 监舍的具体要求

(1)功能完备。监舍要满足罪犯日常生活的需要,内设寝室、盥洗室、厕所、物品储藏室等。首先,寝室宜设在监舍楼较好的朝向,室内床位宽不应小于0.8m;床位为双层时,室内净高不应低于3.4m,床位为单层时,寝室内净高不应低于2.8m。监舍楼内走廊若双面布置房间,其净宽不应低于2.4m;若单面布置房间,其净宽不应低于2m。寝室窗地比不应小于1/7。高度戒备监狱设单人间、四人间、六人至八人间。其次,监舍楼设置罪犯使用的盥洗室,参照有关规范,结合监狱管理的实际需要,洗脸盆或盥洗龙头按每8人设立一个。高度戒备监狱盥洗室应位于寝室内,单人间、四人间设一个盥洗龙头,六人至八人间设两个盥洗龙头。再次,监舍楼按规定设置罪犯使用的厕所,男厕所大便器、小便器或槽位每16人设一个,女厕所大便器每10人设一个,洗手盆和污水池各设一个。高度戒备监狱厕所应位于寝室内,单人间、四人间设一个大便器,六人至八人间设一个大便器、一个小便器。最后,监狱按规定设置罪犯物品储藏间,内设4层藏柜,用于储存罪犯的非生活必需品。

(2)利于监管。首先,有条件的中度戒备监狱可在寝室内设卫生间,以有利于对罪犯夜间的监管。其次,根据监狱关押对象的不同确定监舍楼每间寝室的关押人数。每间寝室关押男性罪犯时不应超过20人;关押女性罪犯和未成年罪犯时不应超过12人;关押老病残罪犯时不应超过8人,且床位宜为单层。高度戒备监狱由于关押对象管理改造难度大、危险性强,每间寝室关押罪犯不应多于 8 人。寝室宜按 5% 单人间、30% 四人间、65% 六人至八人间设置。其中单人间应设独立放风间,单人间用于关押最危险、最需要特殊管理和控制的罪犯,以严格控制其活动范围。再次,监舍楼管道、电线均应暗装,出口及插座均应设带锁的金属箱;监舍楼内配电箱应设在每层的警察值班室内。最后,监舍楼内应根据实际需要设置夜间照明灯具,监舍楼内灯控开关应设在警察值班室内,各房间及走廊的照明均应在警察值班室的控制之下。

(3)符合建筑规范。监舍的建设还要符合国家的防火、防震等标准和要求。

(二)伙房和餐厅

罪犯食堂是罪犯集体进餐场所。罪犯伙房宜集中设置,自成一区。伙房应设在罪犯生活区的下风向,炊具宜机械化、现代化;应分别设立主、副食加工间,少数民族餐加工间,病号餐加工间,并配置相应的库房、烧火间、配餐间。在冬季需要储存蔬菜的地区,监狱要增设罪犯的储菜用房。

餐厅是罪犯集体进餐场所。为防止罪犯过于集中,给管理带来不便,餐厅宜分散设置。

(三)医院或医务室

监狱医院、医务所是为罪犯提供医疗保健的服务保障设施。监狱可根据关押罪犯人数确定设置医院或医务室。医院或医务室宜独立建房,应建在罪犯生活区的下风向,要求阳光充足、空气流通、场地干燥。医院宜按一甲医院标准设置,应设置手术室、X 光机、检验室等。关押传染病和精神病罪犯的监狱,按有关规定执行。

(四)日用品供应站

按照有关规定,监狱一般不允许家属直接为罪犯提供生活日用品,需要在监狱内设置生活日用品供应站,供罪犯定期采购。

(五)其他服务设施

监狱根据押犯规模和实际需要,设置罪犯理发室、浴室、晾衣房、被服仓库等服务用房。

第五节 教育劳动设施

一、教育劳动设施的含义

教育劳动设施是监狱为依法有效开展对罪犯的教育改造、文化改造和劳动改造所设立的各种设施。

教育改造、文化改造和劳动改造均属于我国监狱改造罪犯的基本手段，教育文化劳动设施的设立，是这三项改造得以实施的前提条件和物质保障。

二、教育劳动设施的内容

（一）教育设施

1. 图书阅览室

监狱设置图书阅览室，按每 100 人设 10 个阅览座位，每座位使用面积 1.5m^2。人均图书按 20 册，藏书 400 册/m^2，人均图书使用面积 0.05m^2。

2. 教室

监狱按规定配置罪犯的教室，每个座位使用面积按 1.37m^{2}计算。小型监狱按关押罪犯人数的 46% 配置教室，中型监狱按关押罪犯人数的 41% 配置教室，大型监狱按关押罪犯人数的 35% 配置教室。高度戒备监狱教学用房适当增加。未成年犯管教所和女子监狱教育学习用房适当增加。教学用房可根据关押罪犯人数单独建设，也可与其他建筑合并建设。

3. 技能培训用房

技能培训用房是根据监狱监管改造工作的有关规定，对罪犯进行职业技能培训的场所。其中包括培训车间、技术辅导岗位人员用房等。

4. 心理咨询室

为有效开展罪犯的心理矫治工作，监狱要设置罪犯心理咨询室。按每分监区（管理 150 名罪犯）设 28m^{2}心理咨询室。高度戒备监狱按每分监区（管理 75 名罪犯）设 30m^{2}心理咨询室。心理咨询室要结合教育改造工作实际，设置相应的功能。

5. 法律咨询室

为充分利用社会法律工作者的力量对罪犯提供法律咨询服务，增强罪犯的法律意识，监狱须设置法律咨询室。其使用面积为小型监狱 30m^2、中型监狱 40m^2、大型监狱 50m^2。高度戒备监狱法律咨询室面积增加一倍。

6. 社会帮教室

为充分利用社会各界人士的力量对罪犯进行帮扶教育，监狱须提供必要的帮教场所。监狱设置社会帮教室，其使用面积为小型监狱 30m^2、中型监狱 40m^2、大型监狱 50m^2。高度戒备监狱社会帮教室面积增加一倍。

7. 文体活动设施

监狱按规定设文体活动室和礼堂。高度戒备监狱由于其罪犯的特殊性，不便于大规模集中,不设置礼堂。监狱按规定设置罪犯室外体训场。

(二)劳动改造设施

劳动改造设施是根据监狱法和监狱监管改造工作的有关规定,依法组织罪犯生产劳动的改造场所。劳动改造用房按每名罪犯建筑面积 7.6m^2 设置,其中包括生产车间、生产关键要害岗位人员用房等。从事特殊劳动改造项目的监狱,可根据其工艺流程合理确定劳动改造用房的建筑面积。

研究与思考

1. 简述监管改造环境建设的目标和基本原则。
2. 简述外围警戒设施和狱内监管设施的规范化、现代化、智能化发展。
3. 简述罪犯生活卫生设施和教育劳动设施建设的基本要求。

第五章 监管改造流程

重点提示

1. 监管改造流程是监狱为正确执行刑罚和成功改造罪犯，由始至终按照分类分级和分阶段管理思路而建立的次序和程序，具有保障正确行刑、过程控制、目标管理、精细管理的作用。

2. 收监是监狱行刑的首要环节。罪犯入监管理包括身体检查、服刑权利告知、义务督导、适应性训练、分类与分流等内容。

3. 罪犯的分类管理包括基于罪犯人身危险性的分类管理、基于年龄和性别的分开管理和基于犯罪类型的分别管理。

4. 分级管理是对罪犯待遇进行的动态调控，具有调控性、阶段性、动态性特点，旨在激励和引导罪犯改造的积极主动性。

5. 监管改造的终结包括释放、特赦、罪犯死亡等情形。罪犯出监管理包括集中管理、心理准备、技能准备、安置准备等内容。

第一节 监管改造流程概述

一、监管改造流程的含义

监管改造流程是监狱为正确执行刑罚和成功改造罪犯，由始至终按照分类分级和分阶段管理思路而建立的次序和程序。

“流程”一词的本义是指水的流动轨迹，引申到管理活动中，是指由两个及以上环节组成的端对端的工作过程。我国监狱对罪犯的监管改造有明确的起始和终结的时间，起始到终结，构成端对端的总格局。在这个过程中，经过对罪犯分类分级和分阶段管理，形成监管改造的完整流程。

二、监管改造流程的基本构成

(一)监管改造流程的组成

监管改造流程管理的基本原理来源于现代企业流程管理理念,即将罪犯当作监狱系统的一种“产品”,从原材料(监狱接收的罪犯),经过各道生产加工工序,最后向社会输出合格产品(守法公民),这种过程可以称为“人的再社会化”。在罪犯依法被交付执行时,分别由公安机关(看守所)移送入监监狱(罪犯分类中心)或者未成年犯管教所、女犯监狱。罪犯在入监管理结束后,分别押送不同戒备等级的监狱或者病犯集中康复中心。根据其服刑期间的改造表现和服刑时间实现分级处遇。到了罪犯即将出监时,则被送往出监监狱(社会功能恢复中心)。罪犯刑满释放后,由有关部门负责安置和帮教(对于假释和暂予监外执行的罪犯则移送社区矫正机关)。由以上环节构建罪犯由入监到出监的流程化动态改造体系(如图5-1所示)。

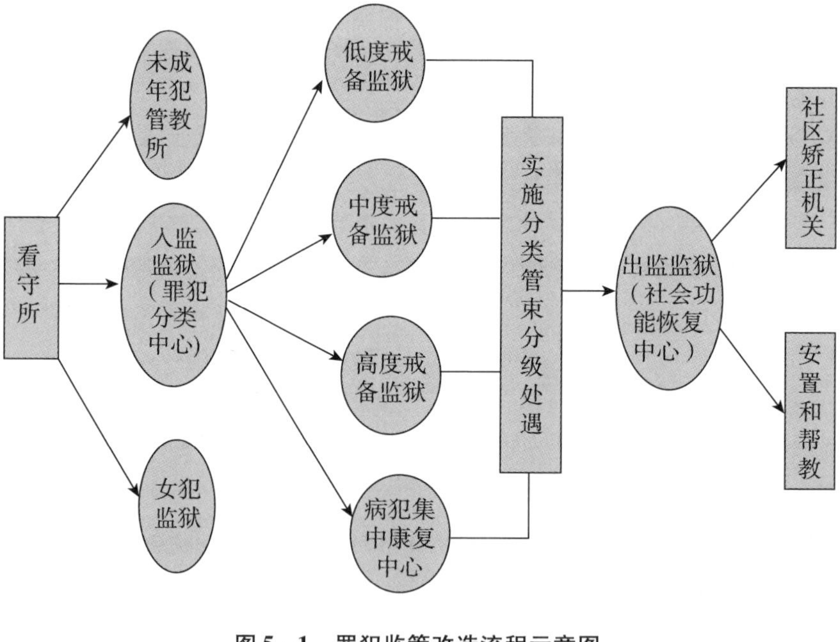

图5-1 罪犯监管改造流程示意图

(二)监管改造流程的实现

按照监管改造流程的完整管理功能,监管改造流程的实现分为四个环节。

1. 监管改造组织的建立完善

监管改造流程的形成离不开相应的监管改造组织的设立和完善。按押犯危险程度划分的低度戒备监狱、中度戒备监狱、高度戒备监狱在国内外已经有很多先例,女子监狱和未成年犯管教所也在各地区广泛建立和运行,下面重点对其余五类进行阐述。

(1)看守所。看守所担负着关押犯罪嫌疑人的基本职能。如果将整个罪犯改造系统看成是一个封闭的圆周,那么只有将看守所划入改造领域,才能实现整个圆周的完美开始,否则无论从改造角度还是从公安"羁押审讯一体式"来看都显得很尴尬。看守所时期的已被判处刑罚罪犯是改造罪犯初始的阶段,将其和后续分离不利于对罪犯的深层次了解和分析,在送往监狱服刑前后,罪犯在心理和表现上存在很大的差异性,这种表现如果不能纳入整个改造体系,无疑会让后续担负改造任务的监狱很是被动,甚至担负一定程度的危险性。

(2)入监监狱。入监监狱又称罪犯分类集散中心,主要功能是搞好入监教育,更要实现对罪犯人格科学量化的分析研判,如危险性、健康状况、精神状况等,从而实现罪犯有针对性的分类流转。全国首家以新收、分流遣送罪犯和入监教育为主要功能的专业性监狱是上海市新收犯监狱,其成立于 1997 年,位于上海市青浦区,依法收押上海市各级人民法院判决生效并交付执行的成年男性罪犯。

(3)病犯集中康复中心。其至少应当包括传染病、精神病、危重病(家属不愿承担医疗责任)三类罪犯。这些病犯因身体健康的特殊性,需要设立专门性监管康复中心予以集中封闭化管理,进行专业化的管理和治疗。各地区宜按照实际情况设立 1 至 2 所,或者和地方医院联合组成,从而减少普通监狱的监管负担,也更能体现监狱的人文情怀。

(4)出监监狱。出监监狱亦可称为社会功能恢复中心,以收纳即将释放、回归社会的罪犯为主。出监监狱的功能主要是为了实现刑满释放人员顺利回归社会。

(5)社区矫正机关。在省级设立统一的社区矫正执行机构,统筹安排社区矫正工作,进一步建立完善类似监狱系统的垂直领导体系,从而使司法系统实现看守所、监狱和社区矫正三足鼎立的局面,改变社区矫正人员管束不力的现状,也在大局上完成罪犯从入监到释放的正常闭环动作。

2. 监管改造流程的规划设计

按照监管改造工作科学化要求,监狱要根据设置布局、功能划分、硬件设施、戒备等级、警察队伍建设情况等总体状况,对一定行政区划内的监狱或某一监狱内部的监管区域进行整体的功能划分,以满足监管改造工作分押分类分阶段实施的实际需求,并确保合理分工、有效衔接配合。

3. 监管改造流程的规范运行

按照监狱工作法治化、规范化的要求,根据法律的规定,对监狱依法收监、入监管理、分押分管、出监管理、释放和安置衔接等环节流程,进行制度规范、予以硬件保障,确保运行规范高效。

4. 监管改造流程的监测调整

监狱人民警察要根据监管改造流程实际运作的情形和效果,对监管改造流程制度设计和流程运行中出现的偏差问题及时进行纠正、调整和控制。监管改造流程是监狱工作的基础性重要工作,监管改造流程的设计是否科学精细、运行是否规范高效、监督控制是否到位及时,对监管安全、改造质量都具有重要影响。

三、监管流程的作用

(一)正确行刑

刑事实体法、程序法和执行法是刑罚执行工作的主要法律依据和直接调整规范。监狱作为刑罚执行机关,将罪犯依法收监、展开行刑改造直至依法释放做好安置对接,这一系列监管工作流程均须依法进行。当然,监狱作为刑罚执行机关在履行法定职责过程中,对监管流程的具体实施过程也应当制定相应的规范,并在适当范围内向利害关系人或社会公开,从而确保依法监管、依法行刑。

(二)过程控制

科学性是行刑现代化的必然要求,也是监管改造的行刑效能、社会效能最大化的客观需要。监管流程的科学性既体现在其整体规划设计的科学性、衔接有序的高效性,更体现在其实现“惩罚和改造相结合,以改造人为宗旨”这一党和国家制定的监狱工作方针的契合度和达成度上。

(三)目标管理

行刑社会化作为监狱行刑发展的世界性趋势,遵循了罪犯行刑改造的客观规律。监管流程规划设计和规范运行的根本目标是要提升监狱监管改造的整体效能、促进罪犯改造成为守法公民。因此,破除监狱行刑悖论,在保证监管安全的前提下,通过建立渐次放宽监管力度,提升罪犯回归社会的守法意识、心理适应和行为能力、谋生技能训练,正成为监管流程发展的重要趋向。

(四)精细管理

监管流程精细化发展主要体现在监管人员直接管理的岗位职责细化、执法流程细化、执法责任细化和监管流程衔接更加协调、精准、有效。

第二节 监管改造的起始

一、收监

(一)收监的含义

收监是指监狱将人民法院交付执行刑罚并且符合法定条件和程序、法定手续齐备的罪犯,收进狱内开始执行刑罚的刑事执法活动。

审判和执行是国家刑事司法过程当中的两个前后相连的阶段。人民法院的刑事判决或裁定发生法律效力后,根据法律规定应当在监狱内执行刑罚的罪犯,要交由监狱执行刑罚和实施改造。这样就产生一个审判与执行的衔接问题。

将依法交付监狱执行刑罚的罪犯,由审判阶段转至监狱执行阶段,要经过交付执行、送押罪犯和收监三个环节来衔接。根据刑事诉讼各个环节分工负责,相互配合、相互制约的原则,我国法律明确规定了人民法院、公安机关、监狱和人民检察院在这一衔接过程中各自的职责。人民法院的重要职责是依法交付执行。交付执行的主要形式,是将交付执行的法定文件及时准确地送达羁押该罪犯的公安机关和将要担负对该罪犯执行刑罚任务的监狱。公安机关主要负责送交罪犯,自收到人民法院送达的执行通知书、判决书之日起 1 个月内,应当将该罪犯安全准确地送交指定的监狱执行刑罚。监狱则负责将符合法定条件和程序、法定手续完备的交付执行的罪犯,予以收监。人民检察院负责对人民法院、公安机关和监狱的交付、送交和收监活动的合法性实行监督。

收监是审判与监狱执行刑罚相衔接的一系列司法活动,对于监狱来说,则是监狱对罪犯执行刑罚的起始活动。常言说“万事开头难”,准确完备地做好罪犯收监工作,就为监狱执行刑罚、改造罪犯开了一个好头,为今后的改造工作打下了良好的基础,所以必须依法严肃认真地做好罪犯的收监工作。

(二)收监的范围

《监狱法》第 2 条第 2 款明确规定:“依照刑法和刑事诉讼法的规定,被判处死刑缓期二年执行、无期徒刑、有期徒刑的罪犯,在监狱内执行刑罚。”这就是法定的监狱收监范围。同时,第 15 条第 2 款规定:“罪犯在被交付执行刑罚前,剩余刑期在三个月以下的,由看守所代为执行。”

(三)收监的程序和要求

1. 法律文书检验

监狱在对罪犯进行收监时,应当对人民法院交付执行的法定文书进行检验。《监狱法》第 16 条明确规定:“罪犯被交付执行刑罚时,交付执行的人民法院应当将人民检察院的起诉书副本、人民法院的判决书、执行通知书、结案登记表同时送达监狱。监狱没有收到上述文件的,不得收监;上述文件不齐全或者记载有误的,作出生效判决的人民法院应当及时补充齐全或者作出更正;对其中可能导致错误收监的,不予收监。”

由此可见,罪犯被交付执行刑罚时,只要法定文书检验符合前述法律规定的,监狱应当予以收监。

2. 人身和物品检查

监狱对交付执行的罪犯进行收监时,应当严格检查该罪犯的人身和所携带的物品。对交付执行的罪犯进行人身检查时要注意:验明罪犯真实身份,严防出现收监对象与有罪判决罪犯不相符;对要收监的罪犯的身体特征,应当做必要的客观记载,有条件的可以进行指(掌)纹和 DNA 数据采集,一旦罪犯在服刑期间脱逃,可以做追捕工作的参考;一般应当对罪犯进行正面、左右侧面的肖像照,收入罪犯档案。

对交付执行的罪犯随身携带物品进行必要的检查。依照法律规定,罪犯所携带的非生活必需品,必须由监狱代为妥善保管,或者在征得罪犯的明确同意之后,退回其家属。发现违禁品,一律予以没收。

另外,根据《监狱法》第 18 条第 2 款的规定,对女犯的人身物品检查,必须由女性人民警察进行。第 19 条明确规定,“罪犯不得携带子女在监内服刑”。

3. 收监登记

收监时监狱应指定执行收监工作的监狱人民警察依法填写统一规范格式的《罪犯入监登记表》。《罪犯入监登记表》是一项重要的法定文书,必须严格按照规定制作填写,不得临时代替以其他形式的表格或其他纸张。《罪犯入监登记表》是罪犯进入监狱服刑改造的原始记录,应当收入罪犯档案,并随罪犯调动;罪犯释放后,按照有关罪犯档案的规定处理。

4. 通知罪犯家属

通知罪犯家属,是司法公开,防止秘密关押,保护罪犯人权的重要措施。同时也是便于家属探视和与罪犯联系的必要措施。法律规定,罪犯收监后,监狱应当通知罪犯家属,通知书应当自收监之日起 5 日内发出。

二、入监管理

(一)罪犯身体检查

罪犯收监后,监狱应当对交付执行的罪犯进行身体检查。

对罪犯实行身体检查的意义在于:检查罪犯身体情况是否适于在监狱内服刑;及时准确地掌握收监罪犯的身心健康状况,为安排罪犯的服刑改造计划和方案,以及为罪犯的分类改造提供重要依据;预防传染性疾病进入监狱或在监狱内流行。

经身体检查,对于具有暂予监外执行情形的收监罪犯,监狱可以提出书面意见,报省级以上监狱管理机关批准。

(二)服刑权利告知

罪犯虽然人身自由被剥夺,但是其他合法权利依法受法律保护。我国《监狱法》第7条第1款规定:“罪犯的人格不受侮辱,其人身安全、合法财产和辩护、申诉、控告、检举以及其他未被依法剥夺或者限制的权利不受侵犯。”显然,监狱作为国家刑罚执行机关,既应当履行惩罚和改造罪犯的职责,又应当保障罪犯合法权利不受侵犯。因此,监狱在罪犯入监后应当及时告知罪犯其合法权利范围及正当行使方式途径。

(三)服刑义务的督导

罪犯作为判处刑罚并正在监狱服刑的人,依法应当严格履行法律法规和监规纪律规定的服刑义务。我国《监狱法》第7条第2款规定:“罪犯必须严格遵守法律、法规和监规纪律,服从管理,接受教育,参加劳动。”因此,在罪犯入监伊始,监狱就应当强化罪犯对服刑义务的学习掌握和内化践行。

(四)适应性训练

新收监的罪犯能否较快适应监狱严格的生活节律,能否适应强制性的劳动和教育,是入监管理阶段要注意解决的问题。监狱要本着循序渐进、张弛有度的原则,安排罪犯适应服刑生活训练和行为规范化训练,并安排带有考察性的适应性劳动,一方面可以发现罪犯适合于参加哪一类型的劳动,另一方面也可以使罪犯尽快适应服刑改造生活。

(五)分类与分流

对罪犯入监管理的另一项重要任务,是对新收监的罪犯进行科学分类。在现代监狱这项工作已经成为罪犯入监管理工作的重点,不同国家所实行的分类制度内容上存在差别,采用的分流方式也不尽相同,普遍采用的方式有两种。

1. 按类分流,直接收押

将罪犯按不同类型监狱的收押范围送押监狱,由监狱直接收监关押。长期以来,我国的监狱即采用这种方式,对人民法院交付执行的罪犯,由羁押罪犯的公安机关按其性别、年龄、刑种刑期等标准予以分类,然后在法定的期限内将其送交不同类型的监狱,由各个监狱直接收监关押。应当说,现阶段我国的监狱采用这种方式是与我国的基本国情以及监狱设置和押犯构成情况是相适应的,同时,由于在送押监狱前对罪犯进行了分类,减少了送交环节,简化了程序,有利于人、财、物的有效利用,同时也有利于及时对罪犯执行刑罚。

但是,这种收押方式有一定的局限性,送押机关除了按照罪犯的性别、年龄分类外,没有对其进行更深层次的分类,分类收押的纯度较低,其分类结果与监管改造的要求之间不能很好地衔接,分押不能很好地为分类管束服务,罪犯被投入监狱后还需要进行进一步的分类。

2. 统一收押,按类分流

按地域或实际需要设立收押中心,集中收押交付执行的罪犯。收押中心对罪犯进行生理、心理等方面的调查,进行统一的入监教育和服刑指导,按分类标准对罪犯进行系统细致的分类,然后将不同类型的罪犯送往不同的监狱关押。这种方式对监狱类型及设置有较高的要求,同时对收押中心本身的地理位置、人员配备、收押能力有一定的要求,尤其是对收押中心的警戒力量、警戒设施、关押条件、送押装备等方面的条件要求较高,具体实施起来有一定难度。

目前我国一些省份的监狱根据本地的实际情况,在本省建立了一个或者几个新收犯中心。从分类制度的发展趋势看,这种方式更适合分类管理的需要。

第三节　罪犯的分类管理

一、基于人身危险性的分类管理

监狱的戒备等级与罪犯的人身危险性相适应,是监狱行刑科学化、个别化、集约化的内在要求。监狱按照戒备等级进行分类,是目前世界上许多国家普遍采用的一项基本的监狱管理制度。基于监狱戒备程度的罪犯分类管理即监狱主要依据狱政警戒设施、监管技术装备、警力配备、管理方法、活动范围、劳动方式等因素,分为高度戒备、中度戒备和低度戒备三个等级,分别关押具有相应危险程度的罪犯。

目前,我国监狱按戒备程度的分级制度正在健全。结合我国监狱押犯的实际情况，高度戒备监狱主要应关押被判处15年以上有期徒刑、无期徒刑或者死刑缓期二年执行的罪犯，累犯惯犯，判刑两次以上的罪犯或者其他有暴力、脱逃倾向等明显人身危险性的罪犯；在其他戒备等级监狱服刑的罪犯，如果经过服刑过程中的分类调查，认为具有明显较高的人身危险倾向的罪犯，也应送到高度戒备监狱关押。中度戒备监狱，主要应关押刑期不满15年的罪犯。低度戒备监狱，主要应关押人身危险性较低的罪犯，包括经分类调查认为适合在低度戒备监狱服刑的过失犯，刑期较短的偶犯、初犯，以及在其他戒备等级监狱服刑，经分类调查，认为适宜转入低度戒备监狱服刑的罪犯。

二、基于年龄、性别的分开管理

按年龄分开管理，目前主要是将未成年罪犯与成年罪犯分开关押。在人口老龄化背景下，我国老年犯的较快增长，已经出现将老年罪犯与中青年成年罪犯分开关押的情形。当然，与之相对应设置了未成年犯管教所、普通成年犯监狱和老年犯（老病残犯）监狱，对相应类别罪犯进行分开关押和监管改造。

按性别分开管理，即按照性别分押至男犯监狱和女犯监狱（监区）进行监管改造。关于女性罪犯，专设监狱和监区关押的两种设置模式可并存，均有利弊。目前，大多数地方都在省会级城市设有女子监狱，这种完全分开（设女子监狱）的做法有一定的优点，但是却使监狱押犯单一性别问题突出，成为押犯服刑期间社会化的一大障碍，导致罪犯在较长时间处在不完整的单一性别社会形态。用监区将女性罪犯与男性罪犯分开关押的形式更好一些。只要严格分开管理，必要时可以适当举行一些男、女罪犯集体参加的有益活动，对罪犯的身心健康、社会适应均有好处。

在按年龄和性别分开管理的实施中，一般应当优先按照年龄分开关押，然后按照性别分开关押。也就是说，未成年的男犯和女犯都应当关押到未成年犯管教所，当然，在所内实行男女分开隔离关押。

三、基于犯罪类型的分别管理

（一）分别管理的含义和实施要点

分别管理是指依照《监狱法》第39条第2款规定，监狱根据罪犯的犯罪类型、刑罚种类、刑期、改造表现等情况，对罪犯实行分别关押的一种分押形式。

分别关押由收押罪犯的监狱具体实施，其基本操作程序是：监狱对罪犯收监后，首先要对其进行集中的入监教育，然后以罪犯的犯罪类型为主要标准，兼顾罪犯的刑罚种类、刑期、恶习程度、行为表现等情况对罪犯予以分类,分别由不同的监区关押。

根据目前我国押犯构成的实际情况,主要把罪犯分为四大类:财产型罪犯、淫欲型罪犯、暴力型罪犯和其他类型的罪犯。

需要指出的是,分别关押的关键在于分类,只有对罪犯科学地分类,才能有效地对罪犯分别关押。以上按犯罪性质把罪犯分为四种类型,只是一种初步的划分,仍有一定的局限性。需要在实践中不断地探索和研究,不断地总结和改进,逐步建立起科学规范的标准,逐步提高分押的纯度,为分类管束奠定坚实的基础。实行分别关押时还应注意以下几点:

1. 对危害国家安全类罪犯不宜集中关押。有条件的地方也可以尝试集中关押。

2. 对数罪并罚的罪犯按主罪归类,对两种以上罪名并且罪罚相当的,按刑事判决书前列罪名归类。

3. 对上述四种类型以外的其他类型的罪犯可根据其犯罪手段和主观恶习分别划入四种类型中近似的一类。

4. 对惯犯、累犯与初犯、偶犯分别关押。

5. 对同案犯、同伙犯应分别由不同的监区关押。

6. 对罪犯人数较多且犯罪具有地域特色的罪犯应单类关押。

7. 对有特殊生活习惯的少数民族罪犯一般应单类关押。

8. 对外籍犯应单类关押。

(二)财产型罪犯在服刑期间的特点及管束要点

财产型罪犯是指以各种非法手段谋取不正当利益的所有犯罪人,包括盗窃、抢劫、诈骗等。

1. 财产型罪犯服刑期间的特点

(1)心理上"贪"。大部分财产型罪犯的物欲强烈,在服刑期间,物欲强烈和得不到满足之间的矛盾明显。但是,其"贪"念依然难改。表现为好占小便宜,在狱中还有小偷小摸行为等。

(2)行为上"散"。大部分财产型罪犯捕前无固定职业,在长期的犯罪经历中,养成了散漫习惯。这种习惯在服刑期间仍然不同程度地存在,这和监狱严格的管理之间有强烈冲突。

(3)劳动中"懒"。不劳而获,好逸恶劳,这既是很多财产型罪犯的犯罪根源,也是其在服刑期间的特点之一。他们在监狱组织的劳动中偷懒耍滑,监狱人民警察在场时一个样,不在场时另一个样;希望给自己安排一个清闲舒适的工种。

2. 对财产型罪犯的管束要点

(1)类中分层,避免深度“感染”。对财产型罪犯实行分类关押后,交叉感染问题得到了较好的解决,但是,深度感染问题就会突出地反映出来。财产型罪犯之间经常进行犯罪经历和犯罪技能的交流,恶习更加顽固,潜在社会危害性更大。因此,对财产型罪犯应采取类中分层,分层管束的方法,将初、偶犯和累惯犯、常习犯等进一步分开关押,实行不同强度的管束。

(2)加强物品管理,加大物质性奖励。在日常生活中,财产型罪犯的注意力有明显的倾向性,对财、物的关注十分突出,因此,一方面,在管束中,应特别加强对公私财物的管理,对罪犯的个人物品应采取集中保管,登记领取等制度,切断各种诱源,为矫治罪犯的恶习创造条件;另一方面,在激励罪犯时可以加大一些物质性的奖励,帮其树立“君子爱财,取之有道”的正确观念。

(3)加强劳动改造,严格行为考核。针对财产型罪犯多数好逸恶劳的特点,监狱应当组织好对其的劳动改造。劳动改造不仅可以促使其养成劳动习惯,在劳动时认识劳动成果创造的不易,从而对自己的犯罪行为进行反省,而且还能培养一定的劳动技能,提高其通过劳动方式谋生的能力。同时,监狱还应加强对该类罪犯进行针对性的行为考核,对于在狱内继续从事盗窃、诈骗等违法犯罪行为的,应及时处置,严加管束。

(三)淫欲型罪犯服刑期间的特点及管束要点

在管理中,通常将实施了以满足性欲为目的的犯罪行为的人称为淫欲型罪犯。这是一类特殊的罪犯群体,管理和改造难度较大,再犯率较高,应当加强管束的科学性。

1. 淫欲型罪犯服刑期间的特点

(1)淫乱思想严重,恶习较深。严重的淫乱思想,并没有因为受到刑罚处罚而完全改变。淫欲型罪犯在服刑期间,行为受到严格控制,长期生活在同性世界中,淫乱思想引发的焦虑无法缓解,他们常常沉湎于犯罪经历中,回忆犯罪的每个细节,通过各种途径收集色情图片、淫秽书籍等,有的甚至搞同性恋。

(2)自卑心理明显,犯罪耻辱感淡化。淫欲型罪犯所受到的伦理责难要大大高于其他类型的罪犯,他们在其他类型的罪犯面前往往抬不起头来,并且经常受到嘲讽和耻笑;另外,由于担心出狱后不被社会和家庭接纳,改造积极性不高,自信心缺乏,这使淫欲型罪犯的自卑心理较为严重。淫欲型罪犯在犯罪后和受刑前的一段时间内,犯罪的耻辱感强烈;但是,他们经过分押的横向比较,自责心理和犯罪耻辱感逐渐淡化。

(3)行为懒散。一部分淫欲型罪犯除了对异性和有关性的话题感兴趣外,其他事情概不关心。服刑期间经常魂不守舍,注意力不集中,喜欢独处,行为懒散。

2. 淫欲型罪犯的管束要点

(1)分层管束,重点控制。由于不少淫欲型罪犯淫乱思想严重,恶习相当顽固,传习教唆的危险性很大。因此,对淫欲型罪犯的管束也应采取类中分层,分层管束的措施,既可防止深度感染,又便于对症下药,分类施管,提高管束的效果。

(2)创造良好的改造环境和健康的人际环境。不少淫欲型罪犯恶习较深,易受各种因素的诱惑,因此,要净化罪犯的生活、学习、劳动现场,杜绝各种不良诱因,营造良好的改造环境。同时,应积极开展监区文化,组织罪犯开展健康有益的活动,使其养成良好的生活习惯和正确的人生观、价值观。

(3)坚持特殊行为管束,实行特殊行为考核。除了依照《监狱服刑人员行为规范》进行管束外,对淫欲型罪犯还应制定特殊的行为规范,采取特殊行为管束,对于在狱内传播淫秽思想、交流犯罪体验的,应当及时处理,并在考核奖惩结果中体现出来。

(4)加强心理矫治,重视对特殊病例治疗。淫欲型罪犯中一些人的心理缺陷、人格障碍比其他类型罪犯严重,因此,管束中应开展心理矫治,以便于对症下药,因人施管。对于个别积习甚深,难以自拔,已出现病态的罪犯,应进行病理和心理方面的治疗。

(四)暴力型罪犯在服刑期间的特点及管束要点

一般来讲,犯罪手段不是暴力的,就是非暴力的。在分押时,应当将以暴力手段谋财类的罪犯划分到财产型罪犯中,将以暴力手段实施了以满足性欲为目的的犯罪行为的罪犯划分到淫欲型罪犯中,此处所讲的暴力犯是除二者以外的其他所有的暴力犯。暴力犯在性格等方面具有一定的共性,但是在主观恶性方面还存在一定的差异。激情性的暴力犯,主观恶性较小;犯罪前经过预谋或者实施多次暴力犯罪的暴力犯,主观恶性较大。因此,在管束中应当加强针对性。

1. 暴力型罪犯服刑期间的特点

(1)守法观念淡漠。暴力型罪犯的观念中信奉“暴力”,遇到争端总是希望通过暴力手段而不是法律途径进行解决。服刑期间,他们试图通过武力在罪犯群体中树立权威,享受其施暴后的满足感;暴力犯大多是非不分,好感情用事,虽然也学到一些法律知识,但是守法意识较低。

(2)情绪反应强烈,自控力差。暴力犯不仅自控力差,而且也不愿对自己的行为进行控制,恣意妄为,不计后果,甚至面对监狱人民警察的管教,有时也难以抑制自己的情绪;有些暴力犯主观恶性不大,犯罪是一时冲动所致,这些特性很难适应监狱的严格管理。当暴力犯集中关押的时候,相互间的摩擦经常发生,暴力冲突时有出现。

(3)行为反复性强。激情性的暴力犯往往由于一时的冲动导致犯罪行为的发生,当冷静下来时也常为此感到悔恨,并决心痛改前非。犯罪前经过预谋或者实施多次暴力犯罪的暴力犯,在刑罚执行期间,虽然也有改造自己的愿望,但是由于自控力弱,当他们遇到自己认为不合意的事情或不公正待遇时,还是难以控制自己的冲动行为,整体表现时好时坏。

2. 暴力型罪犯的管束要点

(1)加大防范力度,严格防范。暴力型罪犯法律观念淡漠,行为盲目,不计后果,危险性大于其他类型的罪犯。因此,应在严格执行各项监管制度的基础上,重点落实“双出双入”“四固定”“包夹”等防范措施,充分发挥狱政管理的震慑、防范作用。对于暴力犯在狱内打架斗殴或实施其他暴力行为的要严格处罚。

(2)注重管束方法,加大感化力度。针对暴力型罪犯所具有的情感特征,要特别注重管束方法,尤其在处理暴力犯间的冲突时,监狱人民警察应当做到实事求是,公平合理。对于激情性的暴力犯,可以采取冷处理的方法,尽量避免与罪犯正面冲突,防止激化矛盾,诱发事故;对于恶习较深、有预谋的暴力犯,要注意通过“包夹”或者监控等方式严格管束;防止激情性的暴力犯和预谋性的暴力犯之间恶习感染。

(3)建立良好的氛围,提高暴力犯的自控能力。大多数暴力犯脾气暴躁,自控能力较差,因此,在管束中要宽严适度,适时地组织他们开展读书、习字、静坐等活动,淡化罪犯的犯罪意识,提高自控能力。

(4)暴力犯大多为主动的侵害者,少部分因长期遭受欺凌为报复或除害而实施暴力犯罪。后者一般情况下性情温和,逆来顺受,容易遭他犯欺凌,管束中要注意保护。

(五)职务犯在服刑期间的特点及管束要点

职务犯是指因为违反职务责任或者利用职权而犯罪的人。因违反职务责任而犯罪的主要指渎职犯罪,渎职犯罪包括滥用职权和怠于行使职责两种情况;利用职权犯罪主要指贪污犯罪。他们在服刑期间的表现有所不同。

1. 职务犯在服刑期间的特点

在投入监狱服刑改造后,由于处境反差强烈,大多数职务犯情绪低落,悲观失望,有的甚至自伤自残;另外,职务犯的家庭结构受其犯罪行为的影响较小,思亲恋家倾向严重。这是职务犯在服刑期间的共性,由于具体类别的不同,还有一些不同的表现。

(1)渎职类罪犯服刑期间的特点。滥用职权且渎职犯罪的罪犯,经常在其他罪犯面前炫耀其以往的辉煌经历,旺盛的权力欲在服刑期间仍不时地表露出来。并且由于犯罪前的特殊地位和经历,他们自视清高,看不起其他类型的罪犯。怠于行使职权的职务型罪犯,在服刑期间保持低调,较少谈起自己的以往经历。职务犯大都是初犯,主观恶习不深,并且文化程度较高。滥用职权而渎职犯罪的罪犯能对自己的犯罪行为有正确地认识,悔罪意识明显。怠于行使职权的职务型罪犯,大多认为自己没有积极地实施犯罪行为,自己受到刑罚处罚是不公平的,认识到自己行为的严重危害性需要较长的时间。

(2)贪污类罪犯服刑期间的特点。贪污犯实施犯罪行为前,虽然对行为的性质有清楚地认识,但是,强烈的物质欲望、淡漠的法治观念和严重的侥幸心理,最终导致其走上犯罪的道路。在服刑期间,他们虽然对财物的需求欲望强烈,但是,他们却不屑于一般的小偷小摸。另外,由于大多数人对于腐败的痛恨,贪污犯在服刑期间往往感到压力很大,害怕受到其他犯人的欺凌。

2. 对职务犯的管束要点

(1)加强管束,严格考核。不能因为职务犯的主观恶性浅就降低标准,而是应严格要求,和其他罪犯一视同仁。对于渎职犯,管束的要点放在打消其优越感,指导其树立守法观念,防止其演化成特殊罪犯;而对于怠于行使职责的罪犯,则应当在管束中加强培养其责任感,使其认识到自己犯罪行为所造成的危害。

(2)适当组织职务犯参与自我管理。职务犯危险性相对较小,因此,可有计划地组织他们参与自我管理,如组织他们参与罪犯伙食、卫生等管理活动,也可安排他们担任学习、生活记录、生产安全监督等工作,充分调动他们改造的积极性。

第四节　罪犯的分级管理

一、分级管理的含义和特点

(一)分级管理的概念

分级管理是指监狱在法律允许的范围内,根据一定标准将罪犯划分为不同的级别,并分别施以不同待遇的管理方式。

分级管理是我国监狱在借鉴西方监狱累进处遇制的基础上,结合我国监狱的实际情况而推行的一种创新型的管理制度。其基本的内容是在法律允许的范围内,根据罪犯的入监服刑时间和罪犯的服刑改造表现等标准,将罪犯划分为不同的级别,并分别施以从宽、普通和从严待遇。

分级管理的内容涉及罪犯的待遇问题,又是我国现阶段推行的“分押分管分教”的组成部分,更是监狱对罪犯的重要的引导和激励手段。

(二)分级管理的特点

分级管理是对罪犯待遇进行的动态调控。

1. 调控性

罪犯在监狱内服刑期间的待遇涉及罪犯切身利益,是狱政管理的基本问题,也是罪犯最为关心的问题之一。罪犯的待遇存在三个部分:一是所有罪犯都应当享有的待遇,称为基本待遇;二是所有罪犯都不能享有的待遇,由刑罚特性所决定,与普通公民待遇状况相比,罪犯的一些待遇内容被依法剥夺和限制,称为受限待遇;三是在基本待遇和受限待遇之间,实际上存在一个可以调控的空间,在这个空间内,每一个罪犯可以得到不同的待遇,称为可控待遇。分级管理便是将这个空间利用起来,对罪犯实际得到的待遇进行调控,将罪犯的可控待遇与入监服刑时间和服刑改造表现直接挂钩。服刑改造表现越好,实际待遇就越高。

2. 阶段性

分级管理的实施,使罪犯的服刑过程成为逐步接近社会生活的过程,在待遇的动态调控中,培养罪犯对社会生活的适应能力。监狱是一个对罪犯实施监禁的场所,罪犯的狱内生活与社会生活之间,存在相对大的差距,这就给罪犯回归社会带来适应困难。如何消除这一困难,是监狱管理必须关注的问题。分级管理的第一个标准,就是罪犯的入监服刑时间,将罪犯的服刑过程分为几个不同的阶段,从入监到释放的整个服刑过程,逐步降低监管力度,逐步改善罪犯的狱内各种待遇,这样一来,罪犯的服刑过程,就成了逐步接近社会生活的过程,培养了罪犯出狱后的社会适应能力。从一定意义上说,分级管理是罪犯再社会化的有效手段。

3. 动态性

分级管理依据罪犯的服刑改造表现,实施动态调控。分级管理的第二个标准是罪犯的服刑改造表现。罪犯服刑改造表现的好坏,直接决定其在狱内的各种待遇。分级管理具有待遇升降级的机制。表现好的时候,可以提升待遇标准,表现差的时候,则要降低待遇标准。在实际利益的引导下,罪犯一般可以作出正确的行为选择。

二、分级管理的依据和作用

(一)分级管理的依据

1. 分级管理的法律依据

《监狱法》第 39 条第 2 款规定,“监狱根据罪犯的犯罪类型、刑罚种类、刑期、改造表现等情况,对罪犯实行分别关押,采取不同方式管理”。这里所提出的不同方式,是指包括分级管理在内的各种管理方式。

2. 分级管理的理论依据

首先,分级管理的理论依据,来源于罪犯待遇分级的运行空间。罪犯待遇问题,实质上是对罪犯的权益的处置问题。监狱既要保证法律规定的刑罚必须对罪犯实行剥夺的部分,得到准确无误的剥夺,又要保证法律规定罪犯应当拥有的权益,得到充分的保障。在必须剥夺和必须保障的权益之间,存在一个可以调控的空间。分级管理便是将这一部分权益纳入管理调控之中,调动起来,使之成为改造罪犯的激励手段。

其次,分级管理的理论依据,还体现在我国监狱始终坚持的区别对待的政策。根据罪犯的各种实际情况,采取有针对性的管理措施,是区别对待这一刑事政策的基本要求。区别对待的政策体现在狱政管理的各个方面,包括罪犯的待遇问题的处置。

3. 分级管理的实践依据

从 20 世纪 90 年代开始,我国的许多监狱开始进行分级管理的探索和实践,积累了比较丰富的经验,虽然各个单位的具体做法和标准存在一些不同,但基本的思路和基本做法大体相同。司法部监狱管理局就包括分级管理在内的“分押分管分教”进行了整体的部署,使其更趋规范化。因此,分级管理具有充足的实践依据。

(二)分级管理的作用

分级管理的目的在于体现区别对待的政策,发挥管理的引导作用和激励作用。

1. 引导作用

分级管理的实施,将罪犯的刑期,分为若干阶段,每个阶段罪犯的待遇不同,而且逐步提高,逐步接近普通社会的自由程度,而要取得较高的处遇级别,还取决于罪犯较好的服刑改造表现。这就产生了对罪犯行为的引导作用。一方面,罪犯要争取较高的待遇,必须在日常考核中,取得较好的成绩,必须遵守行为规范和监规纪律,必须在生活、学习和劳动等方面有良好的行为记录。另一方面,分级管理在培养罪犯的社会适应能力方面也起到了很好的引导作用。

2. 激励作用

分级管理的实施,使监狱在行政奖惩和刑事奖惩之外,又多了一种激励手段。在监狱的激励体系中,分级管理有其独特的运行机制。它是以实惠激励和荣誉激励相结合,同时又具有显见性和及时性的特点,可以极大地调动罪犯积极服刑改造内驱力。

三、分级管理的实施要点

(一)级别划分

分级管理的等级,一般为三等四级、三等五级、三等六级。三等指从严管理,有监狱级从严、监区级从严等;一般管理即普通管理;从宽管理有监区级从宽、监狱级从宽。

实行分级管理必须同时实行升降级制度。

(二)分级标准

分级管理主要依据罪犯的入监服刑时间和服刑改造表现,结合考虑犯罪性质和恶习程度,将罪犯划分为不同的等级,并规定了升降等级的标准和条件。

(三)分级管理内容

分级管理大体上可以从看押警戒、活动范围、通信、会见、接受物品、生活待遇、文体活动、奖金、给予离监探亲等方面给予不同的待遇。

(四)分级管理应注意的问题

分级管理的实施要合法。分级管理必须在法律允许的范围内进行,法律明文禁止的坚决不做;法律有授权允许的,用足用活;法律没有规定的,依政策大胆尝试。分级管理不能侵犯罪犯的合法权益,不能将罪犯的基本待遇作为分级管理的内容;也不能在法律授权的范围之外,随意提升罪犯的待遇标准。

分级管理的实施要合理。实行从严管理的,不要忘了犯人的“人”字,实行从宽管理的,不要忘了犯人的“犯”字。

分级管理的实施要有效。在不同的级别之间要拉开档次,并找准刺激点,设立切实有效的目标,充分发挥引导和激励功能。

第五节　监管改造的终结

一、出监管理

出监管理是指罪犯在刑期届满之前的一定时间段,为使其顺利回归社会而进行的准备活动。

出监管理的主要内容包括以下几个方面。

(一)集中管理

对临近出监的罪犯专门设立出监监狱(监区),集中收管这些罪犯,其核心任务是以促进罪犯平稳重返社会为目的,着力提升其回归社会的适应能力,通过短期的集中强化教育,检验、总结改造成绩,巩固改造成果;通过教育说明、实际接触和情景模拟等方法,使罪犯重新适应社会的发展变化和重新开始家庭生活,完成从"监狱人"到"社会人"的转变;接受必要的职业技能培训或个人创业指导,获取立足社会的谋生本领或能力,并在个人修养方面有所提高。

(二)心理准备

罪犯在临近刑满释放时,大多顾虑重重、焦虑不安,很难安心改造。年老体衰者担心自己能否被家庭接纳,是否可以颐养天年;年龄尚轻者担心出狱后自己能否被社会接纳并适应社会生活,是否能够找到合适的工作,等等。因此,监狱应该在出监教育和管理阶段,采取适当方式帮助罪犯树立信心,打消他们的顾虑,并采取适当方式提高其适应回归后的社会生活的能力。

(三)技能准备

对临近出监的罪犯,要根据他们的特长和爱好,有针对性地开展技术教育,帮助他们掌握一定的劳动技能,为出狱后的再就业做好准备。

(四)安置准备

在罪犯出监之前,监狱首先要跟罪犯的家庭进行联系,做好相关信息的沟通,力争使罪犯离开监狱后能有家可回。监狱还要与这些罪犯家庭所在地的政府安置帮教部门提前取得联系,以实现对刑满释放人员安置帮教无缝对接。刑满释放人员回归社会后在生存、就业等方面遇到困难时,可以得到这些部门或机构的帮助,使其能顺利回归社会。

二、释放

(一)释放的概念

释放是指监狱对有期徒刑犯执行刑期已满而解除监禁状态,恢复其人身自由的法律制度。

这里所说的有期徒刑犯,包括原判有期徒刑的罪犯、原判无期徒刑的和死刑缓期二年执行减为有期徒刑的罪犯。释放,意味着交付监狱执行的刑罚已执行完毕,是监狱对罪犯执行刑罚终结的主要形式。

（二）释放程序

罪犯服刑期满，监狱应当按期释放并发给释放证明书。

监狱必须准确掌握罪犯的释放时间。监狱要严格按照人民法院执行通知书所确定的释放日期，在当日释放罪犯。刑罚执行中有刑期变动的，必须按人民法院最后一次的判决书或裁定书所确定的释放日期执行，不得随意变动。

三、特赦

特赦是指国家元首或者国家最高权力机关对已受罪刑宣告的特定犯罪人，免除其全部或者部分刑罚的制度。

根据我国现行《宪法》第 67 条的规定，全国人民代表大会常务委员会行使决定特赦的职权；第 80 条规定，中华人民共和国主席根据全国人民代表大会的决定和全国人民代表大会常务委员会的决定发布特赦令。我国现在只有特赦，没有大赦。

特赦只能消灭罪犯之刑，不能消灭其罪。经特赦免除刑罚的犯罪分子，无论其刑罚已经执行一部分还是完全没有执行，都等同于刑罚已执行完，以后无论何时，都不能因为没有执行或没有执行完，而重新追诉。这其中也包括不能按审判监督程序重新追诉。

中华人民共和国成立以来，我国有过 9 次特赦。分别于 1959 年、1960 年、1961 年、1963 年、1964 年、1966 年对确认改恶从善的蒋介石集团、伪满洲国和伪蒙疆联合自治政府的战犯进行赦免，直至 1975 年赦免全部在押战犯。经全国人大常委会审议决定、国家主席签署特赦令，2015 年纪念抗战胜利 70 周年之际，特赦四类服刑罪犯 31527 人。在 2019 年中华人民共和国成立 70 周年之际，人民法院依法裁定特赦参加过抗日战争、解放战争、保卫国家主权、安全和领土完整对外作战等九类服刑罪犯 23593 人。

四、罪犯死亡的处理

罪犯在服刑期间死亡，意味着监管改造在事实上的终结。2015 年最高人民检察院、民政部、司法部联合发布了《监狱罪犯死亡处理规定》，对罪犯死亡的处理做出了相应规范。

（一）罪犯死亡的含义

罪犯死亡分为正常死亡和非正常死亡。正常死亡是指因人体衰老或者疾病等原因导致的自然死亡。非正常死亡是指自杀死亡，或者由于自然灾害、意外事故、他杀、体罚虐待、击毙以及其他外部原因作用于人体造成的死亡。

(二)罪犯死亡的处理原则

对罪犯死亡处理,监狱、人民检察院、民政部门应当分工负责,加强协作,坚持依法、公正、及时、人道的原则。

人民检察院依法对罪犯死亡处理情况实施法律监督。

(三)罪犯死亡的报告、通知

罪犯死亡后,监狱应当立即通知死亡罪犯的近亲属,报告所属监狱管理机关,通报承担检察职责的人民检察院和原审人民法院。

死亡的罪犯无近亲属或者无法通知其近亲属的,监狱应当通知死亡罪犯户籍所在地或者居住地的村(居)民委员会或者公安派出所。

罪犯死亡后,监狱、人民检察院应当按照有关规定分别呈报司法部、最高人民检察院。

(四)罪犯死亡的调查、检察

1. 监狱进行调查

罪犯死亡后,对初步认定为正常死亡的,监狱应当立即开展以下调查工作。

(1)封存、查看罪犯死亡前15日内原始监控录像,对死亡现场进行保护、勘验并拍照、录像;

(2)必要时,分散或者异地分散关押同监室罪犯并进行询问;

(3)对收押、监控、管教等岗位可能了解死亡罪犯相关情况的监狱人民警察以及医生等进行询问调查;

(4)封存、查阅收押登记、入监健康和体表检查登记、监狱人民警察谈话教育记录、禁闭或者戒具使用审批表、就医记录等可能与死亡有关的台账、记录等;

(5)登记、封存死亡罪犯的遗物;

(6)查验尸表,对尸体进行拍照并录像;

(7)组织进行死亡原因鉴定。

监狱调查工作结束后,应当作出调查结论,并通报承担检察职责的人民检察院,通知死亡罪犯的近亲属。人民检察院应当对监狱的调查结论进行审查,并将审查结果通知监狱。

2. 人民检察院进行调查

人民检察院接到监狱罪犯死亡报告后,应当立即派员赶赴现场,开展相关工作。具有下列情形之一的,由人民检察院进行调查:

(1)罪犯非正常死亡的;

(2)死亡罪犯的近亲属对监狱的调查结论有疑义,向人民检察院提出,人民检察院审查后认为需要调查的；

(3)人民检察院对监狱的调查结论有异议的；

(4)其他需要由人民检察院调查的。

人民检察院在调查期间，监狱应当积极配合，并提供便利条件。人民检察院调查结束后，应当将调查结论书面通知监狱和死亡罪犯的近亲属。

监狱或者死亡罪犯的近亲属对人民检察院作出的调查结论有异议、疑义的，可以在接到通知后3日内书面要求作出调查结论的人民检察院进行复议。监狱或者死亡罪犯的近亲属对人民检察院的复议结论有异议、疑义的，可以向上一级人民检察院提请复核。人民检察院应当及时将复议、复核结论通知监狱和死亡罪犯的近亲属。

3. 尸检

监狱或者人民检察院组织进行尸检的，应当通知死亡罪犯的近亲属到场，并让其在《解剖尸体通知书》上签名或者盖章。对死亡罪犯无近亲属或者无法通知其近亲属，以及死亡罪犯的近亲属无正当理由拒不到场或者拒绝签名或者盖章的，不影响尸检，但是监狱或者人民检察院应当在《解剖尸体通知书》上注明，并对尸体解剖过程进行全程录像，并邀请与案件无关的人员或者死者近亲属聘请的律师到场见证。

监狱、人民检察院委托其他具有司法鉴定资质的机构进行尸检的，应当征求死亡罪犯的近亲属的意见；死亡罪犯的近亲属提出另行委托具有司法鉴定资质的机构尸检的，监狱、人民检察院应当允许。

鉴定费用由组织鉴定的监狱或者人民检察院承担。死亡罪犯的近亲属要求重新鉴定且重新鉴定意见与原鉴定意见一致的，重新鉴定费用由死亡罪犯的近亲属承担。

4. 死亡证明的出具

罪犯死亡原因确定后，由监狱出具《死亡证明》。

(五)尸体、遗物的处理

1. 尸体的处理

人民检察院、死亡罪犯的近亲属对监狱的调查结论无异议、疑义的，监狱应当及时火化尸体。监狱、死亡罪犯的近亲属对人民检察院调查结论或者复议、复核结论无异议、疑义的，监狱应当及时火化尸体。对经上一级人民检察院复核后，死亡罪犯的近亲属仍不同意火化尸体的，监狱可以按照国家有关规定火化尸体。

除法律、法规另有特别规定外，罪犯尸体交由就近的殡仪馆火化处理。监狱负责办理罪犯尸体火化的相关手续。殡仪馆应当凭监狱出具的《死亡证明》和《火化通知书》火化尸体,并将《死亡证明》和《火化通知书》存档。尸体火化自死亡原因确定之日起15日内进行。死亡罪犯的近亲属要求延期火化的,应当向监狱提出申请。监狱根据实际情况决定是否延期。尸体延长保存期限不得超过10日。尸体火化前,监狱应当将火化时间、地点通知死亡罪犯的近亲属,并允许死亡罪犯的近亲属探视,死亡罪犯的近亲属拒绝到场的,不影响尸体火化。尸体火化时,监狱应当到场监督,并固定相关证据。尸体火化后,骨灰由死亡罪犯的近亲属在骨灰领取文书上签字后领回。对尸体火化时死亡罪犯的近亲属不在场的,监狱应当通知其领回骨灰;逾期6个月不领回的,由监狱按照国家有关规定处理。死亡罪犯的近亲属无法参与罪犯死亡处理活动的,可以书面委托律师或者其他公民代为参与。死亡罪犯尸体接运、存放、火化和骨灰寄存等殡葬费用由监狱支付,与殡仪馆直接结算。

死亡罪犯系少数民族的,尸体处理应当尊重其民族习惯,按照有关规定妥善处置。死亡罪犯系港澳台居民、外国籍及无国籍人的,尸体处理按照国家有关法律、法规的规定执行。

2. 遗物的处理

死亡罪犯的遗物由其近亲属领回或者由监狱寄回。死亡罪犯的近亲属接通知后12个月内不领取或者无法投寄的,按照国家有关规定处理。监狱应当将死亡罪犯尸体和遗物处理情况记录在案,并通报承担检察职责的人民检察院。

(六)相关法律责任

1. 调查处理工作中的法律责任

在调查处理罪犯死亡工作中,人民警察、检察人员以及从事医疗、鉴定等相关工作人员应当严格依照法律和规定履行职责。对有玩忽职守、滥用职权、徇私舞弊等违法违纪行为的,依法依纪给予处分;构成犯罪的,依法追究刑事责任。

2. 导致罪犯死亡的法律责任

监狱及其工作人员在行使职权时,违法使用武器、警械,殴打、虐待罪犯,或者唆使、放纵他人以殴打、虐待等行为造成罪犯死亡的,依法依纪给予处分;构成犯罪的,依法追究刑事责任,并由监狱按照《国家赔偿法》予以赔偿。

3. 申请国家救助

对不属于赔偿范围但死亡罪犯家庭确实困难、符合相关救助条件的,死亡罪犯的近亲属可以按照国家有关规定向民政部门申请救助。

死亡罪犯的近亲属及相关人员因罪犯死亡无理纠缠、聚众闹事,影响监狱正常工作秩序和社会稳定，监狱应当报告当地公安机关依法予以处置；构成犯罪的，依法追究刑事责任。

研究与思考

1. 简述刑罚执行一体化下监管改造流程的科学优化。
2. 简述入监分流两种方式的各自利弊分析。
3. 简述不同类型罪犯服刑特点和管束要点。
4. 简述罪犯入监和出监管理的主要内容。
5. 简述罪犯死亡处理的规范化。

第六章　罪犯现场管理

重点提示

1. 罪犯现场管理，是指监狱依法对罪犯活动场所的人、事、物、时、空等构成要素所进行的合理组织、有效协调和安全控制的警务活动。

2. 现场管理的警务包括：值守、巡查、搜身、清监、备勤、警务督察。

3. 罪犯的活动现场由狱内活动现场和狱外活动现场组成。狱内活动现场为常态，狱外活动现场为例外。狱内活动现场则由罪犯生活、劳动、学习三大现场组成。

4. 罪犯现场管理的方法包括定置管理法和目视管理法。定置管理法包括区域定置管理、人员定置管理、物品定置管理、特别定置管理；目视管理法包括颜色管理、形迹管理、看板管理和标识管理。

第一节　罪犯现场管理概述

一、罪犯现场管理的概念

罪犯现场管理，是指监狱依法对罪犯活动场所的人、事、物、时、空等构成要素所进行的合理组织、有效协调和安全控制的警务活动。

"现场"一词中的"现"，是一个时间的概念，"场"是一个空间的概念，两个字连起来就是指特定的时空。这里讲的现场，是指监狱服刑罪犯的活动现场，一般情况下，罪犯的活动严格限定在监狱大墙之内，罪犯的活动现场由生活、劳动、学习三大现场组成，在罪犯离监就医、特许离监、外出参观等特殊情况下，罪犯的活动现场向狱外延伸，因此出现对罪犯的押解和看管警务。罪犯的活动现场由狱内活动现场和狱外活动现场组成。狱内活动现场为常态，狱外活动现场为例外。狱内活动现场则由罪犯生活、劳动、学习三大现场组成。

罪犯生活、劳动、学习三大现场，是监狱执行刑罚、改造罪犯的工作第一线，监狱对罪犯的各项改造工作在这三大现场中直接实施。在罪犯的生活现场，监狱既要依法保障罪犯的基本生活待遇，又要对其实施矫治不良生活习性、养成良好的集体生活习惯的改造活动；在罪犯的劳动现场，监狱要进行以培养劳动光荣观念、养成勤奋劳动习惯、提高劳动生产技能为主要内容的改造活动；在罪犯的学习现场，监狱对罪犯实施以树立正确的世界观、人生观、价值观为目的，通过课堂教育提高罪犯法律、道德、文化知识和技术水平的改造活动。三大现场产生于上述改造活动的需要，而上述改造活动则是监狱在三大现场的中心工作。

现场的组织、协调和控制属于狱政管理活动。针对罪犯生活、学习、劳动现场的各种构成要素，监狱要做到合理组织、有效协调和安全控制，而组织、协调和控制则是狱政管理的基本职能。应当看到，监狱在罪犯活动现场展开的改造活动，并不全部属于狱政管理，特别是学习和劳动现场的中心业务属于教育改造和劳动改造，但教育改造和劳动改造的实施，离不开狱政管理活动的保障。以监管安全为己任的狱政管理必须将罪犯所有活动现场列入有效管理范围，做到“管到边，管到沿”，消除“管理死角”，为教育改造和劳动改造提供基本保障。

二、现场的构成要素

以狱政管理为视角，罪犯生活、劳动、学习现场的构成要素有以下六个方面。

人，是指在三大现场出现的所有人。既包括现场管理人员，也包括现场行为辅助人员，最重要的是在三大现场服刑改造的罪犯。在管理活动中，人是最活跃的因素，也是管理的根本因素。现场管理要做到了解人、认识人、掌控人、激励人，因人施管。

事，也称行为，是指在三大现场活动的人的行为，既有与其身份相符的行为，又有与身份不符的行为；既有合法合理的行为，又有违法背理的行为。针对现场人的行为，需要制定相应的行为规范，建立正负向激励机制，发挥现场管理的引导、约束、矫正、激励功能。

物，是指在三大现场存在的生产工具、生产原材料、器具、通信工具、交通工具等形态物质。物存在于管理人员之手，可实现物以防身、物以制人的功效；罪犯接触或拥有的物品，时有物（违禁物品）以生事，时有物（作案工具）以造物，时有物（危险物品）以毁人。对上述物品的管控，是现场管理的主要业务之一。

时，是指三大现场的时间要素。时间是罪犯服刑活动转换的要素，据此划分罪犯不同活动的时间段，建立起罪犯服刑的时间节律。

空，是指三大现场的空间要素，也可称为场所、环境。监狱在罪犯活动场所的安排上,严格实行分割封闭的原则,并根据实际需要,依法配置场所的各种设施,实施对场所的有效管理。

信息,是指三大现场的信息资源要素,在罪犯活动三大现场每时每刻都在产生大量的信息。信息作为狱政管理的对象,一是实现信息管理的资源化。信息同能源、材料并列为当今世界三大资源。但是,管理中所产生大量文件、资料、图表和数据等信息,不经过人的干预和处理不会自动变成管理资源。信息资源化的实现,靠的是管理人员主观能动性的发挥。二是实现信息处理的可控化。信息处理是对信息的收集、加工、传递、反馈等一系列管理活动。监狱执法中信息处理的重点在于实现信息的有效管控,将依法可以公开的信息列入狱务公开范围,将涉及国家和监狱秘密的信息严格执行国家的保密规定。监狱还要注意收集互联网有关监狱执法方面与事实不符的信息,及时采取措施辟谣,并及时提请相关部门依法处理谣言的发布者和传播者。

三、现场管理的要求

(一)直接管理

监狱人民警察是狱政管理的实施主体,是罪犯生活、劳动和学习现场的组织者、指挥者和监督者。监狱对罪犯生活、劳动、学习现场的合理组织、有效协调和安全管制,所能依靠的基本力量,就是担负现场内部管理警务的监狱人民警察和担负监管区外围警戒勤务的人民武装警察。在罪犯的生活、劳动和学习现场,实行监狱人民警察直接管理,可以为现场的管理提供可靠保障。监狱人民警察对罪犯活动现场的直接管理,要符合以下具体要求。

1. 现场警力的配置

从狱政管理的角度来看,现场管理的业务主要是值守和巡查,搜身和清监,押解和看管,备勤和警务督察。活动内容由监狱人民警察实施。除此之外,还要安排在罪犯学习现场负责教育的警力和在罪犯劳动现场负责生产业务的警力。

配置与现场管理需要相适应的监狱人民警察,是实现现场有效管理、维护正常监管秩序、提高改造质量的前提条件。因此,监狱要落实好上级机关的各种规定,切实做到向一线倾斜,给予一线监狱人民警察较为优厚的待遇和先进的装备,使一线监狱人民警察能够安心有效地工作。根据司法部规定,监狱要保证75%以上的警力配置在监区(分监区)。罪犯学习现场、劳动现场、生活现场的带班、值班警察数不得低于罪犯数的3%。监狱应当按照规范为警察配齐单警装备,警察值班带班时应当随身携带对讲机、无线报警器等通讯报警装置。

2. 监管职权的行使

在罪犯活动现场，监狱人民警察要到岗到位，不得擅离职守，严防脱岗失控。监狱人民警察必须亲自行使对罪犯的监管权，亲自处理现场警务。禁止使用罪犯、工人和临时聘用人员代行管理职权、代办管理事务；禁止利用罪犯代为安排劳动项目、计分考评、搜身清监、检查信件和物品；禁止安排罪犯在变电所、锅炉房等重要部位或瓦斯检测、放炮等关键岗位劳动；禁止罪犯保管、登记、分发劳动工具；禁止罪犯代为保管、使用出入门锁和箱柜钥匙；禁止安排工人和临时聘用人员代替监狱人民警察管理禁闭室、会见室、大门等重点部位。

（二）安全第一

安全是监狱管理的生命线，现场管理必须坚持安全第一的原则，将监管安全和生产安全列为首要责任，保护监狱人民警察、罪犯和相关人员的生命和健康，保护国家资源和国家财产，从而为社会的安全稳定提供有力保障。把现场安全放在首位，应当注意以下问题。

1. 执行生产项目安全准入制度

监狱应对罪犯劳动项目实行安全准入管理，选择有安全保障、适合罪犯劳动改造需要、对罪犯生命健康没有不利影响的生产劳动项目。禁止引进井下煤炭开采和非煤矿山生产项目，禁止引进易燃、易爆等高危项目，禁止引进有毒、有害等危险品生产项目。禁止使用国家明令淘汰和禁止使用的设备工艺。监狱应定期检查评估罪犯劳动项目的安全性，不符合要求的，应及时整治或调整。以罪犯退出井下劳动为重点，积极稳妥退出煤矿、非煤矿山等高危行业。监狱煤矿存在重大安全隐患的，应当立即停产整改，整改无效的，应当坚决关闭。

2. 提高监狱人民警察安全防范意识

监狱人民警察在开展现场管理警务时，要具有强烈的自我安全保护意识，做到常存戒备之心，不为冒险之举，不入危险之地，与同事建立安全关联，与罪犯保持应有的安全距离。

3. 实施安全生产培训

监狱应根据有关规定，组织开展安全生产培训，加强安全文化宣传教育，使监狱人民警察、工人、罪犯熟悉有关安全生产法律法规，具备必要的安全生产知识和自救互救技能。未经安全生产培训合格的监狱人民警察、工人、罪犯，一律不得上岗作业。

4. 高度重视消防安全

监狱消防安全的内容体现在以下方面。

(1)消防安全重点部位。监狱和监狱企业应依法依规将罪犯劳动、生活、学习现场和监狱人民警察、工人工作区、备勤区等人员密集场所作为消防安全重点部位,按照管资产必须管安全的要求,明确消防安全责任部门和责任人员,加强监管,落实消防安全措施。

(2)消防器材和报警装置。监狱和监狱企业人员密集场所,必须按规定设置符合紧急疏散要求的消防通道和安全出口,配备相应的消防设施器材和报警装置,并保证其处于良好状态。消防设施器材和报警装置等应注明使用办法,禁止擅自拆除、挪用、停用、遮挡。罪犯生活、学习现场安全出口如需封闭或上锁,必须经监狱主要负责人批准,且不得妨碍紧急疏散。

(3)动火作业。监狱和监狱企业进行电气焊等动火作业,必须经监狱安全生产管理机构批准。动火作业人员应持证上岗,严格遵守消防安全规定。动火结束后,监狱安全生产管理机构应及时检查,消除隐患。禁止携带打火机、火柴等明火源进入监狱。禁止在罪犯劳动现场和具有火灾、爆炸危险等场所吸烟。

(4)特种设备。特种设备应在取得安全使用证或安全标识后,由专业人员使用和管理。电、油、气线路及其设备等危险源和特种设备应设置明显标识并登记建档,实施动态全程监控。监狱和监狱企业电、油、气设备安装使用及其线路、管路的设计、铺设、维护保养、检测管理,应符合消防技术标准和管理规定。

5. 严厉打击破坏监狱管理秩序等违法犯罪行为

维护正常的监狱管理秩序,是现场管理的基本任务。对罪犯抗拒改造、恃强凌弱、传授犯罪方法技巧等破坏监狱管理秩序的行为要依法惩处。对罪犯侮辱、袭击警察的行为要依法严厉打击。对欺压、打骂、侮辱罪犯或唆使他人打骂其他罪犯、哄监闹狱、聚众闹事的罪犯,应当及时依规严厉惩处。

(三)规范有序

建立良好的现场监管秩序,罪犯活动现场的管理应当切实落实监管改造环境规范、《监狱服刑人员行为规范》和监狱人民警察行为准则。

1. 监管改造环境规范的落实

根据司法部有关规定,监舍应当做到整洁、卫生、透光、通风、无异味。劳动现场应当做到清洁、整齐,物品安放有序,视野开阔,便于监控。监狱要根据2010年的《监狱建设标准》建设罪犯监舍、浴室、晾衣房、储藏室等。尚未禁烟的监狱应当设置专门吸烟区。监区应当无污水、无便溺、无脏乱垃圾和杂物。

2.《监狱服刑人员行为规范》的督导

《监狱服刑人员行为规范》是罪犯接受改造必须服从的言行准则,在三大现场管理中，要监督落实好罪犯的基本规范、文明礼貌规范，监督落实好罪犯生活规范、劳动规范和学习规范。

3. 监狱人民警察执法规范的遵守

落实规范化管理的关键，在于监狱人民警察执法行为的规范化，因此，从事狱政管理工作的监狱人民警察必须切实落实有关行为准则的各项规定，严格按准则要求办事。要杜绝违规操作，纠正习惯性违章。生产项目终止时，应当及时断水、断电，清理场地，消除安全隐患。

（四）先进优质有效

首先，监狱对罪犯活动现场的管理，要采用先进的管理方法和监控手段。先进的管理方法有定置管理、目视管理，有的监狱还推行5S管理等方法。先进的监控手段有智能监控、报警、通讯以及其他安防技术等。

其次，监狱对罪犯活动现场的管理，要根据监狱的基本职能，追求和提高监管改造质量、教育改造质量、生产劳动质量。

最后，监狱对罪犯活动现场的管理，在保证安全和改造质量的前提下，探索科学的管理路径，在监管成本与监管安全成效之间，在教育成本与教育改造收效之间，在生产成本与劳动改造效果之间达成均衡状态。

四、现场管理警务

（一）值守

在罪犯生活、学习和劳动现场值班的监狱人民警察，是与罪犯面对面行使监管权的基本执法力量，在值班的监狱人民警察中，还要指定带班人员。为保证监管安全和执法公正，应当严格落实监狱人民警察双人带班值班制度，不允许监狱人民警察单独执行警务。值班人员执行的警务活动包括点检、掌控、整饬、考评和交接等内容。

1. 点检

值班监狱人民警察到达岗位后，要在现场范围内清点罪犯人数，并随时掌握值班期间罪犯人数的变化情况，对每一个进出现场的罪犯，逐一核对批准人、带领人、事由，并按规定进行人身和物品检查。

值班监狱人民警察在岗期间，要按规定对现场内的房间、场地逐一检查，并保持不间断的巡视，注意培养和提高现场的观察能力，即时发现和掌握现场中潜在的异常情况。对于情况不够明朗仍需继续观察，仍需多方验证的，可采取静观其变的策略，但要做到心中有数，并向带班人员汇报。除此以外的异常情况要迅速应对，当即解决,不留后患。

值班监狱人民警察在岗期间,对现场的物品要进行清理。一是对现场活动不需要的物品,清除出现场。二是基于监管安全和秩序,对不允许存在于现场的物品,如违禁物品、危险物品、罪犯个人的非生活必需品加以清理。违禁品一律没收,危险物品则要清除,对罪犯的非生活必需品则要实施代为保管。

2. 掌控

现场管理的核心内容是对现场“人”的掌控,监狱人民警察要使罪犯处于自己的管理和影响之下,将罪犯处于自己的管束、监视之中。为此,现场值守的监狱人民警察应当充分了解罪犯、合理组织罪犯、有效控制罪犯。

(1)充分了解罪犯。要对罪犯的有关情况了如指掌,必须做到以下三点:一是坚持“四知道”卡片制度。“四知道”是指包管监狱人民警察必须知道所管罪犯的基本情况,家庭和主要社会关系,主要犯罪事实,改造表现。“四知道”卡片在罪犯收监后制作,其中的内容特别是罪犯家庭成员、减刑情况、处罚情况和现实具体表现,要根据实际变动及时更新。二是包管监狱人民警察不在现场时,要将所管罪犯的情况向值班监狱人民警察交底,提示值班监狱人民警察留心观察掌控“问题罪犯”,如新调入罪犯、因家庭变故情绪波动的罪犯、因违纪被处罚的罪犯、对管理有抵触情绪的罪犯和具有危险性的罪犯。三是值班监狱人民警察要通过观察、验证,掌握现场罪犯的实际表现,对于表现异常的罪犯,列为管理重点,在第一时间搞清导致其异常举动的原因。

(2)合理组织罪犯。将罪犯组织起来进行集体活动,是我国监管改造的一大特色。现场活动的罪犯都要编入各种正式组织,禁止罪犯单独活动。罪犯现场组织的基本单元是“互监小组”,其作用是通过编组集体活动,实现罪犯之间互相监督、互相帮助和互相促进改造。每个互监小组一般由三名罪犯组成,除非由监狱人民警察亲自带领,禁止任何罪犯脱离互监小组自行活动。编组的方式有因人、因刑、因地、因时四种方式。因人编组,就是将服刑改造表现积极的罪犯、服刑改造表现一般的罪犯与服刑改造表现落后的罪犯搭配编成一个小组。因刑编组,就是按照在监服刑时间的长短,将刑期(或余刑)短、刑期(或余刑)较长与刑期(或余刑)长的罪犯编成一个小组。因地编组,就是把在同一个地点劳动、学习、生活的罪犯编在同一个互监小组里面。因时编组,就是在特定的时间段,将临时加班劳动或参加学习、文体活动、帮教、就医的罪犯编成临时互监小组。以上方式要结合监管需要灵活掌握。

(3)有效控制罪犯。在充分了解罪犯、合理组织罪犯的基础上,值班监狱人民警察还要对罪犯实施有效控制,特别是加大对情绪波动且具有一定危险性的罪犯的管控力度,可采用留在监舍观察,并由包管监狱人民警察或值班监狱人民警察对其疏导沟通。对于可以参加劳动的其他"问题罪犯",则限定在安全系数高的劳动岗位,使其不能接触有危险性的劳动工具或物品。对于罪犯之间发生一般性的矛盾和纠纷,值班监狱人民警察要当场调处。监狱人民警察一定要站在公正、公允的立场上,充分听取双方的陈述和辩解,不袒护任何一方,不激化矛盾,不使纠纷复杂化。值班监狱人民警察特别要注意不要将罪犯之间的矛盾演化为警犯之间的矛盾,不能引火烧身,继而酿成监管隐患。

3. 整饬

整饬即纪律整饬,是指值班监狱人民警察在现场为维护正常的监管秩序而作出的警务行动。罪犯在活动现场发生以下行为的,值班监狱人民警察要当场制止并依照法律法规和规章严肃处理:第一,擅自离开指定活动区域的;第二,擅自脱离互监小组单独活动的;第三,在现场故意毁坏生活、学习、生产设施,故意毁坏劳动工具的;第四,与其他罪犯发生口角继而发生肢体冲突,特别是动用劳动工具或物品打架斗殴的;第五,藏匿违禁物品,或藏匿、制造、变造作案工具的;第六,有其他违反监规纪律情况的。值班监狱人民警察在整饬现场纪律时,可以依法对违纪罪犯先行警告,警告无效的,可以实施人身控制。情况紧急需要当场使用警械的,可以在使用后按规定补办手续。

现场如果发生值班监狱人民警察无法控制的骚乱暴动时,值班监狱人民警察一定要抽身报警,第一时间发出警报,以便监狱及早启动应急处置预案,开展应急处置。值班警察注意不要使自己裹挟其中,以免发生不测,增加突发事件的处置难度。

4. 考评

值班监狱人民警察在岗期间,要亲自履行对罪犯的日常考核,禁止将考核权交由罪犯行使。值班监狱人民警察要按照职责分工和有关规定,对现场罪犯的活动表现进行考核,并可在罪犯集中时做出整体评价。

5. 交接

值班监狱人民警察结束一次警务时,要与下一轮值班监狱人民警察做好警务交接。交接的重点包括交清现场的人数,交清当班时所发生的异常及处理情况,交清当班时清理现场物品的情况,交清当班时的警务装备,特别要将现场出现异动,尚未作出处理的情况进行交清,并提醒下轮值班监狱人民警察需要注意的重点管理对象。

(二)巡查

监狱要安排人民警察对罪犯活动现场进行不间断的巡查。巡查时既要全面,又要有重点。巡查宜采用乱线巡查的方式,即每次巡查不是沿着一条固定的路线进行。这样,不会使罪犯摸清巡查规律,难以伺机作案。对于现场执法中出现的违章操作现象,检查单位要向被检查单位,出具纠正违章通知书,被检查单位要限期整改,并将纠正违章的情况告知检查单位。

(三)搜身

1. 例行搜身

监狱要坚持对罪犯日常搜身检查,在监狱内人流、物流密集交错的要冲之处,如监舍的出入口、教学区的出入口、劳动作业区的出入口、会见室的罪犯通道口等设置检查卡点,实现对人和物的有效控制。在需要搜身的通道要安装电子安检门,所有罪犯进出劳动区域等场所必须通过安检门,接受搜身检查,防止罪犯带入金属器械。对罪犯搜身检查时,可以配合使用手持探测仪。目前监狱所使用的手持探测仪以金属探测仪为主。

除使用手持金属探测仪以外,监狱还可以根据监管安全的实际需求,选配手持爆炸物探测仪、手持超声波探测仪、手持化学气体探测仪、手持毒品探测仪等。

2. 突击搜身

监狱根据上级管理机关的部署,在敏感时期或关键时间段,要组织对监区所有罪犯的突击搜身,重点清查罪犯随身携带、衣物内藏匿的违禁物品和危险物品。突击搜身一般采用本监区自查、监区之间互查和监狱职能部门组织的专项检查方式,监狱管理局认为确有必要时,可以组织异地用警、监狱之间互查等突出检查方式。异地用警对罪犯的搜身,往往与突击清监关联实施。

3. 全面搜身

在罪犯收监、出监,监区之间、监狱之间调动,受禁闭处罚或集训严管,因脱逃被抓归监,因涉嫌又犯罪被采用强制措施,被批准临时性离监和回监等情况下,监狱要对其全面搜身。全面搜身的基本做法是:责令被检查罪犯伸开双臂高举过头面向墙壁扶墙或者站立,十指张开,双脚分开尽量后移,禁止其他一切动作。然后,从被检查人的高举的双手开始向下对衣领及身体各部位,采用金属探测仪以及徒手拍、摸、捏等方式进行检查,特别注意腋下、腰部、裆部及双腿内侧。对检查出的可疑物品,尤其是凶器、赃物、毒品等,立即放置在远离被检查人的安全区域。

(四)清监

1. 清监的含义

清监是指监狱对罪犯活动场所物品进行检查、清查和整理的警务行动。

清监是狱政管理的重要警务行动之一,其目的是通过清缴、查收、整理和清查相应物品，消除现场事故隐患，促进监狱的安全稳定，维护正常的监管秩序，建立并保持整洁有序的监管环境。

依照清监的组织形式，清监可分为自行清监、联合清监、交叉清监等。自行清监，指通常情况下由监狱、监区、分监区自行组织的清监。联合清监，指由监狱在武警部队协助下实施的清监，负责监狱检察的人民检察院也可以组织或参加监狱清监。交叉清监，指省级监狱管理局组织的异地用警、在不同监狱之间所进行的清监。

依照清监的频次，清监可分为日常清监和突击清监两种方式。分监区、监区、监狱要按照清监的频次要求做到日常清监。在国家重大活动、重要节日和敏感时期，监狱要进行突击清监。

依照清监的规模，清监可分为全面清监和专项清监。全面清监是对监管区域所有部位、所有物品进行的清监。专项清监是对部分重点监管区域或区域内特定物品（主要是违禁物品）进行的清监。

2. 清监的主要内容

（1）清缴违禁物品。监狱的违禁物品是可能影响监狱安全稳定的物品。清缴违禁物品是清监的主要任务。违禁物品包括以下项目：警械、枪支、弹药、雷管、炸药等物品；手机、对讲机及相关附属配件和其他具有移动通信功能的电子设备；各种货币现钞、金融卡和有价证券；鸦片、海洛因、冰毒、吗啡、大麻、可卡因以及国家规定管制的其他能够使人形成瘾癖的麻醉药品和精神药品；管制刀具和刃器具；军警制服、便服、假发；危害国家安全宣传制品和淫秽物品；其他可能影响监狱安全稳定的物品。

（2）检查强制保管物品。由监狱强制保管的罪犯个人物品，指罪犯在监狱内的非生活必需品，属于罪犯个人财产，但在监狱服刑期间由监狱统一保管。罪犯有正当用途时，经过批准可以使用，使用后仍由监狱代为保管，在罪犯出监时一并发还。清监过程中发现罪犯私自保管使用的非生活必需品，监狱应当予以查收并强制保管，对罪犯私藏物品的行为予以教育或处罚。

（3）整理生活必需品。清监过程中对于允许罪犯个人保管、使用、消费的生活必需品要检查其存放部位、摆放方式，做到整齐、规范、有序。对于违反生活规范乱放乱摆的，应当责令其纠正。

（4）清除冗杂物品。在罪犯所有活动场所，都要及时清理冗杂物品，如生活垃圾、生产废料和无主物品等，保持场所清洁。

3. 清监的方法和步骤

根据清监的不同种类，清监的方法和步骤有所不同，下面介绍全面清监的基本方法和步骤。

(1)前期准备。全面清监动用警力较多,需要做好组织和分工。有些监狱为清监人员印制发放违禁物品和管制物品明细表,以便按图索骥,照单操作。然后,清监人员要分成若干个小组,每个小组不少于3人,负责指定区域的清查行动。由于罪犯藏匿违禁物品,监狱人民警察、工人、外协人员私自为罪犯传递违禁物品,都要受到严厉处理,事关当事人的切身利益,所以清监行动前要准备好用来固定相关证据的执法记录仪、一次性手套、清监记录表(或笔录用纸)等。

(2)环视现场。清监人员到达指定地点后,要对现场进行全貌观察,同时使用执法记录仪对现场进行全景扫描。全貌观察的目的是对现场情况进行整体把握,观察时一定要确定次序,如由外而内,由上而下,然后由一起点开始顺时针或逆时针环视四周,要特别注意存有异常情况的部位。如罪犯将违禁物品藏在床铺里,铺位表面会有不太明显的凸起。再如,罪犯将物品藏在顶棚的灯具里边,灯具的表面往往会有罪犯留下的痕迹。

(3)细查现场。经过环视现场,清监人员根据专业培训和实际经验,对可能藏匿违禁物品的部位可以形成初步判断。罪犯监舍内的床铺被褥、床铺底部、日用品衣柜,都需要仔细查看。每个房间的管孔、开关、顶棚、灯罩等边边角角也需要逐一筛查。监室内装垃圾的桶或袋,是清监易忽视的地方。正是因为这样,罪犯也最容易把违禁物品放置其中,一些细小的违禁物品甚至放在垃圾桶的底部,需要仔细检查。还有房间内的抹布,表面上叠得方方正正,但它的夹层里也容易放置违禁物品。监舍卫生间也是细查的重要部位,其中的洗手盆和蹲便的下水道口,也可能成为罪犯藏匿违禁物品的地方。

(4)提取物品。清监时发现违禁物品,要注意采用正确的提取方法。首先,提取前使用执法记录仪对物品录像和拍照。其次,提取时使用一次性手套,保护所查物品的完整形态,不使物品上的指纹、体液受损,为后续处理提供证据。最后,填写清监记录表,客观真实地记录清监的过程,特别是记录违禁物品的提取地点、提取部位、提取方式、物品形态等内容。在清监过程中,应当避免不讲章法的"翻箱倒柜"。清监结束后,监狱要由物查人,对违禁物品的来源进行追查。

4. 清监的后续处理

经过清监及其他形式的安全检查发现违禁物品案件,监狱应当查清其来源,及时上报省级监狱管理局,并向驻地检察机关通报。重大案件应当及时上报司法部监狱管理局。监狱要根据案情作出相应处理。

(1)罪犯私藏使用违禁物品的,属于违反《刑法》和《监狱法》中"认真遵守监规,接受教育改造,确有悔改表现”等规定的行为,3 年内不得提请减刑、假释;罪犯有重大立功表现依法应当减刑的,依照有关规定执行。

(2)监狱人民警察违反规定传递违禁物品给罪犯的,依照有关规定,给予开除处分。

(3)监狱工人违反规定传递违禁物品给罪犯的,依照有关规定,给予开除处分或者解除劳动合同。

(4)监狱在与外协单位签订协作合同时,应当约定外协单位或者外协人员违反规定传递违禁物品给罪犯的,监狱有权解除协作合同。原协作合同中没有相应内容的,监狱应当与外协单位签订补充协议予以明确。

(5)监狱人民警察、工人、劳务派遣人员和外协人员违反规定传递违禁物品给罪犯,涉嫌犯罪的,移送司法机关依法追究刑事责任。

监狱发生违禁物品案件,负有管理、检查、督察责任的人员隐情不报、压案不查的,予以免职,并依法依规追究责任。

(五)备勤

为应对危及监狱安全的突发事件,监狱要建立人民警察备勤制度。备勤警察虽然不出现在监管现场,却是现场管理的预备警力,备勤期间,监狱人民警察要在监管区外指定的范围内活动。一旦三大现场出现突发事件,根据监狱命令,即刻进入监管区,参加应急处置。

(六)警务督察

警务督察是在我国人民警察机关内部设置专门的机构和专门人员,对人民警察执行职务活动实施监督的一种重要制度。警务督察制度的实施,对于加强监狱工作,提高监狱场所管理水平,强化监狱人民警察的社会主义法治理念和组织纪律观念,确保监狱人民警察严格、公正、文明执法,树立监狱人民警察的良好形象,具有十分重要的作用。

警务督察制度侧重于对监狱人民警察执行职务活动的监督,特别是执法执勤活动过程和现场的监督,延伸了监督触角,增强了监督的时效性、针对性和权威性。在保障重大警务部署的落实,强化执法过程的监督,检查纠正监狱人民警察违法违纪行为,加强内务管理,推进队伍正规化建设,以及维护民警执法权益等方面,督察因能做到及时深入现场明察暗访,同步跟进检查监督,较之其他形式的内部监督具有明显的职能优势。警务督察对监狱人民警察违法违纪行为能够及时发现并有权现场处置,可以决定采取停止执行职务和禁闭的措施;对下级机关拒不执行法律、法规和上级决定、命令的,可以责令执行,对其错误的决定、命令,有权决定撤销或者变更。

警务督察事项主要包括:重大警务部署、措施、活动的组织实施情况;监狱突发事件的处置情况;监狱规范执法情况;监狱人民警察执勤现场履行岗位职责情况;监狱人民警察使用武器、警械和警用车辆、警用标志的情况;监狱人民警察文明执法、执勤和遵守警容风纪情况等。重点加强对监狱落实各项监管安全制度和措施、监狱人民警察遵守工作制度和纪律情况的督察。

第二节 罪犯现场管理的内容

一、罪犯生活现场管理

(一)罪犯生活现场管理的含义

罪犯生活现场管理是监狱对罪犯生活区中的罪犯日常起居、就餐、就诊及学习劳动之余的娱乐现场所进行的管理活动。

罪犯在监狱内服刑期间,最基本的问题是狱内生存和生活问题。为此,监狱依法设立罪犯生活设施,为罪犯提供符合相关规范要求的狱内生存和生活条件,并对罪犯的生活现场进行有效监管。

(二)罪犯生活现场的监管

1. 作息节律的建立

罪犯在监狱内服刑期间,生活、劳动和学习是其主要的活动内容。因此,监狱建立罪犯日常作息制度,每天从起床到就寝,划分为不同的活动时段,并在不同的场所之间转移,形成特有的作息节律。

2. 生活规范的落实

监狱对罪犯在生活区,要严格落实罪犯生活规范。罪犯生活规范的主要内容是:按时起床,有秩序洗漱、如厕,衣被等个人物品摆放整齐。按要求穿着囚服,佩戴统一标识。按时清扫室内外卫生,保持环境整洁。保持个人卫生,按时洗澡、理发、剃须、剪指甲,衣服、被褥定期换洗。按规定时间、地点就餐,爱惜粮食,不乱倒剩余饭菜。集体行进时,听从监狱人民警察指挥,保持队形整齐。不饮酒,不违反规定吸烟。患病时向监狱人民警察报告,看病时遵守纪律,配合治疗。不私藏药品。需要进入监狱人民警察办公室时,在门外报告,经允许后进入。遇到问题,主动向监狱人民警察汇报。与监狱人民警察交谈时,如实陈述、回答问题。在指定铺位就寝,就寝时保持安静,不影响他人休息。

为监督落实上述规定，维护罪犯起居现场的正常秩序，必须由值班的监狱人民警察对罪犯的起居现场实行直接管理。在监狱人民警察直接领导下，也可以使用罪犯值班员协助监狱人民警察维护秩序，但是不准由罪犯值班员代行监狱人民警察职责。罪犯就寝前的晚点名、就寝后的查铺必须由监狱人民警察亲自实施。

（三）罪犯就餐管理

罪犯就餐地点应当以监区（分监区、警区）为单位分散设置，避免过于集中。从经济效益看，罪犯的食堂（配餐中心）是食材加工场所，规模越大，成本越低，损耗越少，适宜以监狱或大型独立监区为单位集中设置。从监管效果看，同一就餐地点罪犯人数越多，管理难度越大，所以就餐地点不宜集中，以分散设置为宜。监狱要加强人民警察对罪犯就餐现场的管理，分餐时要实行定量分配，保证饭菜分配公平合理；就餐时要开展现场巡查，及时制止扔馒头皮等挑食行为；就餐后要进行"光盘"检查和考核，坚决杜绝食物浪费。监狱要将监区有无食物浪费的情况纳入日常督察考核内容，对食物浪费严重的监区，要严肃追究当班监狱人民警察和相关领导责任。罪犯就餐地点必须保证和改善卫生条件，未实行罪犯单人专用餐具的监狱，应配置消毒柜，对罪犯餐具统一消毒。

（四）罪犯日用品供应

根据监内罪犯适度消费的需要，监狱设罪犯日用品供应站，罪犯日用品供应站是方便罪犯生活、稳定监内秩序、促进罪犯改造的服务机构，由监狱的生活卫生管理部门直接管理。

罪犯日用品供应站（狱内超市）的商品售价不得高于当地社会同期同类商品平均销售价格。罪犯日用品供应站（狱内超市）收入主要用于改善罪犯的生活卫生条件或弥补罪犯生活费不足，不得挪作他用。

监狱应当实行罪犯狱内刷卡消费，严禁罪犯持有现金。监狱可根据实际情况推行罪犯日用品狱内网上销售和配送。监狱应制定罪犯每月购买食品及日用品等物品的最高消费限额，并根据罪犯的分级处遇等级变化来调整其每月消费额度。

另外，监狱还要通过监狱人民警察的值守、巡查、点检、搜身、清监等警务的实施，以维护罪犯生活现场的秩序。

二、罪犯劳动现场管理

（一）劳动现场管理的含义

劳动现场管理，是指监狱依法组织罪犯参加劳动，在罪犯的各种劳动场所实施的狱政管理活动。

罪犯的劳动现场,根据场所的不同,可分为狱内劳动现场和狱外劳动现场。狱内劳动现场设置在监狱大墙之内,狱外劳动现场主要指农业单位设置在围墙之外的作业现场。根据劳动的内容,劳动现场可分为生产性劳动、习艺性劳动和辅助性劳动三种现场。根据人数的集中程度,可分为整体集中性劳动现场和零星分散性劳动现场。

在罪犯劳动现场,不但有现场的狱政管理,还有现场的生产管理。在罪犯劳动现场的组织、指挥、控制和监督的过程中,狱政管理与生产管理既有分工,又相互交织、相互渗透,两项管理要主动配合,积极协助,保障安全,强调保护,努力实现狱政管理与劳动改造的有机结合。

(二)罪犯参加劳动的条件

《监狱法》第69条规定:“有劳动能力的罪犯,必须参加劳动。”劳动是改造罪犯的基本手段,带有法定的强制性。罪犯在监内服刑期间,有劳动能力,必须服从监狱的分配,参加监狱组织的劳动。

罪犯具备下列情形之一,可以不参加或者暂时不参加劳动:

1. 已丧失劳动能力的罪犯,不参加劳动。

2. 尚未具备劳动能力的罪犯,不参加生产劳动。

3. 罪犯在生病期间不参加劳动。身体有病的罪犯,经医生诊断认为需要休息和治疗,并经监狱批准,在患病期间不参加劳动。

(三)劳动现场的组织

罪犯劳动组织是监狱为了开展改造性的生产劳动而将罪犯组合成的各种劳动集体。罪犯劳动组织的特点体现在以下方面。

1. 罪犯劳动组织与日常管理组织适度结合

在通常情况下,监狱下设的监区、分监区以及区队和罪犯小组,既是罪犯的日常管理组织,又是罪犯劳动的正式组织。劳动组织与日常管理组织的适度结合,为开展罪犯的劳动改造、监管改造和教育改造提供了便利条件。

2. 监狱人民警察直接实施对罪犯各种劳动组织的管理

罪犯的各种劳动组织都由监狱人民警察直接实施管理,为劳动改造的顺利开展创造了基本条件。

3. 罪犯劳动组织内部合理分工与调整

罪犯劳动组织内部,充分考虑罪犯的个人情况和生产需要,对罪犯进行合理分工和组合,并及时根据实际情况进行调整。

（四）罪犯劳动项目的安排

1. 安排劳动项目的要求

为罪犯安排适宜的劳动项目，可以充分发挥劳动的改造功能，也可以提高劳动效率和劳动质量。监狱要在统筹考虑罪犯的身心状况、本人愿望、监狱生产、监管安全的需要等多种因素的基础上，为罪犯安排适宜的劳动项目，最大限度地发挥劳动在改造罪犯中的积极作用。对于有技术特长的罪犯，监狱要尽量创造条件，安排合适的岗位，使罪犯能够在服刑期间继续发挥技术特长。

2. 劳动项目的种类

罪犯的劳动项目可以分为生产性劳动和服务性劳动。罪犯中的大多数人要根据监狱的安排，参加监狱组织的生产劳动。监狱还可以根据需要，选用条件相宜的罪犯从事生产记录、学习记录、炊事、理发、医护卫生和文化技术教育等服务于罪犯的事宜。

（五）劳动现场的控制

1. 出工、收工管理

罪犯出工必须由监狱人民警察亲自带领。负责现场管理的监狱人民警察，要亲自整队，清点人数，检查罪犯的着装及随身物品，布置具体劳动事宜。监狱人民警察在这个过程中，还要仔细观察每一名罪犯，特别是留意重点监控对象的神态、表情及动作，对有异常表现的罪犯做到心中有数，以便查明原因，及早妥善处理。

收工时，监狱人民警察要督促罪犯迅速擦拭、清理、保养机器设备或者劳动工具，打扫现场卫生，按规定的时间和要求进行交接班。要清点人数、检查罪犯随身物品，要进行简短的队前讲评，然后将罪犯带回监舍。

2. 劳动区域控制

罪犯劳动现场执行罪犯定区域、定岗位的管理制度。一是限定罪犯的活动区域。一般是按照监区、分监区的建制，划定各单位罪犯的活动区域，固定地段、固定场地，实行封闭式区域控制。二是固定罪犯劳动岗位。监区、分监区对每一个罪犯的劳动岗位予以固定，劳动时要求罪犯必须坚守岗位，不准随意离开指定岗位活动。对这些需要在劳动现场流动的罪犯，也要进行有效控制。

3. 生产工具及物品的管控

对罪犯生产现场的生产工具，要实行严格控制，做到统一保管、统一发放、统一回收，严禁罪犯私藏工具，严禁罪犯将生产工具带入监舍。罪犯劳动现场的易燃、易爆、剧毒物品要分类存放，加封加锁，指定监狱人民警察或者工人管理，剧毒物品仓库必须坚固、严密。

4. 对外来人员和车辆的检查

监狱内的罪犯生产区实行封闭式管理,未经允许的外来人员和车辆不得入内。因工作需要必须进入现场的外来人员,要按规定办理手续,并由监狱工作人员带领方可进入生产区。外来人员在生产现场的活动也必须遵守有关规定,不得随意接触罪犯,更不准为罪犯捎带物品、书信。

运送货物的外来机动车辆,经批准后方可进入生产车间或者仓库区。进入监区后,车头必须朝里;驾驶员离开车辆时,必须拔出点火钥匙,摇上玻璃,锁好车门;驶出监区前,必须接受严格的检查。其他车辆(含非机动车辆),未经监狱相关领导批准和门卫严格检查,不得进入罪犯生产区。

5. 罪犯劳动规范的督导和落实

罪犯应当严格遵守各项劳动规范。劳动规范的主要内容有:积极参加劳动。因故不参加劳动,须经警官批准。遵守劳动纪律,坚守岗位,服从生产管理和技术指导。严格遵守操作规程和安全生产规定,不违章作业。爱护设备、工具。厉行节约,减少损耗,杜绝浪费。保持劳动现场卫生整洁,遵守定置管理规定,工具、材料、产品摆放整齐。不将劳动工具和危险品、违禁品带进监舍。完成劳动任务,保证劳动质量,珍惜劳动成果。

(六)罪犯食堂的管理

1. 标准建设与规范管理

监狱应当按照2010年《监狱建设标准》建设罪犯食堂(配餐中心)。合理设置加工操作区、清洗消毒区、主副食储存区、冷冻冷藏库、备餐区、检测室、罪犯更衣室和监狱人民警察执勤监控室等必备的功能区域,并明确标识,实现监控全覆盖。罪犯食堂应当规范内部管理,参照实行食品安全监督量化分级管理制度,并按等级进行公示和分类监管。重点加强关键环节和部位的监管。严禁向罪犯收费为其单独开设小灶。

2. 物资采购与卫生管理

监狱应按政府采购相关规定采购罪犯生活物资。不得采购没有相关许可证、营业执照、产品合格证明文件、动物产品检疫合格证明等证明材料的产品。应建立产品采购索证索票、进货查验、采购记录和存储、发放等制度。罪犯食堂应当参照《餐饮服务食品安全操作规范》,做好食品加工操作、清洗消毒、物资贮存、预防食品中毒等各环节工作。建立罪犯食堂从业人员管理档案,对从业人员每年进行定期体检和培训,从业人员取得健康证明和培训合格后方可上岗。

3. 能源设备与刀具管控

罪犯食堂应使用安全、经济、清洁的能源。监狱应为罪犯食堂配置自动化食品加工设备，减少刀具的数量和刀具的使用。罪犯食堂刀具应由监狱人民警察直接管理，并做好刀具的保管、登记、分发和回收工作。

4. 食品留样和蔬菜农药残留检测

监狱应当建立并落实食品留样和蔬菜农药残留检测制度，并配备相应的检测设备，对食品原材料等物资进行抽样检测。检测工作应当由经培训取得合格证书的专业人员直接进行，不得由罪犯承担。监狱自种、自养、自加工的产品，应作为罪犯伙食的补充，也要按规定做好检验检疫。

三、罪犯学习现场管理

（一）罪犯学习现场管理的含义

罪犯学习现场管理是指监狱对罪犯接受教育改造的活动场所实施的组织、控制与监督的管理活动。

1. 罪犯学习现场产生于监狱教育改造的需要

监狱的教育改造工作是监狱执法的重要组成部分，是改造罪犯的基本手段之一，是监狱工作法治化、科学化、社会化的重要体现，贯穿于监狱工作的全过程。罪犯的学习现场是伴随监狱教育改造的实施而产生的。

2. 罪犯学习现场是监狱对罪犯实施教育改造的现场

监狱的教育改造工作是一个系统工程。主要包括入监教育，个别教育，政治、思想、文化、技术教育，监区文化建设，社会帮教，心理矫治，评选罪犯改造积极分子和出监教育等。与之相适应，罪犯的学习现场除了包括在教室、谈话室、文体活动室、图书馆、阅览室、心理咨询室等进行的教育现场之外，也包括对罪犯社会帮教的各种活动现场。

3. 罪犯学习现场管理是对现场的组织、控制和监督

罪犯学习现场是监狱教育改造工作的第一线。监狱在罪犯学习现场的职能活动，主要由教育和管理两部分内容组成。学习现场的教育职能，主要体现在教育内容、教学安排、教学进度、师资培训、外聘教师、教研活动、考试考核、颁发学历、学位（资格）证书和教育成果评估等方面；学习现场的管理职能，则侧重于对罪犯学习现场的组织、调控和监督的方面。在罪犯学习现场，既要区分教育与管理职能，发挥各自的积极功能，又要在“以改造人为宗旨”的方针指导下，做到管理与教育相结合，教育与管理形成合力，整合改造资源，提高改造质量。

(二)罪犯学习规范的督导落实

在罪犯的学习现场,要落实《监狱服刑人员行为规范》中所规定的罪犯学习规范,其主要内容是:接受法治、道德、形势、政策等思想教育,认清犯罪危害,矫治恶习。接受心理健康教育,配合心理测试,养成健康心理。尊重教师,遵守学习纪律,爱护教学设施、设备。接受文化教育,上课认真听讲,按时完成作业,争取良好成绩。接受技术教育,掌握实用技能,争当劳动能手,增强就业能力。阅读健康有益书刊,按规定收听、收看广播电视。参加文娱活动,增强体质,陶冶情操。

(三)罪犯学习现场组织与控制

1.集体教育的现场组织与控制

监狱对罪犯实施集体教育的现场,主要有政治、思想、文化、技术教育的课堂和罪犯集体教育的会场以及升挂国旗仪式的现场等。

三课教育的课堂要有监狱人民警察负责管理。监狱在集中设置的教学区,设有专门的管理机构,并安排监狱人民警察负责全面管理。负责管理的监狱人民警察,一是通过跟班上课的方式,对教学过程进行直接控制;二是通过巡视的方式进行控制。

根据有关规定,罪犯三课教育的教学人员有三部分:负责三课教学的监狱人民警察、社会聘任人员和服刑表现较好、有文化技术特长的协助文化技术教育的罪犯。在监狱人民警察担任教学人员的课程,课堂的管理也由其负责;对其他人员担任教员的课堂,专门的管理机构和人员应当加大控制力度,必要时应当亲自到课堂进行全过程的直接控制。

在监狱集中设置的教学区上课的罪犯,由各个监区或分监区的监狱人民警察亲自整队,亲自将罪犯带到课堂,并与教学区管理人员进行交接,必要时,基层单位的监狱人民警察也可以跟班上课,亲自控制;下课时,应由教学区管理人员将罪犯整队送回监区或分监区,也可以由监区或分监区的监狱人民警察接回。做好罪犯三大现场的转移与交接工作,防止在转接时出现罪犯脱管现象。在本监区或分监区上课的罪犯,由值班的监狱人民警察和教学人员共同做好课堂的管理。

在对罪犯进行集体教育的会场,应当根据大会的规模(全监狱大会、全监区大会、全分监区大会或某一类人员参加的大会),在会场内外安排适量的现场警力,对会场及会场秩序进行直接控制。对于会场可能出现的异常情况,力求在事先进行分析和关注,制定应对措施,对于扰乱现场秩序的行为,要当场制止。在监狱的各种大型集会时,各个基层管理单位必须由监狱人民警察亲自整队,亲自将罪犯带去并带回。

监狱还要做好组织罪犯参加升挂国旗仪式的现场控制。升挂国旗仪式是罪犯集体教育的重要内容。首先,监狱要在规定的时间组织罪犯参加升挂国旗仪式,这些时间包括国庆节、国际劳动节、元旦、春节和重大庆祝、纪念活动,以及每月的第一天。其次,监狱要力求安排全体监狱人民警察和全体罪犯参加升挂国旗仪式,除了因为身体欠佳等原因确实不能参加的以外,都要参加这一仪式。最后,参加升挂国旗仪式,要求所有罪犯按规定统一着装、列队,态度端正,举止规范,在国旗升起时罪犯行注目礼,监狱人民警察行致敬礼。

2. 个别教育的现场组织与控制

个别教育的现场主要有对罪犯进行个别谈话、心理咨询和法律帮助的现场。对罪犯进行心理咨询和法律帮助的人员中有一些不是监狱人民警察,而是社会的志愿者或法律援助机构的工作者,所以,监狱对这些现场特别是狱外人员参加的现场,应当强化管理,派监狱人民警察在场或在场外执勤,必要时可以通过多媒体监控技术掌握现场情况,以防不测。对罪犯进入现场和离开现场进行仔细检查,防止将强制管理的物品或违禁品带入带出。监狱要对社会的志愿者等提供安全保障、工作环境和条件。在其进入和离开监管区域时,按有关规定履行登记检查手续。

3. 辅助教育的现场组织与控制

监狱对罪犯在坚持课堂教育的同时,还注重各种形式的辅助教育,由此产生了各种形式的辅助教育现场,如文化娱乐现场、体育活动现场和自习阅览现场等。在这些现场,要建立监狱人民警察的值班制度,实现活动场所、活动时间和活动内容的直接控制。这些现场的特点是罪犯的自由度相对要大,彼此之间互动性强,有些现场的人数也比较多,因此,出现摩擦和纠纷的机会可能会比较多,在场的监狱人民警察要抓苗头,早介入,重在疏导,及时化解。这些现场也容易出现罪犯之间的不正常接触和违纪行为,如私下交换物品、酝酿脱逃计划等。对现场的不正常接触,在场监狱人民警察要高度警觉,加大巡视力度和控制力度;对现场的违纪行为,要当场制止并依法处理。

4. 社会帮教的现场组织与控制

社会帮教是监狱教育工作的一项重要内容。监狱应当积极争取社会各个方面和社会各界人士的支持,配合监狱开展有益于罪犯改造的各种社会帮教活动。社会帮教的形式,可以分为直接和间接两种。所谓直接帮教,是指社会帮教人员到监狱与罪犯直接接触,或罪犯在监狱安排下到社会参观学习、接受教育。间接的帮教形式比较多,如监狱与有关单位签订帮教协议、社会帮教人士与罪犯通过书信往来、热线电话等方式对罪犯进行帮教等。社会帮教的现场是在直接的社会帮教过程中所产生的各种现场。社会帮教现场可以分为狱内帮教现场和狱外帮教现场。

狱内帮教现场是监狱邀请有关单位和人士来监狱开展帮教工作,直接对罪犯进行帮教的现场。狱内帮教现场的规模和方式大体分为:大型的普遍性帮教现场,如演讲会、报告会等;针对某一类罪犯进行的帮教现场,如各种的座谈会、规劝会;针对某一个罪犯进行的个别化的帮教现场。监狱在组织这些现场时,要根据不同情况,安排布置帮教场所,指派在场内外值勤的监狱人民警察,对接受帮教的罪犯,进行纪律教育,检查其随身物品,维护帮教场所的良好秩序,保障社会帮教人士的安全,为社会帮教人士提供工作环境和条件。

狱外帮教现场是监狱选择符合条件的罪犯"走出去",到社会上参观学习、接受教育的现场。监狱组织罪犯到社会上参观学习,一是要严格筛选符合条件的罪犯,其前提条件是罪犯确已悔改,不再具有社会危险性,离开监狱不会对社会造成危害。二是精心组织警力,安排交通工具,配备通信工具和警械,保证押解途中的安全。三是对参观过程中罪犯的活动范围、活动路线、活动内容进行规范和控制,防止造成社会群众的围观,防止罪犯与其他人员的不正常接触,防止罪犯参观可能出现的各种扰民现象。

第三节　罪犯现场管理的方法

一、定置管理法

(一)定置管理的含义

定置管理是监狱基于安全、高效的需要,对罪犯活动现场的人、物、场所之间的关系加以科学分析,使其达成预期关联状态,实现优化动态组合的管理方法。

作为现场管理的一种行之有效的科学管理方法,定置管理起源于国外企业的生产现场管理,它以物在场所的科学定置为前提,以完整的信息系统为媒介,以实现人和物的有效结合为目的,通过对生产现场的整理、整顿,把生产中不需要的物品清除掉,把需要的物品置放在合理位置,便于操作,从而实现高效生产、优质生产、安全生产。定置管理法因其符合人、物、场所的管理活动规律而被其他领域的现场管理所借鉴和吸收,适用范围不断扩展,应用成效显著。

我国监狱系统明确要求在罪犯的活动现场实行定置管理。司法部在多份规范性文件中指出,监狱应对罪犯劳动现场实行定置管理。监狱应当对罪犯监舍实行单人单铺管理,统一配置监舍内设施、器具和物品并实行定置管理。

与社会普通企事业单位相比较,我国监狱的定置管理,既有共性又有个性。其个性表现在:第一,适用范围的全面覆盖。监狱所实行的定置管理,既适用于罪犯的劳动现场,又适用于罪犯的生活和学习现场,从而实现罪犯监禁状态下服刑改造活动定置管理的全面覆盖。第二,价值取向的全面权衡。监狱实施定置管理,是基于安全的需要,坚持安全第一的原则。监狱罪犯活动现场的安全包含监管安全和生产安全两个要素。因此,监狱要全面权衡安全与高效、监管安全和生产安全的因素,推行适应监狱管理需要的定置管理制度。第三,追求目标具有个性。社会普通单位实施的定置管理,追求人、物、场所之间的最佳结合方式,特别是人与物的直接结合状态,做到物在人边,随手可取,使用方便。监狱在处理人、物、场所的关系上,追求的是达成预期关联状态,即保证现场人员在指定的时间段、指定区域内,按照要求接触和使用指定的物品,进行指定的活动。

(二)定置管理的内容

根据监狱管理实际,罪犯三大现场的定置管理,研究的对象是物与场所的关系,人与场所的关系,人与物的关系。解决问题的基本途径是区域定置、人员定置、物品定置、特别定置。

1. 区域定置管理

针对物与场所的关系,监狱进行区域定置管理,体现"堵与疏"的管理要求。所谓"堵",是指监狱将罪犯活动现场严格划分为罪犯在监狱内的生活、学习和劳动场所,实施场所分治,各个场所之间严格分割封闭,物归其所,阻断场所之间非正常的物流。罪犯的个人生活物品不得带入劳动现场,罪犯的劳动工具和劳动中的物件不得带入生活区。学习场所也不得带入与学习无关的物品。所谓"疏",是指在场所分治的基础上,每个现场划分不同的功能区,将现场所需物品,按要求疏导至各个功能区,分区置放。

2. 人员定置管理

针对人与场所的关联,监狱实施严格的人员定置管理,体现"圈与位"的管理要求。所谓"圈",是指罪犯在特定的时间段,必须在指定的范围内活动,且不得从事与服刑改造行为无关的活动。应当组织罪犯在规定的区域和指定岗位劳动,并应设置标识。所谓"位",是指监狱对罪犯实行固定其就寝铺位、固定其就餐座位、固定其学习座位、固定其劳动岗位等定位管理。禁止罪犯脱离监狱人民警察管理单独劳动。对违反劳动纪律、擅离劳动岗位的罪犯应当按规定进行处罚。

3. 物品定置管理

针对人与物的关联,监狱实施严格的物品定置管理,体现"分与合""静与动"的管理形态。

(1)“分与合”。所谓“分”,是指监狱根据定置管理的需要,对现场物品进行分类。首先,以生产活动需要和不需要为标准,对于已经与操作人员失去关联,与现场正常活动无关的物品,彻底清除出现场;其次,以监管活动允许和不允许为标准,通过搜身清监等方式,将不许罪犯持有、携带的物品彻底清除。所谓“合”,是指人与物结合,一种是直接结合,即物在操作员的身边,无须转手其他人员,无须四处查找,触手可得,以便提高工作效率,节约管理成本。社会普通企业的定置管理倾向于在生产设备,正在加工、装配、调试、试验、检查的产品,在用的工装工具、工位器具、工具箱、图纸架,在用的工量具、模具、仪表、仪器等方面建立人与物的紧密结合状态。监狱出于监管安全的需要,往往要对这种结合形式加以限制。只有在消除人的不安全行为和物的不安全状态的前提下,才可以实施人和物的直接结合。由此可见,安全定置是监狱定置管理的首要环节,为此监狱要付出比社会企业更多的安全成本。另一种是人与物的间接结合,即人与物处于松弛结合状态。在生产中使用的物品品种繁多,规格复杂,它们不可能都放置在操作者的手边,如何找到,需要一定的信息来指引。例如,监狱代为保管的罪犯个人物品的台账就是一种引导信息。在台账中,每个罪犯的物品都有自己的编号,这种编号可按库、区、架、位“四号定位”原则来编码。有了台账就可知道某种物品放在何处。台账的计算机管理,可发挥计算机自动检索的功能,使信息的引导更快捷。

(2)“静与动”。所谓“静”,是指物品在现场处于相对固定状态,主要是那些用作加工手段的物品,如工检、量具、工艺装备、工位器具、运输、搬运工具、设备附件等物品。这些物品一般可多次参加生产过程,周期往复运动。对这类物品实施“三固定”方法,即存放场所固定,存放位置固定,物品标识固定,这些物品使用后要恢复到原来的固定存放点,以便于下次寻找。所谓“动”,是指物品处于按照操作流程不停流动的状态,指向物流系统中那些不回归、不重复使用的物品,如原材料、毛坯、零部件、半成品。由于这类物品的种类、规格多,每个品种的数量有时多,有时少,很难就每个品种物品规定具体位置。要根据充分利用空间、便于存放、便于清点数量、减少往复存放工作量的原则来确定具体的存放地点。定置标志也可采用可移动的牌架,可更换的插牌标识对不同物品加以区分。不同位置的分划也可采用可移动的线条边界支架加以分割,以示位置的暂时固定。对处于流动状态的物品,要通过起到引导和确认作用的信息媒体建立起人与物的有效关联。信息媒体一般包括:第一,各类台账,表明“该物在何处”。第二,平面定置图,表明“该处在哪里”。第三,场所标志,表明“此处即该处”。第四,物品标志牌,表明“此物即该物”。

4. 特别定置管理

根据监管安全和生产安全的双重需要，监狱要对一些物品进行特别定置。

（1）劳动工具的特别定置管理。禁止罪犯保管、登记、分发劳动工具；劳动工具应当实行定人、定位、编号管理，刀具、刃具、钝器等有危险性的劳动工具，使用时应当锁链，防止罪犯利用这些工具实施违法犯罪。

（2）危险物品的特别定置管理。对易燃、易爆、剧毒、麻醉品和锐器、攀高物等可作为脱逃工具、凶器或可能造成安全事故的危险物品，应当设立专库，由监狱人民警察或者工人直接管理，建立并严格执行危险物品的领用、回收、清点制度。

（3）进出监狱车辆的特别定置管理。机动车辆经批准进入监狱后，应当由监狱人民警察全程随车监控，车头应当朝里，驾驶员离开车辆时，应当拔出点火钥匙，关好车窗，锁好车门；禁止驾驶员与罪犯单独接触，为罪犯传递信息和物品；驶出监狱前应当接受严格检查，客车必须严格检查驾驶人员身份和后备箱，货车必须严格检查驾驶室内驾乘人员身份、随车装载货物以及车辆底盘部分。机动车辆不得在监狱内停放过夜。

（4）罪犯个人药品的特别定置管理。监狱医疗机构应当按照《药品管理法》进行药品采购、保管和使用。罪犯本人或家属自愿使用自购药品的，可提出书面申请，由监狱审查批准。自购药品费用由罪犯或其家属承担。监狱应做好证据留存工作。监狱应当为每个监区配备统一的药品橱柜，药品由监狱人民警察统一保管，并定期检查药品储存使用及台账登记情况。经监狱审查批准，患有心脏病类疾病的罪犯可随身带有必要抢救量的急救药品。患病罪犯需要服药的，由医务人员或监区管理人员严格按照医嘱发放服用，及时登记，做到送药到手、看药入口、咽下再走。严禁罪犯私藏药品。

（三）定置管理的实施

定置管理的实施，即按照设计要求，对生产现场的材料、机械、操作者、方法进行科学的整理和整顿，将所有的物品定位，应做到有图必有物，有物必有区，有区必挂牌，有牌必分类；按图定置，按类存放，账（图）物一致。其包括以下三个步骤：第一，清除与现场活动无关的一切物品。主要是拆除乱建设施，清除各类不需要和不允许存在于现场的物品。第二，设计定置图并按图实施定置。各个监区要根据实际情况设计定置图，然后按照定置图的要求，将活动现场、物品进行分类、搬运、转移、调整并予定位。定置的物要与图相符，位置要正确，摆放要整齐，贮存要有器具。可移动物，也要定置到适当位置。第三，放置标准信息名牌。以醒目和不妨碍生产操作为原则，放置标准信息名牌要做到牌、物、图相符，设专人管理，不得随意挪动。

二、目视管理法

(一)目视管理的含义

罪犯活动现场的目视管理,是利用形象直观、色彩适宜的各种视觉感知信息来组织现场的生活、学习和生产活动,以提高监管和劳动效率的一种管理方式。目视管理以视觉信号为基本手段,以公开化为基本原则,尽可能地将管理者的要求和意图让罪犯都看得见,借以推动自主管理、自我控制。所以目视管理是一种以公开化和视觉信号显示为特征的管理方式,也可称为“看得见的管理”。

(二)目视管理的功效

1. 信息公开。主要运用视觉信号的显示作为管理手段,将管理者的要求、指令、现存问题、目前所处状况,以及应该采取的措施等信息公开化,使所有员工做到心中有数,并将人们的行动和认识很好地统一起来。

2. 提升工作效率。目视管理形象直观、简单方便、传递信息快,大大提高了工作效率。例如,所有人员通过设置的显示屏发布的信息,及时、准确地了解到生产相关情况,大大节省了为传递相关信息而召集会议等所消耗的时间。又如,许多工作可参照有关指示牌和标识表进行,彻底改变了过去四处打听、盲目行动和消息闭塞的问题,从而降低成本。

3. 促进配合与协调。目视管理具有高度的信息透明度,便于劳动者协调配合,使其对现场的工作状态一目了然,有条不紊地完成职责范围内的各项工作。同时有关人员根据出现问题的显示,及时采取行动,有重点、有目标地进行处理。

4. 改善工作环境。目视管理可以使工作环境大大改善,呈现出平稳顺畅、井然有序、条理分明的局面。操作员通过目视信号将某环节出现的问题传递出去,有关人员接收到信号,有准备、有重点地前往出现问题的地方进行处理。整个作业现场劳动者的心态可以始终处于平稳状态,因此事故产生的概率也相应大大降低。

(三)目视管理的主要做法

1. 颜色管理

颜色管理是指利用不同颜色产生的视觉和心理的差异,对管理对象加以识别和区分,以达到有效管理的目的。如用不同颜色区分不同区域、时段、状态、提醒和警示。在罪犯的生活现场,用醒目的标志,划出警戒线和隔离带,划定罪犯的室外活动区域;在罪犯的服装上作便于识别的标志带;在罪犯的监舍,则可以用适宜的色彩进行房间墙壁、地板的装修。

2. 形迹管理

形迹管理是将现场的工具、仪器、夹具等,在其放置的场所采取形象绘图或嵌入凹模等方式进行管理,达到易于取用和归位目的的管理方法。形迹管理将零部件、工具、夹具等物品,在其地面上、墙壁上、桌子上、机器旁等地方,将其投影形状在保管器具或墙上描画出来,按其投影之形状绘图或采用嵌入凹模等方法进行定位标识,使其易于取用和归位。如将灭火器、垃圾箱、茶杯、扫把等物品,在地面上、墙壁上、桌上等地方按其投影之形状绘图,使其使用后易于归位;工具、夹具等可依使用状况,在机器设备旁墙壁上按其投影之形状绘图,使其易于取用和归位,目的是减少寻找时间,加强物品管理,提高生产效率。

3. 看板管理

看板管理是将生产过程中的重要数据和关键信息,采用看板的形式及时公布和快速披露,以减少信息不对称而造成行动迟缓或决策失误的方法,如管理看板、生产看板等。看板可用于公布罪犯应当遵守的行为规范、罪犯的日常考核结果、拟减刑假释的名单及减刑假释结果等事项。

4. 标识管理

标识管理是目视管理的重要和基础环节,是细节管理的重要组成部分。标识管理可减少误用,提高生产效率。如设置区域或位置标识、产品标识、状态标识、职务标识等。

研究与思考

1. 简述罪犯现场管理的定义及其构成要素。它有哪些要求?
2. 现场管理警务活动有哪些?
3. 简述罪犯生活现场管理的含义及其内容。
4. 简述罪犯劳动现场管理的含义。如何进行劳动现场的组织、安排及控制?
5. 简述罪犯学习现场管理的含义。如何进行罪犯学习现场的组织与控制?
6. 罪犯现场管理的方法有哪些? 其具体内容包括什么?

第七章　监狱安全防范

重点提示

1. 监狱安全防范是监狱在危及监管安全事件发生之前所进行的风险识别管控和隐患排查治理活动。应当遵循全员参与与分工负责相结合、监管控制与教育改造相结合、公开监管与隐蔽控制相结合、直接管理与技术监控相结合、全面监控与重点防范相结合的原则。

2. 安全防范的实施包含以下要素：安全防范体系、安全防范意识、安全防范能力、安全操作规程、安全信息调研、安全防范措施。

3. 监狱的安全警戒包括武装警戒、狱内警卫、社区联防。

4. 监狱的安全控制包含对危险分子的控制、对要害部位和重要场所的控制、对狱内犯罪预备案件的控制。

第一节　监狱安全防范概述

一、监狱安全防范的含义

监狱安全防范是监狱在危及监管安全事件发生之前所进行的风险识别管控和隐患排查治理活动。

预防为主历来是我国监狱安全管理的重要理念。近些年来，监狱系统坚持在安全管理中强调“事前防范，关口前移”，其目的是力图在危及监狱安全事件发生之前，做好监管风险的识别管控和监管隐患排查治理。

风险是可能存在的危险。监管风险是指监狱管理过程中某种特定的危险事件（事故或意外事件）发生的可能性与后果的组合。由此可知，风险是由两个因素共同作用组合而成的：一是该危险发生的可能性，即危险概率；二是该危险事件发生后所产生的后果。监管风险识别是指在风险事故发生之前，监管人员运用各种方法系统并连续地认识所面临的各种风险以及分析风险事故发生的潜在原因。风险识别过程包含感知风险和分析风险两个环节。感知风险即了解客观存在的各种风险，是风险识别的基础。只有通过感知风险，才能进一步在此基础上进行分析，寻找导致风险事故发生的条件因素，为拟定风险处理方案、进行风险管理决策服务。分析风险即分析引起风险事故的各种因素，这是风险识别的关键。对识别出来的监管风险，监狱要采取有效的管理和控制措施。

隐患是潜藏的祸患。监管隐患是造成危险的前提，尚未为监管人员所认识到，但如果任其发展，必然会带来更大的损害。因此，在日常安全管理中，监管人员必须重视并采取有效手段排查监管隐患。对排查出来的监管隐患，通过排除和整改等途径进行治理。

监管风险和监管隐患是监管安全防范的对象，对其的识别管控和排查治理是监管安全防范的主要活动。

二、监狱安全防范的要求

（一）全员参与与分工负责相结合

监狱的安全防范，要强调全员参与与分工负责相结合的原则。所谓全员参与，是指监狱的各个职能部门、各个押犯单位及各个不同岗位的人民警察都有保证监狱安全防范的义务或责任。在日常工作中，特别需要强调的是，不管什么岗位的人民警察，在发现与监狱安全防范有关的苗头、动向或异常情况时，都有义务将信息迅速传递给狱内侦查部门或监狱领导；在监狱发生又犯罪案件时，都要按照监狱的部署参与临场处置。所谓分工负责，是指在监狱安全防范工作中，各个部门和单位都有着自己的职责，并行使相应职权。监狱安全防范中有一些是法律或规章特别授权的内容，只能由有明确授权的部门、单位或人员行使，未经授权的其他部门、单位或人员是不能行使的，这些职权突出体现在狱内侦查权方面。因此，在强调全员参与的同时，也必须强调分工负责，强调职权原则，特别是安全防范中的狱内侦查权，必须由监狱的狱内侦查部门和狱内侦查人员行使。

（二）监管控制与教育改造相结合

监狱对监管风险的管控和对监管隐患的排查，要坚持监管控制与教育改造相结合的原则。监管控制是狱政管理部门和狱内侦查部门为了防范狱内又犯罪而对罪犯的活动现场、要害部位和危险分子实施的监督和控制，是安全防范的主要内容之一。在监控过程中，要充分发挥教育改造的作用。在安全防范中的教育主要包括以下内容：第一，对全体罪犯进行守法和前途教育，促使大多数罪犯增强守法观念，明确改造目标,树立积极改造信念。第二,对全体罪犯进行安全教育和引导,使罪犯认识到监狱安全防范与自身的安全密切相关,从而主动配合监狱的安全防范工作。第三,对于罪犯中积极主动为监狱提供又犯罪线索和情报的,或者是主动制止又犯罪活动的,选择典型进行表彰,通过引导激励在罪犯中形成主动与又犯罪作斗争的积极氛围。第四,教育改造部门要参与对危险分子的排查和控制,特别是做好对危险分子的转化工作。第五,在又犯罪案件发生时,教育改造部门依照规定参与临场处置,对又犯罪嫌疑人进行疏导教育,促使其停止危害行为。

(三)公开监管与隐蔽控制相结合

监狱的安全防范,要做到公开监管与隐蔽控制相结合。公开监管包括人民武装警察部队对监区、作业区的武装警戒,还包括监狱对监区、作业区的内部监管,如公开进行的清监、点名、查铺、人身检查、物品检查等监管活动。在公开监管的同时,监狱还要采取一系列的隐蔽控制工作。隐蔽控制与公开监管结合起来,可以增加监狱的安全系数。

(四)直接管理与技术监控相结合

直接管理,是我国监狱对罪犯管理的一项非常重要的原则,体现在管理的各个方面,在安全防范中,需要特别强调监狱人民警察对罪犯的直接管理。只有坚持监狱人民警察对罪犯的直接管理,才能及时发现罪犯违法犯罪的各种苗头、动向和异常情况,并当即处理犯罪中发生的问题。在对罪犯实施直接管理的过程中,还要注意各种监控技术的使用。在安全防范中使用的监控技术,包括实时监控录像系统、隐蔽和公开的监听装置、通讯联络系统、自动报警系统、隔离防护装置以及各种专用设备。监控技术的使用,可以在一定程度上弥补直接管理中的不足,可以更加迅速地发现各种异常情况,特别是危及监狱安全的各种苗头,增强对要害部位的控制力度,从而提高监狱安全防范系数。

(五)全面监控与重点防范相结合

监狱安全防范要坚持全面监控与重点防范相结合的原则,在全面监控的基础上,要集中力量实施重点防范。监狱安全防范工作是一个系统工程,监狱有必要而且有可能对所有服刑罪犯、所有活动场所实施有效的全面监控。其主要内容是:第一,建立严密的罪犯组织形式,特别是建立有利于相互监督、相互促进改造的罪犯小组;第二,全面实现定置管理,固定每一个罪犯的铺位、固定其劳动岗位、固定其学习座位、固定其在队列中的位置,对其活动范围实施不间断的控制;第三,全面执行清监、查铺、点名等监管制度;第四,全面收集罪犯的思想动态,对所有罪犯的服刑改造表现进行摸底排队。

在全面监控的同时，还要实施重点防范。监狱安全防范的重点是，有迹象表明可能实施又犯罪活动的罪犯，可能出现又犯罪活动的场所、部位和时段，以及处在准备阶段或已经实施但还没有得逞的犯罪活动。

三、安全防范的实施要素

（一）安全防范体系

监狱要建立安全防范工作体系，包括指挥系统、情报处理系统、监管控制系统、应急处置系统等。指挥系统，有监狱一级的指挥系统和监区一级的指挥系统，负责部署和调整警力、制定操作规程、检查监督各种防范工作规范的落实等。情报处理系统，负责狱内罪犯可能实施危险行为的各种情报的收集、汇总、分析、传递、反馈，为监狱的指挥系统和监管控制系统的决策提供及时而准确的信息资源。监管控制系统，是指在监狱的统一指挥下，依靠一线的监狱人民警察，对罪犯进行实时监控。通过监狱人民警察对罪犯的直接管理，控制罪犯的各种活动，同时将管理中收集到的有价值的情报传递给情报处理系统，将控防工作的进展及建议上报监狱的指挥系统。应急处置系统，是指在监狱发生又犯罪案件时，进行现场处置。

（二）安全防范意识

监狱人民警察是实施狱内安全防范的主体，监狱人民警察的安全防范意识则是直接关系安全防范成效的基本因素。监狱人民警察如果具有较高的安全防范意识，提高警觉，常备不懈，就能积极主动地开展各项控防工作；如果没有较高的安全防范意识，麻痹大意，掉以轻心，则必然在各项控防工作中处于消极被动的地位。为了提高监狱人民警察的安全防范意识，监狱必须经常对监狱人民警察通报本单位和整个监狱系统的狱内安全形势，促使监狱人民警察清醒认识狱内安全防范的严峻事态，时刻保持高度的警觉，克服麻痹松懈情绪。为提高监狱人民警察的安全防范意识，各监狱普遍实行了安全防范责任制，对每个岗位特别是关键岗位的监狱人民警察明确具体的职责，并以奖惩等手段强化安全防范的意识和责任。对于认真履行职责，防范有明显成效的，予以各种奖励；对于玩忽职守，致使又犯罪行为发生的，则按照过错原则追究责任。

在强化监狱人民警察的安全防范意识的同时，还要强化安全防范工作中的纪律意识、情报意识、整体意识。纪律意识，是指监狱人民警察要严格遵守安全防范工作的各项规范。情报意识，是指监狱的所有人民警察都负有收集、传递狱内敌情的责任，都必须认真对待和处理狱内的敌情动态，特别是罪犯可能实施又犯罪行为的各种征兆、苗头、迹象，一旦发现，一定要在第一时间将情报传递给有关部门。整体意识,是指监狱的安全防范工作是一个严密的系统,监狱的各个部门、各个押犯单位都是安全防范体系中的具体组成部分。监狱人民警察要有全局观念,切实做到从大局出发,服从监狱的整体部署。

(三)安全防范能力

监狱人民警察要具备应有的安全防范意识,同时也必须具备安全防范的能力。监狱人民警察的安全防范能力,既包括监狱人民警察个体的防范能力,也包括监狱人民警察整体的防范能力。个体的防范能力,主要是指监狱人民警察应当具备的敏锐的观察力、灵敏的反应力和灵活的应变能力;整体的防范能力,是指监狱领导层、各个执法部门、各个押犯单位分别应具备的安全防范能力,主要是指狱情犯情调研的能力、布控的安排和调整能力、临场处置能力及善后处理的能力等。在安全防范能力方面,监狱人民警察的个体能力是基础,监狱必须通过各种方式和方法,对监狱人民警察进行安全防范业务培训和指导,以切实提高监狱人民警察的防范能力。同时,通过合理配置警力、加强通力协作等方式整合资源,通过必要的演习演练锻炼队伍,提高整体的防范能力。

(四)安全操作规程

监狱安全防范要达到预期的目标,除了通过责任制强调结果控制以外,还必须对安全防范的整个过程实施有效控制,这就是所谓的过程控制。过程控制的核心内容是制定严格周密的安全操作规程,并以经常性的安全检查监督来保证安全操作规程的落实。在实际运行中,需要注意以下问题:

1. 监狱安全防范操作规程的制定

监狱安全防范操作规程,可以分为基本的安全规范和具体的操作规程。基本的安全规范,是在科学管理的理念指导下,在认真总结我国监狱几十年工作经验和教训的基础上,结合现阶段监狱安全防范工作实际,以国家法律、行政法规和规章等形式制定的监狱安全防范规范。在《监狱法》等有关监狱工作的法律法规和规章中,都有大量的安全防范的基本规范。具体的操作规程,是指监狱根据基本规范和本监狱的实际情况制定的、用以保证监狱安全防范的具体的办事规范和程序规则。具体安全操作规程应包括授权性、命令性和禁止性的实体规范,还包括具体办事的程序规范。也就是说,在监狱的安全操作规范中,什么事情可以做,什么事情必须做,什么事情不能做,以及哪些人可以做什么事,哪些人不能做什么事,做某一件事情要经过什么程序,这些都应当是非常清楚和明确的。监狱安全防范操作规程,强调对监狱安全防范的全过程的控制,起着“指路牌”的作用,同时也是安全防范工作科学化的体现。

2. 安全检查与监督

监狱的安全检查，一是指以罪犯、罪犯服刑改造场所及活动为对象进行的安全检查；二是指以监狱人民警察执法管理活动为对象的安全检查，在此着重讨论的是后者，即属于执法检查的范畴。安全检查的核心是检查各个岗位的监狱人民警察履行职责的情况，检查安全操作规程的遵守情况。监狱的安全检查，由监狱、监狱职能部门、监区定期和不定期进行，检查中发现有违规操作的现象，要当即指明，并要求被检查方限期纠正。

（五）安全信息调研

有关罪犯实施又犯罪活动的信息是监狱安全防范中的一个重要因素，狱内安全防范的一项经常性的工作就是各种狱内又犯罪动向、苗头、线索的收集和判断。狱情、犯情和案情的调研，由监狱的狱政管理、狱内侦查、教育改造等职能部门负责，在收集各种信息的过程中，则必须调动各个方面的积极因素，广开信息渠道。首先，全体监狱人民警察必须积极参与。无论是哪个岗位的工作人员，只要获得有价值的信息，必须当即转递给有关部门，任何故意隐瞒不报的行为都应视为失职行为。其次，要调动罪犯的积极性。罪犯可能掌握一些有价值的信息，因此监狱要建立相关机制，鼓励罪犯检举揭发，从而形成积极向上的改造氛围。

（六）安全防范措施

狱内潜在的危险情势具有瞬息万变、变幻莫测的特点，监狱的安全防范也面临着最佳战机稍纵即逝的考验。这就需要建立快速反应体系，力争早发现、早布控、早处置，适时采取果断措施，尽可能将狱内又犯罪控制在萌芽状态，减少狱内又犯罪的危害，切实保证监狱安全。

第二节 监狱的安全警戒

一、武装警戒

（一）武装警戒的含义

武装警戒是人民武装警察部队依法对监狱实施的外围警戒、警务协助和参加应急安全保卫等国家武装行动。

根据《监狱法》第 41 条的规定，监狱的武装警戒由人民武装警察部队负责。《人民武装警察法》第 15 条将监狱的外围警戒列入人民武装警察部队的安全保卫任务。

人民武装警察部队是国家武装力量的组成部分。根据《国防法》第22条的规定,中华人民共和国的武装力量,由中国人民解放军现役部队和预备役部队、中国人民武装警察部队、民兵组成。中国人民武装警察部队依法担负国家赋予的安全保卫任务,维护社会秩序。人民武装警察部队遂行监狱安全警戒任务,充分体现了监狱存在的国家意志和国家强制力。

武装警戒是监狱安全的重要保障,是监狱顺利展开内部管理的有力屏障。通过武装警戒,完成监区与社会的隔离,实现对罪犯人身自由的剥夺,切断罪犯同外界的不良联系,消除各种不利因素的影响,让罪犯失去继续危害社会的可能,促使罪犯安心改造。通过武装警戒,可以有效地防止社会上不法分子对监狱的侵袭,防止或者镇压狱内骚乱、暴乱等大规模的犯罪活动。同时,可以预防狱内罪犯脱逃、行凶、破坏等其他犯罪活动,防止各种突发事件,切实保障监狱、监狱人民警察及其他工作人员、罪犯的人身安全。

(二)驻监武警部队的任务

1. 监管区域外围警戒

监管区域外围的武装警戒,由监管区大门武警哨兵、大门武警备勤兵力、大墙岗楼哨兵和武装巡逻兵力等组成。外围警戒的基本功效是实现对在押罪犯的监禁,切断在押罪犯与社会外界的非正常联系,防止罪犯脱逃、组织越狱和暴动越狱事件的发生,防止社会人员私自进入监管区域。为防止狱内外不法分子对武警哨兵的突袭,各个岗位的执勤人员要随时保持高度的警觉,对监狱大墙内外警戒区域严密控制,熟悉周围地形和有关建筑,并且熟悉友邻哨位的位置和联络信号。各个岗哨之间要形成联动互保的机制,武警执勤指挥室要与所有的哨位保持通畅的联系,以应不测。

如果监狱或者监区罪犯生产区不在监管区域之内,则其生产区警戒也实行武装警戒。生产区的武装警戒的主要任务,一是控制生产区外围,禁止无关人员入内;二是防止罪犯趁劳动之机实施破坏、脱逃等犯罪行为;三是在罪犯出收工时,实施途中警戒。

生产区警戒分为固定生产区警戒和临时生产区警戒。固定生产区警戒一般是指监狱围墙内的车间等劳动场所外围进行的警戒活动,可以通过设置大门哨、瞭望哨、观察哨等实施警戒。临时生产区警戒主要是指在监区外的生产场所进行的警戒活动。临时生产区警戒需要注意以下问题:一是哨位。执勤战士要选好哨位,便于控制劳动现场。二是警戒线。临时生产区警戒必须建立临时警戒线,警戒线与狱墙有同等的警戒效力;罪犯未经批准严禁超越,无关人员不得入内。三是规定警备线。罪犯因事需要找警戒人员时,应放下手中的工具,在规定的距离以外报告。这样做的目的是防止罪犯抢夺警戒人员手中的枪支,防止罪犯对警戒人员的侵袭。罪犯与警戒人员之间保持安全距离,可以使得警戒人员发现罪犯有异常举动时,有足够的反应和处置的时间,也就是以空间换时间。安全距离的规定,不仅罪犯要遵守,警戒人员也要遵守。

2. 协助参与专项警务

一是协助监狱执行押解任务。根据《人民武装警察法》第 15 条第 7 项的规定,武警部队负有协助公安机关、国家安全机关依法执行逮捕、追捕任务,协助监狱、看守所等执勤目标执行押解、追捕任务,协助中国人民银行、国防军工单位等执勤目标执行押运任务。二是协助有关机关执行逮捕、追捕、搜查等任务。根据《人民武装警察法》第 21 条的规定,人民武装警察部队协助公安机关、国家安全机关和监狱等执行逮捕、追捕任务,根据所协助机关的决定,协助搜查犯罪嫌疑人、被告人、罪犯的人身和住所以及涉嫌藏匿犯罪嫌疑人、被告人、罪犯或者违法物品的场所、交通工具等。

3. 参加处置突发事件

根据《人民武装警察法》第 16 条和第 17 条的规定,武警部队负有参加处置暴乱、骚乱、非法聚集事件、群体性事件、恐怖活动和其他社会安全事件的任务。

4. 遂行其他安保任务。人民武装警察担负着抢险救援等国家赋予的其他安全保卫任务。

(三)驻监武警部队的职责

1. 检查、验证

对进出警戒区域的人员、物品、交通工具等进行检查,对按照规定不允许进出的,予以阻止;对强行进出的,采取必要措施予以制止。

2. 盘问、询问

在武装巡逻中,经现场指挥员同意,对有违法犯罪嫌疑的人员当场进行盘问并查验其证件,对可疑物品和交通工具进行检查。

3. 制止、驱散

对聚众危害社会秩序或者执勤目标安全的,采取必要措施予以制止、驱散。

4. 协助管制

在追捕脱逃罪犯、转移罪犯服刑场所等警务行动中,武警部队可协助公安机关执行道路交通管制或者现场管制。

5. 特定人员控制

人民武装警察执行安全保卫任务过程中,发现有下列情形的人员,经现场指挥员同意,应当及时予以控制并移交有管辖权的机关处理:正在实施犯罪的,通缉在案的,违法携带危及公共安全物品的,正在实施危害执勤目标安全行为的等。

(四)看押勤务的兵力部署原则

看押勤务的兵力部署,应根据实际情况,本着“控制外围、加强重点、掌握机动”的原则,合理使用兵力,严密部署勤务。

控制外围,就是在目标的四周,选择便于瞭望和使用火力加以控制的位置,设置岗哨,并以巡逻哨加强对重要地段的控制;对整个目标形成包围态势,把罪犯完全控制在武装警戒的范围之内。

加强重点,就是在外围控制的基础上,对目标内的重要地段、要害部位、重点区域加强警戒力量,如关押重要罪犯的监舍,严管罪犯的活动场所等。还可以使用监听监视报警等先进的技术设备,提高安全系数。

掌握机动,就是要掌握一定数量的机动兵力,以应付突然发生的情况,确保看押目标的安全。掌握机动兵力的数量,应根据罪犯的多少及其性质和部队任务而定。通常支队应掌握一至二个中队的机动兵力,大队应掌握一至二个排的兵力,中队应掌握不少于一个班的兵力作为机动力量。

(五)武警看押部队与监狱的“三共”建设

为了促进监狱武警看押部队的建设,加强协同配合,提高狱政管理和看押执勤工作的质量,共保监狱安全,充分发挥双方在维护社会稳定中的职能和作用,根据司法部和武警总部的决定,在全国监狱系统和武警看押部队之间开展“共建共管共保安全”活动。在“三共”活动中,“共建”是基础,“共管”是手段,“共保安全”是最终目的。

二、狱内警卫

(一)狱内警卫的含义

狱内警卫,也称“内看守”,是指在监内由监狱人民警察担任的从事内部警戒活动的人员,是安全警戒的主要形式之一。狱内警卫是“武警警戒、狱内警卫和社区联防三道防线”中必不可少的重要内容,同时也是监管工作不可缺少的重要环节。

(二)狱内警卫的任务

狱内警卫的任务是在警戒线以内对罪犯实施警卫管理工作,严防和制止罪犯的违法犯罪活动,维护正常的监管秩序。具体任务有以下几个方面。

第一,夜间负责全监区的罪犯管理工作,如值班、巡逻、查监、查铺、管制灯火,监督罪犯就寝、起床,监督控制罪犯之间的不利交往,严防罪犯私自出入监室,处理罪犯之间发生的问题；

第二，白天负责留在监区、监室的罪犯的管理工作；

第三，负责监区大门出入人员的检查验证和登记工作；

第四，管理禁闭室及关押禁闭室的罪犯。

（三）狱内警卫的选择和布防

狱内警卫是在监区内设置的警戒力量，岗位重要、任务繁重，必须予以重视。目前，狱内警卫需要选择得力的监狱人民警察担任，要求其具备较高的政治素质和业务素质，有较高的责任心和事业心；同时要求其具有良好的身体素质，年龄在35岁以下为宜，能承担繁重的工作，完成各项警戒任务。

由于狱内警卫工作范围较大，而且是直接对罪犯进行监督和控制，所以必须健全和落实各项制度。比较重要的制度有双人值班制，即巡监查铺时，坚持2名以上警卫人员一起行动；还有定时查询制，即对监区内安全岗实施定时查询。

三、社区联防

（一）社区联防的含义

社区联防又称“群众联防”，是指监狱和武装警察部队依靠当地政府与驻地周围的社会单位结成联防组织，协助监狱监督改造罪犯，防范监狱突发事件，保证监管场所安全的一种安全警戒活动。

社区联防是我们党的群众路线在监狱安全警戒活动中的具体运用，是我国监狱工作的一项独特的创造，是一条成功的经验。《监狱法》以法律规范的形式，肯定了这种做法，第44条明确规定，监区、作业区周围的机关、团体、企业事业单位和基层组织，应当协助监狱做好安全警戒工作。

（二）社区联防的作用

1. 保障监管场所的安全

社区联防为监管场所的安全警戒增加了群众力量，增加了一道防线，使监管场所的警戒区域更加广阔，警戒力量更加充实，警戒网络更加严密，对罪犯及社会上的不法分子形成了巨大震慑力，使他们不敢轻举妄动，可以有效地保障监管场所的安全。

2. 加强监狱的防逃工作

搞好社区联防，把监管场所置于人民群众的控制防范之中，一旦发生罪犯脱逃、越狱、劫夺罪犯等犯罪活动，监狱可以直接向联防组织发出警报或者信号，调动联防力量，堵截逃犯，使逃犯在人民群众的包围之中，束手就擒。实践证明，社区联防是罪犯难以逾越的一道防线。

3. 加强监狱与所在社区单位相互联系

社区联防为密切警民关系创造了条件,奠定了基础。通过社区联防,可以与周围的群众相互支持、相互帮助,增进了解,增进团结。同时,又可以向群众宣传党的改造方针、政策,提高群众对改造工作的认识,把改造工作向社会延伸,发动群众支持监狱做好工作。

(三)联防工作的实施

1. 建立联防组织

监狱和武装看押部队应当在当地党委和政府的支持下,与驻地周围的社会单位建立联防组织,由监狱的狱政管理部门牵头,各联防单位派员参加,组成统一的联防指挥机构,并制定联席会议制度,定期召开联席会议,互通情报,研究对策,从而在有情况发生时,统一指挥,统一行动,有条不紊地进行联防活动。

2. 制定联防措施

监狱与联防单位要制定联防措施。一是制订联防方案,根据监管工作需要和防范的重点,由联防机构共同研究,制订方案,具体确定发生某种犯罪行为时应采取的对策和措施。二是划定任务范围,根据各联防单位的地理位置和力量确定具体的任务和防范范围。三是制定联系制度,规定联系信号。四是制定应急措施,如发生大规模的骚乱、械斗、暴狱等如何平息,发生重大灾害或者意外事故时如何确保监所及罪犯人身的安全等。

3. 制定并实施奖励制度

对在联防活动中有成绩的社会单位或者个人,监狱应给予必要的奖励,也可以建议其上级单位给予奖励。

第三节 监狱的安全控制

一、对危险分子的控制

(一)危险分子的概念

在监狱安全防范工作当中,对人的防范是重要的工作内容。对人的防范实际上主要是对危险分子的防范,因此其主要的工作内容是对危险分子的排查、控制与转化。

危险分子,这里指在监狱内服刑的罪犯当中可能实施又犯罪行为的人员。这里要明确以下几个问题：

1. 危险分子具有实施又犯罪行为的可能性

所谓危险分子，有以下三种情况：一是可能实施危险行为的罪犯；二是正在实施危险行为的罪犯；三是已经实施了危险行为的罪犯。无论哪种情况，其危险性都是现实存在的，只是危险性的表现程度不同。可能实施犯罪行为的，其危险性还没有完全表现出来，没有造成现实的危害；正在实施危险行为的，其危害正在进行；已经实施了危险行为的，其危害已经造成。对于第一种情况侧重点在于防范，对于第二种情况侧重点在于临场处置，对于第三种情况侧重点在于立案侦破。本节着重讨论对狱内犯罪的防范，因而这里所讲的危险分子，是指具有实施危险行为可能性的服刑罪犯。

2. 危险分子可能实施的是又犯罪和其他危及监狱安全的行为

这里所说的危险分子，不是可能实施或者正在实施一般的违反监规纪律的罪犯，而是可能实施犯罪行为的罪犯。罪犯在监狱内可能实施的又犯罪行为主要是指脱逃、行凶、破坏、盗窃、暴乱等行为。在监狱工作实践中，对于有自伤、自残、自杀、绝食、对抗管教、拒绝劳动等倾向的罪犯也列为防范对象。

3. 危险分子既可以是一人，也可以是多人

危险分子，既可能以个体的形式出现（一般是准备单人作案），又可能以群体方式存在。以群体方式存在的危险分子，一种是结成作案团伙，通常是三至五人左右；另一种是聚众作案，突出表现为众多罪犯聚集在一起，发生严重的骚乱、暴乱、强占监狱、杀害警察、聚众越狱等。这种形式的危险分子当中，一般有主谋分子和骨干分子，其准备时间长，危害性相当大，是监狱防范的重点。

（二）危险分子的排查

排查危险分子是做好安全防范的第一步。在狱内侦查工作中，要实现对重点人员的有效控制与防范，首先就要把隐匿在服刑罪犯当中的具有危险倾向的分子，通过摸底排队使其显现出来。只有排查出危险分子，才能具体落实对危险分子的控制与转化。

1. 排查危险分子的工作特点

排查危险分子的工作，有事前性、进攻性、隐蔽性和综合性等特点。

（1）事前性。排查危险分子，目的是更好地防范狱内犯罪行为的发生。排查工作是以人为中心开展的，针对的是有可能进行犯罪活动的罪犯。所以从时间上讲，这项工作是在罪犯的危险行为发生之前进行的。也正是这样一个特点，使这项工作在预防又犯罪的活动中占据重要地位。

(2)主动性。排查危险分子,是主动性的工作,这一点与狱内案件的侦破工作不同。侦破工作是在案件发生之后进行的,“有案破案”是其特点,具有被动性。排查危险分子是在案件发生之前进行的,“无案防案”是其特点,具有主动性。这里需要注意,在侦破工作中,也有排查工作,通常称作“摸底排队”,但那是一种侦破手段,是为了查找作案人而进行的专门性工作,与我们这里探讨的作为防范手段的排查工作是不同的。

(3)隐蔽性。排查危险分子,为的是使监狱人民警察对所管的罪犯有一个清醒的认识,对于危险分子做到心中有数,有备无患。因此,这项工作是秘密进行的,不向罪犯公布。在这一点上,与监狱对罪犯实行的“计分考核”“记事考核”等公开的考核是不同的。

(4)综合性。排查危险分子,是在事前进行的,是在没有危险行为之前进行的,因而,这项工作的难度很大。单独的一种办法或较少的几种办法难以准确地排查出真正的危险分子。因此必须运用多种办法,综合使用多种办法,才能提高排查工作的准确性。排查危险分子,还要综合分析来自各个不同方面的情报,并由从事监管和侦查工作的监狱人民警察一起进行。

2. 排查危险分子工作的要求

排查危险分子要求准确、及时。所谓准确,一方面是要把具有危险性的罪犯无一遗漏地排查出来,把他们都列入监狱人民警察的视线;另一方面也要力求避免将没有危险性的罪犯当成危险分子加以控制,否则会造成人力、物力等方面的浪费。所谓及时,是指在罪犯实施危险行为之前,就要将其列为重点监控对象,力求避免“马后炮”“事后诸葛亮”等现象发生。狱内案件,有一部分有一个长期的准备过程,容易被事前识破;也有一部分案件,其准备时间可能很短,加上作案人行为较为隐蔽,致使在其实施犯罪行为之前,一般很难及时察觉。但是必须看到,大部分案件并非突发事件,而是有一个发展过程的。

从作案人的作案动机的形成、作案工具的准备、作案机会的寻找到案件的发生都有一定的时间,其间也会流露各种蛛丝马迹;问题是在实际工作中对这些因素没有及时察觉,没有及时排查出这些危险分子。所以说,及时发现潜在的作案人,及时将其纳入监控对象,对于减少突发事件的发生有着重要意义。

3. 排查危险分子的方法

对于危险分子的排查,可以从罪犯的作案要素入手。罪犯又犯罪的作案要素有作案动机、作案能力和作案条件。

(1)作案动机

作案动机,是促使罪犯采取又犯罪行为的内心起因和内在的驱动力,是故意犯罪必备的因素。罪犯在狱内又犯罪的动机一旦形成,则非常容易发生案件。罪犯的又犯罪的动机,是深存于罪犯内心的,如何发现罪犯的作案动机,是排查危险分子的难点,也是排查危险分子的关键。

第一,从罪犯的内在需要研究罪犯的作案动机。一般来说,罪犯作案的动机是在内在需要与外部因素的共同作用下形成的。罪犯的需要,是动机产生的基础。当罪犯的需要得不到满足时,罪犯就会采取一定的措施来使自己的需要得以满足;在正常的手段达不到要求时,其就会决定采取违法甚至犯罪手段。所谓作案动机,实际上就是罪犯内心确定要采取犯罪手段满足自己某一方面或者某些方面需要的内部动力。因此,研究罪犯的需要结构,对于排查危险分子具有重要意义。

罪犯的需要可以分为生理上的需要和社会上的需要两个部分。在生理需要方面,主要是指衣、食、住、行等方面的物质需要。在社会需要方面,主要是指爱的需要、友谊的需要、自尊的需要等。在监狱管理实际工作中,罪犯的上述需要得不到满足时,则可能实施犯罪行为。

在排查危险分子的工作中,一方面,要研究罪犯认为哪些需要没有得到满足,这个问题很重要。在同样的条件下,由于罪犯个性、经历、观念的不同,有的罪犯没有不满足的感觉,而有的罪犯则可能感觉不满足。例如,同样是劳动,有的罪犯比较适应,有的罪犯就感到非常不适应;同样的伙食条件,有的罪犯感到吃得很好,有的罪犯就感到吃得很不好。因此,研究罪犯的需要结构,必须从罪犯个体的实际情况出发,具体问题具体分析。另一方面,还要研究罪犯为满足这些没有得到满足的需要可能采取的方法和手段。罪犯在自己的需要没有得到满足时,必然要采取相应的方法和手段,但这些手段和方法不一定是违法或者犯罪手段;有的罪犯可能采取合法的、正确的手段来满足自己的需要,如在不满意监狱伙食的时候,通过调整自己的预期目标的方式,即降低自己的需要标准来消除自己的不满等。只有那些试图采取违法甚至犯罪手段来满足自己需要的罪犯,才是危险分子,才是监狱防范的对象。因此,在研究罪犯的需要结构时,必须研究罪犯为满足需要而可能采取的方法和手段。

在监狱工作中,对罪犯的需要结构及满足需要的方法的研究,可以采用观察、分析等多种方法。由于罪犯的需要结构出现问题时,罪犯的不满必然会通过一定的方式表现出来,就是通常讲的罪犯有一些不满情绪,这些不满情绪可以通过分析罪犯的言行来察觉。当察觉到罪犯的不满情绪时,监狱人民警察要保持高度的警觉,继续观察和分析这些罪犯可能采取的行动,对于其中可能采取犯罪行为的,将其列为危险分子来加以控制。对于没有危险性的罪犯的不满情绪,则要通过个别教育的方式加以解决。

第二,从罪犯作案动机的外部促成因素考虑罪犯是否有危险。罪犯的作案动机的形成,是由于罪犯的需要没有得到满足,来自于罪犯的不满的个人感受。但是,造成罪犯不满感受的,还有一些外部的促成因素。罪犯作案动机的外部促成因素,有来自监狱及监狱人民警察的管理方面的,有来自监狱群体方面的,还有来自罪犯家庭和社会关系方面的。从监狱及监狱人民警察的管理方面看,有一些是正常的、正当的管理行为,也有一些是工作当中的失误甚至是错误造成的。正常的、正当的管理行为,指监狱为正确执行刑罚、落实刑罚内容而对罪犯进行监禁和管理的行为。监狱正当的监管行为对于罪犯来说,体现为对罪犯人身自由的剥夺和对罪犯一些权利的限制,由此造成罪犯的痛苦感。这种痛苦感是刑罚带来的必然结果。然而,服刑罪犯对这种痛苦和剥夺、限制一般是不愿意接受的,由此,造成了监狱的监管行为与罪犯的需要结构之间的矛盾。也就是说,监狱的监管行为与罪犯的需要结构之间的矛盾是必然的。这种矛盾在一定的条件下会激化,表现为各种形式的冲突,这种冲突实际上是罪犯在对抗监狱的正常的监管,扰乱监管程序,破坏监管纪律,其中最严重的冲突则是罪犯的又犯罪的行为。由此造成的罪犯的又犯罪行为,其实带有一定的必然性。进一步讲,基于监狱的正常的、正当的监管行为造成罪犯作案动机产生的,这种情况不能将罪犯的又犯罪行为的原因归于监狱及监狱人民警察。在排查危险分子时,对于由于抗拒管理和改造而存在现实危险的罪犯要保持高度的警觉,应及时将他们排查出来,严加控制。

从监狱工作角度来看,除了以上说的由于正常的监管有可能促使罪犯作案动机产生外,还有可能由于监狱及监狱人民警察工作当中出现的极个别的失误、错误而促使罪犯产生作案动机的情况。监管工作中的失误和错误主要表现为不尊重罪犯人格、对罪犯进行体罚和虐待、偏听偏信、简单粗暴地处理罪犯问题等。在监狱管理实践中,我国一直实行“把犯人当人看”的人道主义政策,此项政策在监管改造工作中发挥了巨大的作用。但是,一旦在人格尊严受到严重损害的情况下,有些罪犯选择铤而走险,由此也引发了一些恶性案件。

罪犯群体因素对罪犯作案动机的形成也有一定的影响。罪犯群体分为罪犯的正式群体和非正式群体。在罪犯的正式群体中,罪犯的小组是最基层的单位,有时罪犯之间的冲突也可能发生在罪犯的小组中,如有的罪犯感到罪犯小组长或者其他罪犯处处与自己过不去,自己处于被排挤、被虐待的地位,通过正常手段不能解决问题、请求调离等要求不被批准，由此实施犯罪行为。罪犯的非正式群体往往是以感情为纽带，以心理相容为基础自然形成的一种群体。它虽然没有一定的组织形式，没有成文的规范与准则，但它的存在对其成员，对正式群体都有着不可忽视的影响和作用。具有危险性的罪犯非正式群体，主要是指一些具有破坏性的非正式群体，通常是几个罪犯纠集在一起进行破坏或犯罪活动，有时则聚众闹事，暴发大规模的恶性事件。在排查危险分子的工作中，要特别注意排查这种以群体形式出现的危险分子。还有一种情况值得注意，就是在罪犯的非正式群体当中，也可能发生各种冲突，特别是对于被罪犯非正式群体认定为“反叛者”的罪犯（这些所谓的“反叛者”，既可能是向监狱人民警察反映了罪犯非正式群体情况的罪犯，也可能是投向了其他的罪犯非正式群体），其他的非正式群体的成员，可能会对其采取一定的制裁措施，由此也可能引发犯罪案件。

罪犯家庭因素也是引发罪犯作案动机的一个因素。通常情况下，可能是罪犯的家庭发生了重大变故，如罪犯的配偶、父母、子女、兄弟姐妹等得重病或者去世，罪犯的配偶提出与罪犯离婚等，罪犯在来自家庭方面的强烈刺激下，可能产生种种不正确的想法，从而也可能产生犯罪动机。

上述分析的是引发罪犯作案动机的一些外部因素。有些监狱在实际工作中，对造成罪犯作案动机形成的外部因素相当重视，如有的在排查脱逃危险分子时，看罪犯是否可能被“饿跑、打跑、累跑、挤跑”等。这种做法，实际上就是从外部的促成因素考虑罪犯的危险性。

第三，利用罪犯的外在表现发现罪犯作案动机。罪犯动机形成后，会有种种外在的表现，利用这些表现，可以帮助我们分析罪犯是否有危险及危险程度。罪犯动机的外露，一般表现为一定的言行。在监狱人民警察与罪犯谈话中，在罪犯与其他罪犯的交谈中，罪犯写给亲属或其他人的信件中，在罪犯与亲属或监护人的会见中，都可能流露出作案的动机。罪犯的作案动机还可以表现为一定的行为，如表露愤怒、绝望的表情等。

（2）作案能力

作案能力，是罪犯本身所具有的各种作案的技能，作案能力又分为一般作案能力和特殊作案能力。一般作案能力，是正常人一般具有的各种能力。特殊作案能力，是满足一些特殊案件需要的能力。特殊作案能力在排查危险分子当中具有特殊的作用。特殊作案能力，大多是由罪犯本身所具备的一些特殊技能和本领转化的。也有罪犯在动机形成后，为了使自己具备作案能力，而进行各种准备，学习和提高自己某一方面的能力。

罪犯如果具备了一定的特殊能力,可能促使作案成功,如果不具备特殊的作案能力,则在某些情况下可能也会成为作案成功的障碍。

在排查危险分子的工作中,分析特殊的作案能力有一定的意义。第一,将具备一定特殊能力的罪犯作为重点对象来审查。罪犯的特殊作案能力在一般情况下应作为肯定性因素处理,即对于具有特殊作案能力的罪犯时刻注意,将其列为防范的重点对象。第二,及时发现罪犯为提高和掌握作案能力而作出的各种举动。第三,当我们将罪犯的作案能力作为否定性因素使用时,一定要小心谨慎。因为某一罪犯虽然不具备某些特殊技能,但其本身却具备一般的作案能力。况且,我们所掌握的罪犯的特殊能力可能不完全,可能有遗漏,因此不宜作否定性因素。也就是说,不能认为罪犯没有作案能力,而将其排斥在危险分子之外,更不能因此而否定其危险性。忽视一般作案能力,会影响排查危险分子工作的准确性。

一般作案能力是指普通人所具备的,不需要练习、学习就能掌握的一些技能。在分析罪犯的作案能力时,不能忽视一般的作案能力,特别是在外部条件具备的情况下,具有一般作案能力的罪犯也会作出令人吃惊的案件。

(3)作案条件

一般来说,罪犯作案动机形成后,在罪犯的作案能力具备的情况下,如果作案条件也同时具备,就会发生犯罪案件。作案条件,主要包括作案机会和作案工具。

在作案动机形成后,罪犯就会特别注意寻找作案的机会,所谓作案的机会,是罪犯作案得逞的时间和空间条件。在狱政管理实践中,容易促成罪犯作案得逞的机会,与时空管理上的一些漏洞有关,如生活、学习、劳动三大现场管理不严的时间和空间。

至于作案工具,有的罪犯是直接利用劳动工具,有的是利用生产劳动中的危险物品,也有的是将生活用品改装后用于作案。

特别值得注意的是,一些罪犯为了寻求作案的条件以使作案得逞,往往做出各种伪装,骗取监狱人民警察的信任,利用宽管的机会作案。因此在排查危险分子的工作中,不能仅看罪犯的计分考核的结果。

在排查危险分子的工作中,要对罪犯的作案要素要进行综合系统的分析。罪犯的各个作案要素之间有着相互影响的关系。例如,在罪犯作案动机形成后,就会千方百计地寻找作案机会,甚至制造作案条件。罪犯在作案条件具备的情况下,也会萌生作案动机。

4. 排查危险分子的程序

排查危险分子,是安全管理的一项基础性和日常性工作,有着严格的程序和要求。

排查危险分子的工作程序是，各基层单位经过分类排队，对于认为应当划定危险分子的，要填写“危险分子审批表”，经基层单位领导研究并签署意见后，报该单位狱政管理部门审查并报主管领导审批。

对已确定的危险分子，要建立危险分子档案，其中包括危险分子审批表、监管控制措施、罪犯交代材料、与危险分子谈话记录及罪犯的日常考核表现、奖惩材料等。对此类档案要定期进行分析研究，召集有关业务科室、基层单位的有关人员会议，对罪犯的危险性质、危险程度进行“会诊”、认定，继而修订管教措施。对于已消除危险或有明显转变的，要及时填写“撤销危险分子审批表”，经监狱或基层单位主管领导审批后，将该犯转为一般罪犯进行管理，并将此表装入危险分子档案内妥善保管。

（三）对危险分子的控制

监狱对于排查出的危险分子，应当根据危险分子的实际情况采取相应的控制措施。一般来说，监狱可以采取监狱人民警察直接控制与运用罪犯当中的积极力量实施控制相结合、隐蔽控制与公开控制相结合、防御性控制与进攻性控制相结合、对单个危险分子的控制与对群体型危险分子的控制相结合等多种方法实现对危险分子的有效控制。

1. 监狱人民警察直接控制与运用罪犯当中的积极力量实施控制

对于排查出的危险分子，可以采取由监狱人民警察对其实施直接控制的方法。这种方法的基本要求是：第一，对排查出的危险分子指定监狱人民警察专门负责，即负责对这个危险分子的管理、教育与转化，通常称为“三包”，即由监狱人民警察包管包教包转化。对于一般性危险分子，可以指定一名直接管理罪犯的监狱人民警察实行三包；对于危险性大的罪犯，则可由监狱主管领导、狱政管理部门领导、罪犯基层单位领导及工作人员分层负责管理、教育与转化。第二，对于排查出的危险分子，除了指定监狱人民警察三包外，直接接触罪犯的监狱人民警察要时刻注意危险分子的举动，发现异常表现，马上与负责人员沟通情况，在紧急的情况下，则必须及时采取防范措施。第三，对于排查出的危险分子，凡是有条件获取罪犯有关信息的监狱人民警察，如检查罪犯信件的监狱人民警察、负责罪犯会见监听的监狱人民警察等，都要将在工作中获取的罪犯的信息及时传递给负责人员，以便负责人员掌握危险分子的各方面的信息，从而分析罪犯的危险程度，制定相应的控制措施。在监狱实际工作中，监狱人民警察对危险分子的直接控制是实现监狱安全的最有效的保障。参与罪犯监管和教育的监狱人民警察一定要有全局意识，从不同的工作角度参与对危险分子的控制,实现监狱人民警察全员预防的目标。实践证明,凡是全员预防意识强、罪犯信息的收集及反馈的渠道畅通、信息处理及时有力的单位,其安全就有保障。如果整体作战的意识差、有关信息的收集和反馈的渠道不畅,导致很多有价值的信息在传递过程中丢失,则不能实现对危险分子的有力控制,这将给监狱的安全带来隐患。

在监狱人民警察对危险分子直接控制的过程中,有选择地运用罪犯当中的积极力量参与对危险分子的控制也是一种行之有效的辅助方法。这一做法的主要内容是,选择现实表现好、责任感比较强、有一定的观察和识别能力的几名罪犯,与危险分子编排在一个小组,实现对危险分子的"包夹"控制。一般情况下,是由二至三名积极分子包夹一个危险分子。参与包夹的罪犯,要时刻与危险分子在一起,在时间和空间上不留空当,随时控制危险分子的活动,发现问题马上向人民警察报告。

2. 隐蔽控制与公开控制

对危险分子的控制可以采取隐蔽控制与公开控制相结合的方法进行。隐蔽控制,是指运用秘密手段实现对危险分子的控制。所谓秘密手段,一是指运用隐蔽的控制力量,二是指运用隐蔽的电子监控手段。

监狱使用的隐蔽控制力量,既可以控制监狱的重要部位,也可以用于对重点罪犯特别是危险分子的控制。监狱对危险分子还可以采用秘密的电子监控手段实施控制。对危险分子的电子监控主要包括监听、监视和报警设施的运用。对于危险分子所在的监舍、严管队或者禁闭室,可以安装监听或者监视装置,在危险分子可能作案的区域则可以利用报警设施加以控制。

对危险分子的公开控制,是对于有明显危险举动的罪犯,其危险行为已经公开化,可以采取公开控制的方法。其主要做法是将罪犯的危险性向罪犯所在的基层单位全体人员公布,动员全体人员对危险分子随时加以注意,并对于制止其危险行为有积极作用的人员给予奖励。这种方法特别适用于有自杀倾向的危险分子。

3. 防御性控制与进攻性控制

防御性控制有对作案工具和危险物品的控制、活动空间的控制等方法。罪犯作案的工具,大部分是平时的劳动器具。在罪犯的生活区域,不准罪犯擅自将劳动工具带入。发生在罪犯劳动现场的案件,不太容易在工具方面对所有罪犯实行控制,我们可以做到的是,对排查出的危险分子,即使安排劳动,也要对劳动的工具进行必要的选择,对于危险程度高的罪犯则严格控制其劳动工具。在罪犯的生活区域,要对罪犯的劳动工具进行严格控制,非经监狱人民警察批准,罪犯不得将劳动工具带入罪犯生活区。要把好工具控制的几个环节:一是对进入生活区的罪犯,狱内警卫人员要对其人身和所携带的物品进行严格检查，发现有劳动工具或者危险物品，一律扣留；二是进行清监检查，即定期和不定期地对罪犯的生活区进行清理检查，发现有工具或者危险物品及时处理。

对危险分子的防御性控制还有对危险分子的活动及活动范围的控制。监狱对危险分子严格实行"四固定"，即固定其铺位、固定其劳动岗位、固定其在队列中的位置、固定其活动范围。

进攻性的控制，是指对危险分子实施严管和禁闭。严管和禁闭是监狱主动出击，与危险分子正面交锋，是监狱对危险分子实施控制的一种强制性手段。对于有现实危险，采取其他方法不能消除其危险性时，则将罪犯关押于严管队或者禁闭室，一方面，利用严管队和禁闭室严密的隔离设施对危险分子实施控制；另一方面，在严管和禁闭期间，监狱人民警察要对危险分子进行有效的教育、疏导和转化工作。在其危险行为消失后，要及时解除严管或者禁闭。

4. 对单个危险分子的控制与对群体型危险分子的控制

对于单个危险分子的控制，相对来讲容易一些。对于群体型危险分子则相对困难一些，且群体型危险分子一旦作案，则会给监狱的正常秩序和安全带来更大的威胁。因此，监狱必须以更大的努力强化对群体型危险分子的控制。

对群体形式出现的危险分子，要控制重点人物、分化瓦解，解脱大多数。群体型的危险分子当中，一般情况下有为首分子，为首的危险分子起着策划、发动犯罪行为的作用；危险分子当中，也有积极分子，在为首分子的策划、煽动下，积极参与群体犯罪行动。对于为首分子和积极分子，监狱要在准确排查的基础上，采取措施揭露其危险行为，将他们列为严密防范的对象，必要时，实施严管或者关押禁闭。对于其他的可能参与犯罪的一般罪犯，则以教育为主，对于认清错误，表示悔改的，及时加以解脱。

监狱在控制群体型危险分子的工作中，还要注意分析可能诱发骚乱、暴乱、聚众越狱的外部因素，并以有效的工作加以消除。

对群体型危险分子的控制，必须强调一个早字，一个快字，即早发现，快动手，将事态控制在萌芽阶段。

（四）对危险分子的转化

控制是为了使罪犯不能作案，转化工作则是为了使罪犯不想作案，即消除其作案动机。对危险分子的转化，是安全管理工作的重要部分，在实际工作中，其转化率是显示监管改造工作质量的一个具体指标。对危险分子的转化工作，一要坚持强制与教育相结合的原则；二要具体问题具体分析，找出罪犯危险性的症结，对症下

药。在监狱工作中,做好对危险分子的转化,需要注意以下几项工作:

1. 研究罪犯的需要结构,弄清罪犯作案的心理起因

罪犯作案的动机,产生于罪犯的需要,因而要研究危险分子的需要结构,弄清产生危险行为倾向的心理起因。一般来讲,罪犯采取危险行为的心理有悲观绝望、渴望自由、发泄不满、报复社会等。

2. 引导罪犯采取正常和正当的手段满足自己的需要

在弄清危险分子的心理起因的基础上,要引导他们采取正常和正当的手段满足自己的需要。对于悲观绝望的罪犯,要进行前途教育,给罪犯指明只要有悔罪表现,就会有前途。对于渴望自由的罪犯,要指明努力方向,使他们认识到,渴望自由本身是可以理解的,但只有积极改造才是早日获得自由的唯一正确途径。对于发泄不满、报复社会的罪犯,关键是使其切实认清自己的犯罪行为给社会、给家庭带来的危害,引导罪犯从自身因素找犯罪的原因,认清所受刑事惩罚是罪有应得,从而打消报复念头。

3. 分析和努力消除引发罪犯作案动机的外部因素

引发罪犯作案动机的外部因素,有法院的判决、监狱的监管行为、罪犯群体以及罪犯家庭和社会方面等因素。

罪犯对于法院审判的不满可能引发作案动机的产生。法院的审判如果存在不当之处,则更容易使罪犯产生作案动机。因对法院判决或者裁定不满而导致的危险分子,监狱要认真分析案情,听取罪犯本人的意见。如果认为判决或者裁定是正确的,则要给罪犯讲清道理,特别是进行法律知识传授,使其能够认罪服法;如果认为对罪犯的判决或者裁定确实存在错误,则可以通过行使法律赋予监狱的提请处理程序,就判决或者裁定中的错误,提请人民检察院或者人民法院处理。在转化危险分子的过程中,要注意保障罪犯的法定权利,特别是要切实保障罪犯的申诉权利。无论罪犯的申诉是否有理,监狱都不能随意剥夺或者限制罪犯的申诉权利。

引发罪犯作案动机的另一个外部因素是监狱的监管行为。这里有正常的监管行为,也有监管工作的种种失误或者错误。有时,罪犯为逃避监管、逃避劳动而产生作案动机。对此,监狱要对危险分子加强控制,转化工作的重点在于提高罪犯对监管生活的适应能力,在安排劳动时也要注意循序渐进,使罪犯对服刑生活有一个适应过程。如果是由于监管工作的各种失误或者错误引发罪犯产生作案动机,则要坚持实事求是的原则,以适当的方式纠正工作中的失误或者错误。注意不能人为地激化矛盾,将罪犯逼到绝路上去。

对于因在罪犯正式组织中受到排挤或者歧视等罪犯群体因素引发罪犯产生犯

罪动机的情况,可以通过对罪犯群体的教育来努力消除罪犯间的排挤或者歧视,对于一贯排挤或者其他罪犯的为首分子,即常说的“牢头狱霸”,则要坚决打击。对于确实不能适应罪犯正式组织的罪犯,也可利用调换单位或者岗位来解决。对于因受到其他罪犯的教唆和传习而产生作案动机的罪犯,则可以调换单位,对于已经形成的不良团伙,则要予以拆散,并对首要分子和骨干分子强化控制。

罪犯家庭和社会方面的一些因素也会引发罪犯作案动机。针对这一方面,主要是通过作罪犯家属的工作,帮助罪犯切实解决家庭和社会方面的困难,从而使罪犯打消作案念头,安心服刑改造。

总之,对危险分子的转化,必须坚持强制与教育相结合,通过管教结合等手段进行。对危险分子转化的成功率,是狱政管理工作质量的一个具体标志。

在安全管理工作实践中,对人的控防除了危险分子,还有其他重点分子。其他重点分子是指以下几种情况:一是监狱认为应当列为调查防范对象的涉毒、涉黑罪犯;二是经监狱确认已经转化的危险分子,自确认转化之日起尚未满一年的罪犯;三是心理测试显示有严重心理障碍的罪犯;四是其他列入调查防范对象的罪犯。

重点分子的认定,由监区(分监区)在狱情分析会上确定,同时报有关部门备案。重点分子由监区(分监区)负责落实监管控制措施,具体措施可参照对危险分子的控制执行。

二、对要害部位和重要场所的控制

监狱的要害部位和重要场所,是指监狱的重要的监管警戒设施和需要重点防卫的其他部位。监狱的要害部位和重要场所一般包括监门、围墙、岗楼、警戒地带、禁闭室、罪犯家属会见室、监内警察值班室、重要物资库房等。

对监狱要害部位的控制包括以下内容:

(一)扼守

监狱在要害部位要建立值班守护制度,以保证要害部位的安全。

1.外围警戒设施的扼守

监门、围墙、岗楼和警戒地带,一般是由武装警察部队控制。

监门是监区与监外的重要通道,是监狱控制的要害部位之一,监门一般要配备武装警察和狱内看守人员,加强对监门的控制。监门的值班人员负责对出入监区人员和车辆的检查验证,对监门内外一定区域进行管理,防止罪犯混出监狱,防止罪犯冲出监狱,防止外来人员对监狱的冲击。

围墙、岗楼和警戒地带一般由武装警察部队的执勤人员守护,对岗楼派出固定哨,对围墙和警戒地带派出流动哨。执勤人员的主要任务是防止罪犯擅自进入警戒地带、接近围墙;防止和制止外来人员对监狱的侵袭。

2. 重要监管设施的值班守护

禁闭室、罪犯家属会见室、监内警察值班室、监管设施,由监狱人民警察值班守护。禁闭室由监内看守员负责,昼夜轮流值班,值班实行双人制,不允许单人执行公务。由于罪犯家属会见室一般是一边在监内,一边通向监外,因此也是一个防护的要害部位。罪犯家属会见室需要加大管理力度,除了专职管理人员外,必要时可以增加看守员。监内的人民警察值班室也要严加防护,防止受到罪犯的冲击。

3. 其他要害部位的防护

监狱的重要物资库房、变电室(所)、锅炉房等部位,也要安排专人值班,不允许交由罪犯管理。

(二)检查

监狱要安排人民警察对要害部位进行不间断的巡查。巡查时既要全面,又要有重点。巡查宜采用乱线巡查的方式,即每次巡查不是沿着一条确定的路线进行。这样,不会使罪犯摸清巡查规律,难以伺机作案。

(三)清查

要害部位的清查,目的主要是通过对各种警戒、监管和其他设施的检查,防止各种设施因人为的原因被破坏。清查由值班守护人员随时进行,发现异常,立即向有关部门报告。狱政管理、狱内侦查部门负责组织警力对要害部位进行定期和不定期的清查。

警戒设施清查的重点是,监门的横杆、护栏的完好情况,照明情况,通讯是否通畅,报警设施是否正常,警戒线、停车线是否正常;狱墙的坚固程度、有无可利于攀登之处,有无砖石松落,狱墙下是否堆积杂物,狱墙附近是否有棍棒、绳索等可疑物品,有无被挖掘破坏的痕迹;电网及报警设施是否保持完好,能否发挥正常作用,有无绝缘物品;警戒地带是否做到无杂物、无障碍、视野开阔,防护网是否完好,有无罪犯私自靠近警戒地带的痕迹等。监管设施清查的重点是,禁闭室门、窗是否可靠,是否安全,室内有无铁钉、绳索、棍棒、刀片等危险物品和违禁物品;监内人民警察值班室的防护装置是否坚固可靠、报警设备和通信设备是否运作正常;其他要害部位是否达到安全规范的要求。

(四)多媒体监控

监狱通过安装多媒体监控系统,对监狱的要害部位进行实时监控。

三、对狱内犯罪预备案件的控制

(一)狱内犯罪预备案件的概念

狱内犯罪预备案件的调查和控制是安全防范工作的重中之重。狱内犯罪预备案件,是指在监狱内服刑的罪犯,为了实施又犯罪,处于准备工具、制造条件阶段的案件。我国《刑法》第22条第1款规定:“为了犯罪,准备工具、制造条件的,是犯罪预备。”这里讲的是在监狱内由服刑罪犯实施的犯罪预备。一般来说,一个完整的犯罪过程,要经由一个从犯意形成、犯罪预备、着手实行到完成犯罪的发展过程。犯罪预备是犯罪过程的一个起始阶段。在实际工作中,习惯上有时也把这一类案件称为“预谋案件”。严格来说,预谋案件是犯罪预备的一种情况,指在实施犯罪前制订犯罪计划的行为,并不能以此替代所有的犯罪预备,所以本节依据刑法的规定,将这一类案件统称为狱内犯罪预备案件。狱内犯罪预备案件是指以下两种情况。

1. 服刑罪犯为又犯罪准备工具

所谓准备犯罪工具,是指服刑罪犯准备实施又犯罪所需要的一切物品。例如,准备脱逃使用的各种工具、杀人伤害用的刀具等。在监狱的特殊环境下,监狱对于罪犯能够接触到的物品,实施严格管理,但就是这样,服刑罪犯准备犯罪工具的方法还是多种多样的,概括起来有以下几种情况:一是自己制造犯罪工具,即缺少某种犯罪工具而自己动手制造这种工具。二是变造犯罪工具,即已有的工具不适合某种犯罪的需要而对其加工改造,使之适应于犯罪的需要。三是寻找犯罪工具,即缺少某种犯罪工具而采用各种方法寻找这种工具。四是直接利用劳动工具,即在监狱劳动现场,直接将劳动时所使用的各种工具作为犯罪工具。五是通过狱外人员向监区转递犯罪工具。六是通过私自携带将犯罪工具带入监区。

2. 服刑罪犯为又犯罪制造条件

所谓为又犯罪制造条件,是指准备工具以外的其他各种准备活动。从广义上讲,准备工具也是制造条件的一种,但因为准备工具是最常见的预备行为,所以将其单列,以示强调。除了准备工具以外,服刑罪犯为了犯罪制造条件的行为主要有以下几种情况:制订犯罪计划,进行犯罪预谋活动;为脱逃打探监狱周边情况;为报复管理人员打探其家庭情况;邀约纠集共同作案人;准备脱逃时使用的便服和脱逃后使用的现金;追踪被害人或者守候被害人到来、排除实施犯罪的障碍;提高作案能力的各种准备等。

在监狱的实际工作中,常见的犯罪预备案件有脱逃预备案件、暴力越狱预备案件、组织越狱预备案件、伤害和杀人预备案件等。

(二)狱内犯罪预备案件的调查与控制要点

1. 及早发现,及早布控

狱内犯罪预备案件,行为人的主观犯罪意图已经形成,并开始了实施犯罪行为的各种准备活动,一旦时机成熟,很可能付诸实施,酿成严重的后果。因此,监狱必须对处在预备阶段的犯罪行为,做到及早发现,只有这样才能对案件的发展和行为人进行有效的控制。

及早发现,是指监狱人民警察,通过各种途径发现日常管理中的异常情况,并从中筛选出可疑线索,从而作出是否为犯罪预备活动的基本判断。及早发现可以采用从物到人、从事到人和从人到事等多种手段。从物到人,是从发现可疑物品入手,查找行为人。可疑物品主要是被人带入监区的各种控制物品、经过变造的可疑物品、被人藏匿的物品等。从事到人,主要是从有可能为犯罪制造条件的各种异常举动开始调查,从而确定怀疑对象。从人到事,是指从已经确定的危险分子入手,调查其是否有进行犯罪预备的行为。及早发现,需要各种广泛而可靠的情报来源,需要对不同方面的情报进行综合分析和判断。

及早布控,是指在及早发现的基础上,迅速调动各种控制力量,对有可能出现问题的场所、部位加强控制,对已发现的可疑物品进行控制,也可以采用秘密守候的办法,等行为人来取可疑物品时,对其进行人身控制。

2. 把握特点,掌握重点

监狱内发生的各种犯罪预备案件,都有其自身的特点和规律,只有掌握了每一种案件的特点和规律,才可以对其实施科学的防治。同时,监狱还应当根据自身的特点,将监狱内容易发生、危害比较大的案件,如脱逃越狱、杀人伤害等列为重点,加强防范。

3. 查清案情,依法处理

我国《刑法》第22条第2款规定:“对于预备犯,可以比照既遂犯从轻、减轻处罚或者免除处罚。”犯罪预备行为虽然尚未直接侵害犯罪客体,但已经使犯罪客体面临即将实现的现实危险,因而同样具有社会危害性。因此,犯罪预备行为同样具有可罚性。同时考虑到犯罪预备行为毕竟尚未着手实行犯罪,还没有实际造成社会危害,所以可以比照既遂犯从轻、减轻处罚或者免除处罚。因此,监狱对于已经发现并制止了的犯罪预备行为,要依法立案,并作为一种狱内又犯罪的案件进行侦查。侦查中,一是注意掌握预备犯的构成条件,即已经实施犯罪预备行为,其行为在犯罪预备阶段因为自身以外的原因停止;二是要证实行为人准备工具或制造条件的行为与其为了犯罪的目的之间的关系。侦查终结后,作出相应的处理。

研究与思考

1. 简述监狱安全防范的含义与实施要素。
2. 简述监狱安全警戒的内容与任务。
3. 排查危险分子的方法与程序是什么？
4. 论述狱内犯罪与备案件的调查与控制要点。

第八章　监狱应急处置

重点提示

1. 监狱突发事件，是指监狱工作系统突然发生，造成或者可能造成严重社会危害，需要采取应急处置措施予以应对的各类监管安全事件、自然灾害、事故灾难和公共卫生事件，具有突发性、危害性、不确定性和信息、资源有限性等特点。在信息时代，监狱的执法活动是社会各界关注的热点，任何监管安全事件都有可能引发监狱舆情危机。

2. 应急处置，即监狱突发事件应急处置，是指监狱机关依据相关法律和规章制度应对和处理各类监狱突发事件的有组织、有计划、有步骤的系列活动。应当遵循统一领导、属地管理、预防为主、分级响应、依法处置、科学应对等基本原则。

3. 监狱应急处置机制主要包括预警机制、控制机制、修复机制和反馈机制。

4. 监狱应急处置的规程主要有启动预案、应急指挥、情报运行、监区控制、临场处置、医疗救护、心理干预和危机公关等。

5. 应急处置中，必要时可以使用武器和警械。武器和警械的使用应当符合法定条件，并依法定程序使用。

6. 不同类型的突发事件有不同的发生机理，应急处置的重点和要求应因事、因时而异。

第一节　监狱应急处置概述

一、监狱应急处置的含义

应急处置，即监狱突发事件应急处置，是指监狱机关依据相关法律和规章制度应对和处理各类监狱突发事件的有组织、有计划、有步骤的系列活动。

监狱的安全有正常和非正常两种状态，监狱通过人防、物防、技防、联防所追求和实现的是监狱安全的正常状态,即没有发生危险或者各种危险因素处于监狱的控制下的状态。但是,监狱的安全状态会因监狱内外各种因素的参与、交互而发生变化,在特定的情境下,监狱安全状态因为监管事故、自然灾害、事故灾难等出现异常,甚至失去控制,呈现出非正常的状态。当监狱的安全处于非正常的状态下时,监狱安全管理的运行机制也将随之调整,这就是本章所要讲述的监狱突发事件的应急处置。

二、应急处置的对象

监狱应急处置的对象是发生在监狱内或者与监狱相关的各类突发事件。

(一)监狱突发事件的含义

监狱突发事件,是指监狱工作系统突然发生,造成或者可能造成严重社会危害,需要采取应急处置措施予以应对的监管安全事件、自然灾害、事故灾难和公共卫生事件。狱政管理主要探讨监狱的突发安全事件的应急处置问题。

(二)监狱突发事件的特点

1. 危害性

安全是监狱正常运行的基本保障,也是第一顺位的价值。突发监管安全事件打破了监狱正常的安全状态,同时也极易引发其他破坏监管秩序的事件。在监狱这样一个特殊的场所,监管安全事件不仅会造成民警、罪犯以及普通群众的人身伤害、死亡,给监狱、社会造成巨大的经济损失,而且还会引起社会恐慌,甚至严重破坏司法公信力。不同类型的突发事件,危害性的表现形式和大小各有不同。在当前的信息时代、法治社会,监狱突发事件经网络和媒体的传播,就会产生"放大效应",突发事件的危害性较于以往波及面更广,破坏更快,破坏力更大。

2. 突发性

突发性是任何突发事件的应有之义,"突发"一词表明破坏监管安全的事件发生时的时间特征,包含有意外、突然等含义。安全防范是监狱管理的基础性工作,监狱所有的工作都围绕着安全防范开展、组织。在此情况下,罪犯的危险性在很大程度上是被监狱控制住,而不是从根本上消除掉了。能够预见、识别和引起注意的各种危险苗头,监狱都会及时采取措施予以提前处置,从而将监管安全事件消除在萌芽状态。但是由于罪犯群体的潜在危险性无处无时不在,同时由于监狱条件的限制和监管人员的疏忽等,一些监管安全事件在特定情境下发生,表现出突发性的特点。

3. 不确定性

监狱突发事件具有高度的不确定性。突发事件的开端无法用常规性规则进行判断,而且其后的发展和可能造成的后果也无从准确判定,似乎一切都在瞬息万变。事实上,某一个危机事件变化往往会影响到相关的领域,一个危机的暴发可能由于“多米诺骨牌效应”引起连锁反应。监狱突发事件暴发之后,最终以何种方式、后果结局,在事发之初很难预知。即使对整个事件的发展有一个大概的推想,也无法对事件的细节、危害后果等作出没有误差的认知。比如,罪犯脱逃后,逃往哪个方向;会不会伤害群众或者实施其他犯罪;能否抓获;何时在何地抓获……这些问题都带有不确定性。组织、参与破坏事件的罪犯会根据条件和环境随时调整破坏行为,各类监狱突发事件在事态发展过程中都表现得扑朔迷离。

4. 信息、资源有限性

由于事发突然,监狱很难在第一时间收集到所有关于突发事件的各种信息;同时,处置突发事件所需的包括人力、物力、技术等各种资源也很难在第一时间准备好。信息、资源有限性,是突发事件区别于常规监管事件的一个非常明显的特点,也是监狱在应急处置时必须面对的客观条件。

以上特点,决定了监狱对于突发事件的应急处置规则与常规管理规则不同。

(三)监狱突发事件的类型

根据司法部制定、颁布的《司法行政系统突发事件应急预案》的规定,可以将监狱的突发事件分为突发安全事件、重大事故、突发公共卫生事件和自然灾害四种。在信息时代,监狱的执法活动是社会各界关注的热点,任何监管安全事件都有可能引发监狱舆情危机。

1. 监管安全事件

监管安全事件是指在监狱监管场所及其外围控制区域和押解途中突发的罪犯越狱(包含罪犯脱逃、组织越狱和暴动越狱三种情况)、暴乱、骚乱、劫狱、劫持人质、劫夺罪犯、不法分子袭击监狱、恐怖主义事件以及群体性哄闹监狱等危及监管安全和秩序的事件。在国家的突发事件应对体系中,此类事件属于突发的社会安全事件,同时带有监狱工作的明显特色,是监狱安全防范和处置的重要内容。

2. 事故灾难

事故灾难主要指监狱发生的重大安全事故,包括重大生产安全事故、重大交通事故及火灾、断电、通讯等安全事故。以上事故发生后,有可能造成大量的人员伤亡、经济损失或环境污染。

3. 公共卫生事件

公共卫生事件是指监狱突然发生的、造成或者可能造成场所内警察和罪犯以及社会公众健康严重损害的重大传染病疫情(含重大动物疫情)、群体性不明原因疾病、重大食物中毒和职业中毒以及其他严重影响公众健康的事件。监狱的围墙并不能阻止各种疫情的传播，流感、鼠疫、肺结核、猩红热等瘟疫都曾对监狱带来极大的危害。而且，监狱作为高密度人群聚集的场所，疏散不便，一旦有疫情蔓延，后果难以想象。因此，监狱应当遵循属地原则，严密防范，科学、高效地组织监狱防疫工作，避免危害的发生。

4. 自然灾害

自然灾害是指给人类生存带来危害或损害人类生活环境的自然现象，其中既有地震、火山爆发、泥石流、海啸、台风、洪水等突发性灾害；也有水体、空气污染等人类活动导致的环境灾害。我国监狱布局状况，决定了如地震、火山爆发、泥石流、海啸、台风、洪涝等自然灾害都有可能对于监狱造成严重的危害。自然灾害会直接破坏甚至摧毁监狱的各种设施，危害监狱民警和罪犯的健康甚至生命，还会引发各类监管安全事件。

在实践中，不同性质的事件往往交织在一起，同时或连带发生。例如，监狱在自然灾害发生时，可能会同时发生罪犯骚乱暴乱和越狱事件；狱内的火灾也可能由罪犯故意纵火引发；狱内暴乱也可能同时伴随着劫持人质的行为。监狱要对狱内突发事件的复杂性有一个全面和清醒的认识和思想准备。

（四）监狱突发事件的发生机理

根据突发事件的事前、事发、事中和事后的四个发展阶段，将其分为潜伏期、暴发期、持续期和恢复重建期。下面以突发监管安全事件为例来了解一下其在不同阶段的发生机理。

1. 潜伏期

潜伏期即事前的平常期，从表面上看，处于发生突发事件之前状态，但事件的孕育在悄悄地进行着。就监狱的监管安全事件来看，这时作案人的作案动机开始形成并逐步强化，开始进行作案前的各种准备。案前的准备大致有三个方面：一是作案工具的准备；二是作案能力的准备；三是作案机会的寻找。在准备过程中，作案人在不断“完善”着自己的行动方案。作为“猎手”方，监狱的管理机构和人员也在准备，如危险分子的排查、控制和转化，外围的严密警戒，物品和场所的安全检查，重要部位、重要场所和重要时段的控制，狱情、犯情和警情的调研等安全防范活动；预案的编制和应急准备等。

2. 暴发期

就监管安全事件来讲，暴发期即事发期。其特征是由作案人在某一个他或他们认为最佳的时间突然挑起事端或突然采取其他行动，这时作案人是主动和先行的。在此时期,能否在第一时间作出反应,迅速进入紧急应对状态,就是对监狱管理方的考验,也是能否在这一场博弈中取胜的关键。

3. 持续期

监管安全事件一旦暴发,就进入了事中的危害期,作案人的行动开始造成对监管秩序乃至社会秩序的实际危害,如占领要害部位、控制被劫持者、冲破警戒线、伤及无辜者的生命和健康等。这一时期也是监狱应急机构的处理期,旨在平息事件的应急处置行动全面展开,双方进入博弈的白热化时期。

4. 恢复重建期

这是监狱突发事件发展的最后一个阶段。随着监狱对于突发事件所组织的各项工作的进行,突发事件造成的实际危害得到消除,可能造成的危险得以化解,监狱的安全状态逐渐由非正常状态恢复到正常状态下。比如,脱逃的罪犯已经被抓获或者击毙,相关人员受到奖励或者追责,脱逃引发的社会恐慌消失等。

上述四个阶段,是一个典型突发事件发展的完整过程。在监狱管理实务中,绝大多数的监管安全事件在潜伏期被监狱民警识别、干预;少数发展到暴发期的突发事件也在第一时间被监狱民警控制、消除。

特别需要注意的是,监狱突发事件的复杂性,决定了某些突发事件会转化成为另外类型的突发事件,经常见到的是有一般监管安全事件演化为网络舆情危机。还有一些突发事件会引发次生突发事件,如火灾、地震等引发的脱逃,罪犯死亡引起的骚乱等。一个突发事件的结果,或许会潜伏着其他突发事件的隐患。

(五)监狱突发事件的分级

根据可能造成的危害程度、波及范围、影响力大小、人员及财产损失等情况,各类突发事件由高到低可以划分为特别重大(Ⅰ级)、重大(Ⅱ级)、较大(Ⅲ级)、一般(Ⅳ级)四个级别。

由于监狱的特殊性质和职能,通常依据突发事件造成的人员伤亡的人数、参与事件的罪犯人数、突发事件的性质、突发事件造成的经济损失、突发事件的社会影响诸方面来确定突发事件的级别。

监狱突发事件的分级,是监狱应急处置中启动相应级别的应急预案的基础。

三、监狱应急处置的原则

应急处置的目的是避免、消除和最大限度地减少源自监狱内部或者外部各类突发事件可能或已经对监狱造成的安全、秩序、形象等方面的伤害和损失。根据司法部 2005 年制定实施的《司法行政系统突发事件应急预案》的规定,监狱突发事件应急处置通常应当遵循以下原则。

（一）统一领导

在国务院的统一领导下，司法部与国务院有关部门和相关省、自治区、直辖市人民政府密切配合，各负其责，齐抓共管，形成工作合力。由于突发事件破坏力大，危害性强，必须尽快控制局面，消除危险，但是，在各类具体的突发事件处置事务中，往往牵涉不同的组织和单位。为了提高处置效率，坚持统一领导的原则颇显重要。

（二）属地管理

我国监狱的整体布局情况决定了监狱对突发事件的预防与控制工作应当实行条块结合、以块为主的方式，各省、自治区、直辖市司法行政机关以及监狱应当在当地人民政府统一领导下，积极做好防控工作。监狱突发事件各种各样，而且对于应急处置的时效性要求非常高，应急指挥中心应当能够整合和利用各种便利条件和资源来应对突发事件，这就有必要坚持和强调属地原则，这在重大疫情等公共卫生类突发事件和地震等自然灾害类突发事件应急处置中表现得特别明显。

（三）预防为主

监狱应做好处置突发事件的思想准备、预案准备、机制准备和工作准备，做到有备无患。突发事件应急处置的效果如何，科学、准确、及时的现场指挥固然重要，但是离开平时的各项应急准备基础工作，应急处置亦将很难建功。预防为主原则强调监狱应当时时确立危机意识，居安思危，未雨绸缪，不仅从各方面防止突发事件的发生，还要为应急处置做好各项基础保障，全方位提高应对突发事件的能力。

（四）分级响应

监狱应当结合突发事件的严重性、可控性、影响的区域范围以及所需动用的资源等因素来设定预案的响应级别，实行分级处置。突发事件有轻重缓急之分，不加区分的应急响应不仅达不到预期的目标，还会造成资源浪费、反应不力、引发混乱和社会恐慌等问题。

（五）依法处置

2007 年 11 月 1 日，我国颁布实施《突发事件应对法》，司法部也就应急处置出台、制定了若干规章制度，这给监狱实务部门在处置各类突发事件时提供了法律依据，同时也从法律层面对应急处置提出了规程要求。尤其要坚持关于突发事件的报告制度，当发现突发事件苗头性信息、事项后，事发当地监狱应立即将有关情况报告省、自治区、直辖市司法厅（局）、监狱局，地（市）所属监狱应同时报地（市）司法局，详情和进展情况应随时续报。

（六）科学应对

监狱应急工作应符合科学规律，确保规范性、科学性、全局性、前瞻性和可操作性。由于不同类型的突发事件内在运行机理各不相同,这就要求应急处置的预案设计、现场指挥等要相机变通,科学合理。这里的科学不单指自然科学,还包括社会科学、文化等在内。科学应对原则的终极目的是提高对突发事件应急处置的实效,其中包含正确、快速、低成本投入、效果好等基本含义。

四、监狱应急处置机制

监狱突发事件应急处置机制是指在应急处置系统中,各机构及元素相互作用的过程和功能。健全的应急处置机制应当涵括特定类型突发事件发展的不同阶段,并根据该类突发事件不同阶段的发展规律而设计。监狱的应急处置机制包括以下四部分:

(一)预警机制

在突发事件由潜伏期向暴发期发展过程中,监狱通过各种途径和手段,最大限度地收集犯情动态,对狱情作出及时、准确的评估、判断,并在此基础上将识别和掌握的潜伏状态中的突发事件向相关职能部门和领导发出警示。在任何时候,都要重视预警在避免和应对突发事件中的地位和作用,预防总比处置更重要。监狱安全和秩序的维持离不开灵敏的预警机制。

(二)控制机制

部分没有被及时识别,或者虽然被识别但是没有得到及时干预的各种危险因素会继续发展为突发事件,这种情况下,监狱需要启动安全控制机制。控制是监狱管理最基本的手段,监狱对罪犯失去控制将会引发非常严重的后果。突发事件暴发后,监狱正常的秩序被打破,监狱中的各种破坏因素活跃起来,如果不能尽快将监狱秩序恢复到正常状态下,前面所列各种危害就会外化、扩大化。控制机制并不苛求追求最佳结果,往往以避免最差结果作为行动指南。这一点在应急处置中非常重要,它是常规管理和应急管理价值追求和目标定位的关键。

(三)修复机制

当突发事件的事态得到有效控制以后,监狱应当及时启动系统的修复机制,对受到突发事件破坏的安全状态进行修复。这里的修复是全方位的,既有秩序方面的,又有心理、社会形象方面的。手段也是多样的,有奖励也有惩罚,有补救也有重建。修复机制运行,可以对之前系统内部存在的各类导致监狱突发事件发生的因素予以认识、评估和清理,同时也为以后监狱的健康运行“清障杀毒”。

(四)反馈机制

在之前的三个环节中,三个机制的启动、运行是否灵敏、有效、协调,监狱应当有一个总体的把握。各职能部门和相关人员要把预警、控制、修复的过程,遇到的问题,实际的效果等及时汇总,反馈给监狱相关机关,这将会为应急预案的修订、调整以及演练、应急准备、应急指挥等提供有效的纠错、纠偏和补救建议。

五、监狱应急处置的规程

监狱不同类型的突发事件,其发生的机理各异,处置的机制有别,但在应急处置过程中都有较为规范的流程。这些流程通常在各类突发事件的应急预案中有明确的规定。监狱突发事件的应急处置有三个重要环节:一是各类突发事件发生前的预先防范;二是突发事件发生时或者即将发生时第一时间的应急处置;三是相关人员要在第一时间对突发事件及处置情况予以报告。具体操作规程有以下主要环节。

(一)启动预案

监狱突发事件一旦发生,监狱就要进入紧急应对状态,启动应急运行机制。在紧急状态下,平时的工作机构和工作机制可以进行必要的调整,也就是说,根据应急处置的需要和必要的原则,对警察的岗位和职责重新分工,编成不同的应急组织,分工明确并强化协同的业务活动。

(二)应急指挥

紧急状态与平时工作状态的运行规则有着很大的不同,强调统一领导和集中指挥就是非常重要的一项。监狱进入紧急状态后,总指挥部即按照预案开始运行。监狱内部所有参与应急处置的部门、单位和人员,都必须服从总指挥的命令,不得违抗命令自行其是;对于按照预案必须请示总指挥部才可以行动的事项,不得擅自行动。总指挥部在运作过程中,还担负着对上和对外协调行动的职责。除了总指挥部以外,各个职能组织都必须设指挥员,指挥员负责指挥本组织的行动。

(三)情报运行

无论是对于应急指挥还是其他各种应急行动,情报支持都是至关重要的。在情报战略指导下,准确而迅速地完成情报的收集、分析、传递和反馈,使情报像营养一样,不间断地充实给应急指挥部和各个功能组。

情报运行中要掌握应急处置中情报支持系统的构建与运行规则,掌握情报收集、分析、传递和反馈各个环节的操作规程和操作要领,掌握监管信息管理系统和现场勘查、现场访问等情报来源的基本技术。

(四)监区控制

监狱在应急处置中,首先要迅速完成对发案现场和整个监区的有效控制。从控制目标上看,一是发案监区或发案场所的外围控制,遏制事态的扩大和事件的蔓延。二是尚未出现警情的监区或场所的全面控制,防止事件波及这些区域,稳定服刑人员情绪,维护监管秩序。三是对要害部位、重要场所和重点人员实施超常规控制,提高警戒级别,加强控制力量,防止发生连锁案件和次生事故。同时,各个单位要迅速展开狱情、犯情和案情调研,收集与发案相关的信息,上报总指挥部。

(五)临场处置

临场处置即一线处置,是指在事发现场和事发过程中直接处置警力的调度和运作。作为应急处置的骨干力量,临场处置组织和人员往往要与事发现场的罪犯面对面较量,需要过硬的体能和警务技能,需要良好的团队精神和高超的处置技巧。临场处置是应急的重点和难点,要掌握基本策略、基本操作要领、基本警务技能等。

(六)医疗救护

保护人的生命和健康,是以人为本的理念在应急处置中的集中体现。在监狱事发现场,往往会发生人员伤亡,无论是人民警察还是服刑人员或其他人员的伤亡,都是我们不希望看到的,也是应急处置中所力求避免的;一旦人员的生命和健康受到威胁,能够当即得到科学有效的救护,就是应急医疗救护的首要职责。应急医疗救护的主要内容是建立科学有效、及时迅速的救护体系和机制。医疗救护机构和人员要把握运行程序和操作要领,掌握基本的现场急救技术。

(七)心理干预

在监狱突发事件处置的整个过程中,心理干预扮演着越来越重要的角色。心理干预的主要任务是针对监狱紧急状态下人民警察和其他参加处置人员、服刑人员包括当事人的心理危机进行预防和干预。

(八)危机公关

媒体沟通是监狱危机公关的核心内容,危机公关是监狱危机处理中的公共关系的简称,其基本要求是监狱通过传媒或其他载体向社会公众发布和收集反馈信息,目的是使社会公众在第一时间了解监狱突发事件及其处置进展的真相,消除误解和偏见,抵制谣言和臆测,稳定社会公众情绪,避免引发社会波动,寻求社会理解、支持和帮助,从而使突发事件的危害控制在最低程度。负责媒体公关的部门和人员必须掌握监狱危机公关的操作原则和操作要领,具备善于跟媒体“打交道”的能力。针对涉法网络舆情,要统筹好综治资源和社会资源,坚持依法处置、舆论引导、社会面管控的“三同步”原则。

六、应急准备

应急准备是监狱应急处置的基础性工作。突发事件具有信息资源有限性的特点，这就决定了在应对突发事件时，监狱要面对在紧急情况下缺乏应急处置所需信息、物资、人员等资源不足的难题。为了破解这一重大难题，理论界和实务界平时都应当做好应急准备，未雨绸缪，常备不懈。监狱应当针对监狱常见的各类突发事件，做好应急处置的各种准备：

1. 应急队伍保障

要求列出各类应急响应的人力资源，以及专业应急救援队伍的组织与保障方案，以及应急能力保持方案等。

2. 警用装备保障

明确应急救援期间，需要使用的应急警用设备类型、数量、性能和存放位置等内容。

3. 警用设施保障

根据本单位的实际情况而确定其他相关保障措施，如交通运输保障、治安保障、技术保障等。

4. 财务保障

明确应急专项经费来源、使用范围、数量和管理监督措施，提供应急状态时监管改造单位经费的保障措施。

5. 通信与信息保障

建立通信系统维护以及信息采集等制度，确保应急期间信息通畅。明确参与应急活动的所有部门通讯方式，分级联系方式，并提供备用方案和通讯录。

6. 应急演练

监狱要重视并科学组织模拟演练和实训。监狱按照预案定期或不定期地组织突发事件应急处置模拟演练和实训，应急演练可以使参训者感受紧急状态的氛围，熟悉紧急状态的规则，提升应急处置能力。

七、武器和警械的使用

（一）武器

武器是指监狱人民警察按照规定装备的枪支、弹药等致命性警用武器。

1. 武器使用的法律依据

监狱人民警察使用武器，其直接的法律依据是《监狱法》和《枪支管理法》；另外,国务院1996年1月16日发布的《人民警察使用警械和武器条例》和司法部的有关规定,也是监狱人民警察使用武器的法规和规章依据。

2. 武器的使用原则

(1)武器应当按照国家有关规定使用。监狱人民警察使用武器,必须遵守《人民警察使用警械和武器条例》的规定。人民警察依法使用武器的行为,受法律保护。

(2)人民警察使用武器,应当以制止犯罪行为,尽量减少人员伤亡、财产损失为原则。

(3)人民警察在使用武器前,应当命令在场无关人员躲避;在场无关人员应当服从人民警察的命令,避免受到伤害或者其他损失。

3. 武器的使用条件

根据《监狱法》第46条和《人民警察使用警械和武器条例》的规定,监狱人民警察使用武器的条件是:

(1)判明有暴力犯罪行为紧急情形。包括:罪犯聚众骚乱、暴乱的;罪犯脱逃或者拒捕的;罪犯持有凶器或者其他危险物,正在行凶或者破坏,危及他人生命、财产安全的;劫夺罪犯的;罪犯抢夺武器的等。

(2)非使用武器不能制止。指使用警械不能制止,或者不使用武器制止,可能发生严重后果的。

人民警察遇有下列情形之一的,应当停止使用武器:犯罪分子停止实施犯罪,服从人民警察命令的;犯罪分子失去继续实施犯罪能力的。

人民警察遇有下列情形之一的,不得使用武器:发现实施犯罪的人为怀孕妇女、儿童的,但是使用枪支、爆炸、剧毒等危险品实施暴力犯罪的除外;犯罪分子处于群众聚集的场所或者存放大量易燃、易爆、剧毒、放射性等危险物品的场所的,但是不使用武器予以制止,将发生更为严重危害后果的除外。

4. 武器使用程序及有关规定

(1)警告。人民警察使用武器,应当经过警告,经警告无效的,可以按照条件使用武器。但是,为了及时有效地制止犯罪行为,避免更大的损失,《人民警察使用警械和武器条例》规定,人民警察依法使用武器,来不及警告,或者警告后可能导致更为严重危害后果的,可以直接使用武器。这是与以往的规定不同的地方。

(2)抢救受伤人员、保护现场。人民警察使用武器造成犯罪分子或者无辜人员伤亡的,应当及时抢救伤员,保护现场。

(3)报告。人民警察使用武器后,要立即向当地公安机关或者人民警察所属机关报告,事后将使用武器的情况如实向所属机关书面报告。

人民警察所属机关应当及时进行勘验、调查,并及时通知当地人民检察院,通知受伤人员家属或者所在单位。

(4)法律责任。人民警察违法使用武器,造成不应有的人员伤亡、财产损失,构成犯罪的,依法追究刑事责任;尚不构成犯罪的,依法给予行政处分;对受到伤亡或者财产损失的人员,由该人民警察所属机关依照《国家赔偿法》的有关规定给予赔偿。

(二)警械

1. 警械的含义和种类

警械是指人民警察按照规定装备的警棍、催泪弹、高压水枪、特种防暴枪、手铐、脚镣、警绳等警用器械。

必须明确,警械是防范性的警用器具,不能作为刑具使用,不得用于处罚罪犯,只能用于事中(现实危险存在之时),不能用于事后(用于事后就是处罚)。

警械分为驱逐性、制服性警械和约束性警械。前者有警棍、催泪弹、高压水枪、特种防暴枪等;后者有手铐、脚镣、警绳等。《监狱法》规定的戒具,大体上是指约束性警械。

警械的使用原则、法律责任与武器相同。

2. 驱逐和制服性警械的使用条件

(1)结伙斗殴、殴打他人、寻衅滋事、侮辱妇女或者进行其他流氓活动的;

(2)聚众扰乱车站、码头、民用航空站、运动场等公共场所秩序的;

(3)非法举行集会、游行、示威的;

(4)强行冲越人民警察为履行职责设置的警戒线的;

(5)以暴力方法抗拒或者阻碍人民警察依法履行职责的;

(6)袭击人民警察的;

(7)危害公共安全、社会秩序和公民人身安全的其他行为,需要当场制止的;

(8)法律、行政法规规定可以使用警械的其他情形。

人民警察使用上述警械,应当以制止违法犯罪行为为限度,当违法犯罪行为得到制止时,应当立即停止使用警械。

3. 约束性警械(戒具)的使用条件

根据《监狱法》第45条的规定,监狱遇有下列情形之一,可以使用戒具:

(1)罪犯有脱逃行为的;

(2)罪犯有使用暴力行为的;

(3)罪犯正在押解途中的;

(4)罪犯有其他危险行为需要采取防范措施的。

上述情形消失后,应当停止使用戒具,人民警察使用约束性警械(戒具),不得故意造成人身伤害。

第二节　罪犯脱逃事件的应急处置

一、罪犯脱逃事件的危害

在押罪犯脱逃是罪犯破坏监管改造秩序、逃避刑罚惩罚的极端形式,是监狱工作中特别存在的一种又犯罪,这种犯罪给监管秩序带来极大的危害,也给狱外社会造成不可估量的潜在威胁。首先,罪犯脱逃会造成刑罚的报应、功利等价值追求都无法实现。其次,个别罪犯的脱逃会起到一定的示范效应,引起犯群的不稳定。再次,罪犯在脱逃过程中如果遇到阻拦,往往会使用暴力,造成人员伤亡,而在其逃亡过程中也经常实施新的犯罪。最后,罪犯脱逃后会引起社会的恐慌。

正因为脱逃具有如此大的危害,作为刑罚执行机关的监狱将防逃和追逃作为工作的重点就显得理所当然。也正因如此,深入挖掘罪犯脱逃的真正原因,认识和总结罪犯脱逃的基本规律,认真分析罪犯脱逃的主客观条件体系和监狱控制罪犯脱逃的主客观条件体系,建立高效的防逃追逃应急处置机制,是监狱常抓不懈的重要工作。

二、罪犯脱逃事件的原因

脱逃原因的研究和分析,既有利于监狱有针对性地制订追捕逃犯计划,提高追逃决策的科学性,减少盲目性;也有利于在罪犯采取暴力脱逃时制定恰当的临场处置措施。通常认为,罪犯实施脱逃的原因主要有以下几方面:逃避刑罚惩罚;迷恋狱外生活;家庭出现重大变故;在监狱又犯罪,或者有漏罪,害怕被发现;监狱管理方面的因素,如牢头狱霸的欺凌、生活条件差等;报复证人或者其他办案人员;对原判决不服等。

三、罪犯脱逃条件的准备和脱逃方式的选择

监狱发生的脱逃事件是罪犯主观方面和监狱管理客观方面共同作用的结果。《孙子兵法》中有云:知己知彼,百战不殆。监狱要想有效地防止和制止罪犯脱逃,就应当对罪犯在实施脱逃行为时的主观条件和客观条件进行分析和研究,以做到

"敌未动而我已先行,敌稍动而我已制服",处处在其之先,招招在其之上。

(一)罪犯脱逃的主观条件

罪犯脱逃的主观条件是指罪犯赖以脱逃的身体、智力、经验等各方面的条件。在管理严格的监狱中实施脱逃,身体条件非常重要。尤其是那些企图翻越监狱围墙而实施脱逃的,身体条件较差是无法得逞的。一些罪犯在脱逃预谋阶段加强身体锻炼就是出于这方面的考虑。那些企图通过暴力强行冲监的,身体条件就显得更为重要。在脱逃的罪犯中,男性的青壮年罪犯居多,而女性罪犯、年老体弱等身体条件较差的罪犯鲜有脱逃案例。

另外,要想成功地从监狱脱逃出去,单靠一个罪犯的力量(包括他的体力、智力、经验等)有着非常大的难度,罪犯也要为脱逃承担非常高的风险成本。因此,罪犯总会在犯群中物色有同样想法的罪犯,结成小的犯罪团伙,伺机而动。有调查显示,狱内脱逃案件中,两人以上的合伙脱逃占有较大的比重。

(二)罪犯脱逃的客观条件

罪犯脱逃的客观条件是指罪犯实施脱逃过程中可以依赖的各种外在条件。罪犯在脱逃行为付诸实施之前,都会以各种方式进行脱逃条件的准备。这些条件,有一些是罪犯自己创造的,而有些则是由于监狱管理方面的疏漏并为罪犯所利用。通常情况下,罪犯脱逃需要具备的客观条件主要有以下几方面:

1. 脱逃工具和物资。例如,绳索、挖掘工具、剪切工具、绝缘衣物、便服、现金、食物等,这些是罪犯脱逃时必备的工具和物资。

2. 脱逃时机。例如,监狱管理工作出现疏漏之时,监狱人民警察交接班的间隙,基于各种原因而出现的监内混乱之时,出工、收工间隙,被押解途中等。另外,被押解过程中、外出就医时、重大节假日、天气状况恶劣、发生自然灾害等也常被罪犯认为是脱逃的理想时机。

3. 其他准备。例如,伪装积极麻痹干警、装病、锻炼身体、勾结小集团、观察监狱人民警察的活动规律、关心天气情况和监狱的活动安排等。

(三)罪犯脱逃方式的选择

脱逃方式是罪犯对自身主观条件和监狱客观环境等进行评估后,在脱逃时机出现时所选择、确定的脱逃方法和途径。

罪犯的脱逃方式主要有以下几种情形:

1. 单人脱逃或者伙同他犯集体脱逃;

2. 秘密潜逃或者使用暴力手段强行冲监脱逃;

3. 内外勾结脱逃;

4. 劫持人质脱逃;

5. 以欺骗手段脱逃等。

四、罪犯脱逃事件的机理

(一)脱逃的预谋和准备

这一阶段从罪犯产生脱逃的犯意开始,到罪犯脱逃条件准备完成结束。此阶段大都是秘密进行,有时会持续非常长的时间。正常的情况是,罪犯经过很长时间的准备后,等待合适的脱逃时机的出现。但是,由于这一阶段持续时间较长,各种影响罪犯脱逃计划的因素会随时发生和出现,因此,罪犯的脱逃计划也会随着情势的变化而作相应的调整。其中一部分罪犯会由于各种原因中途放弃脱逃计划。放弃脱逃计划的原因主要有两类:一类是罪犯自动放弃。比如,脱逃的动机消除、出于对抓捕回来后将受重罚的恐惧、监狱的改造工作产生效果、对服刑环境逐渐适应、认为脱逃计划无法实现等。另一类是由于客观原因使罪犯无法继续实施脱逃计划。比如,身体生病、其他罪犯检举、揭发、脱逃计划被监狱人民警察发现等。还有一部分罪犯会由于各种原因而缩短脱逃计划的预谋时间,提前将脱逃计划付诸实施。比如,由于自然灾害导致监狱的防逃设施出现坍塌或者故障、监狱突然停电、感觉漏罪被发掘、干警出现脱岗情况、因各种原因监狱出现混乱等。具有脱逃犯意的罪犯一旦遇到以上脱逃的便利条件,往往会临时决定实施脱逃。

(二)脱逃的实施

这一阶段从罪犯将脱逃计划付诸实施开始,到罪犯完全逃出监狱等追捕力量的控制结束。当脱逃的各方面准备工作完成后,罪犯就会寻找合适的时机,从而将脱逃由预谋阶段转到实施阶段。在这一阶段,罪犯对机会的判断结果是非常重要的一环。如果罪犯对脱逃时机的评估结果为有利于脱逃并且脱逃成功的概率较大时,发生脱逃事件就难以避免了。罪犯脱逃的时机主要是在监狱管理出现疏漏或者安全控制系统出现运行故障的时候。

一个较为完整的脱逃模式是,脱离分监区控制范围,脱离监区控制范围,绕开罪犯监督岗,突破监狱的大门或者监狱的围墙和电网,最后还要逃出拥有武器的人民武装警察部队的围追堵截。要想在每一个环节都做到万无一失,难度之大可想而知。为了降低脱逃计划失败的风险,罪犯总是尽可能地选择在接近监狱控制范围边限的时候才开始执行脱逃计划。监狱控制范围的边限往往就是监狱各种空间的结合部或者监狱管理时段上的交接点。

空间结合部。监狱为了有效地控制罪犯的行动,为其划定了一定的活动区域。

前面所提到的监区、分监区，狱政管理中所说的“劳动、学习、生活”三大现场，这些都是按照不同的标准给罪犯划定的活动区域。相应地，这里提到的空间结合部就是各种不同区域的相邻近的地方，比如，由监狱大门、围墙、电网、警戒地带等构筑起来的空间就是监狱与自由社会的空间结合部，这也是罪犯实施脱逃时要通过的最后一道屏障。

时间交接点。为了有效地控制罪犯的行动，监狱在给罪犯划定了一定的活动区域的同时，也对其每天二十四小时的活动作了具体的安排。罪犯何时起床、训练、学习、劳动、吃饭、休息、就寝等，都必须服从监狱人民警察的安排。所谓时间上的交接点，就是监狱将罪犯从一种活动转入另一种活动的那一时间段。比如，罪犯出工、收工，就是罪犯由休息时段转入劳动时段、由劳动时段转入就餐时段。

无论是空间结合部还是时间交接点，都是监狱控制难度较大的时候，也是脱逃罪犯最有可乘之机的时候，罪犯外出劳动时、外出就医时或者押解途中，监狱控制能力的降低和罪犯脱逃风险成本的降低，都会被罪犯认为是较为理想的脱逃时机。

（三）逃亡

这一阶段从罪犯完全逃出监狱人民警察、武装警察等追捕力量的控制区域开始，到被抓捕归案结束。实践中由于各种原因，总有一些罪犯能够侥幸脱逃成功。但是，脱逃成功并不意味着国家强制力就不再施加于他们，相反，监狱、公安机关等执法机关会组织专门的力量继续对脱逃犯进行追捕，逃跑与追逃这一对矛盾会一直持续在这一阶段，直至罪犯被抓捕归案。罪犯脱逃的动机各种各样，脱逃得逞后，罪犯一方面会藏匿行踪，与追捕力量进行周旋；另一方面会处理促使其越狱的相关事宜。

首先，与追捕力量进行抗争。脱逃罪犯不具备和追捕力量进行正面抗争的条件，躲避追捕是其与追捕力量进行抗争的最基本的形式。为了逃避追捕，脱逃罪犯经常采用的方式有以下几种：隐姓埋名、改头换面；在远离城镇的偏远地区的矿山、农场等地从事艰苦的重体力劳动；在远离居住地的地方成家立业、结婚生子；潜藏于亲友家中或者亲友提供的其他场所；加入社会上其他犯罪组织，以犯罪为生，其他团伙成员为其提供庇护。

其次，实现脱逃的最终目的。从监狱脱逃往往是罪犯实现某种目的的手段，在经过一段时间的逃亡生活后，罪犯有可能找到较为固定的落脚点和一定的生活来源，此时罪犯就会将重点放在如何实现原定的目标上。促使罪犯脱逃的动机通常有以下情形：逃避刑罚惩罚；迷恋狱外生活；家庭出现重大变故；在监狱又犯罪，或者有漏罪，害怕被发现；监狱管理方面的因素，如牢头狱霸的欺凌、生活条件差等；报复证人或者其他办案人员;对原判决不服等。因为家庭出现重大变故、思亲恋家而脱逃的罪犯,会逐渐地接近家庭所在地,或者通过各种方式与其他家庭成员取得联系等。

五、罪犯脱逃事件的应急处置

《监狱法》第42条规定:"监狱发现在押罪犯脱逃,应当即时将其抓获,不能即时抓获的,应当立即通知公安机关,由公安机关负责追捕,监狱密切配合。"当监狱发现罪犯脱逃后,应当及时启动应急预案,开展有效的追捕,组织力量即时予以抓获。未能即时抓获的,监狱应立即通知公安机关,由公安机关进行追捕,监狱予以配合。追逃是监狱及公安机关等对罪犯脱逃行为的事后控制,其具体实务有以下几点。

(一)准确判断,即时抓获

应成立追捕逃犯专案小组,根据罪犯的服刑表现、思想状况、脱逃动机等对罪犯的逃跑方向作出判断。为做好该项工作,专案小组可在犯群尤其是和逃犯来往关系密切、接触频繁的罪犯中搜集、发掘线索;也可从罪犯档案、日记、和他人的来往书信、会见的对象中掌握其社会关系,为确定追捕方向提供有效依据。

(二)快速出击,紧急布控

这种方式要求首先快速占据监狱要害部位,检查落实监管安全制度,稳定在押罪犯。同时,在最短的时间内完成在交通要道上设卡的工作,力争将逃犯控制在包围圈内,然后对包围圈内的区域进行全面、仔细的搜索。通常有两种方式可供选择:一是监狱在上级管理机关的领导下成立全省范围的防逃、追逃网络体系。一旦发生罪犯脱逃,在监狱管理机关的领导下,有关监狱出动警力,配合发生脱逃事件的监狱及时出击布控。二是由监狱和公安机关组成防逃、追逃网络体系,比如,一些监狱和当地公安机关的"110"匪警处置部门建立追逃联动机制,一旦发生罪犯脱逃,监狱立刻向公安机关通报情况,二者密切配合,共同完成追逃任务。追逃实践中,第二种方案的效果更明显些,因为这种方案在反应速度、警力保障等方面有明显优势,值得推广。

(三)配合公安机关组织追捕

罪犯脱逃后,监狱应迅速组织力量,根据罪犯的行踪和脱逃方向,及时进行追捕。此时,应注意以下几方面。

1. 在追缉的同时,根据罪犯的具体情况,派出专人或通过有关单位,发动群众,在脱逃罪犯可能经过的道路、落脚点守候。

2. 追捕人员中应尽可能有熟悉罪犯的监狱人民警察或其他人员参加，以便能准确认出逃犯。

3. 要提高警惕，防止逃犯行凶拒捕。

4. 追捕时应配备性能优良的交通工具、通信工具、扩音录音装备、照明设施和其他后勤保障。

5. 配备性能良好的进攻性武器和防护性武器，进攻性武器包括长枪、短枪和一些非致命性武器，非致命性武器通常有催泪弹、麻醉枪等使人丧失进攻能力和致人晕厥的武器；防护性武器有防弹衣、盾牌、头盔等。

6. 选择恰当的追捕战术。认真分析脱逃事件的起因经过，制订周密的追逃方案，蹲点设卡，跟踪追击，力争即时捕获。追缉堵截的具体战术有追捕法、设卡法、定点守候法、化装追捕法、迂回包围法等，以上各种战术要视情况灵活运用。

（四）立案侦查，依法处理

脱逃是严重的狱内又犯罪行为，监狱有权对此类犯罪予以侦查。

1. 隔离审查，由狱内侦查部门进行侦查，侦查终结后向检察机关提出起诉意见书。

2. 在全监范围内进行反逃教育，稳定监狱秩序，打击、震慑其他不稳定分子。

3. 表彰在制止或抓捕罪犯脱逃过程中的有关人员，调动犯群的反逃积极性。

4. 对监狱管理中存在的问题进行反思，查缺补漏，对于没有起到狱内秘密监控作用的耳目、互监小组进行撤换和整治，反之则要进行鼓励和保护。

第三节 哄监闹狱事件的应急处置

一、哄监闹狱事件的界说

哄监闹狱并非一个法律术语，而是在监狱特殊的执法环境中约定俗成的概念，到目前为止，其内涵尚无权威的界说。① 本书认为，哄监闹狱是指监狱出现的，有多名罪犯参与的，用哄闹、打砸破坏监禁设施或生产工具、绝食、拒绝参加劳动等方式，公开向监狱方提出要求或者表达不满情绪的行为。其具有以下几个特点。

---

① 《监狱法》第58条第1款中，将“聚众哄闹监狱”作为一种破坏监管秩序的情形，这是在法条中最接近哄监闹狱的表述。另外，在司法部2005年制定颁布的《司法行政系统突发事件应急预案》中，有“罪犯聚众闹监”的表述。因此，可以将哄监闹狱理解为是哄闹监狱或者闹监的另一种称谓。

(一)危害性

哄监闹狱是在押监禁场所特有的一种违法犯罪行为,[①]属于监狱常见的突发事件中的突发安全事故,具有明显的危害性。哄监闹狱事件是对监狱的执法行为公开表示不满和对抗,是对监狱执法人员权威的挑战,它会使监狱在一定时间段内处于杂闹和喧嚣的脱序状态之中,严重者还可能引发暴狱等严重狱内又犯罪。尽管其情节有轻有重,危害有大有小,但是都会将监狱置于一种充满危险的情境之中,导致监狱民警的人身安全、罪犯的人身安全和监狱的秩序面临不确定的威胁,具有较大的危害性。哄监闹狱情节轻者为一般的违纪、违法行为,情节严重者则会构成犯罪。

(二)群体性和纠合性

参与哄监闹狱的罪犯数量较多,这是哄监闹狱不同于一般的由个别少数罪犯所制造的狱内个体性事件的一个明显特点。虽然以精确的数量来界定并不容易,但是一两名罪犯的叫嚣、哄闹是不应视为哄监闹狱的。在监狱执法实践中,部分哄监闹狱初始时是罪犯群体的自发行为,但是在事态发展过程中出现了由犯群推选代表和监狱方进行交涉的情形,此时也不宜将犯群推选的这些罪犯一概视为哄监闹狱的肇事者。但如果在随后的事件中,犯群代表不是被动地单纯负责转达犯群的公意,而是积极出谋划策,超出代言人的身份而转为组织者,哄监闹狱的犯群此时已经有了一定的纠合性。

(三)目的性

监狱里部分脱逃、伤害等案件缺少预谋的过程,属于临时起意,有一定的情境性和突发性。与此不同,罪犯哄监闹狱是罪犯为达到某种目的而采取的手段之一,其目的是向监狱方提出某种要求或者表达不满情绪,没有一起哄监闹狱是盲目的。监狱中偶尔出现的罪犯因为无聊而出现的片刻鼓噪,因缺乏目的性而不宜将其视为哄监闹狱来处置。

(四)公开性

哄监闹狱的目的性决定了其手段的公开性。公开的方式较之于隐秘的方式,更能有效地达到让监狱知道和重视所提出要求或者不满情绪的目的。因此,在哄监闹狱事件中,纠合起来的罪犯通常会用公开的方式制造声势,对监狱方实施压力,以期让社会、监狱予以重视和尽快解决。发生在监狱场所内部的哄监闹狱的常见手法主要有故意哄闹、打砸破坏监禁设施或生产工具、绝食、拒绝参加劳动等,均

---

① 本书主要针对监狱(未成年犯管教所)这一类特殊的监禁场所,看守所不包括在内。

表明了该类事件的公开性特点。公开表达要求或者不满情绪，较于采取隐秘的方式来实现上述目的，其危险性虽然较小并且易于发现和处置，但是其参与人数较多，波及面广，不能等闲视之。

二、哄监闹狱事件的原因

哄监闹狱作为监狱等强制拘禁场所特有的事件，其发生的原因与监狱的特殊环境、监狱民警与罪犯相互间的特殊关系以及在刑罚执行过程中所形成的特殊的监狱文化等因素有或密或疏的联系。罪犯长久地在单调、压抑的服刑场所中生活，监狱偶发的一些事件很容易引发他们的兴趣，有的积极参与，有的则隔岸观火，一些简单的冲突、矛盾在这种心理环境中非常容易升级恶化。哄监闹狱事件发生时，罪犯的主观因素和监狱管理不善经常交织在一起，互相作用，这使哄监闹狱事件显得诡异难测。

（一）罪犯主观方面的原因

1. 恶习不改，在监狱内不服管教，聚众抗改；

2. 出于脱逃的目的，故意制造混乱，浑水摸鱼，寻找机会；

3. 认为在生活处遇、考核奖惩等方面遭受不公平待遇；

4. 认为监狱对其他罪犯的处置不公平；

5. 认为监狱对侵犯他的监狱人民警察或者罪犯的处罚过轻；

6. 生病或者家庭出现变故，向监狱方提出的要求没能满足；

7. 对个别监狱人民警察的管教方式抵触，在其值班时或者即将升迁时哄闹，制造事端；

8. 在脱逃计划或者其他为监狱严格禁止的计划被觉察或者发现时，通过哄监闹狱的方式来转移监狱方注意力；

9. 受其他罪犯的胁迫；

10. 从众心理。

（二）监狱管理不善而形成的客观原因

1. 管理过于严苛，罪犯无法忍受而聚众哄闹；或者管理过于宽松，罪犯缺乏忌惮而向监狱或民警叫嚣示威；

2. 监狱人民警察对罪犯的不恰当处罚或奖励，引起其他罪犯的不满；

3. 监狱考核不公平，影响到罪犯的狱内处遇和其他奖励；

4. 监狱管理中民警缺乏与罪犯的沟通和交流，造成较大的隔阂；

5. 监狱的劳动生产任务、时间、强度等安排得不合理；

6. 个别监狱管理人员执法方式简单、粗暴,没有考虑罪犯的感受;

7. 监狱人民警察之间存在矛盾,怂恿罪犯在对方值班期间哄监闹狱,制造事端,给对方以难堪;

8. 罪犯打架斗殴、争吵时,没有及时处置,其他罪犯附和起哄,甚至直接参与;

9. 监狱原来的管理较为松弛,因为整顿或者换领导而采取严格管理,罪犯一时无法适应而哄闹抗议;

10. 对于地震等谣言没有及时辟谣,导致罪犯人心惶惶,最终酿成群体性事件。

(三)特殊情形

1. 邪教分子在押期间,有时会通过哄监闹狱向监狱方施压示威,争取所谓的政治权利或者行使其宗教信仰自由权。例如,在一些监狱,"法轮功"等邪教组织的成员多采取相对集中的关押方式,这为他们在监狱内制造此类事端创造了一定的条件。

2. 在国外,监狱内的帮派冲突和民族矛盾常是监狱骚乱的根源。我国在此方面情况较好一些,但是在一些民族问题较为敏感地区的监狱,或者关押有相当数量极端主义分子的监狱里,应当注意这类危险苗头。

监狱在处理哄监闹狱事件时,应当准确认定哄闹的原因,并据此对哄闹行为的性质进行认定,制定相应的处置对策。如果原因认定不准,则会使以后的应对处置方案的准确性失之千里,从而引发危机。

三、哄监闹狱事件的机理

由于环境的特殊性,多数监管安全突发事件大都是在隐蔽状态下进行的,事态发展的潜伏期不易为监狱方发现,参与的成员人数较少,组织严密。与以上事件不同,哄监闹狱通常都有一个酝酿、显露、暴发的完整发展过程,只是整个事件的过程有长有短而已。哄监闹狱虽然形式各异,但是仍然有共同的机理可循,监狱应当对哄监闹狱各个阶段进行恰当认定并予以及时处置。

(一)酝酿阶段

酝酿阶段即导致哄监闹狱最后发生的各因素出现、发展并发生相互作用的这一时期。在这一时期,如果监狱的常规管理、教育改造等机制能够有效运行的话,大多数的矛盾会消除在此阶段。虽然消除、化解在这一阶段的危机难以准确测量和统计,但是,发生哄监闹狱的监狱在此阶段都存在一定程度的工作失误却几乎是可以肯定的。这一阶段的持续时间往往较长,并且由于相关因素并未完全外化出来,是否会与以后的哄监闹狱事件产生必然的联系也不确定,因而不容易觉察和识别。

在这一阶段,危机管理的重点是建立反应灵敏的风险评估机制。

(二)事态显露阶段

显露阶段主要是指导致哄监闹狱的隐性因素变得活跃起来、外化出来的这一段时间。导致哄监闹狱的各种因素在第一阶段没有被检测、评估出来并予以及时、恰当的处理,各因素间的相互作用的频度和强度都会增大,事态不可避免地向严重化方向发展,原来危险的隐性因素变得活跃起来、外化出来,监狱此时会出现一些能够观测到的苗头。比如,罪犯群体中出现个别的或者间断性的鼓噪、冲撞、绝食或拒绝参加劳动等现象,这些都是哄监闹狱在显露阶段的常见情形。如果处置不当,事态则可能会向着更为严重的方向发展,以致达到脱序状态;更有甚者,监狱脱序局势为罪犯中的危险分子所利用和控制,直接发展为暴狱。这一阶段持续的时间可长可短,主要取决于监狱的处置工作是否恰当,效果如何。

哄监闹狱发展到显露阶段,这是监狱对哄监闹狱事件"防患于未然"的最后一个机会,不可错失。危机管理的重点是反应灵敏,有警必报。监狱应当停止监狱内的一切活动,将所有罪犯收回监舍,与其沟通、交流,做好安抚工作,并注意搜集骨干分子的情况。整体上应外紧内松,一方面做好应对事态升级的准备;另一方面要避免刺激犯群的情绪,防止事态升级。

(三)暴发阶段

暴发阶段是指犯群的哄闹终致监狱处于脱序的这一段时间。这是监狱竭力规避的一个阶段,但是由于各种各样的原因,总有一部分事件会发展至此阶段,原来个别的或者短时间的鼓噪、冲撞、群体性绝食或拒绝参加劳动等演变为群体性和持续性,终于使监狱在一段时间内处于脱序状态之中,这是哄监闹狱的最高级别,也是监狱在丧失了利用第一阶段和第二阶段控制事态发展的有利时机以后难以回避的一个结局。

此时监狱虽然预防失效,但仍有机会控制形势,化险为夷,在付出一定的代价后使监狱重回正轨。在此阶段,监狱应急处置的重点是快速反应,启动相应级别的应急预案,相关人员快速到位,涉及部门积极响应。现场处置指挥人员应当尽可能地通过沟通、交流、安抚等方式扭转局面,控制住事态的发展;如果不能达到上述目的,则以不使事态向失控方向发展为应急处置的基本目标,必要时可以通过适度的武力震慑、制服骨干分子,分化瓦解犯群,重新掌握对事发区域的控制权。

针对哄监闹狱事件的一般特点,在应急处置过程中,应当充分利用监狱块状结构的设施和严格的区队组织,将犯群隔离开来,分区、分块稳定和安抚,禁止罪犯在此期间的集体活动,防止事态升级。

(四)危机升级阶段

危机升级阶段是指监狱由脱序转入失控状态之后到监狱重新控制局势之间的一段时间。如果应急处置不当,或者犯群为危险分子所操纵,矛盾将会进一步激化,事态更加严重,危机升级,监狱会最终失去对犯群和监狱一定区域的控制。到此阶段,哄监闹狱的性质已经发生质变,在法律上讲,是由一般的违法行为演变成为严重的犯罪行为;在管理学上讲,则是由暂时的脱序但仍在控制中发展至一段时间的失控。

四、哄监闹狱事件的应急处置

(一)发现危情,及时报告

早发现、早报告和早处置是监狱处置各类突发事件都应当遵循的一般原则,哄监闹狱也不例外。监管改造一线民警在工作中应当勤于观察,能够敏锐识别各种危险信号。如果发现有哄监闹狱的苗头,应立即向监区长报告,同时进行先期处置;值班民警还应将事态发展和处置的情况随时报告给监区长。监区长在接到报告后应即时向监狱应急指挥中心报告,并立即快速赶赴事发现场,指导监区的先期处置工作。

(二)准确研判,启动预案

监狱应急指挥中心在接到监区的报告后,根据参与罪犯的人数、哄闹的强度以及可能的后果等因素,对事件的性质进行准确研判,并根据研判的结论来决定是否启动应急预案。这是非常关键的一个环节,它关系到以后各项应急处置的具体方案。如果在此环节出现失误,对事件的定性不准确,将哄监闹狱认定为是暴狱,反应过度,或者认为仅仅是偶然的骚动,按兵不动,那么,对以后的应急处置的影响都是决定性的。

(三)积极响应,快速到位

监狱各部门和民警应当按照应急预案中的相关规定,在接到指挥部的命令后立即积极响应,快速、准确到位。哄监闹狱一般强度不高,涉及范围不大,总指挥作为监狱安全的主要负责人,应当在第一时间赶到事发现场,指挥和部署对哄监闹狱事件的处置。通常情况下,监狱应急指挥中心的总指挥应当靠前指挥,这是由哄监闹狱事件本身的特点所决定的。相关的职能部门则应在应急指挥中心的统一领导下,根据哄监闹狱的原因为与罪犯进行沟通和对犯群做好安抚工作提供相关法律、政策依据。其他职能部门则坚守岗位,随时待命。事发监区警察应当全部到位,与犯群进行沟通,对其进行安抚。其他尚未出现哄闹的监区则应当加强戒备,防止本监区的罪犯参与哄闹。如果没有各责任部门和人员的积极响应,任何一个应急预案都只是一纸空文。

(四)审时度势,恰当处置

根据哄监闹狱的发展机理,在整个处理过程中,外紧内松是一种行之有效的战略,它有利于使处于激愤中的罪犯情绪缓和下来,使危机由控制转向化解。指挥中心应在第一时间内了解和掌握发生哄监闹狱的具体部位或监区、参与人数、哄闹原因、所提要求、骨干分子的详细资料等。与此同时,进一步根据事态发展来确定事件的性质和严重程度,并决定是否向上级机关报告。

参与到哄监闹狱事件中的罪犯如同化学元素一样,有的活性较高,有的较低,有的则属于惰性元素。不同的是,化学元素的活性是相对确定的,而罪犯的活性却是时时事事不同的,同一罪犯在有的事件中很积极,而在有的事件中则很漠然和消极,关键在于该事件与其是否存在利害关系。在监狱突发事件中,不同类型的罪犯会有不同的表现,对事态的发展发挥刺激或者抑制的作用,监狱应当对打击防范哪些罪犯、争取哪些罪犯有一个清醒的认识。

1. 识别核心

群体性事件中,发挥作用的是个别的骨干分子,他们共同形成哄监闹狱的核心层。对于核心层,可以根据形势选择谈判、孤立、打击等方式。

2. 分化附和层

在核心层周围,对于事态的发展持观望态度并据此来决定进退的是附和层。几乎所有的哄监闹狱事件中都有附和层,附和层成员在一定程度上助长了核心层的气焰,同时也是潜在的危险力量,随时会转化为核心层。监狱要注意通过震慑、教育、隔离等手段,将附和层和核心层分割开来,不能将二者打成一个群体。

3. 确保人身安全

如果罪犯情绪亢奋,失去理智,形势危险,指挥部应当将现场中的警察尽快撤离,确保其人身安全。

4. 强制打击控制

如果以上几方面的努力无效,哄监闹狱的事态严重程度升级,有演化为暴狱的危险时,指挥部应当使用适度的强制手段对其进行威慑。使用强制手段应以非伤害性的武器为主,用制服性的警械控制、捕获骨干分子和组织者,用驱散性警械对付其他的一般参与者。使用警械以控制住局面为限。

除此之外,现场处置人员还应当注意一些特殊情形。比如,哄监闹狱的发生是由于个别罪犯对监狱的管理或者个别民警不满而造成的,在处置过程中切忌对其所在监舍或者监区进行群体性的惩戒,个别化的问题应作个别化的处理,要避免因处置不当使更多的罪犯参与进来,形成一个集团,从而造成更多的罪犯站在监狱警方的对立面。在选择与罪犯进行沟通和交流的人选时,不要派选罪犯对其抱有不满或者与本次哄监闹狱有涉的人员。在处置哄监闹狱的过程中,还要注意提防个别罪犯利用监狱脱序的一段时间,实施脱逃等其他危险行为。

(五)亡羊补牢,稳妥善后

哄监闹狱事件的发生原因中经常有监狱制度和管教人员等方面的弊端和问题,因此,事件平息后的善后工作必不可少。善后通常需要从实务和程序两方面着手。事务性的善后工作主要有修订和完善有缺陷的制度;纠正和惩治执法人员和管教的不恰当行为;改善监狱的服刑环境、生活待遇,恰当安排监狱的劳动时间和劳动强度;加强执法人员和罪犯间的沟通和交流;对违法的罪犯进行行政处罚,对狱内又犯罪的罪犯建议检察机关对其提起公诉,并作调监分化处理;奖励在事件中表现良好的罪犯;在恢复监狱秩序的同时,还要肃清和整顿监狱导致哄监闹狱的所有相关方面。善后事务繁多,应统筹合理安排,实行责任制,并要监督落实情况。程序性的善后工作主要是各监区和监狱相关职能部门应当就哄监闹狱的发生、处置及善后等方面起草调查报告,总结经验和教训,提出改进建议,报送监狱应急指挥中心。

第四节　狱内劫持事件的应急处置

一、狱内劫持事件的含义

狱内劫持事件,是指发生在监狱内的,罪犯以暴力手段控制他人人身自由,并以人质的生命、健康、安全等要挟监狱警方按其意愿行事,以实现其特定目的的犯罪行为。

劫持犯罪是狱内又犯罪一种极端的形式,有以下显著的特点。

(一)暴力性

暴力是人质劫持的必要条件。在严格的监禁环境中,罪犯的行为受到多重限制,各种危险物品都严格管制,罪犯通过隐秘的方式来实现其特定目的非常困难。这种情况下,劫持者选用暴力方式成为为数不多的选择,控制人质的人身需要暴力,对人质进行伤害来要挟监狱警方也需要暴力,对抗监狱警方的扼制和突击也需要暴力,暴力体现在劫持事件的各个环节。

（二）手段性

暴力劫持人质并在一定程度上对人质进行伤害并非劫持者的终极目的，劫持和伤害只是一种手段，其以此给狱方施压，并作为和狱方谈判的砝码。劫持的手段性还体现在劫持者会选择在公开的场合实施劫持，利用围观者的同情、怜悯等对狱方施压。

（三）危害性

首先，狱内劫持是对法律的蔑视和践踏，是对监管秩序最为公开和直接的破坏。其次，劫犯为实现犯罪目的，会对人质进行一定的人身伤害，并往往在此过程中给人质的精神造成严重的创伤和刺激，使其长久地处于恐慌之中。最后，劫持事件会诱发狱内其他破坏事件。尤其是当犯罪人的部分犯罪目的达到时，会对他犯产生极强的示范效应，给其他危险分子制造了机会。

二、狱内劫持事件的机理

（一）劫持的潜伏期

狱内劫持犯罪通常有较长的预谋阶段，都有一个犯罪准备、等待时机的过程。犯罪准备，主要是准备犯罪工具。劫持者多准备凶器后藏匿起来备用，有的则直接使用现场的劳动工具。等待时机，主要是寻觅可供利用的薄弱环节或监管漏洞，考量劫持实施时可能遇到的障碍及其排除方式。狱内劫持犯罪虽然准备时间较长，但因其犯罪意图隐藏较深，事前多无征兆，时机选择偶然，以致劫持发生时让监狱警方觉得事发突然，感受到较强的突发性。

（二）劫持的实施期

1. 工具的选择。狱内劫持事件中，劫持者大多要使用一定的犯罪工具，劫持工具必须容易获得，或者容易藏匿、携带，这和监狱特定的环境和条件是相适应的。常见的有：（1）各种锐器、利器。包括各种刀、剪、斧、改锥、玻璃以及罪犯自制的各种危险物等。（2）易爆物。爆炸装置具备威力大，破坏力强，反应较快，尤其电触发型，能强化劫持者的心理优势，使警方在处置中面临很大压力。这在以往特殊的劳动现场会出现，现在极少出现此类方式。（3）易燃物。汽油、易燃化工原料等燃烧，控制不当会造成巨大的人员伤亡和财产损失。上述论述中，第一种方式较为常见。

2. 劫持对象的选择。劫持者要控制人质的人身，必须具备控制的能力。劫持者会根据自身的条件来物色人质。在发生过的狱内劫持事件中，女性是劫持者的首选目标，包括生产现场中的女性外协人员甚至女性监狱人民警察。这是因为女性的反抗能力和反抗意识等较为缺乏，劫持者容易得逞。另外，防范意识不强的民警和反抗能力较低的罪犯，也容易成为被劫持的对象。

3. 劫持时机的选择。狱内劫持犯罪的犯罪时机对劫持者来说非常重要,它是劫持者达到其犯罪目的的外部条件。一般来说,狱内劫持犯罪的犯罪时机,一是趁被劫持人不防备;二是监管现场出现机会等。

(三)劫持的结束

劫持事件的结束有不同的情形:劫持者自动放弃;劫犯被迫投降;劫持者被武力制服;营救失败,人质或者其他人员伤亡等。不管何种结局,劫持事件都以劫持者被制服或者击毙而宣告结束。

三、狱内劫持事件的处置

(一)前期处置

此阶段是指从劫持事件发生到较大规模警力到达现场之前这一段时间的处置工作。狱内劫持事件多在监狱内部的公开场所发生,现场都有警力或者警力到达现场的距离近、时间短,这对于警察的临场反应能力是一个非常大的考验。

在劫持事件发生之初,劫持者尚未完全控制人质或者虽然控制了人质但是还没有占据避免自身被制服的位置,劫持者甚至还没有来得及明确提出交换人质的条件,现场处于混乱之中。如果在此阶段人质依靠自身的体力或者周围的环境和条件摆脱了劫犯的控制,或者周围的其他服刑人员为立功而制服劫持者,或者现场执勤的监狱人民警察在第一时间制服劫持者,则劫持事件即告终结。

公安警务关于人质解救要求:“在较大规模的处置警力到达现场之前,最早临案的少数警察的职责是:稳住局面,保护人质;疏散群众,控制动态;报告情况,等待增援;把握战机;相机解救。”参照上述要求,并结合监狱实际,监狱的先期处置重点应当包括以下几个方面:

1. 快速反应

根据劫持者所用工具的杀伤力,警察要判断有没有一招制敌而且不使自己受伤害的可能。如果有条件或可冒险一试,否则最好的办法是对现场押犯进行收监,以防止更大的危险事态发生。

2. 先期处置

以最快的速度将案情上报,等待专门的处置力量到达。事件初发时,劫持者处于高度亢奋阶段,思维能力受到抑制,遇到刺激容易采取极端做法,因此,在没有把握的情况下应当将处置的重点放在控制局面,等待支援上。

3. 启动应急预案

监狱应急指挥中心在接到报告后,由责任领导根据事态发展启动相应级别的应急预案,宣布监狱进入紧急状态。

4. 做好应急响应

重点是将其他在场罪犯安置好,以隔离和收回监舍方式为主。对押犯收监可使现场空出较大的活动空间,减少武力处置时误伤的危险;也能在一定程度上避免其他罪犯参与其中;同时也可防止个别罪犯立功心切,贸然上前制服劫犯而影响到正常的人质解救。

(二)相持阶段的处置

当劫持进入相持阶段以后,监狱应当在控制监狱外围和事发现场的同时,选调专人与劫持者进行谈判。

1. 狱内反劫持谈判

狱内反劫持谈判,指在狱内劫持人质事件中,监狱和劫持者就其释放人质的条件所展开的对话活动。

谈判有两个方面的含义:其一为"谈",在狱内劫持事件中,它是劫持者与谈判人员之间的语言、思想的相互作用的过程;其二为"判",即判断,即在和劫持者进行语言交流过程中,对了解和掌握劫持者的劫持人质的真实意图、劫持者提出交换条件的可行性、人质的安全状态、采用武力的必要性、实施武力解救的时机等予以判断。

谈判是解除劫持危机最为有效的重要环节和手段,具有稳定劫持者情绪、了解劫持者状态、和平解救人质、创造处置战机等作用。

2. 应急响应

当监狱启动应急预案,宣布进入紧急状态后,监狱各职能部门和相关责任人应当根据应急预案的规定和要求,迅速到位,积极响应。实务中,以下几个环节尤其重要。

(1)情报的搜集与传递。情报组要在最短的时间内,将劫持者本人的基本情况包括姓名、性别、绰号、曾用名、年龄、民族、籍贯、口音、文化程度、原职业、专长、原单位、住址、心理状态、家庭成员等,以及入狱原因即原来的罪行包括案别、犯罪事实或判决事实,作案时间、地点、犯罪手段、作案工具、作案因素、侵犯的对象,造成的危害后果等提供给指挥部。同时还应当派专人将现场情况包括现场地点、现场空间、现场周围条件、光线、陈设、是否方便处置,劫持者的身高、体型等信息提供给所有参战人员了解,为随时可能发动的武力处置提供信息支持。

(2)处置记录。劫持人质作为一种严重的狱内又犯罪行为,监狱应当在处置和解救人质过程中,安排专人通过狱内监控系统或民警执法记录仪等设备对整个应急处置过程进行录音、录像,在危机解除以后对现场进行固定、勘察,对相关涉案人员进行询问、讯问,制作笔录等,为以后追究劫持者的刑事责任做好准备工作,也为监狱对相关人员予以表彰或者追究责任提供证据、证明材料。

(3)救援。劫持事件处置中,必须坚持以人为本的原则,将保证人质、监狱人民警察及其他人员的人身、生命安全放在首位。但是劫持者的人身危险性、突发事件的复杂性、劫持手段的暴力性以及解救人质可能使用的武力等因素,都可能造成人员的伤亡。在人质危机解除之前,监狱职能部门应当随时待命,做好抢救伤员的准备。

3. 强力处置

谈判是极为重要的,但谈判并非总是有效的。为了避免可能造成的人质、警察或其他人员的伤亡,应随时做好强力处置即武力处置的准备。在处置中,应将确保人质、警察的安全放在处置活动的首位,禁止采用可能直接伤及人质,可能刺激劫持犯罪人伤害人质的处置措施。武力处置通常有以下三种选择:

(1)正面近敌处置,即警察以劫持者能够接受的理由和方式,接近劫持者,利用战机、寻找战机、创造战机、把握战机,出其不意,攻其不备,采取行动使劫持者丧失对人质的控制能力和攻击能力,救出人质。

近敌处置必须稳妥、有效,一旦采取行动就要一招制敌。近敌之后不能莽撞行事,不能强求一次近敌制服劫犯,而应该相机行事,有条件则行动,没条件就等待机会;无从下手则适时撤离。近敌处置要设法麻痹劫犯,这是近敌处置成功的关键。处置中要通过一定内容的对话消除劫犯的戒备意识,或利用满足劫犯的某一需求,提供某一物品的机会采取行动。处置行动要干脆利落,一招制敌,不给劫犯留下反手之机。

(2)远距离精度射击,即在距劫持者一定距离之处,由优秀射手使用射程远、瞄准精度高的枪支,定位射击劫持者不与人质重合的致命部位及持有武器的手臂,剥夺劫持者的生命或消除其攻击能力。无论处置任何类型的劫持人质事件,现场都必须安排狙击力量,隐伏在便于发挥火力的位置,以准备随时根据处置需要与可能,开枪击毙劫犯。凡进行远距离精度射击,都要安排具有一定擒敌技能、反应灵敏的警察,隐伏到距劫持者尽可能近的地方作为突击力量,准备出击,以备在万一射击不中或未击中要害部位,而又失去了射击条件时,及时到位制服劫持者。

(3)秘密接近实施突袭,即处置警察秘密接近劫持者,突然出现在劫持者面前,在其未及伤害人质或向警察反扑之前,采取击毙、击伤、钳制等措施,消除劫持者的攻击能力。突袭警察制服劫犯的方式,既可以是生擒,也可以是击伤或击毙。在处置中,应根据劫持者所持犯罪工具的功能及其防备状态来确定制服方式,其前提是确保人质及警察安全。突袭应把握机会,应利用劫持者戒备松懈、防范薄弱的机会发起。现场指挥和谈判等人员应采取措施,设法吸引劫持者的注意力,利用人的注意力不均衡分配的特点,采取声东击西之策,为秘密突袭创造战机。同时现场指挥和谈判人员要设法为突袭创造时间差和空间空档。

4. 善后

这一环节的重点放在案件的侦查、犯罪证据的固定整理、劫持者的预审、相关人员的奖励、追责,劫持事件的反思,处置结果上报等。

研究与思考

1. 监狱突发事件与监狱一般事件有何不同?如何理解二者之间的关系?
2. 监狱应急处置的规则和常规管理的指导思想有何不同?
3. 如何处理好应急处置中效率与程序之间的关系?
4. 试用所学原理思考监狱应对新冠肺炎疫情需要注意的问题。

第九章　罪犯待遇管理

重点提示

1. 在监狱行刑的不同发展阶段，待遇管理呈现不同的特征。在当代监狱管理的日常活动中，基于人道主义的刑罚思想，待遇管理呈现出法定性、社会性和目的性三个特征。

2. 罪犯生活卫生待遇管理主要包括罪犯伙食管理、罪犯被服管理、罪犯住宿管理、罪犯疾病防治等内容。

3. 罪犯教育待遇，是指监狱依法动用国家教育资源，提供教育条件，落实教育保障，从而使罪犯拥有教育待遇并成为教育受益者的管理活动。罪犯劳动待遇是指监狱依法组织罪犯从事改造性劳动过程中，对其劳动报酬、劳动时间、劳动保护、安全生产等待遇的管理活动。

4. 监狱的会见管理是监狱依据相关规定对罪犯会见亲属、监护人及其他相关人员之全过程进行有效管控的执法工作，主要包括确认会见人身份、安排他们在指定场所交流、对会见进行监督、检查会见物品、对会见中的突发事件进行处置等一系列事务。

5. 特许离监，是指监狱对于符合一定条件的罪犯，在罪犯的家中发生急难之事、确需本人回去处理时，特许其临时离开监狱回家看望或处理的人道主义措施；暂予监外执行，是审判机关或执行机关对被判处刑罚应当监禁执行或正在监禁执行的罪犯，因患有严重疾病、生活不能自理、怀孕或正在哺乳自己婴儿，依法暂时不采用或解除监禁状态，并在监外继续执行刑罚的人道主义措施。

第一节　罪犯待遇管理概述

一、罪犯待遇管理的概念

罪犯待遇管理是指监狱对监禁罪犯有关法定权利的落实和合法利益的保障若

干问题的处理活动。

罪犯在服刑期间的待遇涉及罪犯的食宿、被服、会见、通信、医疗、卫生、劳动、教育等许多方面。监狱安排、落实和处置罪犯在这些方面的法定待遇的有关管理活动,就是待遇管理。

自监狱产生之始,罪犯待遇就是监狱管理的基本问题。自由刑出现并很快占据了刑罚体系的中心之后,罪犯待遇管理的内容也呈现出由窄到宽的趋势,即由单纯的生活待遇管理逐步拓展到权益保障这样一个更大的范畴。1955 年,在日内瓦举行的第一届联合国防止犯罪和罪犯待遇大会通过了《囚犯待遇最低限度标准规则》,2015 年 12 月联合国大会以"联合国囚犯待遇最低限度标准规则"为名通过了修订后的规则,该规则又称"曼德拉规则"。虽然该规则仅具有指导意义,而不具有法律约束力,但对各国监狱变革起到重要的指引作用。我国监狱的待遇管理,涉及罪犯管理、教育、劳动等许多方面。从狱政管理角度讲,至少包括以下内容:罪犯生活待遇问题,如食宿、被服等;罪犯外界联系问题,如会见、通信等;罪犯保健问题,如医疗、卫生等;教育、劳动待遇问题,如安全生产、劳动保护、劳动报酬等;其他人道主义待遇,如特许离监、暂予监外执行等。

这里需要注意待遇管理与分级处遇的联系与区别,分级处遇是待遇管理的一种方式,是激励管理的重要形式。

二、罪犯待遇的特征

对罪犯的各项法定待遇的落实和处置,是监狱活动的一个基本问题。自由刑确立后,监狱成为执行自由刑的主要场所,罪犯的待遇管理随之成为监狱执行刑罚的一个要素。在监狱行刑的不同发展阶段,待遇管理呈现不同的特征。在当代监狱活动中,基于人道主义的刑罚思想,待遇管理突出体现出法定性、社会性和目的性三个特征。

(一)待遇的法定性

罪犯待遇管理必须接受法律的规范,这是当代待遇管理活动的一个显著特征。

在早期的自由刑执行中,罪犯在服刑期间的待遇基本上是由监狱官员凭其个人意愿予以处置。这一狱官擅断的做法有很多弊端,而且日趋严重。鉴于这种情况,各国逐渐把罪犯的待遇纳入法律调整的范畴,以法律的形式明确规定罪犯待遇的基本标准,待遇法定逐渐成为当代监狱管理的通行做法。

我国在狱政管理当中,历来坚持用法律法规调整罪犯待遇管理。从 20 世纪 50 年代以来,有关监管改造罪犯工作的一系列行政法规和行政规章,涉及了罪犯待遇及待遇管理的大量问题,1994 年《监狱法》在有关章节对罪犯待遇及其管理作出了明确规定。

罪犯待遇管理的法定性具体体现在:第一,罪犯待遇的基本内容和基本标准由法律作出明确规定,如《监狱法》规定,罪犯的生活标准按实物量计算,由国家规定。这就说明,罪犯的待遇实质上是罪犯的权益问题。第二,监狱的待遇管理活动必须接受法律的规范,待遇管理活动不是一般的行政后勤保障工作,而是监狱执法活动的重要组成部分。罪犯的生活卫生等工作必须依法进行,必须接受人民检察院的法律监督。第三,罪犯的分级待遇也必须在法律规定的范围内进行,必须合法。分级调控部分的待遇,从严的,不得侵害到罪犯的基本的法定待遇;从宽的,不得违反法律对执行刑罚的基本要求。

(二)待遇的社会性

自由刑对罪犯的惩罚,以剥夺人身自由为实现手段,即以监禁作为刑罚的惩罚手段。惩罚不体现在罪犯服刑期间的待遇上。也就是说,罪犯的待遇是行刑的基本要素,但不是刑罚的惩罚手段。我国监狱坚决反对以恶劣的生活条件、低下的生活标准来惩罚罪犯。

罪犯待遇是监狱行刑的基本要素,而且是最为敏感的一个要素,处置不当会带来各种不良后果,招致公众的不满。如果罪犯的待遇标准过低,远远低于社会平均水平,罪犯的基本生存权得不到保障,则必然引发公众对罪犯的同情之心,也必然招致对监狱行刑的不满。相反,如果罪犯的待遇过高,超过社会一般生活水平一大截,比社会普通公民的生活好得多,这同样是难以令人接受的。首先,公众的心理不平衡,认为罪犯在监狱内不是服刑,而是享乐,对刑罚的执行效果就会产生怀疑;其次,罪犯待遇过高,必然吸引一些人为了得到这种待遇而想方设法进入监狱,就会引发新的一种犯罪:为了进监狱而故意去犯罪;最后,在监狱内服刑的罪犯不愿到社会上去,不愿被释放,愿意留在监狱享受很高的待遇,释放后还想法回来,产生"回水"现象。

有鉴于此,当今监狱管理在处理罪犯待遇问题时,都要十分重视待遇管理的社会影响,注意考虑公众特别是监狱所在社区公众的接受程度,防止两个极端(过低或者过高)现象的出现。

我国监狱在处理罪犯待遇时,在确保罪犯基本生活能够满足其狱内生活的基本需要的前提下,一方面要注意罪犯的基本生活待遇不超过当地普通公民的平均生活水平,另一方面则注意罪犯的基本生活待遇与当地平均生活水平同步发展,即随着社会平均生活水平的逐步提高,逐渐提高罪犯的基本生活待遇标准。

在当前情况下,特别要注意确保罪犯基本生活标准能够满足罪犯的基本需要,并随着社会生活的发展逐步提高其待遇标准。

(三)待遇的目的性

将罪犯待遇与改造罪犯的目标有机地联系在一起,使罪犯的待遇管理起到服务和促进改造罪犯的作用,是当代监狱待遇管理的一个重要特征。罪犯待遇管理的目标是促使罪犯顺利重返社会。

就改造罪犯的功能来看,我国监狱的待遇管理有三个作用:一是保障作用,通过对罪犯待遇问题的处置,保障其他改造手段的实现;二是感化作用,通过切实保障罪犯在服刑期间的基本待遇,尊重和保护其合法权益,使罪犯深切感受到监管改造中的人文关怀,从而树立改过自新的信念和信心;三是引导激励作用,监狱依法对罪犯实行分级处遇,这样的管理方式发挥着引导和激励罪犯积极改造的作用。

第二节　罪犯生活卫生待遇

一、罪犯伙食管理

(一)罪犯伙食管理的意义

罪犯伙食管理,既是监狱依法为服刑罪犯提供餐饮的执法活动,又是解决罪犯在服刑期间餐饮伙食问题的管理活动。服刑罪犯处于封闭式的集体生活方式之中,伙食问题在罪犯待遇中占据着十分重要的地位。首先,罪犯伙食管理是一项严肃的执法活动。伙食供应是罪犯服刑期间日常生活的主要内容之一,对罪犯的伙食管理,不是简单的后勤供应和服务工作,而是一项严肃的执法活动,必须依法进行。根据《监狱法》第 8 条的规定,国家保障监狱改造罪犯的经费,其中包括罪犯的生活费。罪犯生活费与监狱改造罪犯的其他经费一样,列入国家预算。其次,伙食供应是服刑罪犯最基本的狱内生存条件。食物是维持人生命的基本要素。民以食为天,罪犯也是如此,处在与社会隔离的状态之下,他们的食物需要由国家提供,由监狱依法安排。最后,搞好伙食供应,是罪犯安心服刑的有力保障。罪犯入狱服刑后,需求的层次发生了重大变化,他们更多地关心日常的生活需要,其中伙食是他们最为关心的基本问题。搞好罪犯的伙食供应,有利于稳定罪犯的服刑情绪,从而安心、积极地度过刑期。

(二)罪犯伙食管理的原则

监狱要保障罪犯吃饱、吃熟、吃得卫生。在此基础上形成了罪犯伙食管理的原则,即科学配膳、合理调剂、精细管理、杜绝浪费。

1. 科学配膳

科学配膳,是要求监狱为罪犯提供的伙食符合营养学的基本要求。营养学在饮食方面讲求全面、均衡、适度。所谓"全面",即指食材应多样化,食材种类要广泛,单靠一种或少数几种食物不能提供人体所需的全部营养素,这是构成科学膳食的基础。一般而言,食材中的营养素划分为五大类和若干小类。按照人体所需营养的多少,五大类食材分别是:第一类,谷薯类。如米、面、玉米、甘薯等,主要含有碳水化合物、蛋白质和B族维生素,是人体最经济的能量来源。第二类,蔬菜水果类。富含维生素、矿物质及膳食纤维。第三类,动物性食物。如肉、蛋、鱼、禽、奶等,主要为人体提供蛋白质、脂肪和矿物质。第四类,大豆及其制品。如豆腐、豆腐干等,含有丰富的蛋白质,无机盐和维生素。第五类,纯能量食物。如糖、油脂等,能够为人体提供能量。所谓"均衡",是指各种食物数量间的比例应合理,即应达到最接近人体吸收并可维持生理健康的标准。所谓"适度",是指各种食物的摄入量要与人体的需要相吻合,过多或过少都会影响人体的健康。

2. 合理调剂

监狱应当在不突破罪犯伙食标准的前提下,尽量做好罪犯饭菜的合理搭配,通过加强对炊事人员的技术培训,提高饭菜质量,增加花色品种,丰富饭菜口味,克服饭菜长期重复、口味单一的现象。监狱要积极创造条件,建立副食基地,以自种、自养、自加工为补充,尽力提高罪犯伙食质量。在新年、春节、国际劳动节、中秋节、国庆节等重要节日,伙食标准应适当上调,充分体现监狱的人文关怀。

3. 精细管理

精细管理又称精细化管理,是现代企业的一种先进的管理方式,也可将其运用到罪犯伙食管理上,所谓"精"可以理解为更好、更优,精益求精;"细"可以解释为更加具体,细针密缕。精细化管理要做到"七个重视",即重视细节、重视过程、重视基础、重视具体、重视落实、重视质量、重视效果;严把"七个关口",即食品采购、验收、储藏、加工、烧煮、配送、就餐,形成有效衔接的食品安全管理责任链。负责罪犯伙食供应的监狱人民警察要建立各种账目,管好现金、食品和各种物品,保证罪犯的伙食费用完全用于罪犯,严禁挪用和调换食堂的主副食品。

4. 杜绝浪费

罪犯伙食管理要杜绝浪费。一是食材加工环节,要以最小资源投入,包括人力、设备、资金、材料、时间和空间,创造出尽可能多的价值,为罪犯提供优质的生活保障。二是在罪犯用餐环节,杜绝浪费粮食的现象。有些罪犯饭量小,吃不到定量标准,可以采用事先申报数量,打饭时按申报数量领取,打多少吃多少,避免浪费。实际数量与额定数量之间的差价,折合成人民币存入罪犯个人账户,或者置换为水果提供给罪犯。

(三)罪犯伙食标准

1. 确定罪犯伙食标准的依据

确定罪犯伙食标准有三项依据,即基本依据、参照依据和级差依据。

基本依据,是指罪犯维持生命和健康的基本需要。维持生命与健康所需要的营养标准,是确定罪犯伙食标准的基本依据。人在不同的成长发育阶段,所需要的营养量也不一样,因此,监狱对未成年犯与成年犯规定了不同的伙食标准。

参照依据,是指参照社会普通公民的平均生活水平。在确定罪犯的伙食标准时,还有一个参照依据,就是监狱所在社区居民的平均生活水平。第一,罪犯的伙食标准不能超过这一平均生活水平;第二,罪犯伙食标准要尽可能随着这一平均生活水平的提高而相应提高。

级差依据,是指罪犯的劳动工种、时间和劳动强度。参加劳动罪犯与不参加劳动的罪犯所需要的营养量不一样,劳动时间和劳动强度不同,体力的消耗就不会相同,所需要的营养量也不一样。因此,劳动时间、劳动强度是确定罪犯伙食标准的重要依据。

2. 确定罪犯伙食标准的方法

从世界各国的监狱情况来看,罪犯生活标准的计算方法大致有四种:一是货币量标准,规定罪犯每周或者每月的生活费数额;二是热量标准,规定罪犯每周或者每天所消耗的食物的热量,以此作为供应罪犯伙食标准;三是营养含量标准,即规定罪犯每天应摄入的各种营养含量的具体标准;四是实物量标准。

《监狱法》第50条规定:"罪犯的生活标准按实物量计算,由国家规定。"罪犯的伙食是罪犯生活的基本组成部分,依法采用实物量标准。这一方法的主要内容是国家在为罪犯提供狱内生活保障时,具体规定每一个罪犯在一定时期内用于伙食方面的实物量,如粮食、蔬菜、食油、肉食、蛋、鱼、虾、豆制品等项目的数量,然后根据监狱所在地当前阶段的物价情况,计算用于罪犯伙食方面的生活费总额。

采用实物量标准,可以使罪犯的伙食水平避免受到物价上涨、季节变化等因素的影响,充分体现了我国法律对罪犯合法权益的切实保障。

3. 罪犯的具体生活标准

根据财政部、司法部《关于调整在押罪犯伙食实物标准的通知》(财行〔2013〕377号)的要求,在押罪犯月人均伙食实物量标准为:粮食,男犯16千克~25千克,女犯12 千克~20 千克;蔬菜,男犯 17 千克~25 千克,女犯 18 千克~25 千克;肉类,1.5 千克~2.5 千克;蛋鱼虾,1 千克~1.5 千克;豆制品(以干豆计),1 千克~1.5 千克;食油,0.75 千克~1 千克。其中水果列入蔬菜实物量统计。

监狱在执行罪犯伙食标准时,应当照顾少数民族罪犯的特殊生活习惯,对有特殊饮食禁忌的,单独设置少数民族灶;根据医嘱为病犯提供病号餐;对于劳动强度高的罪犯,在伙食标准内取高限供应;对所有罪犯充分提供符合健康标准的饮用水;对在高温条件下劳动的罪犯及时供应防暑降温解渴饮料。

二、罪犯被服管理

(一)罪犯被服供应原则

罪犯被服供应,应本着御寒护体、厉行节约、整齐清洁和便于识别的原则配发。

御寒护体是罪犯被服供应的基本要求,被服要保暖;厉行节约,不但应当节约使用资金,而且要教育罪犯节约使用被服用品,养成良好的生活习惯;整齐清洁,是对被服的卫生和保健方面的要求;便于识别,是出于监狱安全和秩序方面的要求,一般情况下,罪犯的服装是蓝色或者灰色的,监狱通过在罪犯衣服上加上明显的线条或者标志带,便于监狱人民警察在平时或者夜间识别罪犯。但是,禁止在罪犯服装上印制或佩带有损人格尊严的字样或符号。

(二)罪犯被服的发放与使用

罪犯被服属于罪犯生活用品,按照《监狱法》第 50 条的规定,采用实物量计算。监狱应当严格按照在押罪犯被服实物量标准配发罪犯被服,按司法部规定的统一样式配发,罪犯内衣裤等其他未经司法部统一样式的被服由省(区、市)监狱管理局规定制式并统一配发。罪犯带入监狱的内衣等服装须在胸前缝制醒目标记(如黄色矩形布条)加以识别。

罪犯的被服应按季节时令变化发放和更换。发放时,要由监狱人民警察亲自掌握,详细填写《罪犯被服使用卡片》,并由罪犯本人签名捺指印。罪犯在刑满释放时,囚服及配发的被褥应当收回。

监狱应当统一安排罪犯清洗、晾晒被服。监狱可根据实际,配备大型被服的洗涤、烘干设备,并安排专人负责清洗、消毒、晾晒和收纳整理等工作。对罪犯的被服管理,要建立保管修补制度、使用制度、收旧换新制度等。需要注意的是,罪犯被服实物量标准中,不包括生产劳动所需要的劳动保护用品和工作服。

三、罪犯住宿管理

住宿是罪犯在服刑期间由监狱统一安排的一项基本待遇。罪犯在服刑期间的住宿管理,要达到以下要求。

(一)单人单铺管理

监狱监舍实行单人单铺管理,除严管队外,杜绝设通铺。

罪犯监舍以罪犯正式组织为单位,以集体住宿为主。每间寝室关押罪犯的人数要符合《监狱建设标准》的要求(参见本书第四章监管改造环境)。单人间用于关押最危险、最需要特殊管理和控制的罪犯。

(二)分配调剂合理

监狱对罪犯的居所和铺位的分配要合理,从安全和秩序的角度来看,要保证每个互监小组分在同一个房间,铺位相邻相近。在罪犯调离监区或出监后,及时调整互监小组,补充新成员,并调剂房间和铺位。当同一房间罪犯之间发生纠纷或冲突,不宜在同一房间住宿时,可调剂房间,以防罪犯之间矛盾升级,影响监管安全稳定。对拉帮结派、不服管理、违纪违法的罪犯团伙,运用调换监区、调整居所等方式予以拆散,并作出相应处理。

(三)注重养成矫正

罪犯住宿管理在罪犯摒弃恶习、祛除陋习、养成良好生活习惯方面可以发挥促进作用。一是增强罪犯的集体责任感。罪犯住宿采用集体住宿为主的方式,有助于对罪犯进行集体主义教育,正确处理人际关系。监狱人民警察要引导罪犯在居所内不影响别人休息、不干扰别人睡眠,相互尊重、互相礼让,发展积极社会行为方式。二是督促罪犯搞好内务卫生。督促罪犯遵守作息时间,切实遵守罪犯生活规范,注意个人卫生,保持居所环境卫生。三是鼓励罪犯相互监督。对发生在生活现场的任意串监、打架斗殴、欺凌他人等违纪违法行为及时报告,当场制止。四是营造向上、向善的生活氛围。监狱要综合运用引导、督促、激励等管理手段,在罪犯群体中营造出崇尚遵规守纪、鄙视违法乱纪的良好生活氛围。

四、罪犯疾病防治

(一)罪犯疾病防治机构的设置

罪犯疾病防治机构包括疾病预防控制机构和疾病医疗机构。监狱应当设置专门机构负责监狱的疾病预防与控制工作。监狱系统对患病罪犯展开医疗活动的机构由省(区、市)监狱管理局中心医院(区域中心医院),监狱医院和卫生所(医务室)组成。监狱医疗机构应当依法申领《医疗机构执业许可证》,依法执业。省(区、市)监狱管理局中心医院(区域性中心医院)应当至少按照二级综合医院基本标准设置。监狱医院、卫生所(医务室)应当按照有关标准设置。

监狱应当通过公务员招录、单独招考、返聘、定向招聘等多种形式充实监狱医务人员队伍。监狱医务人员必须持有职业资格证书后方可执业,临床医师应当以全科医生为主。严禁罪犯从事医疗和护理工作。监狱应当按照规定将医务人员特别是全科医生的培训工作纳入当地卫生计生行政部门的培训计划,定期选送医务人员外出进修培训。

监狱应当做好从事传染病防治和管理工作的一线医务人员和监狱人民警察的职业暴露防护工作,并在职务晋升、津补贴发放、休假、进修培训等方面给予照顾。

(二)罪犯疾病的预防和控制

罪犯疾病的预防和控制,是罪犯疾病防治的第一道关口。监狱负责疾病预防与控制的专门机构,应当开展疾病预防控制知识和卫生保健知识宣传教育,定期安排罪犯进行体检、洗浴和晾晒被褥等。出于对罪犯健康权保障的考虑,监狱应当合理安排罪犯作息时间,保证罪犯每周一天休息时间,落实罪犯工间操制度。落实监狱生产项目准入制度,禁止引入不利于罪犯身体健康的生产项目。

罪犯疾病的预防和控制坚持属地管理,监狱应当将其纳入监狱所在地区的疾病防控计划。监狱应当在当地疾病防控部门的指导下,按照有关规定做好肺结核、艾滋病、病毒性肝炎等传染病的筛查、监测和防控工作,做好精神疾病的防治工作,并建立信息报告制度,健全疾病防控预警机制。

监狱建立罪犯健康档案管理制度。应当严格落实新收押罪犯入监体检制度,要将肺结核、艾滋病筛查作为罪犯入监体检的必检项目。监狱应为监狱医疗机构配备计算机辅助X线机(以下简称CR)或数字化X线机(以下简称DR)等影像设备。患有肺结核和艾滋病罪犯较多的省份应结合自身实际,在省(区、市)监狱管理局中心医院(区域中心医院),或具备条件的监狱医院设立痰检实验室和艾滋病初筛实验室。

(三)患病罪犯的诊治

1. 及早诊治,分级管理

监狱应当对患病罪犯及时诊治,做好急诊抢救和转诊。监狱医疗机构应当根据罪犯身体健康情况,实行罪犯疾病分级管理。罪犯患病应首先在监狱医疗机构诊治,监狱医疗机构难以诊治的,可请社会医院专家进监会诊或送省(区、市)监狱管理局中心医院、社会医院诊治。

监狱医疗机构应当建立罪犯病情告知、手术和创伤性检查签字制度,将罪犯病情和主要医疗措施、医疗风险等情况如实告知患病罪犯和其所在监区的监狱人民警察,并由监区告知其亲属。监狱医疗机构在诊治过程中,应当做好证据收集和固定工作。

2. 争取社会医院协作

监狱在加强监狱医院内部管理的同时,应充分利用地方医疗资源,推进监狱医疗卫生工作社会化,进一步提高医疗保障能力,监狱医疗机构应当选择一至两家县级及以上综合性或专科医院作为协作单位。建立协作医院专家定期进监坐诊、会诊和住院病犯双向诊治机制,建设远程视频会诊系统。监狱应与协作医院协商建立监管病房,并安装防护栏、监控设备等必要的安防设施,与监狱指挥中心联网实行24小时全程监控。

3. 保障罪犯的基本医疗

监狱应当参照当地基本医疗保险或新型农村合作医疗的药品目录、诊疗项目和医疗服务设施标准,保障罪犯的基本医疗。省(区、市)监狱管理局应当全额保障罪犯基本医疗经费。罪犯医疗经费不足,可以推行罪犯狱内大病统筹制度。具备条件的省份,可以试行罪犯加入城镇居民医保或新农合医保。

(四)监狱常见流行病、传染病的防治

监狱是个高密度人群的聚集场所,是一些流行性传染疾病的高发区。近年来,监狱结核病、艾滋病等传染病问题日益突出,这些疾病一旦暴发,传播迅速,将会给罪犯和监狱人民警察的身体健康带来极大的危害,严重的甚至危及生命安全,影响和制约监狱各项工作的正常开展。在个别疫情严重地区,对传染病的防治问题甚至成为境外某些新闻媒体关注的焦点,为西方敌对势力攻击我国人权问题所利用,造成了极其恶劣的国际影响,严重损害了我国监狱的形象。因此,应当针对不同传染病的发病季节和特点,提前采取措施,做好预防工作,特别是要做好监狱常见流行传染病如结核病、艾滋病的防治。

1. 监狱对结核病的防治

对结核病的防治,应秉承如下精神:

第一,全面查治。对所有在押罪犯无一遗漏地进行普查,查出的病人在各监狱隔离治疗,统一配发药品并定期检查、治疗。这种方式查治彻底,效果明显。

第二,集中收治。成立省(市、区)监狱管理局直接管理的结核病犯专科医院,集中收治各监狱的重症结核病犯,相对集中地治疗,减轻各监狱的负担,解决无隔离条件的困难,治疗经费和药品由监狱局管理和监狱医院共同解决,有效控制传染源,减少结核病的流行传播。

第三,重点普治。这种方式主要适用于结核病疫情较为严重的地区和单位。具体做法是,监狱管理局有计划地组织安排,拨出专款进行结核病的查治,就地隔离治疗,使结核病高发监狱的疫情得到控制。

监狱防治结核病有如下具体做法：

第一,加强领导,依法防治。监狱应当按照《监狱法》和《传染病防治法》以及原卫生部《结核病防治管理办法》的要求,加强预防控制监狱结核病工作的领导。监狱系统的卫生部门要主动到当地卫生行政主管部门汇报工作,反映监狱结核病的现状和存在的问题,争取理解和支持,把监狱结核病的防治工作纳入当地结核病防治工作的规划之中,在当地业务部门的指导下开展工作。

第二,增加结核病防治的经费投入。罪犯的生活费与监狱防治结核病的实际需要之间存在较大差距。监狱应当一方面争取当地财政的支持,另一方面从监狱活动经费中补充。结核病疫情较为严重的监狱还应当争取专项资金,以保障防治工作的顺利进行。

第三,提高结核病防治工作人员的素质。这是做好结核病防治工作的关键。各监狱应当做好专业人员的培训工作,为其提供必要的工作条件和待遇条件。

第四,加强对罪犯防治结核病的健康教育,罪犯用餐时实行分餐,严禁伙吃伙喝。对发病期结核病人进行有效隔离,规范治疗结核病人。

第五,加强对监狱水源、食品、粪便的管理,治理好监区卫生,要经常开展灭蝇、灭蚊、灭鼠、灭蟑螂活动,监区要经常进行消毒,对在押罪犯要经常进行体检、预防接种工作。

第六,依法保障罪犯的合法权益,改善其生活条件,完善各类劳动保护措施,增强罪犯体质,防止感染源的带进和带出,从源头上控制结核病的发生和传播。

2. 监狱对艾滋病的防治

通过对我国监狱在押罪犯进行的艾滋病调查,其结果显示监狱艾滋病的预防控制面临着较为严峻的形势。为此,最高人民检察院、公安部、司法部、国家卫生和计划生育委员会于2015年5月专门联合下发了《监管场所艾滋病防治管理办法》(以下简称《办法》),对包括监狱在内的相关监管场所之艾滋病防控作了明确的规定。

(1)宣传教育和培训。《办法》明确规定,监狱应当坚持预防为主的方针,在管辖区域内组织监管民警和罪犯等人开展艾滋病防治的宣传教育,提倡健康文明的生活方式,营造良好的艾滋病防治氛围。具体而言,主要应做好以下工作:一是监狱应当将艾滋病防治宣传教育纳入罪犯入出监教育、常规教育的教学计划。其中罪犯接受艾滋病防治相关内容的授课时间在入监教育中不少于5课时,在出监教育中不少于3课时,在常规教育中不少于10课时。如罪犯在监狱内的时间短、无法满足上述课时的,可结合实际适当安排。二是监狱对监狱民警和罪犯开展艾滋病防治宣传教育的内容应当包括艾滋病基本知识、危害、流行特点、防治措施以及相关的法律、法规、政策及防治信息等。三是监狱应当在监所宿舍区、医疗机构、教室、公告栏等显著位置张贴艾滋病防治宣传材料，并适时向罪犯发放艾滋病防治宣传读物。四是监狱应当利用电视、广播、报纸、板报等载体，采用讲座、演讲、知识竞赛、文艺演出、同伴教育、生活技能培训等多种形式，广泛对罪犯开展艾滋病防治宣传。同时应当在“12.1”世界艾滋病日、“6.26”国际禁毒日前后开展艾滋病防治主题宣传教育活动。五是监狱在开展艾滋病及相关疾病的检测、咨询、诊断和治疗过程中，应当对罪犯进行相关艾滋病防治宣传教育。六是监狱应当组织监狱民警学习艾滋病防治的法律、法规、政策和知识，定期开展培训，提高他们艾滋病防治意识，增强艾滋病防治能力。

(2)检测和咨询。监狱应当建立健全艾滋病监测机制，制订艾滋病监测计划和工作方案，加强监管场所艾滋病监测，及时掌握监管场所艾滋病防治情况。其中，对刑期在3个月以上的罪犯应全员进行艾滋病病毒抗体检测；对入监前有过卖淫嫖娼、吸毒等行为的罪犯全部进行艾滋病病毒抗体检测，对撤销假释收监执行的，或暂予监外执行情形消失收监执行的，或外出探视回监及其他需要进行检测情形的罪犯，可以根据需要重新进行艾滋病病毒抗体检测；根据艾滋病防治工作需要，监狱可以按照有关规定设置艾滋病检测实验室，经当地卫生计生行政部门验收合格后，开展检测工作。如监狱不具备艾滋病病毒抗体初筛检测条件的，罪犯的艾滋病病毒抗体初筛检测由地方疾病预防控制机构承担，监狱给予配合；监狱对罪犯进行艾滋病病毒抗体初筛检测，应当在其入监所3个月以内完成。如果监狱有艾滋病病毒抗体初筛检测呈阳性的样本，应当按照有关规定及时送当地艾滋病确证实验室进行确证。艾滋病确证实验室应当在收到样本后10个工作日以内将确证结果书面反馈给监狱，监狱应当指定专人负责检测样本及结果的报送、获取、核对、登记和管理。监狱民警应当在获知艾滋病确证阳性检测结果之日起30日内，将艾滋病确证阳性检测结果告知患病罪犯，并为其提供艾滋病咨询服务和心理疏导，告知艾滋病罪犯的权利义务及注意事项。如果罪犯是无行为能力或限制行为能力的，应当告知其配偶、直系亲属或近亲属，但对其他人则应当就艾滋病检测阳性结果保密。

(3)管理和治疗。为加强监狱的艾滋病防治工作，遏制艾滋病的传播，保护罪犯及监狱民警等相关人员的身体健康，维护监管场所安全，《办法》明确要求监狱对患有艾滋病罪犯应当采取以下十项主要的管理和治疗措施：第一，监狱管理机关应当根据艾滋病防治工作需要，确定专门监狱或在某监狱内划定专门区域，对艾滋病病毒感染者和病犯进行管理、治疗。第二，监狱应当依法对艾滋病罪犯进行管理，保障其合法权益；对以感染艾滋病病毒为由，抗拒管理、散布不正当言论或威胁监狱民警和其他罪犯的,应当按照有关规定予以惩戒。构成犯罪的,依法追究刑事责任。第三,监狱应当根据艾滋病病毒感染者和病犯的特点,采取有针对性的管理教育措施。第四,监狱应当加强安全防范,防止被监管人员在监所内发生吸毒等易感染艾滋病危险行为,避免艾滋病在监狱内传播。第五,监狱应当加强对患病罪犯的日常生活管理,规范被监管人员日常行为,做到一人一套生活用品,杜绝共用剃须刀、牙刷等生活用具。第六,监狱应当加强对艾滋病罪犯的日常观察,对病情变化的人员及时安排就医。同时要定期开展CD4 + T淋巴细胞检测、病毒载量检测等健康检查,并建立健康档案,及时掌握艾滋病病情变化。第七,对符合抗病毒治疗条件的艾滋病病毒感染者和病犯,监狱医院应当在本人知情同意的基础上,与其签订治疗协议,开展抗病毒治疗;对拒绝接受抗病毒治疗或在治疗过程中自愿中断治疗的艾滋病罪犯,应当在知情同意书上签字确认。拒绝签字确认或因其他原因无法签字确认的,监狱医院应当做好记录和证据保存。第八,监狱应当对狱内艾滋病罪犯进行心理咨询和心理矫治,促进其心理健康。第九,对病情严重达到保外就医艾滋病罪犯,应当依法办理保外就医;对病情严重但不具备保外就医的艾滋病罪犯,监狱可将其送到当地卫生计生行政部门指定的医疗机构进行治疗,但监狱要负责该罪犯安全监管。第十,艾滋病罪犯在监狱间调动、移送时,原监狱应当将罪犯的艾滋病检测情况及相关资料移交给接收的监狱;对获准假释、暂予监外执行、探视、所外就医、请假出所的艾滋病罪犯,监狱和社区矫正部门应当依法加强管理;对刑满释放的艾滋病罪犯,监狱应当及时做好转介工作,将有关信息报送监狱所在地疾病预防控制机构和罪犯户籍地或居住地疾病预防控制机构。对正在接受抗病毒治疗的病人,由地方艾滋病抗病毒治疗定点医疗机构继续安排抗病毒治疗;如果艾滋病罪犯在监狱内死亡的,监狱应当按有关规定通知检察机关和有关疾病预防控制机构和医疗机构,有关疾病预防控制机构和医疗机构应当对尸体处理进行技术指导。

第三节　罪犯教育、劳动待遇

一、罪犯教育待遇

(一)罪犯教育待遇的含义

罪犯教育待遇,是指监狱依法动用国家教育资源,提供教育条件,落实教育保障,从而使罪犯拥有教育待遇并成为教育受益者的管理活动。

我国监狱对罪犯实行教育改造,其主要目标是:在罪犯服刑期间,借助各种教育改造手段和方法,使其成为守法守规的罪犯。守法守规罪犯的基本条件是:认罪悔罪、遵守规范、认真学习、积极劳动。教育改造罪犯的主要内容是对罪犯的法律常识和认罪悔罪教育,公民道德和时事政治教育,文化教育,劳动和职业技术教育,心理健康教育,以及对新入监和即将出监罪犯的教育。

我国监狱对罪犯的教育是改造罪犯基本手段之一,同时也是罪犯的基本待遇手段。我国宪法将公民的教育界定为既是公民的权利,又是公民的义务。监狱对罪犯的教育,也具有权利义务并存的基本特征,在罪犯服刑过程中则表现为罪犯教育待遇。监狱为开展对罪犯的教育改造,动用国家教育资源,设立教育场所,配备相应设施,落实教育经费,并通过有效的引导、激励措施,使罪犯切实成为教育的受益者。这些制度设立和实施,就是罪犯的教育待遇。

(二)罪犯教育待遇的主要内容

1. 教育保障

一是设施保障。监狱依照规定设立教室、谈话室、文体活动室、图书室、阅览室、心理咨询室等教育改造场所,同时配备相应的设施。监狱的图书室,购置充足的娱乐和教学书籍,以供罪犯使用,并鼓励罪犯充分利用图书馆。罪犯可以阅读报纸、杂志、书籍、听广播、看电视、浏览智慧监狱教育平台,了解国内外重要新闻和掌握科学知识。二是经费保障。监狱按照财政部、司法部具体的要求,落实教育改造罪犯经费。三是师资保障。监狱按照罪犯接受教育的实际,配备各种师资力量。四是时间保障。监狱在罪犯服刑期间,充分保障罪犯接受教育的时间。

2. 社会帮教

我国监狱利用社会资源,注意发挥社会和家庭在罪犯改造中的作用,动员和利用社会力量,参与、支持罪犯改造工作。监狱与社会有关部门合作,签订帮教协议,开展联合办学、设立流动图书馆和狱内法律服务机构等,建立起多层次、全方位的社会帮教体系。监狱积极争取政府机关、社会团体、企事业组织和热心社会公益事业、关心监狱工作的各类社会人士参与,建立一支相对稳定的帮教志愿者队伍,为教育改造罪犯提供服务。监狱教育的社会化切实提高了罪犯的教育待遇水平。

3. 教育激励

监狱将罪犯接受教育改造与其切实利益建立密切关联。罪犯接受教育的态度和学习效果是罪犯日常服刑改造表现的重要考核项目,其考核结果也是罪犯获得奖励和处罚的重要依据。学习态度端正、学习收效明显,是罪犯获得行政奖励和获得减刑假释的重要依据。

4. 回归积淀

监狱为罪犯受教育创造了必要的条件,罪犯可以根据自己的文化程度接受正规的小学、初中教育,有条件的还可接受高中及高等教育。同时还可接受职业培训,获得各种职业资格证书,为回归社会、自食其力打下基础。

二、劳动待遇

(一)罪犯劳动待遇的含义

罪犯劳动待遇,是指监狱依法组织罪犯从事改造性劳动过程中,对其劳动报酬、劳动时间、劳动保护、安全生产等待遇的管理活动。

纵观世界各国刑罚和监狱制度发展历史可以发现,罪犯的劳动经历了一个质变过程,即由惩罚手段转变为待遇手段,社会主义国家更是将罪犯的劳动作为改造手段。

中外古代有各种的苦役刑,即古代为惩罚有罪之人剥夺其人身自由并将其遣送到指定地点从事繁重的体力劳动,苦役刑曾经在刑罚体系中占有一席之地。但自从自由刑兴起并占据刑罚体系的主要地位之后,苦役刑逐步退出了历史舞台。在自由刑的执行过程中,组织被处自由刑的罪犯劳动,成为当前世界许多国家通常的做法,许多国家的法律以及联合国的文件都对组织囚犯从事生产劳动提出了明确的要求,但劳动惩罚论却被彻底抛弃。罪犯劳动从刑罚体系脱离,监狱也不再将劳动用作对罪犯的惩罚手段,而转变为罪犯服刑的基本待遇手段。引起这一质变的主要原因,是近代以来世界各国对人类劳动态度的根本转变,劳动光荣的理念深入人心,崇尚劳动成为人们的共识。一项被视为无上光荣的人类活动,无论如何也不能再作为对人的惩罚手段了。所以,劳动作为罪犯的一种待遇手段,是罪犯顺利度过刑期的最为合理的制度设计。马克思主义在充分肯定劳动光荣的基础上,又提出了劳动创造了人,并发展了人自身的正确论断。我国《宪法》第42条规定:“中华人民共和国公民有劳动的权利和义务。”同时明确指出:“劳动是一切有劳动能力的公民的光荣职责。”在马克思主义劳动观的指导下,我国和其他一些社会主义国家将劳动作为改造罪犯的基本手段。与此同时,我国监狱彻底否定了劳动惩罚论,反对将劳动作为惩罚罪犯的手段,更反对用繁重的劳动折磨、虐待罪犯。

我国监狱将罪犯劳动视为改造罪犯的基本手段,同时也是罪犯顺利度过刑期、早日顺利回归社会的基本待遇手段。劳动对罪犯的积极意义在于:第一,通过生产劳动,使罪犯了解社会财富来之不易,可以培养其热爱劳动、习惯劳动的思想,树立

“不劳动不得食”的观念,矫正其好逸恶劳、贪图享受等恶习;同时在劳动中可以培养其社会责任感和遵纪守法的精神。第二,组织他们从事适宜的劳动,可以增强体质,保持健康,避免在单纯的监禁中,长年无所事事,导致他们心情压抑、意志消沉、精神颓废,甚至萌生逃跑、自杀和重新犯罪等念头。第三,通过生产劳动使罪犯尽可能地掌握一种或几种生产技能及知识,可以为刑满释放后的就业谋生创造条件,防止他们因恶习不改或生活无着落而重新犯罪。第四,组织罪犯从事与正常社会条件和形式相同或相近的劳动,可以培养罪犯与他人或社会组织的协调和合作精神,使之在回归社会后能够尽快地适应社会环境。

（二）劳动报酬

根据《监狱法》第72条的规定,监狱对参加劳动的罪犯,应当按照规定给予报酬。监狱对罪犯的劳动执行报酬发放制度,可以充分调动罪犯参加劳动的积极性,可以使罪犯有能力资补受其抚养、赡养的人员,还可以为出狱后的生活积累一定的资金。

（三）劳动时间

根据《监狱法》第71条的规定,监狱对罪犯的劳动时间,参照国家有关劳动工时的规定执行;在季节性生产等特殊情况下,可以调整劳动时间。这里要特别注意,监狱法用的是“参照”而不是“按照”国家有关劳动工时的规定执行,对罪犯的劳动时间并未作强制性规定。目前,监狱执行的是每周劳动五天,集中学习一天,休息一天。在国家规定的节日和其他休息日休息。

（四）劳动保护

根据《监狱法》第72条的规定,监狱对参加劳动的罪犯,应当执行国家有关劳动保护的规定。这就意味着对罪犯的劳动保护,与社会上的普通劳动保护执行同一个标准,完全体现出对罪犯劳动保护的重视程度,也突出显示了劳动的改造性质。劳动保护的主要内容是:

1. 监狱的劳动安全设施必须符合国家规定的标准,监狱要为罪犯提供符合国家规定的劳动安全卫生条件和必要的劳动防护用品。

2. 监狱管理人员不得违章指挥、强令冒险作业,以免危害罪犯生命安全和身体健康。根据《监狱法》第73条的规定,罪犯在劳动中致伤、致残或者死亡的,由监狱参照国家劳动保险的有关规定处理。

3. 对未成年犯和女犯,实行特殊的劳动保护。根据《监狱法》第39条的规定,对未成年犯和女犯的改造,应当照顾其生理、心理特点。组织未成年犯和女犯的劳动也要体现法律的这一要求。

第四节　罪犯外界联系待遇

一、会见亲属和监护人

(一)会见亲属和监护人的含义

会见是监狱安排在押罪犯与前来探视的亲属、监护人的见面与交流,或者通过远程视频与亲属、监护人沟通与交流的活动。

根据《监狱法》和司法部制定的《罪犯会见通信规定》,罪犯在监狱服刑期间,可以会见亲属、监护人。其中,罪犯亲属是指婚姻、血缘、法律拟制与罪犯形成的社会关系,包括配偶、父母、子女、兄弟姐妹等。监护人是指对未成年犯、患有精神疾病的在押罪犯负有监护义务的亲友。

会见方式包括隔透明装置电话会见、面对面会见、视频会见等。

(二)会见亲属和监护人的意义

监狱根据法律、法规和规章的规定,允许罪犯与亲属、监护人会见,体现了人道主义的要求,体现了对罪犯及其亲属、监护人的合法权利的保障。会见制度的实施,对于在押罪犯、罪犯的亲属和监护人、监狱三方都可以产生一定的积极意义。

1. 通过会见,服刑罪犯可以体验法律的人文关怀,感受和维系亲情,从而安心服刑、积极改造。在监狱内执行的刑罚,以剥夺罪犯的人身自由为实现方式,在服刑的整个过程中,罪犯基本上是处于与社会相隔离的状态。但“隔离”不是“隔绝”,出于人道主义的考虑,罪犯可以通过各种合法的渠道保持与外界的交流。会见则是罪犯保持与亲属、监护人正常交往的主要渠道。从刑罚执行的角度看,会见制度在一定程度上缓解了刑罚自身给罪犯带来的痛苦感;而痛苦感的缓解,可以减轻罪犯对于监狱内服刑生活的抵触,从而稳定情绪。罪犯处在与社会相隔离的状态下,渴望维系亲情,希望得到家庭成员的亲情关照,不希望自己在感情上被亲人抛弃,会见正是罪犯与亲人维系感情的一条合法的渠道。亲人来探视,这本身就证明亲人没有排斥、抛弃自己。在会见过程中,罪犯可以了解家庭的现状,获得家庭的最新信息,并与亲人进行信息和情感交流;而亲属所携带的探视物品,既是满足罪犯日常需要的物品,又是一种感情特别是亲情的载体,罪犯从中感受到的是亲人对自己的关怀。这些对于罪犯安心服刑有很大的促进作用。通过亲属的规劝,罪犯可以产生积极改造的内驱力。对罪犯的会见实施的分级管理,对于罪犯的积极改造更是具有激励和引导的功能。

2. 通过会见,罪犯的亲属和监护人可以了解罪犯在监狱内的生活现状,打消疑虑,规劝罪犯积极改造。罪犯被收监后,其亲属和监护人即享有按规定探视罪犯的权利。罪犯的亲属和监护人在来监狱探视之前,对监狱内的情况不了解或了解甚少,往往会有一些担心和疑虑,特别是担心罪犯在监狱内能否吃饱、能否适应监狱的生活、能否承受狱内的劳动、罪犯的身体和精神状况如何等。通过会见,罪犯的亲属和监护人可以与罪犯进行面对面的接触,可以了解罪犯在监狱内的生活现状,可以亲眼看到罪犯的身体和精神状况,可以感受到监狱对罪犯实施依法、文明管理的实际效果,从而打消疑虑。在会见的过程中,罪犯的亲属和监护人可以告知罪犯家庭的情况,并对罪犯进行规劝,协助监狱对罪犯进行帮教。

3. 监狱可以利用罪犯与亲属的会见促进对罪犯的改造。首先,因人施管、因人施教是监狱管教工作的基本做法,这一做法要求监狱尽可能多地掌握罪犯的具体情况。监狱可以利用罪犯亲属来监探视的机会,向罪犯的亲属了解罪犯家庭生活状况,掌握罪犯入监前的生活、工作、与他人的交往、性格等一系列情况,以便根据罪犯的个体情况对罪犯进行有针对性的管理与教育。其次,监狱对罪犯的改造,要充分利用社会的积极力量,罪犯的亲属中则蕴藏着可以利用的积极因素。监狱可以利用会见的机会,与罪犯家庭建立必要的联系,互通信息,掌握罪犯的思想动态,动员罪犯亲属参与对罪犯的规劝、帮教。最后,监狱可以通过会见制度中的分级待遇,促使罪犯积极改造。

综上所述,会见是罪犯及其亲属监护人的法定权利,会见对于罪犯、罪犯的亲属和监护人、监狱三方可以产生上述积极意义。但是,由于种种原因,会见过程中也会出现一些对罪犯的服刑改造产生消极影响的事件,甚至出现违法、犯罪现象,危及监狱正常的监管秩序。对此,监狱必须提高警惕,做好会见中的维持秩序和安全防范工作,并进行应对突发事件的必要准备。

(三)罪犯亲属、监护人来监探视的管理

监狱的会见管理,是监狱依据相关规定对罪犯会见亲属、监护人及其他相关人员之全过程进行有效管控的执法工作,是监狱实施狱政管理的一项日常工作,其基本任务是依法对会见活动实施管理,充分发挥会见制度对罪犯服刑改造的积极影响,努力消除会见过程中可能出现的负面影响。具体管理内容如下:

1. 会见前相关事项的通知

监狱应当自罪犯收押之日起5个工作日内,通知罪犯亲属、监护人会见,通知应当包括会见人范围、会见时间安排、会见办理流程、所需相关证件等。因罪犯转监、

调整监区等情形,致使会见日期发生变动的,监狱应在会见日前通知罪犯亲属主联系人。如遇自然灾害、公共卫生安全、重大社会事件影响以及监狱安全需要等特殊情形,监狱可暂停办理罪犯会见,并做好告知、解释工作。

2. 会见人身份的核实

组织罪犯与亲属、监护人及其他人员进行会见,既是保障罪犯的合法权益,也是监狱在执行法律,同时,还要确保监狱的安全与稳定,故此,首先必须核查会见双方的身份信息,保证他们是当次唯一的、真实的、合法的、有效的会见主体。具体而言,监狱人民警察在接待会见人员时,必须核实其身份,查明会见人与罪犯的关系。根据规定,如果罪犯亲属、监护人首次会见,凭本人居民身份证、户口簿或公安机关出具的人身关系材料等能证明本人身份和与罪犯关系的有效证件、证明办理会见手续;非首次会见的,凭本人居民身份证会见,未成年人可以凭户口簿会见。会见人有下列情形之一的,不得办理会见:一是持无效证件或本人与所持证件不符的;二是未按规定进行审核或审批的;三是精神或行为明显异常的;四是患严重传染病的;五是携带危险品或其他可能危害监狱安全物品的;六是存在其他不利于罪犯改造或监管安全的情况。同时,对拟参与会见的罪犯,监狱也要依法审查其是否为此次会见的合法主体,禁止不符合会见条件的人会见罪犯。

3. 会见规则的告知

对于参加会见的人员,无论是罪犯还是其亲属、监护人及其他人,监狱均要履行会见规则告知义务。告知的主要内容有会见的规程、要求、注意事项以及违反规定要承担的责任。告知可以采取口头和书面的方式。另外,监狱可以在会见场所的候见室设立宣传栏,利用文字、图片、视频等载体介绍监狱监管改造罪犯的情况,向罪犯的亲属和监护人宣传党和国家的监管改造方针政策。

4. 会见人数及时限的审定

根据司法部的规定,会见一般每月 1 次,每次会见时间一般不超过 30 分钟,每次会见人数一般不超过 3 人。未成年罪犯会见的次数和时间,可以适当放宽。例如,有的监狱规定未成年罪犯会见每月 2 次,每次会见时间一般不超过 60 分钟,每次会见人数一般不超过 3 人。因罪犯家庭出现变故等原因需要延长会见时间或者在非规定时间会见的,应当经监狱长批准。实践中,会见是分级处遇的重要方面之一,监狱根据实务工作需要制定了具体的执行标准。如有的监狱规定:(1)严管级罪犯暂停会见;(2)考察级罪犯每月可以会见 1 次,每次不超过 30 分钟,不得进行面对面会见;(3)普管级罪犯每月可以会见 1 次,可以根据实际情况开展面对面会见;(4)宽管级罪犯每月可以会见 2 次,或者时间限度增至 1 小时。

5. 会见过程的监督

通常情况下,罪犯会见必须在监狱的罪犯亲属会见室。罪犯因患精神病、严重传染病或者病重不适宜在会见室会见的,监狱应安排在指定的安全场所会见。监狱要为罪犯亲属会见室配备得力的管理人员,加强对会见场所的控制力度,防范脱逃、暴力越狱等情形的发生,保证会见场所的安全。罪犯会见时,监狱应当实时监视、全程录音、监听。此规定有三个目的:一是了解罪犯家庭的情况,特别是罪犯家庭近期有无发生重要的变故,罪犯对所发生的变故有何反应;二是了解和掌握罪犯在与亲属的交谈中流露出的真实想法,主要是罪犯是否能安心服刑、有哪些影响其安心服刑改造的因素等;三是通过监听,发现并当场制止会见双方违反规定的交谈内容,如会见中使用隐语,罪犯向亲属泄漏监狱的秘密或者监狱管理人员的个人家庭情况等。负责监听的人民警察要做好监听记录,并将监听到的有价值的信息及时传递给罪犯所在基层押犯单位和有关部门,以便对罪犯进行有针对性的管教。罪犯与亲属、监护人会见时,不准使用隐语,中国国籍的罪犯及探视人应使用普通话;少数民族罪犯及探视人可以使用本民族语言,无法使用普通话交流的罪犯及探视人可以使用地区的语言,但须安排通晓该语言的民警进行监听。

会见过程存在可能对罪犯安心服刑、积极改造产生负面影响的因素,也会有一些违纪、违法甚至犯罪的行为发生。例如,罪犯的亲属、监护人违反规定向罪犯传递现金、书信、含有酒精的饮品,有的甚至传递毒品、淫秽物品、非法出版物等违禁物品;有的罪犯与前来探视的亲属利用会见的机会,商量逃跑的时间、方式,传递逃跑所用物品、工具,进行脱逃的准备;有的罪犯利用会见的机会穿戴上亲属送来的便服、假发化装逃跑;有的罪犯选取常规会见室作为暴力越狱的通道,由此强行冲监等。

6. 会见物品的检查

对亲属、监护人会见时携带的物品,监狱应当依法实施检查。罪犯收受的物品应当由监狱人民警察当面查验登记后再转交,钱款由监狱集中记账保管。对监狱内职务罪犯、涉黑涉恶罪犯以及在本地具有一定社会影响力的罪犯的会见情况,应当详细登记在案,归档备查。

(四)远程视频会见的管理

近年来,一些监狱针对在押罪犯亲属、监护人因路途遥远、经济困难、患病、年老体弱、家庭变故等原因不方便到监狱来会见的实际问题,使用监狱远程会见系统,实现了罪犯与亲属、监护人的远程会见。罪犯亲属、监护人足不出户就能与罪犯面对面视频会见,相互了解近况、沟通交流。远程会见管理分预约申请、信息核查、视频会见等步骤,符合条件的罪犯家属电脑登录监狱开设的“网上申请通道”即可进行申请,经监狱审批通过的,系统会自动发短信告知家属,并安排远程会见。远程会见为不方便到现场或者急需会见的罪犯家属提供了便利,节省了他们往返会见的人力、财力成本,也减轻了监狱接见室工作人员的日常工作压力。

(五)对违反会见规定的处理

基于多种原因,有的罪犯及其亲属、监护人在会见过程中,会故意违反相关规定,实现自己的非法目的。对此,司法部明确规定,会见过程中有下列情形之一的,监狱应当中止会见,并视情节在一至三个月内暂停会见:一是传递违禁物品的;二是扰乱会见场所秩序的;三是使用隐语、暗语或者非规定语种交谈,不听劝阻的;四是携带或者使用手机、录音、摄影(像)设备的;五是其他违反监狱会见管理规定的情形。

二、律师会见罪犯

(一)律师会见罪犯的情形

有下列情形之一的,律师接受在押罪犯委托或者法律援助机构指派,可以会见在押罪犯:

1. 在刑事诉讼程序中,担任辩护人或者代理人;
2. 在民事、行政诉讼程序中,担任代理人;
3. 代理调解、仲裁;
4. 代理各类诉讼案件申诉;
5. 提供非诉讼法律服务;
6. 解答有关法律询问、代写诉讼文书和其他有关法律事务文书。

其他案件的代理律师,需要向监狱在押罪犯调查取证的,可以会见在押罪犯。罪犯的监护人、近亲属可以代为委托律师。

(二)律师会见罪犯的程序

律师需要会见在押罪犯,可以传真、邮寄或者直接提交的方式,向罪犯所在监狱提交下列材料的复印件,并于会见之日向监狱出示原件:

1. 律师执业证书;
2. 律师事务所证明;
3. 罪犯本人或者其监护人、近亲属的委托书或者法律援助公函或者另案调查取证的相关证明文件。

监狱应当留存律师事务所出具的律师会见在押罪犯证明原件。罪犯的监护人、近亲属代为委托律师的，律师第一次会见时，应当向罪犯本人确认是否建立委托关系。

律师会见在押罪犯需要助理随同参加的，律师应当向监狱提交律师事务所出具的律师助理会见在押罪犯的证明和律师执业证书或者申请律师执业人员实习证。律师会见在押罪犯需要翻译人员随同参加的，律师应当提前向监狱提出申请，并提交能够证明其翻译人员身份的证明文件。

监狱应当及时审查并在3日以内作出是否批准的决定，批准参加的，应当及时通知律师；不批准参加的，应当向律师书面说明理由。随同律师参加会见的翻译人员，应当持监狱批准通知书和本人身份证明参加会见。

监狱收到律师提交的相关材料后，对于符合本规定情形的，应当及时安排会见。能当时安排的，应当时安排；不能当时安排的，监狱应当说明情况，在48小时内安排会见。在押罪犯可以委托一至两名律师。委托两名律师的，两名律师可以共同会见，也可以单独会见。律师可以带一名律师助理协助会见。

（三）律师会见罪犯的规则

律师会见在押罪犯，应当遵守监狱的作息时间。监狱应当保障律师履行职责需要的会见时间和次数。律师会见在押罪犯时，监狱可以根据案件情况和工作需要决定是否派警察在场。辩护律师会见被立案侦查、起诉、审判的在押罪犯时，不被监听，监狱不得派警察在场。律师会见在押罪犯，认为监狱及其工作人员阻碍其依法行使执业权利的，可以向监狱或者其上级主管机关投诉，也可以向其执业律师事务所所在地的市级司法行政机关申请维护执业权利；情况紧急的，可以向事发地的司法行政机关申请维护执业权利。

律师会见在押罪犯，应当遵守监狱管理的有关规定，恪守律师执业道德和执业纪律，不得有下列行为：

1. 传递违禁物品；
2. 私自为在押罪犯传递书信、钱物；
3. 将通信工具提供给在押罪犯使用；
4. 未经监狱和在押罪犯同意对会见进行录音、录像和拍照；
5. 实施与受委托职责无关的行为；
6. 其他违反法律、法规、规章以及妨碍监狱管理秩序的行为。

三、通信

（一）书面通信

《监狱法》第47条规定："罪犯在服刑期间可以与他人通信，但是来往信件应当经过监狱检查,监狱发现有碍罪犯改造内容的信件,可以扣留。罪犯写给监狱上级机关和司法机关的信件,不受检查。”监狱对罪犯书面通信的管理要求有以下方面:

1. 依法允许罪犯与他人通信

罪犯在服刑期间可以与他人通信。《监狱法》对罪犯通信对象作了不予限制的规定。罪犯在服刑期间不仅可以与亲属、监护人通信,还可以与其他人通信。法律对罪犯与什么人通信未加限制,充分体现了对罪犯通信权利的保障。

2. 依法行使对罪犯收发信件的检查权

监狱法明确了监狱对罪犯的来往信件的检查权。对罪犯的来往信件进行检查,是监狱工作的实际需要,对于监狱了解和掌握罪犯的思想动态、了解和掌握其他有关信息、维护监狱秩序和保证监管安全都有很重要的作用。

对罪犯的信件检查权属于监狱,由监狱指定人民警察具体行使,未经监狱授权的人员不得行使这项权力。根据《监狱法》第 14 条的规定,监狱的人民警察不得违反规定,私自为罪犯传递信件或物品。

由监狱指定的人民警察对罪犯信件进行检查,要做好登记和记录。对于检查中发现的有价值的信息,要按规定及时传递给有关单位和部门。但是,对于罪犯信件的内容,特别是涉及个人隐私的内容不得随意传播。

3. 依法行使对罪犯信件的扣留权

监狱不仅应当检查罪犯的信件,而且在法定条件下还可以扣留罪犯的来往信件。这里所谓罪犯的信件,既可以是罪犯发给他人的信件,也可以是他人发给罪犯的信件。扣留的法定条件是“有碍罪犯改造内容”。所谓“有碍罪犯改造内容”,在实务中是指下列情况:利用信件传播反社会、反人类的邪恶说教的;罪犯在信件中泄露监狱工作秘密的;信件中使用隐语的;与在押同案犯在通信中谈及案情的;在信件中发泄对司法机关和社会的严重不满的;鼓动、唆使对方进行违法、犯罪的;在信件中商量脱逃等作案计划的等。

4. 罪犯写给监狱上级机关和司法机关的信件,不受检查

根据《监狱法》的规定,罪犯写给监狱上级机关和司法机关的信件,不受检查。也就是说,罪犯对此类信件可以密封,无须监狱检查,这里将罪犯的这种权利称为有限密封权。监狱的上级机关,是指司法部及监狱管理局,省、自治区、直辖市的司法厅(局)及监狱管理局,直接管辖监狱的地区(市)司法局等;司法机关,这里指人民法院、人民检察院。罪犯写给上述机关的信件,大多含有申诉、控告、检举、建议及反映其他情况的内容,为保护罪犯的合法权利,法律对监狱的信件检查权作出了以上限制性规定。

（二）电话通信

电话通信，作为罪犯与外界通信的一种形式，已经成为罪犯与外界进行信息沟通、亲情交流的一条重要途径。这一做法实行以后，收到了较好的效果。首先，与罪犯的亲属来监探视相比，电话联系方便快捷、花费较少。其次，监狱在罪犯通话过程中易于进行监听，如遇有违规内容可马上终止通话。最后，监狱将允许罪犯通电话作为分级待遇的一项内容，适用于改造表现比较好的罪犯，发挥了激励罪犯积极改造的作用。

罪犯要求与亲属、监护人通电话，要向监狱有关部门提出申请，提供亲属的电话号码和通电话的理由和主要内容。监狱有关部门根据罪犯的日常改造表现和其他情况审批。

罪犯与亲属、监护人通电话，必须在监狱指定的场所，使用监狱统一配置的通话装置。罪犯通话时，监狱要安排人民警察监听，并做好登记和记录。

四、邮汇

（一）罪犯寄出邮包的处理

罪犯寄出邮包，一般是罪犯将监狱代其保管的非生活必需品寄往家中。罪犯要求寄邮包的，由监狱有关部门进行检查，并代其办理邮寄手续。

（二）外界寄给罪犯邮包的处理

对于国内外寄给罪犯的邮包，监狱应按以下规定办理：

1. 由监狱依照国家的邮政法的规定，统一办理领取手续。属于国外寄来的包裹，应由收件人在收执上签名盖章，但不得加盖监狱的公章。

2. 监狱应指定专门的人民警察对包裹进行认真检查和详细登记。对于包裹中的日常生活、学习用品，交由罪犯本人使用，非生活必需品由监狱代为保管或通知罪犯家属领回。监狱代为保管的，罪犯有正当用途时可以领取，保管的物品在罪犯出监时全部发还本人。如果包裹中有违禁物品，特别是政治性非法出版物、淫秽物品以及国外所谓“救济团体”寄来的物品，一律没收，并报告上级机关或进行追查。

3. 包裹单收到后，如果罪犯已经调出，应立即转递罪犯所在监狱；已经逃跑的，包裹暂由监狱保存；已经释放或已经死亡的，包裹一律退回寄件人。

（三）汇款的处理

这里讲的汇款，包括罪犯寄往监狱外的汇款和监狱外的人员寄给罪犯的汇款。从汇款的渠道看，包括通过邮局的汇款和通过各个银行的汇款。

1. 罪犯向监狱外的汇款的处理

罪犯向监狱外的汇款,主要来源于罪犯在监狱内参加劳动的报酬、罪犯获得的物质奖励和罪犯在监狱内存款。罪犯在服刑期间,根据规定参加监狱分配的劳动,监狱对于参加劳动的罪犯,要根据《监狱法》的规定支付劳动报酬,罪犯对于获得的劳动报酬有支配权,罪犯可以将自己的劳动收入寄给家中或赠与他人。罪犯在监狱内改造表现好的,可以获得物质奖励,其中包含一定数额的奖金,罪犯对于自己的奖金也有支配权。罪犯入监时可能拥有由看守所转来的钱款或亲属寄来的钱款,罪犯对于这些钱款也有支配权。

罪犯向监狱外的汇款,主要是寄往家中,有时则是邮购物品或者赠与他人等。罪犯将自己的钱款寄往家中,数额虽然不会太大,但可以补贴家用,维系亲情,体现罪犯对家庭的责任感;罪犯通过汇款,可以邮购有正常用途的物品,如学习用品;罪犯也可以通过汇款,将自己的钱款赠与他人。

罪犯向监狱外汇款,由罪犯提出要求,罪犯所在监区的工作人员代为办理汇款手续。

2. 监狱外的人员向罪犯汇款的处理

对于国内寄给罪犯的汇款,由监狱依照国家邮政法的规定,代罪犯办理领取手续,领取后由监狱进行现金保管,并发给罪犯保管收据。同时,监狱要将汇款情况及时告知罪犯,使罪犯明了汇款人、汇款的数目。如果汇款单上有简短留言,监狱经检查后也要如实告知罪犯。

对于国外寄给罪犯的汇款,监狱应按以下规定办理:

(1)监狱不得在外汇单据和侨汇收款上加盖监狱的公章。如果银行为了明确责任及日后备查,要求监狱在单据和回执的副条上加盖公章,则可以加盖。

(2)外汇、侨汇可按罪犯的意见直接通知其家属领取,由监狱通知银行办理。如罪犯不愿意由家属领取,或国内无直系亲属的,其汇款由银行交罪犯所在监狱通知本人,并由监狱代办领取手续;罪犯应在收款回执上签名。

(3)如果汇款附有书信,银行应一并转交监狱,监狱按照规定检查后,视具体情况交给罪犯或予以扣留。

(4)监狱在遇到收款的罪犯调动时,应及时通知银行转汇。

对于邪教组织、恐怖组织及国外所谓“救济团体”寄给罪犯的钱款,可以参照有关规定,予以没收,并报告上级机关。

第五节 其他人道主义待遇

一、特许离监

（一）特许离监的含义

特许离监，是指监狱对于符合一定条件的罪犯，在罪犯的家中发生急难之事，确需本人回去处理，特许其临时离开监狱回家看望或处理的人道主义措施。在特许离监的实施中，罪犯与亲属会面的场所由监狱内改为了监狱外，因此可视为罪犯与亲属会见的一种特殊情形。

（二）特许离监的条件

1. 适用对象是剩余刑期10年以下，改造表现较好的罪犯。

2. 罪犯家庭确实发生危难情况，确需罪犯本人回家探望和处理。在罪犯服刑期间，罪犯的家庭确实发生配偶、直系亲属或监护人病危、死亡或者发生重大变故，确需本人回去处理的。

3. 需县级以上医院出具的病危或死亡证明，以及当地村民（居民）委员会和公安派出所签署的意见。

4. 特许离监的去处通常在监狱所在的省（区、市）行政区域范围内。

（三）特许离监的程序

由罪犯本人或其亲属提出申请，监区审查同意后，经狱政管理部门审核，报主管监狱长批准。对列为重点管理的罪犯特许离监，须报省（区、市）监狱管理局批准。

（四）特许离监的实施

对特许离监的罪犯，监狱必须派人民警察押解并予以严密监管。特许离监的时间为1天，当晚不能返回监狱的，必须羁押于当地监狱或看守所。

二、暂予监外执行

（一）暂予监外执行的含义

暂予监外执行，是审判机关或执行机关对被判处刑罚应当监禁执行或正在监禁执行罪犯，因患有严重疾病、生活不能自理、怀孕或正在哺乳自己婴儿，依法暂时不采用或解除监禁状态，并在监外继续执行刑罚的人道主义措施。

暂予监外执行有三种情况：一是在交付执行前，由人民法院决定；二是在监狱服刑的，由监狱审查同意后提请省级以上监狱管理机关批准；三是在看守所服刑的,由看守所审查同意后提请设区的市一级以上公安机关批准。此处讨论的是第二种情况。

监狱办理暂予监外执行,应当依据《刑事诉讼法》、《监狱法》和司法部《监狱暂予监外执行程序规定》(2016 年 10 月 1 日起施行)的规定,遵循依法、公开、公平、公正的原则,严格实行办案责任制。监狱办理暂予监外执行,应当由监区人民警察集体研究,监区长办公会议审核,监狱刑罚执行部门审查,监狱暂予监外执行评审委员会评审,监狱长办公会议决定。省、自治区、直辖市监狱管理局刑罚执行部门审查监狱依法定程序提请的暂予监外执行建议并出具意见,报请局长召集暂予监外执行评审委员会审核,必要时可以召开局长办公会议决定。

监区人民警察集体研究会议、监区长办公会议、监狱暂予监外执行评审委员会会议、监狱长办公会议、监狱管理局暂予监外执行评审委员会会议、监狱管理局局长办公会议的记录等材料,应当存入档案并永久保存。会议记录应当载明不同意见,并由与会人员签名。

对有关职务犯罪罪犯适用暂予监外执行,还应当依照有关规定逐案报请备案审查。

对暂予监外执行的罪犯,依法实行社区矫正,由其居住地的社区矫正机构负责执行。罪犯在暂予监外执行期间的生活、医疗和护理等费用自理。罪犯在监狱服刑期间因参加劳动致伤、致残被暂予监外执行的,其出监后的医疗补助、生活困难补助等费用,由其服刑所在的监狱按照国家有关规定办理。

(二)暂予监外执行的条件

1. 基本条件

对被判处有期徒刑、拘役或者已经减为有期徒刑的罪犯,有下列情形之一,可以暂予监外执行:

(1)患有规定范围的严重疾病,需要保外就医的。罪犯需要保外就医的,应当由罪犯本人或者其亲属、监护人提出保证人,保证人由监狱审查确定。罪犯没有亲属、监护人的,可以由其居住地的村(居)民委员会、原所在单位或者社区矫正机构推荐保证人。

保证人应当向监狱提交保证书。保证人应当同时具备下列条件:具有完全民事行为能力,愿意承担保证人义务;人身自由未受到限制;有固定的住处和收入;能够与被保证人共同居住或者居住在同一市、县。

罪犯在暂予监外执行期间,保证人应当履行下列义务:协助社区矫正机构监督被保证人遵守法律和有关规定;发现被保证人擅自离开居住的市、县或者变更居住地,或者有违法犯罪行为,或者需要保外就医情形消失,或者被保证人死亡的,立即向社区矫正机构报告;为被保证人的治疗、护理、复查以及正常生活提供帮助;督促和协助被保证人按照规定履行定期复查病情和向社区矫正机构报告的义务。

(2)怀孕或者正在哺乳自己婴儿的妇女。被判处有期徒刑和无期徒刑的罪犯,属于怀孕或者正在哺乳自己婴儿的妇女的,可以暂予监外执行。

(3)生活不能自理的。生活不能自理,是指罪犯因患病、身体残疾或者年老体弱,日常生活行为需要他人协助才能完成的情形。生活不能自理的鉴别参照《劳动能力鉴定——职工工伤与职业病致残等级分级》(GB/T 16180-2006)执行。进食、翻身、大小便、穿衣洗漱、自主行动等5项日常生活行为中有3项需要他人协助才能完成,且经过6个月以上治疗、护理和观察,自理能力不能恢复的,可以认定为生活不能自理。65周岁以上的罪犯,上述5项日常生活行为有1项需要他人协助才能完成即可视为生活不能自理。

2. 排除性条件

对需要保外就医或者属于生活不能自理,但适用暂予监外执行可能有社会危险性,或者自伤自残,或者不配合治疗的罪犯,不得暂予监外执行。

对职务犯罪、破坏金融管理秩序和金融诈骗犯罪、组织(领导、参加、包庇、纵容)黑社会性质组织犯罪的罪犯适用保外就医应当从严审批;对患有高血压、糖尿病、心脏病等严重疾病,但经诊断短期内没有生命危险的,不得暂予监外执行。

3. 从严、从宽审批条件

对在暂予监外执行期间因违法违规被收监执行或者因重新犯罪被判刑的罪犯,需要再次适用暂予监外执行的,应当从严审批。

对需要保外就医或者属于生活不能自理的累犯以及故意杀人、强奸、抢劫、绑架、放火、爆炸、投放危险物质或者有组织的暴力性犯罪的罪犯,原被判处死刑缓期二年执行或者无期徒刑的,应当在减为有期徒刑后执行有期徒刑7年以上方可适用暂予监外执行;原被判处10年以上有期徒刑的,应当执行原判刑期1/3以上方可适用暂予监外执行。对未成年罪犯、65周岁以上的罪犯、残疾人罪犯,适用执行刑期规定可以适度从宽。

对患有《保外就医严重疾病范围》的严重疾病,短期内有生命危险的罪犯,可以不受关于执行刑期的限制。

(三)暂予监外执行的诊断、检查、鉴别

对在监狱服刑的罪犯需要暂予监外执行的,监狱应当组织对罪犯病情诊断、妊娠检查或者生活不能自理的鉴别,罪犯本人或者其亲属、监护人也可以向监狱提出书面申请。监狱组织诊断、检查或者鉴别的,应当由监区提出意见,经监狱刑罚执行部门审查,报分管副监狱长批准后,方可进行诊断、检查或者鉴别。

1. 病情诊断和妊娠检查

对于患有严重疾病或者怀孕需要暂予监外执行的罪犯,委托省级人民政府指定的医院进行病情诊断或者妊娠检查。

对罪犯的病情诊断或妊娠检查证明文件,应当由两名具有副高以上专业技术职称的医师共同作出,经主管业务院长审核签名,加盖公章,并附化验单、影像学资料和病历等有关医疗文书复印件。

2. 生活不能自理的鉴别

监狱成立罪犯生活不能自理鉴别小组,由监狱长任组长,分管暂予监外执行工作的副监狱长任副组长,刑罚执行、狱政管理、生活卫生等部门负责人及两名以上医疗专业人员为成员,鉴别小组成员不得少于 7 人。

罪犯生活不能自理鉴别小组负责对因生活不能自理需要办理暂予监外执行的罪犯进行鉴别,并审查下列事项:调取并核查罪犯经 6 个月以上治疗、护理和观察,生活自理能力仍不能恢复的材料;查阅罪犯健康档案及相关材料;询问主管监狱人民警察,并形成书面材料;询问护理人员及其同一监区 2 名以上罪犯,并形成询问笔录;对罪犯进行现场考察,观察其日常生活行为,并形成现场考察书面材料;其他能够证明罪犯生活不能自理的相关材料。审查结束后,鉴别小组应当及时出具意见并填写《罪犯生活不能自理鉴别书》,经鉴别小组成员签名以后,报监狱长审核签名,加盖监狱公章。

监狱应当向人民检察院通报对罪犯进行病情诊断、妊娠检查和生活不能自理鉴别工作情况,人民检察院可以派员监督。

(四)暂予监外执行的提请

1. 监区审核

对符合办理暂予监外执行条件的罪犯,监区人民警察应当集体研究,提出提请暂予监外执行建议,监区长办公会议审核同意。

监区提出提请暂予监外执行建议的,应当向监狱刑罚执行部门报送下列材料:暂予监外执行审批表;终审法院裁判文书、执行通知书、历次刑罚变更执行法律文书;罪犯病情诊断书、罪犯妊娠检查书及相关诊断检查的医疗文书复印件,罪犯生活不能自理鉴别书及有关证明罪犯生活不能自理的治疗、护理、现场考察、询问笔录等材料;监区长办公会议记录;保证人资格审查表、暂予监外执行保证书及相关材料。

2. 监狱刑罚执行部门审查

(1)材料审查。监狱刑罚执行部门收到监区对罪犯提请暂予监外执行的材料后，应当就下列事项进行审查：提交的材料是否齐全、完备、规范；罪犯是否符合法定暂予监外执行的条件；提请暂予监外执行的程序是否符合规定。

（2）保外就医保证人资格审查。罪犯需要保外就医的，应当由罪犯本人或其亲属、监护人提出保证人。无亲属、监护人的，可以由罪犯居住地的村（居）委会、原所在单位或者县级司法行政机关社区矫正机构推荐保证人。监狱刑罚执行部门对保证人的资格进行审查，填写《保证人资格审查表》，并告知保证人在罪犯暂予监外执行期间应当履行的义务，由保证人签署《暂予监外执行保证书》。

（3）委托调查评估。监狱刑罚执行部门应当核实暂予监外执行罪犯拟居住地，对需要调查评估其对所居住社区影响或核实保证人具保条件的，填写《拟暂予监外执行罪犯调查评估委托函》，附带原刑事判决书、减刑裁定书复印件以及罪犯在服刑期间表现情况材料，委托居住地县级司法行政机关进行调查，并出具调查评估意见书。

经审查，对材料不齐全或者不符合提请条件的，应当通知监区补充有关材料或者退回；对相关材料有疑义的，应当进行核查。对材料齐全、符合提请条件的，应当出具审查意见，由科室负责人在《暂予监外执行审批表》上签署意见，连同监区报送的材料一并提交监狱暂予监外执行评审委员会评审。

3. 监狱暂予监外执行评审委员会评审

监狱成立暂予监外执行评审委员会，由监狱长任主任，分管暂予监外执行工作的副监狱长任副主任，刑罚执行、狱政管理、教育改造、狱内侦查、生活卫生、劳动改造等有关部门负责人为成员，监狱暂予监外执行评审委员会成员不得少于9人。委员会应当召开会议，对刑罚执行部门审查提交的提请暂予监外执行意见进行评审，提出评审意见。

监狱邀请人民检察院派员列席监狱暂予监外执行评审委员会会议。

4. 公示

监狱暂予监外执行评审委员会评审后同意对罪犯提请暂予监外执行的，应当在监狱内进行公示。公示内容应当包括罪犯的姓名、原判罪名及刑期、暂予监外执行依据等。公示期限为3个工作日。公示期内，罪犯对公示内容提出异议的，监狱暂予监外执行评审委员会应当进行复核，并告知其复核结果。对病情严重必须立即保外就医的，可以不公示，但应当在保外就医后3个工作日内在监狱公告。公示无异议或者经复核异议不成立的，监狱应当将提请暂予监外执行相关材料送人民检察院征求意见。征求意见后，监狱刑罚执行部门应当将监狱暂予监外执行评审委员会暂予监外执行建议和评审意见连同人民检察院意见，一并报请监狱长办公会议审议。监狱对人民检察院意见未予采纳的,应当予以回复,并说明理由。

5. 监狱长办公会议决定

监狱长办公会决定提请暂予监外执行的,由监狱长在《暂予监外执行审批表》上签署意见,加盖监狱公章,并将有关材料报送省、自治区、直辖市监狱管理局。

人民检察院对提请暂予监外执行提出的检察意见,监狱应当一并移送办理暂予监外执行的省、自治区、直辖市监狱管理局。决定提请暂予监外执行的,监狱应当将提请暂予监外执行书面意见的副本和相关材料抄送人民检察院。

监狱决定提请暂予监外执行的,应当向省、自治区、直辖市监狱管理局提交提请暂予监外执行书面意见及下列材料:暂予监外执行审批表;终审法院裁判文书、执行通知书、历次刑罚变更执行法律文书;罪犯病情诊断书、罪犯妊娠检查书及相关诊断、检查的医疗文书复印件,罪犯生活不能自理鉴别书及有关证明罪犯生活不能自理的治疗、护理、现场考察、询问笔录等材料;监区长办公会议、监狱评审委员会会议、监狱长办公会议记录;保证人资格审查表、暂予监外执行保证书及相关材料;公示情况;根据案件情况需要提交的其他材料。已委托县级司法行政机关进行核实、调查的,应当将调查评估意见书一并报送。

(五)暂予监外执行的审批

1. 执法部门审查

省、自治区、直辖市监狱管理局收到监狱报送的提请暂予监外执行的材料后,应当进行审查。对病情诊断、妊娠检查或者生活不能自理情况的鉴别是否符合暂予监外执行条件,由生活卫生部门进行审查;对上报材料是否符合法定条件、法定程序及材料的完整性等,由刑罚执行部门进行审查。审查中发现监狱报送的材料不齐全或者有疑义的,刑罚执行部门应当通知监狱补交有关材料或者作出说明,必要时可派员进行核实;对诊断、检查、鉴别有疑义的,生活卫生部门应当组织进行补充鉴定或者重新鉴定。

2. 评审委员会审核

省、自治区、直辖市监狱管理局成立暂予监外执行评审委员会,由局长任主任,分管暂予监外执行工作的副局长任副主任,刑罚执行、狱政管理、教育改造、狱内侦查、生活卫生、劳动改造等有关部门负责人为成员,监狱管理局暂予监外执行评审委员会成员不得少于9人。

对监狱提请暂予监外执行罪犯,监狱管理局执法部门审查无误后,应当出具审查意见,报请局长召集评审委员会进行审核。监狱管理局局长认为案件重大或者有其他特殊情况的,可以召开局长办公会议审议决定。监狱管理局对罪犯办理暂予监外执行作出决定的,由局长在《暂予监外执行审批表》上签署意见,加盖监狱管理局公章。

监狱管理局应当自收到监狱提请暂予监外执行材料之日起15个工作日内作出决定。批准暂予监外执行的,应当在5个工作日内,将《暂予监外执行决定书》送达监狱,同时抄送同级人民检察院、原判人民法院和罪犯居住地县级司法行政机关社区矫正机构。不予批准暂予监外执行的,应当在5个工作日内将《不予批准暂予监外执行决定书》送达监狱。对于病情严重需要立即保外就医的,省、自治区、直辖市监狱管理局收到监狱报送的提请暂予监外执行材料后,应当由刑罚执行部门、生活卫生部门审查,报经分管副局长审核后报局长决定,并在罪犯保外就医后3日内召开暂予监外执行评审委员会予以确认。

人民检察院认为暂予监外执行不当提出书面意见的,监狱管理局应当在接到书面意见后15日内对决定进行重新核查,并将核查结果书面回复人民检察院。

3. 上网公开

监狱管理局批准暂予监外执行的,应当在10个工作日内,将暂予监外执行决定上网公开。

(六)暂予监外执行的交付

1. 书面通知社区矫正机构

省、自治区、直辖市监狱管理局批准暂予监外执行后,监狱应当核实罪犯居住地,书面通知罪犯居住地县级司法行政机关社区矫正机构并协商确定交付时间。罪犯原服刑地与居住地不在同一省、自治区、直辖市,需要回居住地暂予监外执行的,监狱应当及时办理出监手续并将交接情况通报罪犯居住地的监狱管理局,原服刑地的监狱管理局应当自批准暂予监外执行3个工作日内将《罪犯档案转递函》《暂予监外执行决定书》以及罪犯档案等材料送达罪犯居住地的监狱管理局。罪犯居住地的监狱管理局应当在10个工作日内指定一所监狱接收罪犯档案,负责办理该罪犯的收监、刑满释放等手续,并书面通知罪犯居住地县级司法行政机关社区矫正机构。

2. 对罪犯进行出监教育

监狱要书面告知罪犯在暂予监外执行期间应当遵守的法律和有关监督管理规定。罪犯应当在《暂予监外执行告知书》上签名,如果因特殊原因无法签名,可由其保证人代为签名。监狱将《暂予监外执行告知书》连同《暂予监外执行决定书》交予罪犯本人或保证人。

3. 押送与交接

监狱应当派员持《暂予监外执行决定书》及有关文书材料，将罪犯押送至居住地，与县级司法行政机关社区矫正机构办理交接手续。罪犯因病情严重需要送入居住地的医院救治的，监狱可与居住地县级司法行政机关协商确定在居住地的医院交付并办理交接手续，暂予监外执行罪犯的保证人应当到场。

罪犯交付执行后，监狱应当在5个工作日内将罪犯交接情况通报人民检察院。

(七)暂予监外执行的收监、释放和死亡的处理

1. 暂予监外执行的收监

根据《刑事诉讼法》第268条的规定，对暂予监外执行的罪犯，有下列情形之一的，应当及时收监：发现不符合暂予监外执行条件的；严重违反有关暂予监外执行监督管理规定的；暂予监外执行的情形消失后，罪犯刑期未满的。

对经县级司法行政机关审核同意的社区矫正机构提出的收监建议，批准暂予监外执行的监狱管理局应当进行审查。决定收监执行的，将《暂予监外执行收监决定书》送达罪犯居住地县级司法行政机关和原服刑或接收其档案的监狱，并抄送同级人民检察院、公安机关和原判人民法院。监狱收到《暂予监外执行收监决定书》后，应当立即赴羁押地将罪犯收监执行，并将《暂予监外执行收监决定书》交予罪犯本人。罪犯收监后，监狱应当将收监执行的情况报告批准收监执行的监狱管理局，并告知罪犯居住地县级人民检察院和原判人民法院。被决定收监执行的罪犯在逃的，由罪犯居住地县级司法行政机关通知罪犯居住地县级公安机关负责追捕。

根据《刑事诉讼法》第268条的规定，不符合暂予监外执行条件的罪犯通过贿赂等非法手段被暂予监外执行的，在监外执行的期间不计入执行刑期。罪犯在暂予监外执行期间脱逃的，脱逃的期间不计入执行刑期。被收监执行的罪犯有法律规定的不计入执行刑期情形的，县级司法行政机关社区矫正机构应当在收监执行建议书中说明情况，并附有关证明材料。

监狱管理局应当对前款材料进行审核，对材料不齐全的，应当通知县级司法行政机关社区矫正机构在5个工作日内补送；对不符合法律规定的不计入执行刑期情形的，或者逾期未补送材料的，应当将结果告知县级司法行政机关社区矫正机构；对材料齐全、符合法律规定的不计入执行刑期情形的，应当通知监狱向所在地中级人民法院提出不计入刑期的建议书。

2. 暂予监外执行罪犯的释放

暂予监外执行罪犯刑期即将届满的，监狱收到县级司法行政机关社区矫正机构书面通知后，应当按期办理刑满释放手续。

3. 暂予监外执行罪犯死亡的处理

罪犯在暂予监外执行期间死亡的，县级司法行政机关社区矫正机构应当自发现其死亡之日起5日以内，书面通知批准暂予监外执行的监狱管理局，并将有关死亡证明材料送达该罪犯原服刑或者接收其档案的监狱，同时抄送罪犯居住地同级人民检察院。

研究与思考

1. 罪犯待遇管理的特征有哪些?
2. 罪犯伙食管理要秉持什么原则?
3. 罪犯被服管理和住宿管理各有哪些要求?
4. 监狱应当怎样开展罪犯的疾病防治工作?
5. 罪犯教育待遇的主要内容有哪些?
6. 罪犯劳动保护的主要内容是什么?
7. 罪犯会见亲属和监护人具有什么意义?
8. 暂予监外执行的罪犯如何提请审批?

第十章 罪犯考核奖惩

重点提示

1. 罪犯考核奖惩,是监狱为维护监管改造秩序、引导罪犯规范服刑行为、调动罪犯改造积极性,依法依规对罪犯的服刑改造表现实施考察和评定,并根据考察和评定结果决定或提请司法机关对罪犯实施奖励和处罚的系统性工作。它具有引导罪犯遵守服刑规范、维护正常监管改造秩序、激励罪犯积极服刑改造的作用。在对罪犯的考核奖惩时,应坚持党对考核奖惩工作的绝对领导、坚持监狱工作方针、坚持依法严格规范、坚持公平公正公开等原则。

2. 对罪犯考核的方法主要有计分考核、记事考核、年终评审三种。计分考核是监狱按照管理和改造要求,以日常计分为基础、等级评定为结果,评价罪犯日常表现的重要工作,是监狱衡量罪犯改造质量的基本尺度,是调动罪犯改造积极性的基本手段。记事考核法,是对罪犯的现实表现用证据材料记载并侧重于定性考核的方法。年终评审,是监狱在每一个年度,对罪犯进行定性和定量相结合、全面审查和评定罪犯一年来的服刑改造表现的考核方法。

3. 对罪犯的奖励。对罪犯的奖励主要有表扬、物质奖励和记功;准予离监探亲;减刑和假释等。表扬,是指监狱给予罪犯的一种荣誉性的表彰性奖励。物质奖励,是指监狱给予罪犯的物品、纪念品和奖金的奖励措施。记功,是指监狱在罪犯作出突出成绩和一定贡献时给予罪犯的奖励。准予离监探亲是指监狱对符合一定条件的罪犯准其暂时离开监狱、探望亲属的行政奖励措施。减刑是司法机关对于在服刑期间具备法定条件的罪犯,依照法定程序减轻其原判刑罚的刑罚执行变更制度。假释是司法机关对于在服刑改造期间具备法定条件的罪犯,依照法定程序予以附条件地提前释放并实行社区矫正的刑罚执行制度。

4. 对罪犯的处罚。警告、记过和禁闭,是根据罪犯违反监规纪律行为的严重程度的不同,而由监狱给予罪犯的三种行政处罚措施。对罪犯在服刑期间又犯罪的处理原则是对于罪犯在服刑期间故意犯罪的,依法从重处罚;遵循先减后并原则,新罪与前罪实行数罪并罚；对又故意犯罪罪犯的减刑从严把握。对于漏罪，应按照先并后减的原则，对漏罪与原罪数罪并罚。

第一节　罪犯考核奖惩概述

一、罪犯考核奖惩的含义

罪犯考核奖惩，是监狱为维护监管改造秩序、引导罪犯规范服刑行为、调动罪犯改造积极性，依法依规对罪犯的服刑改造表现实施考察和评定，并根据考察和评定结果决定或提请司法机关对罪犯实施奖励和处罚的系统性工作。

（一）罪犯考核是监狱对罪犯的服刑改造表现的考察和评定

监狱对罪犯的考核是监狱执法的日常性业务。中华人民共和国成立后的监狱从创建初期就将罪犯的考核列为监狱执法的重要内容和方式，1954 年《劳动改造条例》第 29 条对罪犯考核提出明确要求，即为考察罪犯改造情况，应当建立罪犯档案卡片制度，并且设专人管理，随时把罪犯遵守纪律的情况，劳动、学习的表现进行记载，定期考核。改革开放后，有些监狱开始探索用计分的方法对罪犯的日常表现进行考核，并取得一定的成效。1982 年《监狱、劳改队管教工作细则》（试行）肯定了这种做法，要求监狱对罪犯要建立考核制度。每周开一次生活检讨会，每月进行一次思想检查，每季进行一次评比，年终进行一次全面评审。对每一个罪犯都要用计分方法建立考核簿，具体记载每次检查、评比的好坏表现。平时有突出的好坏表现情况，也应当随时加以记载，作为考核奖惩的依据。1990 年 8 月 31 日司法部发布《关于计分考核奖罚罪犯的规定》，在全国监狱系统统一规范了计分考核的操作规程。1994 年《监狱法》第 56 条规定："监狱应当建立罪犯的日常考核制度，考核的结果作为对罪犯奖励和处罚的依据。"自此罪犯的考核有了明确的法律依据。司法部于 2016 年发布《关于计分考核罪犯的规定》，2016 年 8 月 1 日起施行；2021 年司法部颁发《监狱计分考核罪犯工作规定》，2021 年 10 月 1 日起施行；司法部《关于计分考核罪犯的规定》（司发通〔2016〕68 号）同时废止。随着罪犯考核的规范化、科学化程度的不断提升，我国监狱罪犯考核形成了以计分考核为主，记事考核和年终评审为补充的工作格局。

（二）罪犯奖惩是监狱和人民法院依照法律规定给予罪犯的奖励和处罚

对罪犯的奖惩分为奖励和处罚。前者是对罪犯积极的服刑改造表现的肯定，体现为对罪犯一些实际需要的满足；后者是对罪犯消极的服刑改造表现的否定，体现为对罪犯利益的剥夺。对罪犯的奖励有行政奖励和刑事奖励,其中表扬、记功、物质奖励和准予离监探亲属于行政奖励,减刑和假释属于刑事奖励。对罪犯的处罚有行政处罚和刑事处罚,其中警告、记过和禁闭属于行政处罚,罪犯服刑期间犯罪的处理结果属于刑事处罚。这里需要注意,监狱给予罪犯的行政处罚,不同于一般行政机关作出的行政处罚。狱政管理是国家的刑事执法活动,属于特殊的行政管理,特殊的领域需要特别的法律来规制。就罪犯的行政处罚而言,监狱法属于特别法,行政处罚法属于普通法。根据特别法优先适用的原则,罪犯的行政处罚适用监狱法,而不适用行政处罚法,相应地也不适用行政复议法和行政诉讼法。依照监狱法以及监狱管理的相关规定,行政处罚的决定应当在罪犯中公开。罪犯对行政处罚决定有异议的,可以申请复议,监狱应当在7个工作日内作出答复。立法机关和监狱主管机关应当从维护正常的监管秩序和保护罪犯合法权益的角度,完善罪犯行政处罚的办理机制。

对罪犯的奖惩,从两个侧面分为行政奖惩和刑事奖惩。两者的区别在于以下方面。第一,决定机关不同。行政奖惩是根据罪犯的实际表现依法由监狱作出;刑事奖惩则最终是由人民法院作出。第二,适用条件不同。行政奖惩与刑事奖惩各有各的适用的条件。相比之下,刑事奖惩的条件更为严格,奖惩力度也高于行政奖惩。第三,适用程序不同。由监狱作出的行政奖惩,其基本程序是监狱内部的申报和审批程序。由人民法院作出的刑事奖惩,则需要由监狱(有时也包括监狱的上级机关)、人民检察院和人民法院依照各自的职权办理。第四,法律后果不同。行政奖惩和刑事奖惩虽然都是对罪犯实际利益的予夺,但行政奖惩不会引起刑事法律关系的变更。刑事奖惩则是对刑事法律关系的调整和变更,影响罪犯原判刑种或刑期的实际执行。

(三)考核结果是对罪犯实施奖惩的重要依据

1. 考核结果是对罪犯实施行政奖励和处罚的主要依据

根据《监狱法》第56条的规定,监狱应当建立罪犯的日常考核制度,考核的结果作为对罪犯奖励和处罚的依据。监狱对罪犯进行行政奖励和行政处罚时,必须依据罪犯的实际表现,而实际表现主要是通过考核来显示的。

2. 考核结果是对罪犯提请减刑、假释的重要依据

《监狱法》第29条、第32条分别规定,被判处无期徒刑、有期徒刑的罪犯,在服刑期间确有悔改或者立功表现的,根据监狱考核的结果,可以减刑。符合法律规定的假释条件的,由监狱根据考核结果向人民法院提出假释建议。由此可见,考核的结果是监狱提请减刑、假释的重要依据。

二、考核奖惩的作用

(一)引导罪犯遵守服刑规范

法律和规章规定的罪犯考核内容、考核标准和罪犯的奖励条件,与监狱改造罪犯的目标和方向是一致的。考核奖惩的实施,有利于引导罪犯树立正确的服刑改造目标,督促罪犯遵守服刑行为规范。只有罪犯有积极改造的表现时,才能受到奖励。也就是说,罪犯要想获得任何形式的奖励,只有积极接受改造这样一条正确的道路,奖励起着引导罪犯积极改造的作用。法律所规定的对罪犯的各种处罚,其基本条件是罪犯有各种法定的消极服刑表现。监狱对罪犯的处罚,目的是使罪犯清楚地知晓哪些是不能做的,从而发挥管理的惩戒作用。

(二)维护正常监管改造秩序

维护正常的监管改造秩序,是监狱管理者的一项常规性的工作,严明的奖惩是维护正常监管改造秩序、创造良好的监管改造环境的有效手段。监狱通过对罪犯的奖惩,旗帜鲜明地指出在监狱内提倡什么,反对什么。对严格遵守监规纪律的行为大力表彰,对违反监规纪律特别是在监狱内犯罪的行为严厉打击。奖惩与其他手段的共同使用,可以维护监狱正常的监管改造秩序,使罪犯的改造有一个良好的狱内环境,从而促进罪犯的积极改造。

(三)激励罪犯积极服刑改造

狱政管理中的激励,就是寻找适当的刺激点,激发罪犯服刑改造的内在驱动力,即常说的调动罪犯的改造积极性。寻找适当的刺激点,就是要研究服刑罪犯的需要,然后寻求合法合理的途径满足罪犯的需要,并且将满足罪犯需要的过程与改造的目标紧密地结合起来。针对罪犯的激励主要包括以下内容:

1. 实惠激励

实惠是指实际的好处。对于服刑罪犯,要调动他们的积极性,最为有效的方法之一,就是以实实在在的物质利益为诱导,并将得到这些物质利益与他们的实际表现挂钩,使罪犯明明白白地认识到,认真遵守监规,接受教育改造,就能得到实际的好处;而要得到实实在在的好处,只有一条路可走,那就是积极改造。这就是实惠激励。可以激发罪犯内在驱动力的实惠主要包括:服刑期间优惠的生活待遇、放宽限制自由的程度(监内活动范围)、相对多一些的劳动报酬或者物质奖励、会见亲属时的优惠待遇(如与亲属共同进餐、通电话和远程视频会见等)、获得减刑或者假释的机会等。

实际的需要是激励罪犯的先决条件,但除了需要外,还有一个期望值的问题,也就是要充分估计获得优惠待遇的可能性,目标定得过高,大多数罪犯感到可望而不可即,实现的可能性太小,就会挫伤罪犯的积极性。

2. 荣誉激励

荣誉,相对于实惠而言,是光荣的名誉。监狱不仅可以用实惠作为刺激物,而且可以用荣誉激发罪犯的改造积极性。

给予有突出表现的罪犯以各种荣誉称号,不仅是激励罪犯的需要,而且是在监狱内大力弘扬正气,树立良好的服刑改造氛围的需要。监狱对积极改造的分子要大力表彰,树立正面典型。对于谩骂、围攻正面典型的罪犯,要严厉打击,毫不手软。

3. 评价激励

心理学的"操作条件反射"理论认为,人类或者动物为了达到某种目标,会采用行为来作用于环境,当行为结果对本身有利时,这种行为会重复出现;当行为结果对本身不利时,这种行为就削弱或者消失。这种理论应用于管理中,就产生了"行为修正激励论":对人的某种行为给予肯定或者奖励,就会对人这种行为起到增强作用;当对人的某种行为给予否定或者惩罚,就会对人的这种行为起到削弱作用。

管理过程中,起正强化作用的行为激励,既有正式的奖励,如行政奖励、刑事奖励措施;也有非正式的赞许,如表现赞许的眼神、微笑和手势等。激励的产生主要在于奖励评价的及时,奖励越及时,强化效果越好,反之就无法取得预期效果。另外,在管理中,对罪犯的惩罚性的评价同样是重要的,它可以减少罪犯不符合监狱规范的行为。

4. 竞争激励

竞争是当今社会的一个特征,监狱内罪犯之间同样存在竞争。竞争需要机会,需要恰当的机会,竞争更需要秩序,需要规则。没有良好秩序和规则,就会产生竞争当中的投机行为,竞争就失去了公正性。多数罪犯缺少健全的良知,不少罪犯信奉"为实现目的不择手段"的人生信条,在监狱内的竞争中,只要有机会就违反"竞赛规则"。为此,监狱在罪犯考核、分级处遇当中,必须努力完善制度,加强执法力度,对改造中的投机取巧行为、欺骗行为要严加防范和制止,特别强调公平竞争。罪犯服刑改造中的公平竞争,要做到机会公平、过程公平和结果公平。

总之,在罪犯的激励过程中,考核和奖惩都发挥着不可或缺的基础作用。

三、考核奖惩的原则

(一)坚持党对考核奖惩工作的绝对领导

考核奖惩是狱政管理的重要内容和基本手段。考核,是监狱评价罪犯日常表现的重要工作,是监狱衡量罪犯改造质量的基本尺度,是调动罪犯改造积极性的基本手段。奖惩是监狱根据考核结果决定或提请司法机关决定对罪犯实施奖励和处罚的重要措施,是维护正常监管秩序、规范罪犯服刑行为、激励罪犯积极改造的重要途径。基于狱政管理的政治属性和考核奖惩在狱政管理中的重要性,考核奖惩工作必须坚持党的绝对领导。党的十八大以来,党中央高度重视刑罚执行工作。习近平总书记多次对减刑、假释工作作出重要指示,要求严格规范减刑、假释,充分体现司法公正,杜绝司法腐败,提高司法公信力。十八届三中全会、十八届四中全会对严格规范减刑、假释程序,完善刑罚执行制度提出了明确要求。为贯彻落实中央重大决策部署,最高人民法院、最高人民检察院、公安部、司法部等中央政法机关近年来先后出台了多个司法解释和规范性文件,完善了计分考核办法,建立了备案审查、巡回检察等一系列制度机制,对减刑、假释工作进行严格规范,取得了明显成效。另外,2021 年 10 月 1 日起施行的司法部《监狱计分考核罪犯工作规定》明确要求,省、自治区、直辖市司法厅(局)党委(党组)、监狱管理局党委和监狱党委以及监区党组织应当将计分考核罪犯工作纳入重要议事日程,加强领导和监督,纪检监察部门履行监督责任,用好监督执纪“四种形态”,依纪依法追究责任。

（二）坚持监狱工作方针

考核奖惩工作应当坚持“惩罚和改造相结合,以改造人为宗旨”的监狱工作方针。监狱工作方针具有三层基本含义:首先指出了监狱的两项基本职能,即惩罚和改造罪犯;其次指出监狱的两项基本职能之间的逻辑关系,强调惩罚和改造相结合;最后指明惩罚罪犯是监狱工作的基础和前提,但并非监狱工作的目的,监狱工作的目的是改造罪犯,即以改造人为宗旨。在监狱工作方针的指引下,我国监狱考核奖惩的内容不断更新。以对罪犯的计分考核为例,1990 年司法部发布的《关于计分考核奖罚罪犯的规定》,将考核分为思想改造和劳动改造两部分,思想改造满分为 55 分,劳动改造满分为 45 分。2016 年发布的《关于计分考核罪犯的规定》,将思想改造改为教育改造,将罪犯的考核分为教育改造和劳动改造两大部分,每个月教育改造的基础分为 65 分,劳动改造的基础分为 35 分,显示了对教育改造的重视。2021 年 10 月 1 日起施行的《监狱计分考核罪犯工作规定》,则将罪犯的考核内容分为三部分,即监管改造,教育和文化改造,劳动改造。每月的基础分值前两项分别为 35 分,后一项为 30 分。由上述变化可以看出,计分考核的内容与罪犯改造手段认识上的不断深化和更新有关,现行规定首次将监管改造列入考核内容,并将教育改造扩充为教育和文化改造。可以说,这是在监狱工作方针指引下,考核奖惩工作所取得的新成果。

(三)坚持依法严格规范

1. 监区、监狱和监狱管理机关应当严格执行考核制度规定

监区在计分考核罪犯工作中应当严格执行各项制度规定,每月至少召开一次计分考核罪犯工作会议,总结计分考核工作,评价管教民警工作,规范和改进工作行为。会议情况应当及时报告监狱。

监狱应当定期或者不定期开展计分考核罪犯工作检查,每季度至少召开一次计分考核罪犯工作会议,听取计分考核工作组工作汇报,总结和改进计分考核工作。会议情况应当及时报告监狱管理局。遇有重大或者共性问题,应当分析研判、提出意见建议,向监狱管理局请示或者报告。

省、自治区、直辖市监狱管理局应当加强对监狱计分考核罪犯工作的监督管理,及时研究解决计分考核罪犯工作中的重大政策和群众反映强烈的问题,每半年至少开展一次抽查检查,督促整改问题隐患。重大工作情况应当及时向司法厅(局)请示或者报告。

省、自治区、直辖市司法厅(局)应当加强对监狱计分考核罪犯工作的指导,每年至少听取一次监狱管理局的专题汇报。

2. 监狱计分考核罪犯工作实行考核工作责任制

"谁考核谁负责、谁签字谁负责、谁主管谁负责",监狱人民警察及相关工作人员在职责范围内对计分考核罪犯工作质量终身负责。

3. 严格执行考核纪律

监狱人民警察及相关工作人员在计分考核罪犯工作中有下列情形之一的,依纪依法给予处理;构成犯罪的,依法追究刑事责任;捏造事实、伪造材料、收受财物或者接受吃请的;打招呼说情或者施加压力,干预计分考核的;超越职责范围或者未经集体研究决定,为罪犯计分考核的;隐匿或者销毁罪犯检举揭发、异议材料的;因故意或者重大过失导致计分考核台账或者资料遗失、损毁的;故意延迟登记、错误记录或者篡改计分考核台账或者资料的;违反计分考核议事规则,个人或者少数人决定计分考核事项的;拒不执行或者擅自改变集体决定事项的;借集体研究之名违规办理罪犯计分考核的;其他违反法律法规的情形。

4. 依法保障监狱人民警察正当履职行为

省、自治区、直辖市司法厅(局)、监狱管理局和监狱应当依法保障监狱人民警察在计分考核罪犯工作中的正当履职行为,对受到恶意举报、污蔑、诽谤的监狱人民警察,应当及时调查澄清,并依法追究相关人员责任;对工作实绩突出的监狱人民警察,应当及时给予表彰奖励。

（四）坚持公平、公正、公开

考核奖惩的目标是全面、准确地反映罪犯的改造表现，及时并如实作出公正的评价和反应。为此，必须坚持公平、公正、公开的原则。

1. 坚持公平原则

公平，在考核奖惩工作中是针对罪犯而言的，是指罪犯通过比较对考核奖惩的结果产生的内心感受。比较包括横向比较和纵向比较。横向比较发生在罪犯群体中，一是某一罪犯个体与犯群中的其他成员的比较，二是犯群中大多数成员与某一罪犯个体的比较。纵向比较是罪犯对自己的经历所作的前后比较。罪犯接受改造过程中认为自己的付出和回报相称时，内心会产生对考核奖惩结果的认同感，这种认同感就是感受到公平的具体表现。如果相反，罪犯在横向比较和纵向比较中，认为自己的付出与回报不相称，特别是认为付出比其他罪犯多，而回报又比其他罪犯少时，就会产生不公平感。另外，犯群中的成员普遍感到某一罪犯付出和回报明显失衡，回报大于付出时，群体性的不公平感会更加强烈。总之，公平指向付出与回报之间的均衡适度。因此，对于管理者而言，要达成公平的效果，必须站稳公允的立场，正当履职，公道行事，坚持合情合理处理公务，对罪犯一视同仁，不偏袒任何一个罪犯，不歧视任何一个罪犯。

2. 坚持公正原则

公正，在考核奖惩中，是针对履职的监狱人民警察而言的，是追求公平效果的重要保证。从实效的角度看，要做到客观公正；从时效上看，要做到准确及时。

客观公正是对考核奖惩的实效要求。从考核方面上看，对罪犯的考核要努力真实地反映罪犯改造表现的本来面目。首先，监狱人民警察要秉持客观公正的态度，站稳公道的立场。对罪犯的考核不能掺杂个人好恶，不能感情用事。其次，坚持定量分析与定性分析相结合。为客观真实反映罪犯改造表现，不能只相信某一种方法，要尽可能地使用多种方法，以便相互印证，作出综合评断。每一种考核方法都具有一定的局限性，计分考核也是如此。从基本原理上看，计分考核是一种定量考核方法，是将罪犯的整体表现划分为若干个测量点，确定各个测量点的分值，实行指标分解，然后再将罪犯各个部分的得分相加，形成罪犯的整体分数。根据系统论的理论，一个整体各个部分的简单相加并不一定等同于整体本身。这就是定量分析的局限性。这就说明不能把计分考核看作唯一有效的考核方法。与定量分析方法相对的定性分析方法在考核中也发挥着重要的作用。例如，年终评审就是一种偏向于定性分析的方法，各个栏目的填写大多带有总结归纳定性的色彩。因此，只有坚持定量分析与定性分析相结合，才能促进考核结果的客观公正。从奖惩方面上看,监狱和人民法院对罪犯的奖惩,是严肃的执法活动,而且是行刑阶段执法活动的核心内容之一。监狱的人民警察和人民法院的办案人员一定要秉公执法,一视同仁,不徇私情,防止感情用事,切实做到司法公正,奖惩严明。只有如此,才能使罪犯深切感到要得到任何形式的奖励,要免受各种处罚,唯一有效的途径就是踏踏实实服刑,认认真真改造。只有如此,才能使罪犯之间的竞争在有规则有秩序的大环境中进行,防止罪犯出现各种投机行为。

准确及时是对考核奖惩的时效要求。所谓准确,有两种含义:一是事实准确,也就是说,对罪犯的奖惩所依据的事实要查证属实;二是法律适用要准确,即严格掌握法律所规定的对罪犯实施各种奖惩的条件。只有这样才能保证奖惩的结果准确。所谓及时,是指监狱对罪犯实施奖励和处罚要在尽可能短的时间内实施。古人讲,赏务速而后有劝,罚务速而后有惩。对积极改造的罪犯迟迟不奖,就会挫伤其改造积极性;对违法犯罪的罪犯迟迟不罚,就会助长其对抗管理的嚣张气焰。只有及时实施奖惩,才能巩固罪犯考核的成果,提高奖惩的激励力量,体现政策的威力和法律的尊严。

3. 坚持公开原则

为确保罪犯考核奖惩的公正性,必须坚持"以公开为常态,以不公开为例外"的原则,树立考核奖惩在"阳光下执法"的理念,将罪犯考核奖惩的相关事项,严格按照狱务公开的要求,采用适当形式予以公开。通常情况下,考核是监狱的一项公开的管理措施,考核的公开实施体现了监狱刑罚执行公开性的要求,据此监狱对罪犯的考核实行"日记载、周评议、月汇总"的制度。公开考核可以激发罪犯对考核结果的关心程度,既有助于罪犯之间的相互监督,也有助于排除监狱人民警察的个人因素对考核的干扰。监狱对罪犯奖惩也坚持公正公开的原则。例如,罪犯获得行政奖励、受到行政处罚的结果,按规定向罪犯近亲属和罪犯公开;监狱对罪犯提请减刑、假释的情况按规定进行公示,人民法院审理减刑、假释案件的结果按规定公开;罪犯因服刑期间又犯罪的处理结果按规定公开等。

鉴于监狱工作自身的特性,在坚持常态化公开的同时,也要明确不公开的"例外"范围和要求,监狱依法采取的隐蔽措施和保密事项必须做好保密工作。例如,罪犯检举违法违纪行为、提供有价值破案线索等专项加分,在每月的公示中不予显示。再如,在提请减刑、假释过程中,监区人民警察集体评议、监区长办公会、监狱提请减刑假释评审委员会、监狱长办公会等会议的记录材料,要严格保密,不得随意公开。还有,监狱在侦查罪犯又犯罪过程中采取的专门调查措施和强制措施都需要按规定做好保密工作。此外,监狱在考核奖惩时,涉及罪犯个人隐私的事项要注意保密。

考核是公开的管理措施，要准确把握罪犯的思想动态，准确反映罪犯服刑改造表现，还需要隐蔽的方法，如监狱定期不定期对罪犯进行的狱情分析和摸底排队。摸底排队的主要目的是排查危险分子，同时也是把握罪犯的思想改造表现。经过摸底排队，监狱一般要把罪犯分为积极、一般、落后、危险四类。计分考核和摸底排队是从不同的角度，采用不同的途径对罪犯真实情况的观察和评判。在管理实践中，摸底排队的结果往往与计分考核的结果不相吻合，这是正常现象。只有坚持公开与隐蔽相结合，不单纯依赖罪犯的计分考核结果，才能更加全面、深入地了解和揭示罪犯的真实的服刑改造表现。

（五）坚持直接管理与集体评议相结合考核奖惩要坚持监狱人民警察直接管理原则

对罪犯的考核必须由监狱人民警察依照各自的职权，亲自组织，直接实施。监狱人民警察不得将考核权交给罪犯去行使。这是因为，考核权是监狱享有的重要的狱政管理权力，考核的结果直接与监狱奖罚罪犯相联系，与罪犯的处遇等级相关，是监狱准确执法的前提条件之一。只有坚持监狱人民警察直接考核的原则，才能最大限度地保证考核的准确性、公正性。当然，在年终评审中，需要用罪犯小组长将小组的评议意见，填入《罪犯评审鉴定表》，但这只是代表罪犯小组的意见，在填写前也要经分管警察审查。分监区、监区的评审结果，必须由监狱人民警察亲自填写，不得使用罪犯代写。

考核奖惩过程中要坚持监狱人民警察的集体评议制度。集体评议主要是在基层押犯单位，按要求对罪犯的计分考核、提请减刑、提请假释，都需要召集本单位全体人民警察集体评议。计分考核经过集体评议后予以公示，提请减刑、假释的事项经集体评议后确定是否进入下一提请程序。

第二节 对罪犯的考核

一、计分考核[①]

（一）计分考核的含义

计分考核是监狱按照管理和改造要求，以日常计分为基础、等级评定为结果，

① 本部分内容主要来自《监狱计分考核罪犯工作规定》。

评价罪犯日常表现的重要工作,是监狱衡量罪犯改造质量的基本尺度,是调动罪犯改造积极性的基本手段。

监狱成立计分考核工作组,由监狱长任组长,分管狱政管理的副监狱长任副组长,有关部门负责人为成员,负责计分考核罪犯工作的组织领导和重大事项研究。监区成立计分考核工作小组,由监区长任组长,监区全体民警为成员,负责计分考核罪犯工作的具体实施。

监狱的狱政管理部门承担计分考核工作组日常工作,监区指定的专职民警负责计分考核工作小组日常工作,监区管教民警负责罪犯日常计分和提出等级评定建议。

计分考核工作组、计分考核工作小组研究考核事项时,作出的决定应当经三分之二以上组成人员同意后通过。对不同意见,应当如实记录在案,并由本人签字确认。

监狱计分考核罪犯工作实行考核工作责任制,"谁考核谁负责、谁签字谁负责、谁主管谁负责",监狱人民警察及相关工作人员在职责范围内对计分考核罪犯工作质量终身负责。省、自治区、直辖市司法厅(局)对计分考核罪犯工作承担指导责任,监狱管理局承担监督管理责任。

计分考核自罪犯入监之日起实施,日常计分满600分为一个考核周期,等级评定在一个考核周期结束次月进行,等级评定分为积极、合格和不合格。监狱应当根据计分考核结果给予罪犯表扬、物质奖励或者不予奖励,并将计分考核结果作为对罪犯实施分级处遇、依法提请减刑假释的重要依据。一个考核周期结束,从考核积分中扣除600分,剩余考核积分转入下一个考核周期。

(二)日常计分

1. 日常计分的含义

日常计分是对罪犯日常改造表现的定量评价,由基础分值、日常加扣分和专项加分组成。依据计分的内容和标准,对达到标准的给予基础分;达不到标准,或者违反规定的在基础分基础上给予扣分;表现突出的给予加分;符合专项加分情形的给予专项加分。计分总和为罪犯当月考核分。罪犯入监教育期间不给予基础分,但有加分、扣分情形的应当如实记录,相应分值计入第一个考核周期。

监狱应当根据看守所提供的鉴定,将罪犯在看守所羁押期间的表现纳入入监教育期间的加分、扣分,并计入第一个考核周期。

日常计分内容分为三个部分:监管改造,教育和文化改造,劳动改造。这三部分每月基础分值依次分别为35分,35分,30分。每月基础总分为100分,每月各部分日常加分分值不得超过其基础分的50%,且各部分得分之间不得相互替补。

2. 监管改造分

罪犯监管改造表现达到以下标准的，当月给予基础分 35 分：

(1)遵守法律法规、监规纪律和行为规范；

(2)服从监狱人民警察管理，如实汇报改造情况；

(3)树立正确的服刑意识和身份意识，改造态度端正；

(4)爱护公共财物和公共卫生，讲究个人卫生和文明礼貌；

(5)厉行节约，反对浪费，养成节约用水、节约粮食等良好习惯；

(6)其他遵守监规纪律的情形。

3. 教育和文化改造分

罪犯教育和文化改造表现达到以下标准的，当月给予基础分 35 分：

(1)服从法院判决，认罪悔罪；

(2)接受思想政治教育和法治教育，认识犯罪危害；

(3)接受社会主义核心价值观和中华优秀传统文化教育；

(4)参加文化、职业技术学习，考核成绩合格；

(5)接受心理健康教育，配合心理测试；

(6)参加监狱组织的亲情帮教、警示教育等社会化活动；

(7)参加文体活动，树立积极改造心态；

(8)其他积极接受教育和文化改造的情形。

4. 劳动改造分

罪犯劳动改造表现达到以下标准的，当月给予基础分 30 分：

(1)接受劳动教育，掌握劳动技能，自觉树立正确劳动观念；

(2)服从劳动岗位分配，按时参加劳动；

(3)认真履行劳动岗位职责，按时完成劳动任务，达到劳动质量要求；

(4)遵守劳动纪律、操作规程和安全生产规定；

(5)爱护劳动工具和产品，节约原材料；

(6)其他积极接受劳动改造的情形。

对因不可抗力等被暂停劳动的罪犯，监狱应当根据实际情况并结合其暂停前的劳动改造表现给予劳动改造分。

对有劳动能力但因住院治疗和康复等无法参加劳动的罪犯，住院治疗和康复期间的劳动改造分记 0 分，但罪犯因舍己救人或者保护国家和公共财产等情况受伤无法参加劳动的，监狱应当按照其受伤前 3 个月的劳动改造平均分给予劳动改造分，受伤之前考核不满 3 个月的按照日平均分计算。

对老年、身体残疾、患严重疾病等经鉴定丧失劳动能力的罪犯,不考核劳动改造表现,每月基础总分为100分,其中监管改造基础分50分,教育和文化改造基础分50分。

5. 专项加分

罪犯有下列情形之一,经查证属实且尚不足认定为立功、重大立功的,应当给予专项加分:

(1)检举、揭发他人违法犯罪行为或者提供有价值破案线索的;

(2)及时报告或者当场制止罪犯实施违法犯罪行为的;

(3)检举、揭发、制止罪犯自伤自残、自杀或者预谋脱逃、行凶等行为的;

(4)检举、揭发罪犯私藏或者使用违禁品的;

(5)及时发现和报告重大安全隐患,避免安全事故的;

(6)在抗御自然灾害或者处置安全事故中表现积极的;

(7)进行技术革新或者传授劳动生产技术成绩突出的;

(8)省、自治区、直辖市监狱管理局认定具有其他突出改造行为的。

罪犯每年度专项加分总量原则上不得超过300分,单次加分不得超过100分,有上述第(1)至(5)项情形的不受年度加分总量限制。

6. 其他情形的处理

(1)罪犯受到警告、记过、禁闭处罚的,分别扣减考核分100分、200分、400分,扣减后考核积分为负分的,保留负分。受到禁闭处罚的,禁闭期间考核基础分记0分。

(2)对下列罪犯应当从严计分,严格限制加分项目,严格控制加分总量:职务犯罪罪犯;破坏金融管理秩序和金融诈骗犯罪罪犯;组织、领导、参加、包庇、纵容黑社会性质组织犯罪罪犯;危害国家安全犯罪罪犯;恐怖活动犯罪罪犯;毒品犯罪集团的首要分子及毒品再犯;累犯;因故意杀人、强奸、抢劫、绑架、放火、爆炸、投放危险物质或者有组织的暴力犯罪被判处十年以上有期徒刑、无期徒刑以及死刑缓期执行的罪犯;法律法规规定应当从严的罪犯。

(3)罪犯通过利用个人影响力和社会关系、提供虚假证明材料、贿赂等不正当手段获得考核分的,应当取消该项得分,并根据情节轻重给予扣分或者处罚。

(4)罪犯在监狱服刑期间又犯罪的,取消已有的考核积分和奖励,自判决生效或者收监之日起重新考核;考核积分为负分的,保留负分,自判决生效或者收监之日起继续考核。

(5)罪犯因涉嫌犯罪被立案侦查的,侦查期间暂停计分考核。经查证有违法犯罪行为的，侦查期间的考核基础分记0分；经查证无犯罪行为的，按照罪犯立案前3个月考核平均分并结合侦查期间的表现计算其侦查期间的考核分；立案前考核不满3个月的按照日平均分计算。罪犯因涉嫌违规违纪被隔离调查的，参照执行。

(6)办案机关或者人民法院认定不构成犯罪、经再审改判为较轻刑罚或者因作证等原因被办案机关解回的，保留已有的考核积分和奖励，并按照解回前3个月考核平均分计算其解回期间的考核分；解回前考核不满3个月的按照日平均分计算。

(7)罪犯暂予监外执行期间暂停计分考核，自收监之日起继续考核，原有的考核积分和奖励有效。因违反暂予监外执行监督管理规定被收监执行的，取消已有的考核积分和奖励，自收监之日起重新考核；考核积分为负分的，保留负分，自收监之日起继续考核。

(8)罪犯在假释期间因违反监督管理规定被收监的，取消已有的考核积分和奖励，自收监之日起重新考核。

(9)罪犯转押的，转出监狱应当同时将计分考核相关材料移交收押监狱，由收押监狱继续计分考核。

(三)等级评定

1. 等级评定的含义

等级评定是监狱在日常计分基础上对罪犯一个考核周期内改造表现的综合评价，分为积极、合格、不合格三个等级。等级评定结果由计分考核工作小组研究意见，报计分考核工作组审批，其中积极等级的比例由计分考核工作组确定，不得超过监狱本期参加等级评定罪犯总人数的15%。

2. 不得评为积极等级的情形

罪犯在一个考核周期内，有下列情形之一的，不得评为积极等级：(1)因违规违纪行为单次被扣10分以上的；(2)任何一部分单月考核得分低于其基础分的；(3)上一个考核周期等级评定为不合格的；(4)确有履行能力而不履行或者不全部履行生效裁判中财产性判项的；(5)省、自治区、直辖市监狱管理局明确不得评为积极等级的情形。

3. 应当评为不合格等级的情形

罪犯在一个考核周期内，有下列情形之一的，应当评为不合格等级：(1)有违背宪法关于中国共产党领导、中国特色社会主义制度言行的；(2)有危害民族团结或者国家统一言行的；(3)有歪曲、抹黑中华优秀传统文化、革命文化和社会主义先进文化言行的；(4)有鼓吹暴力恐怖活动或者宗教极端思想言行的；(5)宣传、习练“法轮功”等邪教的；(6)以辱骂、威胁、自伤自残等方式对抗监狱人民警察管理，经警告无效的;(7)受到两次以上警告或者记过处罚的;(8)受到禁闭处罚的;(9)有三次以上单月考核分低于60分的;(10)省、自治区、直辖市监狱管理局明确应当评为不合格等级的情形。

对职务犯罪罪犯等应当从严计分、严格限制加分项目、严格控制加分总量的罪犯,在积极等级评定上应当从严掌握。

(四)计分考核程序

1.“日记载、周评议、月汇总”

监区管教民警每日记载罪犯改造行为加分、扣分情况,计分考核工作小组每周评议罪犯改造表现和考核情况,每月汇总考核分,不足月的按日计算。

对罪犯加分、扣分,监区管教民警应当以事实为依据,依法依规提出建议,报计分考核工作小组研究决定。

对罪犯违规违纪行为事实清楚、证据确凿,且单次适用分值2分以下的扣分,监区管教民警可以当场作出决定,并报计分考核工作小组备案。

对单次适用分值5分以上的加分、10分以上的扣分和专项加分,由计分考核工作小组报计分考核工作组审批。

罪犯同一情形符合多项加分、扣分情形的,应当按照最高分值给予加分、扣分,不得重复加分、扣分。

2.公示

除检举违法违纪行为、提供有价值破案线索等不宜公示的情形外,罪犯加分、扣分、每月得分和等级评定结果应当及时在监区内公示,公示时间不少于3个工作日。

3.异议处理

罪犯对加分、扣分、每月得分和等级评定结果有异议的,可以自监区管教民警作出决定或者公示之日起3个工作日内向计分考核工作小组提出书面复查申请;本人书写确有困难的,可由他人代为书写,本人签名、按捺手印予以确认。计分考核工作小组应当进行复查,于5个工作日内作出书面复查意见,并抄报计分考核工作组。

罪犯对计分考核工作小组的复查意见有异议的,可以自收到复查意见之日起3个工作日内向计分考核工作组提出书面复核申请;计分考核工作组应当进行复核,于5个工作日内作出书面复核意见,并及时抄送人民检察院。计分考核工作组的复核意见为最终决定。

4.监督

(1)依法接受人民检察院的法律监督。监狱应当定期向人民检察院通报计分考核罪犯制度规定及工作开展情况,邀请人民检察院派员参加计分考核罪犯工作会议,听取意见建议。监狱对人民检察院在检察工作中发现计分考核罪犯工作有违法违规情形提出口头或者书面纠正意见的,应当立即调查核实。

对纠正意见无异议的,应当在5个工作日内予以纠正并将纠正结果书面通知人民检察院;对纠正意见有异议的,应当采取书面形式向人民检察院说明情况或者理由。

(2)依法接受纪检检察机关的监督。监狱纪检部门应当在监狱会见室和监区设置举报信箱,及时受理罪犯及其亲属或者监护人反映的计分考核问题。

(3)依法接受社会团体和人民群众的监督。首先,监狱应当根据狱务公开有关规定,向社会公众公开计分考核内容和工作程序,向罪犯亲属或者监护人公开罪犯考核情况及对结果有异议的处理方式。其次,监狱应当通过聘请社会监督员、召开罪犯亲属或者监护人代表会等形式,通报计分考核工作,听取意见建议,自觉接受社会监督。最后,监狱应当注重发挥罪犯互相教育、互相监督作用,通过个别谈话等方式,了解掌握情况,听取意见反映。

(五)考核结果运用

监狱应当根据计分考核结果给予罪犯表扬、物质奖励或者不予奖励,并将计分考核结果作为对罪犯实施分级处遇、依法提请减刑假释的重要依据。

1. 考核结果是给予罪犯表扬、物质奖励或不予奖励的重要依据

一个考核周期结束,计分考核工作小组应当根据计分考核结果,按照以下原则报计分考核工作组审批:

(1)被评为积极等级的,给予表扬,可以同时给予物质奖励;

(2)被评为合格且每月考核分均不低于基础分的,给予表扬;

(3)被评为合格等级但有任何一个月考核分低于基础分的,给予物质奖励;

(4)被评为不合格等级的,不予奖励并应当给予批评教育。

监狱决定给予罪犯表扬、物质奖励、不予奖励或者取消考核积分和奖励的,应当及时在监区内公示,公示时间不得少于3个工作日,同时应当及时将审批决定抄送人民检察院。

2. 考核结果是分级处遇的重要依据

监狱根据计分考核结果除给予罪犯奖励或者不予奖励外,可以依照有关规定在活动范围、会见通信、生活待遇、文体活动等方面给予罪犯不同的处遇。

3. 考核结果是依法提请减刑假释的重要依据

监狱对罪犯的计分考核结果和相应表扬决定及有关证据材料,在依法提请减

刑、假释时提交人民法院和人民检察院。

二、记事考核

(一)记事考核法的含义

记事考核法,又称证据考核法,是对罪犯的现实表现用证据材料记载并侧重于定性考核的方法。记事考核主要适用于罪犯积极进步和消极落后的两极表现。记事考核法的特点是抓两头,略中间,它的好处是能准确而完整地记录和显示罪犯服刑改造过程中典型性的现实表现,其文字材料可以作为证据材料使用,为奖惩提供翔实的资料。

(二)记事考核的适用范围

记事考核法,适用于罪犯积极进步和消极落后的两极表现。罪犯的积极和进步的表现,主要指罪犯有刑法所规定的立功表现,监狱法所规定的可以进行行政奖励的情形;罪犯的消极和落后的表现,主要指罪犯违反《监狱法》和《监狱服刑人员行为规范》等法律、法规和规章,应当进行狱政处罚和刑事处罚的行为。

(三)记事考核的主要形式

记事考核,主要使用文字材料进行记录,分为两种情况:一是对于应当奖励罪犯的情形,采用对当事人进行询问的询问笔录、座谈笔录和罪犯思想汇报、亲笔证言和管理人员的证明材料以及管理人员填写的各种奖励文书等。二是对于应当处罚罪犯的情形,需要进行狱政处罚的,要按有关规定,采集文字材料,制作相应的文书;需要追究其刑事责任的,则要按照刑事诉讼法及相关规范,制作“询问笔录”“讯问笔录”“亲笔证言”等法律文书。

(四)记事考核的基本要求

记事考核要求准确、及时、合乎规范。准确,是指记事考核的内容要与罪犯的现实表现相符,即与事实相符,同时要求表述准确;及时,是指一旦出现需要进行文字记录的情形,有关人员要及时采集证据材料,并形成文字材料;合乎规范,是指在收集、整理有关罪犯现实表现的文字材料,特别是制作监狱执法文书时,要符合相关的规范。

三、年终评审

年终评审,是监狱在每一个年度,对罪犯进行定性和定量相结合、全面审查和评定罪犯一年来的服刑改造表现的考核方法。

年终评审适用于所有罪犯,每一年度进行一次,每一名罪犯都必须接受和参加监狱组织的年终评审。

年终评审，是对罪犯过去一年内的服刑改造表现的全面的审查和认定，其内容包括罪犯的认罪悔罪表现，遵守监规纪律表现，劳动表现，接受政治、思想、文化、技术教育情况和本年度奖惩情况。

年终评审的程序是：罪犯自我总结、小组评议和分监区、监区审查，制作年终评审表，报监狱审批。年终评审表要装入罪犯服刑档案，是罪犯档案的必备材料；在监狱提请减刑、假释时，年终评审表是必须向人民法院提交的材料。

应当指出，在监狱的实际工作中，计分考核、记事考核和年终评审等方法，是结合起来使用的，各自有各自的特点和优势，其从不同的侧面反映罪犯的真实表现，可谓是相互补充，进而形成了一个完整的罪犯考核体系，以求科学、全面、准确地揭示罪犯的服刑改造表现，发挥考核在监管改造中的积极作用。

第三节　对罪犯的奖励

一、表扬、物质奖励和记功

（一）表扬、物质奖励和记功的含义

表扬，是指监狱给予罪犯的一种荣誉性的表彰性奖励。物质奖励，是指监狱给予罪犯的物品、纪念品和奖金的奖励措施。记功，是指监狱在罪犯作出突出成绩和一定贡献时给予罪犯的奖励。

这里要注意记功与立功的区别。“记功”与“立功”在词意上很近似，记功从词意看就是把功记下来，立功就是立下了功。但在狱政管理当中这是两个不同的概念，首先，记功是一种行政奖励措施，是一种行为后果，立功则是减刑的法定的条件，指的是一种行为。其次，记功和立功的条件有所区别，记功是有一定的成绩和一定的贡献，立功则更突出，指有突出成绩和突出的贡献。最后，记功由监狱实施，立功则最终要由法院认定。

（二）表扬、物质奖励和记功的条件

根据《监狱法》第 57 条的规定，罪犯有下列情形之一的，监狱可以给予表扬、物质奖励和记功：

1. 遵守监规纪律、努力学习、积极劳动，有认罪服法表现的；

2. 阻止违法犯罪活动的；

3. 超额完成生产任务的；

4. 节约原材料或爱护公物,有成绩的;

5. 进行技术革新或传授生产技术,有一定成效的;

6. 在防止或者消除灾害事故中作出一定贡献的;

7. 对国家和社会有其他贡献的。

(三)表扬、物质奖励和记功的审批程序

对罪犯实施表扬、物质奖励和记功,由监区(分监区)集体研究,提出意见,呈报名单在罪犯中公示,经监狱主管部门审核后,由监狱长批准。

行政奖励的决定应当在罪犯中公开。罪犯对行政奖励决定有异议的,可以申请复议,监狱应当在 7 个工作日内作出答复。

二、准予离监探亲

(一)准予离监探亲的含义

准予离监探亲是指监狱对符合一定条件的罪犯准其暂时离开监狱,探望亲属的行政奖励措施。准予离监探亲是一种规格比较高的行政奖励措施,其使罪犯可以在服刑期间,暂时离开监狱,返家探亲。允许表现好的罪犯离监探亲作为狱政管理的一项改革措施,经多年试行,结果表明其极大地调动了罪犯的改造积极性,并取得了很好的社会效果。《监狱法》肯定了这一做法,并以法律的形式规范了离监探亲的条件。司法部根据《监狱法》的规定,于 2001 年 9 月 4 日发布了《罪犯离监探亲和特许离监规定》,对离监探亲的具体操作进行了规范。

(二)准予离监探亲的条件

《监狱法》第 57 条第 2 款规定:“被判处有期徒刑的罪犯有前款所列情形之一,执行原判刑期二分之一以上,在服刑期间一贯表现好,离开监狱不致再危害社会的,监狱可以根据情况准其离监探亲。”根据这一规定,并结合《罪犯离监探亲和特许离监规定》,离监探亲的条件可以概括为以下几个方面:

1. 前提性条件

罪犯系有期徒刑罪犯并且已执行原判刑期 1/2 以上。被适用离监探亲的罪犯在一定期限内将脱离监狱的监管控制,为最大限度地降低社会风险,要求服刑一半以上是必要的。

2. 实质性条件

罪犯必须具有适用行政奖励的 7 种情形之一,属于宽管级处遇,并且一贯表现好。一贯表现好是指罪犯长期处于持续而稳定的积极状态,没有大起大伏。

3. 保证性条件

罪犯离开监狱不再危害社会。准予离监探亲的罪犯要暂时离开监狱，回到社会上。如果这些罪犯回到社会以后，发生扰民、违法或犯罪行为，那么准予离监探亲这项措施就会失去人民群众的理解和支持。因此，准予离监探亲应当有一个保证条件，即罪犯离开监狱不致再危害社会。

4. 限制性条件

探亲对象的常住地在监狱所在的省、自治区、直辖市行政区域范围内。探亲的对象限于罪犯的父母、子女和配偶。

对符合上述条件的罪犯，监狱可以根据情况准其离监探亲。

（三）准予离监探亲的程序

准予离监探亲的程序是：监区推荐并审查，经监狱的狱政管理部门审核后，报主管监狱长批准。

（四）准予离监探亲的实施

准予离监探亲的实施要求是：监狱对于被批准离监探亲罪犯，必须开展一次集中教育，并进行个别谈话，明确其离监探亲期间应当遵守的纪律，强化其守法意识。罪犯到达探亲地后，必须持《罪犯离监探亲证明》及时向当地公安派出所报到，主动接受公安机关的监督。离监探亲的时间为 3 ~ 7 天（不含路途时间）。

（五）准予离监探亲与特许离监的区别

我国监狱还有一种特许离监制度（具体情况参见本书第九章罪犯待遇管理）。离监探亲与特许离监是不同的两项措施，其区别体现在性质、适用对象、适用条件和实施方式等方面。

1. 性质不同

准予罪犯离监探亲，是监狱法规定的对罪犯实施的一项行政奖励措施；特许离监则是罪犯与亲属会见的变通形式，在罪犯家庭发生危难情况时，将会见的地点改在罪犯的家中，这是一项体现监狱行刑人道主义的措施，不带有奖励的性质。

2. 适用对象和条件不同

准予罪犯离监探亲，适用于执行原判刑期 1/2 以上、一贯改造表现好、离开监狱不致再危害社会的有期徒刑罪犯。特许离监，则适用于剩余刑期 10 年以下，家中出现危难情况，确需本人回家处理，改造表现较好的罪犯。

3. 实施方式不同

准予离监探亲，一般是在监狱批准后，安排罪犯自己离开监狱探望亲属，也可以由亲属接送。特许离监则必须由监狱派人民警察押解并予以严密监管。当晚不能返回监狱的,必须羁押于当地监狱或看守所。

4. 离监期限不同

离监探亲时间为 3 天至 7 天(不含路途时间),特许离监时间为 1 天。

三、减刑

(一)减刑的含义

减刑是司法机关对于在服刑期间具备法定条件的罪犯,依照法定程序减轻其原判刑罚的刑罚执行变更制度。

减刑是激励罪犯改造的刑罚制度,是依法减轻原判刑罚的刑罚变更措施。减轻的方式主要有以下两种:一是刑罚种类的变更,即将原判所选取的较重的刑罚种类改为较轻的刑罚种类,如将原判的"死刑缓期二年执行",由死刑改为无期徒刑或有期徒刑;或将原判的无期徒刑改为有期徒刑。二是刑期的变更,即将以时间为烈度指标的刑罚时间期限予以缩减。例如,将有期徒刑罪犯的刑期 5 年缩减为 4 年。

减刑的适用依据是《刑法》《刑事诉讼法》《监狱法》的有关规定,最高人民法院《关于办理减刑、假释案件具体应用法律的规定》(自 2017 年 1 月 1 日起施行),以及司法部《监狱提请减刑假释工作程序规定》(2014 年 10 月修订,自 2014 年 12 月 1 日起施行)。减刑的适用应当贯彻宽严相济刑事政策,最大限度地发挥刑罚的功能,实现刑罚的目的。

(二)有期徒刑罪犯的减刑

有期徒刑罪犯的减刑条件分为"可以减刑"和"应当减刑"两种情况。

1. 可以减刑的条件

根据《刑法》第 78 条和《监狱法》第 29 条的规定,罪犯在服刑期间确有悔改表现或者有立功表现的,可以减刑。

"确有悔改表现"是指同时具备以下条件:

(1)认罪悔罪;

(2)遵守法律法规及监规,接受教育改造;

(3)积极参加思想、文化、职业技术教育;

(4)积极参加劳动,努力完成劳动任务。

罪犯在刑罚执行期间的申诉权利应当依法保护,对其正当申诉不能不加分析地认为是不认罪悔罪。

"立功表现"是指具有下列情形之一的:

(1)阻止他人实施犯罪活动的;

(2)检举、揭发监狱内外犯罪活动,或者提供重要的破案线索,经查证属实的;

(3)协助司法机关抓捕其他犯罪嫌疑人的;

(4)在生产、科研中进行技术革新,成绩突出的;

(5)在抗御自然灾害或者排除重大事故中,表现积极的;

(6)对国家和社会有其他较大贡献的。

上述第(4)项、第(6)项中的技术革新或者其他较大贡献应当由罪犯在刑罚执行期间独立或者为主完成,并经省级主管部门确认。

对于罪犯符合《刑法》第78条第1款规定"可以减刑"条件的案件,在办理时应当综合考察罪犯犯罪的性质和具体情节、社会危害程度、原判刑罚及生效裁判中财产性判项的履行情况、交付执行后的一贯表现等因素。

2.应当减刑的条件

有期徒刑罪犯在服刑期间有重大立功表现的,应当减刑。

"重大立功表现"是指具有下列情形之一的:

(1)阻止他人实施重大犯罪活动的;

(2)检举监狱内外重大犯罪活动,经查证属实的;

(3)协助司法机关抓捕其他重大犯罪嫌疑人的;

(4)有发明创造或者重大技术革新的;

(5)在日常生产、生活中舍己救人的;

(6)在抗御自然灾害或者排除重大事故中,有突出表现的;

(7)对国家和社会有其他重大贡献的。

上述第(4)项中的发明创造或者重大技术革新应当是罪犯在刑罚执行期间独立或者为主完成并经国家主管部门确认的发明专利,且不包括实用新型专利和外观设计专利;第(7)项中的其他重大贡献应当由罪犯在刑罚执行期间独立或者为主完成,并经国家主管部门确认。

3.有期徒刑罪犯减刑的起始、幅度和间隔时间的一般规定

被判处有期徒刑的罪犯减刑起始时间为:不满5年有期徒刑的,应当执行1年以上方可减刑;5年以上不满10年有期徒刑的,应当执行1年6个月以上方可减刑;10年以上有期徒刑的,应当执行2年以上方可减刑。有期徒刑减刑的起始时间自判决执行之日起计算。

确有悔改表现或者有立功表现的,一次减刑不超过9个月有期徒刑;确有悔改表现并有立功表现的,一次减刑不超过1年有期徒刑;有重大立功表现的,一次减刑不超过1年6个月有期徒刑;确有悔改表现并有重大立功表现的,一次减刑不超过

2年有期徒刑。

被判处不满10年有期徒刑的罪犯,两次减刑间隔时间不得少于1年;被判处10年以上有期徒刑的罪犯,两次减刑间隔时间不得少于1年6个月。减刑间隔时间不得低于上次减刑减去的刑期。

罪犯有重大立功表现的,可以不受上述减刑起始时间和间隔时间的限制。

4. 有期徒刑罪犯减刑的起始、幅度和间隔时间的特别规定

对符合减刑条件的职务犯罪罪犯,破坏金融管理秩序和金融诈骗犯罪罪犯,组织、领导、参加、包庇、纵容黑社会性质组织犯罪罪犯,危害国家安全犯罪罪犯,恐怖活动犯罪罪犯,毒品犯罪集团的首要分子及毒品再犯,累犯,确有履行能力而不履行或者不全部履行生效裁判中财产性判项的罪犯,被判处10年以下有期徒刑的,执行2年以上方可减刑,减刑幅度应当按规定从严掌握,一次减刑不超过1年有期徒刑,两次减刑之间应当间隔1年以上。

对被判处10年以上有期徒刑的前款罪犯,以及因故意杀人、强奸、抢劫、绑架、放火、爆炸、投放危险物质或者有组织的暴力性犯罪被判处10年以上有期徒刑的罪犯,数罪并罚且其中两罪以上被判处10年以上有期徒刑的罪犯,执行2年以上方可减刑,减刑幅度应当按规定从严掌握,一次减刑不超过1年有期徒刑,两次减刑之间应当间隔1年6个月以上。

罪犯有重大立功表现的,可以不受上述减刑起始时间和间隔时间的限制。

(三)无期徒刑罪犯的减刑

1. 无期徒刑罪犯减刑条件

无期徒刑罪犯的减刑条件与有期徒刑罪犯的减刑条件基本相同。

2. 无期徒刑罪犯减刑起始、幅度和间隔时间的一般规定

被判处无期徒刑的罪犯在刑罚执行期间,符合减刑条件的,执行2年以上,可以减刑。减刑幅度为:确有悔改表现或者有立功表现的,可以减为22年有期徒刑;确有悔改表现并有立功表现的,可以减为21年以上22年以下有期徒刑;有重大立功表现的,可以减为20年以上21年以下有期徒刑;确有悔改表现并有重大立功表现的,可以减为19年以上20年以下有期徒刑。无期徒刑罪犯减为有期徒刑后再减刑时,减刑幅度依照有期徒刑罪犯减刑的规定执行。两次减刑间隔时间不得少于2年。

罪犯有重大立功表现的,可以不受上述减刑起始时间和间隔时间的限制。

3. 无期徒刑罪犯减刑起始、幅度和间隔时间的特别规定

对被判处无期徒刑的职务犯罪罪犯,破坏金融管理秩序和金融诈骗犯罪罪犯,组织、领导、参加、包庇、纵容黑社会性质组织犯罪罪犯,危害国家安全犯罪罪犯,恐

怖活动犯罪罪犯，毒品犯罪集团的首要分子及毒品再犯，累犯以及因故意杀人、强奸、抢劫、绑架、放火、爆炸、投放危险物质或者有组织的暴力性犯罪的罪犯，确有履行能力而不履行或者不全部履行生效裁判中财产性判项的罪犯，数罪并罚被判处无期徒刑的罪犯，符合减刑条件的，执行3年以上方可减刑，减刑幅度应当按规定从严掌握，减刑后的刑期最低不得少于20年有期徒刑；减为有期徒刑后再减刑时，减刑幅度比照有期徒刑罪犯减刑规定从严掌握，一次不超过1年有期徒刑，两次减刑之间应当间隔2年以上。

罪犯有重大立功表现的，可以不受上述减刑起始时间和间隔时间的限制。

（四）死刑缓期执行罪犯的减刑

1. 死刑缓期执行罪犯减刑的一般规定

（1）判处死刑缓期执行的，在死刑缓期执行期间，如果没有故意犯罪，2年期满以后，减为无期徒刑；如果确有重大立功表现，2年期满以后，减为25年有期徒刑；如果故意犯罪，情节恶劣的，报请最高人民法院核准后执行死刑；对于故意犯罪未执行死刑的，死刑缓期执行的期间重新计算，并报最高人民法院备案。

被判处死刑缓期执行的罪犯经过一次或者几次减刑后，其实际执行的刑期不得少于15年，死刑缓期执行期间不包括在内。

死刑缓期执行罪犯在缓期执行期间不服从监管、抗拒改造，尚未构成犯罪的，在减为无期徒刑后再减刑时应当适当从严。

（2）限制减刑死缓罪犯的减刑。限制减刑是2011年《刑法修正案（八）》新增的内容，限制减刑的适用主体有三类：被判处死刑缓期执行的累犯；因故意杀人、强奸、抢劫、绑架、放火、爆炸、投放危险物质被判处死刑缓期执行的犯罪分子；实施有组织的暴力犯罪被判处死刑缓期执行的犯罪分子。限制减刑的死刑缓期执行罪犯，缓期执行期满后依法减为无期徒刑的，实际执行不能少于25年，缓期执行期满后依法减为25年有期徒刑的，实际执行不能少于20年。

被限制减刑的死刑缓期执行罪犯，减为有期徒刑后再减刑时，一次减刑不超过6个月有期徒刑，两次减刑间隔时间不得少于2年。有重大立功表现的，间隔时间可以适当缩短，但一次减刑不超过1年有期徒刑。

（3）终身监禁罪犯的减刑。对被判处终身监禁的罪犯，在死刑缓期执行期满依法减为无期徒刑的裁定中，应当明确终身监禁，不得再减刑或者假释。

2. 死刑缓期执行罪犯减刑的特别规定

对被判处死刑缓期执行的职务犯罪罪犯，破坏金融管理秩序和金融诈骗犯罪罪犯，组织、领导、参加、包庇、纵容黑社会性质组织犯罪罪犯，危害国家安全犯罪罪犯,恐怖活动犯罪罪犯,毒品犯罪集团的首要分子及毒品再犯,累犯以及因故意杀人、强奸、抢劫、绑架、放火、爆炸、投放危险物质或者有组织的暴力性犯罪的罪犯,确有履行能力而不履行或者不全部履行生效裁判中财产性判项的罪犯,数罪并罚被判处死刑缓期执行的罪犯,减为无期徒刑后,符合减刑条件的,执行3年以上方可减刑,一般减为25年有期徒刑,有立功表现或者重大立功表现的,可以比照最高人民法院《关于办理减刑、假释案件具体应用法律的规定》第10条减为23年以上25年以下有期徒刑;减为有期徒刑后再减刑时,减刑幅度比照有期徒刑罪犯减刑规定从严掌握,一次不超过1年有期徒刑,两次减刑之间应当间隔2年以上。

3. 死刑缓期执行罪犯减为无期徒刑后的再减刑规定

被判处死刑缓期执行的罪犯减为无期徒刑后,符合减刑条件的,执行3年以上方可减刑。减刑幅度为:确有悔改表现或者有立功表现的,可以减为25年有期徒刑;确有悔改表现并有立功表现的,可以减为24年以上25年以下有期徒刑;有重大立功表现的,可以减为23年以上24年以下有期徒刑;确有悔改表现并有重大立功表现的,可以减为22年以上23年以下有期徒刑。

4. 死刑缓期执行的罪犯减为有期徒刑后再减刑的规定

被判处死刑缓期执行的罪犯减为有期徒刑后,符合减刑条件的,比照无期徒刑减为有期徒刑的规定办理。

(五)减刑的程序

被判处有期徒刑和被减刑为有期徒刑的罪犯的减刑,由监狱提出建议,提请罪犯服刑地的中级人民法院裁定。被判处死刑缓期二年执行的罪犯的减刑,被判处无期徒刑的罪犯的减刑,由监狱提出建议,经省、自治区、直辖市监狱管理局审核同意后,提请罪犯服刑地的高级人民法院裁定。

1. 提请程序

(1)集体研究和监区长办公会议审核。提请减刑、假释,应当根据法律规定的条件,结合罪犯服刑表现,由分监区人民警察集体研究,提出提请减刑、假释建议,报经监区长办公会议审核同意后,由监区报送监狱刑罚执行部门审查。直属分监区或者未设分监区的监区,由直属分监区或者监区人民警察集体研究,提出提请减刑、假释建议,报送监狱刑罚执行部门审查。

分监区、直属分监区或者未设分监区的监区人民警察集体研究以及监区长办公会议审核情况,应当有书面记录,并由与会人员签名。

监区或者直属分监区提请减刑、假释,应当报送下列材料:第一,《罪犯减刑审核表》;第二,监区长办公会议或者直属分监区、监区人民警察集体研究会议的记录;第三,终审法院裁判文书、执行通知书、历次减刑裁定书的复印件;第四,罪犯计分考核明细表、罪犯评审鉴定表、奖惩审批表和其他有关证明材料;第五,罪犯确有悔改表现或者立功、重大立功表现的具体事实的书面证明材料。

(2)监狱刑罚执行部门审查

监狱刑罚执行部门收到监区或者直属分监区对罪犯提请减刑、假释的材料后,应当就下列事项进行审查:第一,需提交的材料是否齐全、完备、规范;第二,罪犯确有悔改或者立功、重大立功表现的具体事实的书面证明材料来源是否合法;第三,罪犯是否符合法定减刑、假释的条件;第四,提请减刑、假释的建议是否适当。

经审查,对材料不齐全或者不符合提请条件的,应当通知监区或者直属分监区补充有关材料或者退回;对相关材料有疑义的,应当提讯罪犯进行核查;对材料齐全、符合提请条件的,应当出具审查意见,连同监区或者直属分监区报送的材料一并提交监狱减刑假释评审委员会评审。

(3)监狱减刑假释评审委员会评审

监狱成立减刑假释评审委员会,由分管领导及刑罚执行、狱政管理、教育改造、狱内侦查、生活卫生、劳动改造、政工、监察等有关部门负责人组成,分管领导任主任。监狱管理局、监狱减刑假释评审委员会成员不得少于9人。

监狱减刑假释评审委员会应当召开会议,对刑罚执行部门审查提交的提请减刑、假释建议进行评审,提出评审意见。会议应当有书面记录,并由与会人员签名。

监狱可以邀请人民检察院派员列席减刑假释评审委员会会议。

(4)公示

监狱减刑假释评审委员会经评审后,应当将提请减刑的罪犯名单以及减刑意见在监狱内公示。公示内容应当包括罪犯的个人情况、原判罪名及刑期、历次减刑情况、提请减刑的建议及依据等。公示期限为5个工作日。公示期内,如有监狱人民警察或者罪犯对公示内容提出异议,监狱减刑假释评审委员会应当进行复核,并告知其复核结果。

(5)征求人民检察院意见

监狱应当在减刑假释评审委员会完成评审和公示程序后,将提请减刑建议送人民检察院征求意见。监狱对人民检察院意见未予采纳的,应当予以回复,并说明理由。征求意见后,监狱减刑假释评审委员会应当将提请减刑建议和评审意见连同人民检察院意见,一并报请监狱长办公会议审议决定。

(6)监狱长办公会议审议

对判处有期徒刑或者减为有期徒刑罪犯,监狱长办公会议决定提请减刑的,由监狱长在《罪犯减刑审核表》上签署意见,加盖监狱公章,并由监狱刑罚执行部门根据法律规定制作《提请减刑建议书》,连同有关材料一并提请人民法院裁定。人民检察院对提请减刑提出的检察意见,应当一并移送受理减刑案件的人民法院。监狱提请人民法院裁定减刑,应当提交下列材料:第一,《提请减刑建议书》;第二,终审法院裁判文书、执行通知书、历次减刑裁定书的复印件;第三,罪犯计分考核明细表、评审鉴定表、奖惩审批表;第四,罪犯确有悔改或者立功、重大立功表现的具体事实的书面证明材料;第五,根据案件情况需要提交的其他材料。

对判处死刑缓期二年执行和无期徒刑的罪犯决定提请减刑的,监狱还应当在提请人民法院裁定前,将《罪犯减刑审核表》连同有关材料报送省、自治区、直辖市监狱管理局审核。省、自治区、直辖市监狱管理局刑罚执行部门收到监狱报送的提请减刑、假释建议的材料后,应当进行审查。审查中发现监狱报送的材料不齐全或者有疑义的,应当通知监狱补充有关材料或者作出说明。审查无误后,应当出具审查意见,报请分管副局长召集评审委员会进行审核。监狱管理局分管副局长主持完成审核后,应当将审核意见报请局长审定;分管副局长认为案件重大或者有其他特殊情况的,可以建议召开局长办公会议审议决定。监狱管理局审核同意对罪犯提请减刑、假释的,由局长在《罪犯减刑(假释)审核表》上签署意见,加盖监狱管理局公章。监狱对死刑缓期执行和无期徒刑罪犯提请人民法院减刑时,应当同时提交省、自治区、直辖市监狱管理局签署意见的《罪犯减刑(假释)审核表》。

监狱在向人民法院提请减刑、假释的同时,应当将提请减刑、假释的建议书副本抄送人民检察院。

2. 裁定程序

(1)立案公示。人民法院审理减刑、假释案件,应当在立案后 5 日内将执行机关提请减刑建议书等材料依法向社会公示,确保减刑、假释案件审理程序更加公开和透明。

(2)组成合议庭。人民法院审理减刑、假释案件,应当依法由审判员或者由审判员和人民陪审员组成合议庭进行。在减刑、假释案件审理中引入人民陪审员制度,这有利于人民陪审员代表社会公众更深入地了解和参与减刑、假释案件的审理,也拓宽了公众的参与渠道。

(3)书面审理和开庭审理。人民法院审理减刑、假释案件,可以采取开庭审理或者书面审理的方式。但下列减刑、假释案件,应当开庭审理:第一,因罪犯有重大立功表现提请减刑的;第二,提请减刑的起始时间、间隔时间或者减刑幅度不符合司法解释一般规定的;第三,公示期间收到不同意见的;第四,人民检察院有异议的;

第五,被提请减刑、假释罪犯系职务犯罪罪犯,组织(领导、参加、包庇、纵容)黑社会性质组织犯罪罪犯,破坏金融管理秩序和金融诈骗犯罪罪犯及其他在社会上有重大影响或社会关注度高的;第六,人民法院认为其他应当开庭审理的。

人民法院开庭审理减刑、假释案件,应当通知人民检察院、执行机关及被提请减刑、假释罪犯参加庭审。

人民法院根据需要,可以通知证明罪犯确有悔改表现或者立功、重大立功表现的证人,公示期间提出不同意见的人,以及鉴定人、翻译人员等其他人员参加庭审。

开庭审理应当在罪犯刑罚执行场所或者人民法院确定的场所进行。有条件的人民法院可以采取视频开庭的方式进行。

(4)裁定公开。减刑、假释裁定书应当通过互联网依法向社会公布,进一步增加减刑、假释案件的透明度,使减刑、假释案件的审理能够更好地接受社会各界的监督制约。

四、假释

(一)假释的含义

假释,是司法机关对于在服刑改造期间具备法定条件的罪犯,依照法定程序予以附条件地提前释放并实行社区矫正的刑罚执行制度。

假释是激励罪犯的刑罚制度。假释是附条件地提前释放,即对假释的罪犯设置假释考验期。有期徒刑的假释考验期限,为没有执行完毕的刑期;无期徒刑的假释考验期限为10年。如果被假释罪犯在考验期间遵守有关规定,没有犯新罪,没有被发现漏罪,考验期满就认为原判刑罚已经执行完毕。

假释的罪犯在假释考验期内接受社区矫正,并应当遵守下列规定:第一,遵守法律、行政法规,服从监督;第二,按照监督机关的规定报告自己的活动情况;遵守监督机关关于会客的规定;离开所居住的市、县或者迁居,应当报经监督机关批准。

(二)假释的条件

1. 实质性要件

对有期徒刑、无期徒刑的罪犯,死刑缓期执行减为无期徒刑或有期徒刑的罪犯,在执行一定刑期后,如果其认真遵守监规,接受教育改造,确有悔改表现,没有再犯罪的危险的,可以假释。关于“确有悔改表现”,按照减刑条件中的确有悔改表现考量。关于认定“没有再犯罪的危险”,除符合法律规定的情形外,还应当根据犯罪的具体情节、原判刑罚情况,在刑罚执行中的一贯表现,罪犯的年龄、身体状况、性格特征,假释后生活来源以及监管条件等因素综合考虑。对犯罪分子决定假释时,应当考虑其假释后对所居住社区的影响。

2. 执行刑期要件

被判处有期徒刑的犯罪分子,执行原判刑期1/2以上,方可假释。执行原判刑期1/2的时间,应当从判决执行之日起计算,判决执行以前先行羁押的,羁押一日折抵刑期一日。

被判处无期徒刑的犯罪分子,实际执行13年以上,方可假释。被判处无期徒刑的罪犯假释时,刑法中关于实际执行刑期不得少于13年的时间,应当从判决生效之日起计算。判决生效以前先行羁押的时间不予折抵。

被判处死刑缓期执行的罪犯减为无期徒刑或者有期徒刑后,实际执行15年以上,方可假释,该实际执行时间应当从死刑缓期执行期满之日起计算。死刑缓期执行期间不包括在内,判决确定以前先行羁押的时间不予折抵。

如果有特殊情况,经最高人民法院核准,可以不受上述执行刑期的限制。"特殊情况",是指有国家政治、国防、外交等方面特殊需要的情况。

3. 排除性要件

对累犯,以及因故意杀人、强奸、抢劫、绑架、放火、爆炸、投放危险物质或者有组织的暴力性犯罪被判处10年以上有期徒刑、无期徒刑的罪犯,不得假释。

因前款情形和犯罪被判处死刑缓期执行的罪犯,被减为无期徒刑、有期徒刑后,也不得假释。

对于生效裁判中有财产性判项,罪犯确有履行能力而不履行或者不全部履行的,不予假释。

对于被判处死刑缓期二年执行,适用终身监禁的罪犯,终身不得假释(减刑)。

4. 从宽性要件

对下列罪犯适用假释时可以依法从宽掌握:

(1)过失犯罪的罪犯、中止犯罪的罪犯、被胁迫参加犯罪的罪犯;

(2)因防卫过当或者紧急避险过当而被判处有期徒刑以上刑罚的罪犯;

(3)犯罪时未满18周岁的罪犯;

(4)基本丧失劳动能力、生活难以自理,假释后生活确有着落的老年罪犯、患严重疾病罪犯或者身体残疾罪犯;

(5)服刑期间改造表现特别突出的罪犯;

(6)具有其他可以从宽假释情形的罪犯。

罪犯既符合法定减刑条件,又符合法定假释条件的,可以优先适用假释。特别是年满80周岁、身患疾病或者生活难以自理、没有再犯罪危险的罪犯,既符合减刑条件,又符合假释条件的,优先适用假释;不符合假释条件的,参照减刑有关的规定从宽处理。

罪犯减刑后又假释的,间隔时间不得少于 1 年;对一次减去 1 年以上有期徒刑后,决定假释的,间隔时间不得少于 1 年 6 个月。罪犯减刑后余刑不足 2 年,决定假释的,可以适当缩短间隔时间。

(三)假释的撤销

1. 被假释的犯罪分子,在假释考验期限内犯新罪,应当撤销假释,依照刑法的规定实行数罪并罚。

2. 在假释考验期限内,发现被假释的犯罪分子在判决宣告以前还有其他罪没有判决的,应当撤销假释,依照刑法的规定实行数罪并罚。被撤销假释的罪犯,一般不得再假释。但因发现漏罪被撤销假释的罪犯,如果罪犯对漏罪曾作如实供述但原判未予认定,或者漏罪系其自首,符合假释条件的,可以再假释。

3. 被假释的犯罪分子,在假释考验期限内,有违反法律、行政法规或者国务院有关部门关于假释的监督管理规定的行为,尚未构成新的犯罪的,作出假释裁定的人民法院,应当在收到提请机关或者检察机关撤销假释建议书后及时审查,作出是否撤销假释的裁定,并送达提请机关,同时抄送人民检察院、公安机关和原刑罚执行机关。

罪犯在逃的,撤销假释裁定书可以作为对罪犯进行追捕的依据。

被撤销假释的罪犯,收监后符合减刑条件的,可以减刑,但减刑起始时间自收监之日起计算。

(四)假释的程序

假释的程序与减刑的程序基本一致,有三处不同:一是监狱刑罚执行部门对拟提请罪犯假释的,应当委托县级司法行政机关对罪犯假释后对所居住社区影响进行调查评估,并将调查评估报告一并提交监狱提请减刑假释评审委员会。二是在决定提请人民法院对罪犯假释的,应当在提交的材料中附有县级司法行政机关关于罪犯假释后对所居住社区影响的调查评估报告。三是对裁定假释的罪犯,由社区矫正机构执行。

(五)假释与减刑的比较

假释与减刑同属于对罪犯的刑事奖励,但我国执法实践中一直以减刑为主,极少适用假释。从两者的功能看,假释要优于减刑,因此应当加大假释的适用量。关于假释与减刑的比较,参见表 10 – 1。

表 10－1 减刑与假释的功能比较及说明表

考察项目	减刑	假释	说　明
奖励力度	强	弱	因减刑出狱的是免除了余刑,完全恢复自由;假释是附条件提前释放,考验期内要受约束。
适用条件	宽	严	罪犯具有悔改表现就可以减刑,但假释还需要"假释后没有再犯罪危险"。
执法风险	弱	强	减刑只需考察罪犯的现实表现;假释则还要判断其离开监狱后会不会再犯罪,假释的执法风险大。
是否可逆	否	是	减刑裁定生效宣布后一般不可撤销;假释在考验期内可以依法撤销,罪犯还要回到监狱。
激励效果	及时	持久	减刑可以及时兑现,假释则是长期积累,一次兑现,激励效果持久。
预后功能	无	有	因减刑出狱的不再受约束;假释出狱的则要接受社区矫正,有利于防止对社会的二次危害。

由表 10－1 可知,从社会安全的角度来看,假释要优于减刑。但是,在现实中也存在奖励力度与适用条件之间的悖论,奖励力度大的适用条件反而宽,奖励力度低的反而严。另外,控制效果好的假释,其适用时由于带有对罪犯出狱是否再犯罪的判断,一旦罪犯在假释期间再犯罪,容易追究假释办理人员的责任,执法风险大。

加大假释的适用量已成为大家的共识,但真正实施起来还要重新审视假释的条件,规避办案人员的执法风险,并吸收减刑奖励及时的优点,建立预期假释制度。预期假释制度就是根据对罪犯的日常考核结果,将现有的减刑期限改为提前假释的预期,几次预期加起来并从罪犯刑期中扣除后,此时就可以对罪犯进行最终的社会危险性评估,决定其是否可以适用假释。

第四节　对罪犯的处罚

一、警告、记过和禁闭

(一)警告、记过和禁闭的含义

警告、记过和禁闭,是根据罪犯违反监规纪律行为的严重程度的不同,而由监狱给予罪犯的三种行政处罚措施。

这里需要注意禁闭的三种不同用法。在监狱管理的实际工作中，禁闭有三种不同的用法：一是作为处罚措施使用，处罚那些严重违反监规纪律的罪犯。二是作为防范措施使用，对于有脱逃、伤害他人、自杀等现实危险且加戴戒具不足以消除危险的罪犯，可以使用禁闭来加以防范；罪犯危险一旦消除，就应当立即解除禁闭。三是作为强制措施使用，适用于因涉嫌又犯罪被隔离审查的罪犯。

（二）警告、记过和禁闭的条件

根据《监狱法》的规定，罪犯有下列情形之一的，监狱应给予警告、记过和禁闭：

1. 聚众哄闹监狱，扰乱正常秩序的；
2. 辱骂或者殴打人民警察的；
3. 欺压其他罪犯的；
4. 偷窃、赌博、打架斗殴、寻衅滋事的；
5. 有劳动能力拒不参加劳动或消极怠工，经教育不改的；
6. 以自伤、自残手段逃避劳动的；
7. 在生产劳动中故意违反操作规程，或者有意损害生产工具的；
8. 有其他严重违反监规纪律行为的。

当禁闭用作处罚时，期限为7日至15日。罪犯禁闭期间停止会见亲属。

（三）警告、记过和禁闭的审批程序

对罪犯警告、记过和禁闭行政处罚，由监区（分监区）集体研究，提出意见，呈报名单在罪犯中公示，经监狱主管部门审核后，由监狱长批准。

行政处罚的决定应当在罪犯中公开。罪犯对行政处罚决定有异议的，可以申请复议，监狱应当在7个工作日内作出答复。

对实施禁闭的罪犯，在监狱批准后，由所在监区或分监区送监狱禁闭室执行。在罪犯被禁闭期间，监狱狱政管理部门或罪犯所在单位要对其进行认错悔过，遵规守纪的教育，并将罪犯禁闭期限内的表现记录在相关文书中。

罪犯受到警告、记过、禁闭处罚的，分别扣减考核分300分、600分、900分。受到禁闭处罚的，同时取消已有的考核积分和奖励，自禁闭结束次日起重新考核。禁闭期间的考核基础分记0分。

二、又犯罪的处理

（一）狱内又犯罪的含义

正在服刑期间的罪犯又犯罪，简称“又犯罪”，对此可以有广义和狭义的区分。

广义的又犯罪,包括所有已被判处刑罚正在执行期间,或已有生效判决正在交付执行之中的罪犯,又犯应受刑罚处罚的新罪。

这里所说的"已判处刑罚正在执行",包括被判处无期徒刑、有期徒刑、拘役、管制等刑罚正在执行。"正在交付执行之中"是指判决生效后尚未由执行机关接收执行这段时间内,或者罪犯正在交付途中,如交付途中杀人或脱逃。"又犯应受刑罚处罚的新罪"包括故意犯罪和过失犯罪。

狱政管理中常说的"又犯罪",是一种狭义的又犯罪,主要是指交付监狱执行刑罚的罪犯,在监狱服刑期间的又犯新罪,所以可以简称为"狱内又犯罪"。这一定义的主要含义是:

第一,狱内又犯罪的主体有特定的范围:是正在监狱内服刑改造的,依法交付监狱执行刑罚的被判处死刑缓期二年执行、无期徒刑、有期徒刑的罪犯。

第二,空间和时间上有限制:一是在监狱内,监狱外的又犯罪由其他法定机关处理;二是在服刑期间内。

第三,所谓又犯罪,是指又犯"新罪",不是原判刑罚的罪或"漏罪";新罪包括故意犯罪和过失犯罪。

本节所说的罪犯狱内又犯罪,主要是指这种意义上的又犯罪。

(二)对罪犯在服刑期间又犯罪的处理规则

1.罪犯在服刑期间故意犯罪的,依法从重处罚

这是《监狱法》第59条规定的对罪犯在服刑期间故意犯罪的处理原则。规定中所说的"依法从重处罚"。实践中应注意以下问题:第一,依法从重处罚,只适用适用于罪犯在服刑期间的故意犯罪而不适用于罪犯在服刑期间的过失犯罪。第二,对罪犯在服刑期间故意犯罪的,是依法从重而非加重处罚。所谓从重,系在法定的量刑幅度内取其较高的刑罚,不能理解为加重处罚。第三,对罪犯服刑期间故意犯罪从重处罚,是对罪犯所犯新罪的一个量刑情节和标准。至于罪犯所犯新罪的定性,则要依据刑法及其他有关法律确定。

2.按照先减后并原则,新罪与前罪实行数罪并罚

判决宣告以后,刑罚执行完毕以前,被判刑的犯罪分子又犯罪的,应当对新犯的罪作出判决,把前罪没有执行的刑罚和后罪所判处的刑罚,依照《刑法》第69条关于数罪并罚的规定,决定执行的刑罚。

判处死刑缓期执行的,在死刑缓期执行期间,如果故意犯罪,情节恶劣的,报请最高人民法院核准后执行死刑;对于故意犯罪未执行死刑的,死刑缓期执行的期间重新计算,并报最高人民法院备案。

3. 对又故意犯罪罪犯的减刑从严把握

罪犯被裁定减刑后，刑罚执行期间因故意犯罪而数罪并罚时，经减刑裁定减去的刑期不计入已经执行的刑期。原判死刑缓期执行减为无期徒刑、有期徒刑，或者无期徒刑减为有期徒刑的裁定继续有效。

被判处有期徒刑、无期徒刑的罪犯在刑罚执行期间又故意犯罪，新罪被判处有期徒刑的，自新罪判决确定之日起3年内不予减刑；新罪被判处无期徒刑的，自新罪判决确定之日起4年内不予减刑。

罪犯在死刑缓期执行期间又故意犯罪，未被执行死刑的，死刑缓期执行的期间重新计算，减为无期徒刑后，5年内不予减刑。

（三）以罪犯为主体的服刑期间犯罪

1. 破坏监管秩序罪

正在监狱服刑的罪犯，有下列情形之一，情节严重的，构成破坏监管秩序罪：

（1）殴打监管人员的；

（2）组织其他被监管人员破坏监管秩序的；

（3）聚众闹事，扰乱正常监管秩序的；

（4）殴打、体罚或者指使他人殴打、体罚其他被监管人的。

2. 脱逃罪

脱逃罪是指依法被关押的罪犯，或者被告人、犯罪嫌疑人，从监押场所，脱离监押的行为。

3. 组织越狱罪

正在监狱服刑的罪犯，在为首分子的组织、策动、指挥下，有计划地以非暴力方式越狱，构成组织越狱罪。罪犯有组织地越狱，严重危害监管秩序，属于罪犯在服刑改造期间比较严重的又犯罪，依法应从重处罚。

4. 暴力越狱罪

正在监狱服刑的罪犯，以有组织或者聚众的形式使用暴力手段强行越狱，构成暴力越狱罪。暴力越狱罪公然侵害国家刑罚执行机关的执法权威，严重破坏监狱安全，并且危及监狱管理人员和其他罪犯的人身安全，属于性质十分严重的狱内又犯罪，必须坚决打击，并且依法从重处罚。

5. 妨害公务罪

暴力袭击正在依法执行职务的人民警察的，依照妨害公务罪的规定从重处罚。

(四)又犯罪的办理程序

1. 基本程序

根据《监狱法》第60条的规定,对罪犯在监狱内犯罪的案件,由监狱进行侦查。侦查终结后,写出起诉意见书,连同案卷材料、证据一并移送人民检察院。

监狱办理罪犯在监狱内犯罪案件,需要相关刑事技术支持的,由监狱所在地公安机关提供协助;需要在监狱外采取侦查措施的,应当通报当地公安机关,当地公安机关应当协助实施。

2. 共同犯罪的处理

对监狱在押罪犯与其他罪犯共同犯罪的案件由监狱进行侦查。

对监狱在押罪犯与监狱工作人员(监狱警察、职工)或者狱外人员共同犯罪案件,涉案的在押罪犯由监狱立案侦查,涉案的监狱工作人员或者狱外人员由人民检察院或者公安机关立案侦查,在侦查过程中,双方应当相互协作。侦查终结后,需要追究刑事责任的,由侦查机关分别向当地人民检察院移送审查起诉。如果案件适宜合并起诉的,有关人民检察院可以并案向人民法院提起公诉。

3. 需要逮捕的处理

(1)罪犯在监狱内犯罪,办理案件期间该罪犯原判刑期即将届满需要逮捕的,在侦查阶段由监狱在刑期届满前提请人民检察院审查批准逮捕,在审查起诉阶段由人民检察院决定逮捕,在审判阶段由人民法院决定逮捕;批准或者决定逮捕后,监狱将被逮捕人送监狱所在地看守所羁押。

(2)狱内犯罪在假释期间发现需要逮捕的处理。罪犯在监狱内犯罪,假释期间被发现的,由审判新罪的人民法院撤销假释,并书面通知原裁定假释的人民法院和社区矫正机构。撤销假释的决定作出前,根据案件情况需要逮捕的,由人民检察院或者人民法院批准或者决定逮捕,公安机关执行逮捕,并将被逮捕人送监狱所在地看守所羁押,同时通知社区矫正机构。

(3)狱内犯罪在刑满释放后被发现,需要逮捕的,由监狱提请人民检察院审查批准逮捕,公安机关执行逮捕后,将被逮捕人送监狱所在地看守所羁押。

4. 脱逃案件的处理

在押罪犯脱逃后未实施其他犯罪的,由监狱立案侦查,公安机关抓获后通知原监狱押回,监狱所在地人民检察院审查起诉。罪犯脱逃期间又实施其他犯罪,在捕回监狱前发现的,由新罪犯罪地公安机关侦查新罪,并通知监狱;监狱对脱逃罪侦查终结后移送管辖新罪的公安机关,由公安机关一并移送当地人民检察院审查起诉,人民法院判决后,送当地监狱服刑,罪犯服刑的原监狱应当配合。

三、漏罪的处理

漏罪，是指人民法院对犯罪分子的判决宣告以后，又发现被判刑的犯罪分子还有其他没有判处的罪。

对于漏罪，按照先并后减的原则，对漏罪与原罪数罪并罚。判决宣告以后，刑罚执行完毕以前，发现被判刑的犯罪分子在判决宣告以前还有其他罪没有判决的，应当对新发现的罪作出判决，把前后两个判决所判处的刑罚，依照《刑法》第69条的规定，决定执行的刑罚。已经执行的刑期，应当计算在新判决决定的刑期以内。

罪犯被裁定减刑后，刑罚执行期间因发现漏罪而数罪并罚的，原减刑裁定自动失效。如漏罪系罪犯主动交代的，对其原减去的刑期，由执行机关提请有管辖权的人民法院重新作出减刑裁定，予以确认；如漏罪系有关机关发现或者他人检举揭发的，由执行机关提请有管辖权的人民法院，在原减刑裁定减去的刑期总和之内，酌情重新裁定。

——— 研究与思考 ———

1. 如何理解罪犯考核奖惩的含义？考核奖惩的作用体现在哪些方面？在对罪犯考核奖惩时，应遵循的原则有哪些？
2. 如何理解计分考核的含义？日常计分的内容有哪些，标准是什么？计分考核应遵守的程序有哪些？如何运用计分考核的结果？
3. 如何理解记事考核的含义？记事考核的适用范围有哪些？记事考核的基本要求有哪些？
4. 如何理解年终评审的含义？在监狱实际工作中，计分考核、记事考核和年终评审的关系是怎样的？
5. 对罪犯的奖励有哪些？表扬、物质奖励和记功的条件有哪些？准予离监探亲的条件有哪些？
6. 有期徒刑罪犯、无期徒刑罪犯的减刑条件分别是什么？对于死刑缓期执行的罪犯的减刑规定有哪些？减刑要遵循的程序有哪些？
7. 罪犯假释的条件有哪些？减刑和假释的功能区别体现在哪些方面？
8. 警告、记过和禁闭的条件有哪些？应遵循的审批程序有哪些？
9. 如何理解狱内又犯罪的含义？对罪犯在服刑期间又犯罪的处理规则、办理程序有哪些？

第十一章　监狱信息管理

重点提示

1. 监狱信息是监狱决策系统构成的必要条件，是监狱人民警察彼此之间联系沟通的纽带，也是监狱人民警察与罪犯之间互动的纽带，还是沟通决策系统与外部环境的桥梁。

2. 罪犯档案是监狱存储信息的一种重要形式，罪犯档案管理在监狱信息管理中具有十分重要的意义。

3. 狱政统计，是对狱政管理活动进行系统调查的一种信息管理方法。狱政统计的结果可以为监狱工作系统提供真实可靠的原始数据，为制订狱政管理计划、研究监管改造对策提供真实可靠的数据资料。

4. 狱务公开，是指监狱依法将执法的依据、程序和结果分别向社会公众、罪犯亲属和罪犯公布的刑罚执行措施。监狱应当根据不同的对象，依法公开相应的执法信息。

5. 监狱信息化建设是以监狱行刑和矫正模式为基础的信息技术革命，其通过先进信息技术的广泛应用，实现监狱工作的数字化、网络化、智能化；信息化已成为创新驱动发展的先导力量。

第一节　监狱信息管理概述

一、监狱信息的含义和特征

（一）监狱信息的含义

监狱信息是指监狱在执行刑罚和改造罪犯中所接收、产生、传递的各种资料、消息、情报、数据等资讯的总称。

监狱执行刑罚和改造罪犯的过程，是监狱管理者不断进行决策的过程。其中,信息是监狱决策系统构成的必要条件,是监狱人民警察彼此之间联系沟通的纽带,也是监狱人民警察与罪犯之间互动的纽带,还是沟通决策系统与外部环境的桥梁。监狱信息的流转主要是围绕着对罪犯执行刑罚、实行改造这两方面内容展开。

(二)监狱信息的特征

监狱信息具有一般信息所具有的基本特点,如时效性、有效性、可浓缩性、可分享性等,但狱政管理不同于其他活动,监狱信息因此也表现出与其他信息不同的特点。

1. 监狱信息的内容特殊

不同系统具有不同的功能,在其内部所传递的信息内容也各不相同。作为国家的刑罚执行机关,监狱担负着惩罚和改造罪犯的双重职能,相应地,在监狱内运行的各种信息,同样也包含了惩罚和改造罪犯的内容,这是其他系统信息所不具备的。

一方面,监狱设置围墙、电网、岗楼、大门、监控设施等,通过武装警戒和狱内警卫,将罪犯置于一种与自由社会相隔离的环境当中;同时,监狱在执行刑罚过程中所涉及的相关法律、法规、监规纪律、罪犯行为准则等,也明确向罪犯传递着要求其必须为或者不得为一定行为的信息,这些都是法律剥夺罪犯人身自由在监狱信息中的表现。

另一方面,监狱信息中有大量的关于改造罪犯的信息。狱政管理不仅自身具有改造罪犯的功能,而且还是联结各种改造措施的基础手段,各种关于罪犯改造的信息都要经过狱政管理这一环节才能被罪犯所接收,这使监狱信息中有大量的关于罪犯改造的信息。

具有以上内容的信息在其他系统中几乎是不存在的,因此,内容特殊是监狱信息最为明显的特点。

2. 监狱信息具有特殊的信源和信宿

监狱信息主要是在监狱和罪犯二者之间流转。在监狱向罪犯传递信息时,监狱是信源,罪犯是信宿,此时信息往往以公开、明确的方式传递;罪犯向监狱传递信息时,罪犯是信源,监狱是信宿,此时,信息中隐蔽、虚假的、含混的内容较多。但是无论谁是信源,监狱人民警察对信息的传递总处于主导地位:在对罪犯执行刑罚和实行改造过程中,监狱人民警察可以决定何时、何地向何人或者何单位发送信息,信息的内容、种类以及信息的传送方式也都由监狱人民警察决定。相对而言,罪犯在发送信息时则要受到来自于监狱人民警察的各方面的限制。他们虽然也是信息的发送者,但是从整体情况来看,其处于被动、从属的地位。

3. 监狱信息流转的范围特殊

监狱的外围武装力量和警戒设施使从监狱外面传递过来的信息不能随意传入监狱内部,同样监狱内部的信息也很难不受限制地传递到监狱外面,大部分的监狱信息主要流转于监狱内部,具有一定的封闭性特点。

监管环境的封闭性使监狱对外界信息的需求大大增加,而处于监禁状态之中的罪犯则渴望着与外界交流。在这种情况下,监狱一方面要开辟狱外信息源,加强监狱与外界的沟通,获取与狱政管理工作有关的外部信息。另一方面要将罪犯的信息需求作为一个管理要素来正确处置:第一,依法保障罪犯获得外界信息的基本权利;第二,筛选外界信息,并依法截留不利于罪犯改造的外界信息;第三,依法将满足罪犯这一需求列入分级处遇之中,使之发挥激励功能;第四,监狱信息在流转过程中受到法律的规范和限制。

监狱信息是监狱在对罪犯执行刑罚的过程中所产生和需要处理的信息,其流转过程必然会受到法律的规范和限制。首先,无论是监狱传递给罪犯的信息,还是罪犯传递、反馈给监狱的信息,其内容必须符合法律规定。其次,监狱信息在传递、储存和利用时有着严格的规范和严格的法定程序。比如,罪犯在通信、会见时,必须遵循相关的法律规范和监规纪律等。再次,监狱信息的载体必须符合法律规定,尤其是罪犯在发送各种信息时不得任意选择信息载体。最后,监狱信息的处理有着严格的法定期限,监狱要按照法律规定及时处理各种监狱信息,罪犯反馈给监狱的信息也不能超过法律规定。

二、监狱信息管理的概念

监狱信息管理是对监狱信息活动、监狱信息系统和监狱信息基础结构进行规划、组织和控制的一种特殊形式的监狱管理活动。

监狱信息活动是指从信息的收集到使用的一个完整的循环过程。启动这个过程的动因是监狱各部门或监狱人民警察对监狱信息的需求,所以,从分析用户的需求和行为出发,监狱信息活动就进入信息的收集、传输、处理、存储、检索和使用反馈等循环过程。监狱信息活动就是围绕这个循环过程展开的,如图 11 – 1 所示。

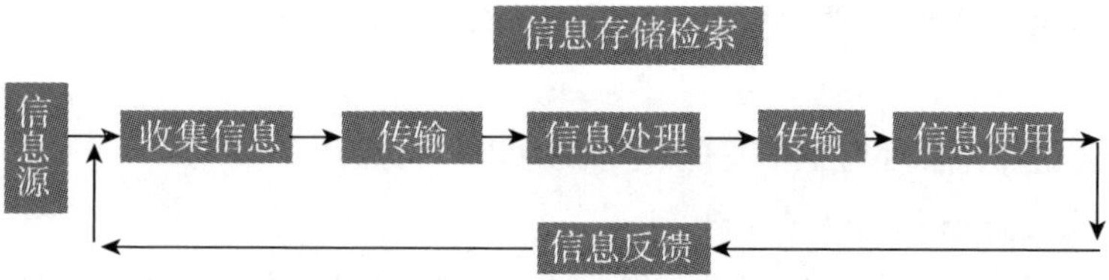

图 11-1　监狱信息活动流程图

监狱信息活动，主要是指监狱对监狱信息的收集、加工、传递、存贮、输出利用、反馈过程，是管理者以信息为一种管理对象而进行的有目的的管理活动，它实际上是管理者对信息交流过程的干预和协调。

监狱信息活动的各个环节不一定是按顺序执行的，如信息的使用就贯穿信息活动始终。

作为监狱人民警察，首先要认识罪犯（获得目标信息）和如何去做（获得支持信息），如何分析利用信息做出决策（信息处理与再生），做得如何（获得反馈信息），如何有效地将信息上传下达（信息传递），这些都是信息活动。

监狱信息系统是支持监狱信息活动的系统。监狱信息系统的核心任务是实现监狱信息资源的科学化管理。所以，监狱信息系统的规划、分析和设计是监狱信息管理的实质内容。

监狱信息基础结构是指用以支持监狱信息活动所需的全部技术设施以及保证这些活动和设施有效运转所需的社会环境和条件。具体包括：监狱信息资源；监狱信息的政策、法规和协议；完善的信息机构（包括安全保护机构）和监狱信息服务部门；各种信息设施，包括监狱信息的收集、加工、传递的设备和设施；计算机网络资源和设施；监狱信息人才资源等。

监狱信息管理是一项全方位的管理活动。它已经远远超出了图书情报、档案文件的范畴，是监狱有序运行不可缺少的重要元素，随着狱务公开和网络化办公的推广，监狱信息管理必须是全方位的，所以规划和组织好监狱信息基础结构的建设已经成为监狱信息管理的一项重要内容。

监狱信息管理是一项特殊形式的管理活动，不同于传统的直接面向人、财、物的管理方式，监狱信息管理是围绕监狱信息这一特定对象的一系列管理活动，并且通过这种管理活动来改善甚至重构监狱的运行管理体系。

三、监狱信息的管理要求

监狱是国家的刑罚执行机关，监狱信息的内容以及传递方式都应当合法；同时,监狱担负着惩罚和改造罪犯的双重任务,监狱信息在管理过程中还应当注重效率和效益。

监狱管理者在管理监狱信息时应当注意以下几点。

(一)收集监狱信息要有针对性

监狱信息来源广泛,内容复杂。既有来自监狱内部的信息,又有来自狱外社会的信息;既有罪犯发送过来的信息,又有罪犯家属、被害人及其家属等社会人员发送过来的信息;既有关于安全方面的信息,又有关于改造、生产等方面的信息;信息的效能有大有小,内容有真有假。监狱主动地收集信息,要有明确的目的,即监狱要根据本单位的监管改造工作实际需要,确定信息收集的目的。一般来说,收集监狱信息的目的是:掌握罪犯的思想动态,为制订具体的改造方案提供依据;对本单位监管安全状况进行预测,并提高应变处置能力;解决狱政管理日常事务等。因此,监狱管理者要做出高效率的决策,就必须首先建立关于该决策的信息收集系统,在此基础上对所占有的监狱信息进行加工、筛选、提炼,防止无关信息对决策造成干扰,以提高收集信息的针对性。

(二)接收和传递信息要注意信息的完整、准确和及时

1. 完整

狱政管理的复杂性要求监狱管理者在收集、传递、接受信息时应注意其完整性。决策的过程是决策者收集信息和处理信息的过程,也是决策者对不同方案选择优化的过程。监狱管理者要想使自己的管理行为富有成效,就必须尽可能全面地获取信息,使信息尽可能处于完整的状态。完整的监狱信息可以为监狱管理者提供选择最优决策的空间,而不完整的信息则可能使接收者产生误解。比如,某罪犯家里发生火灾,损失惨重,后经当地政府努力,罪犯家属都得到妥善安置。但值班的监狱人民警察在向该罪犯传递了"你家发生火灾,损失惨重"的信息后,就因有事离去,"你的家属都得到妥善安置"这部分信息的内容却被截留。后来,该罪犯就因这个内容不完整的信息实施了脱逃。监狱信息不全面、不完整,极易引发接收信息的人出现错误行动。另外,信息不全面、不完整,也会对监狱管理者的决策行为产生不利影响。

2. 准确

监狱信息准确度越高,监狱决策的失误就越少,监狱管理的效能就相应提高。因此,监狱管理者在处理监狱信息时应当注意信息的准确性。对收集到的信息,特别是通过间接方式得到的信息,要随时加以鉴别并多方验证;对那些含义不清楚和没有把握的信息,要慎重处理,切忌急于传递,以免造成失误和损失。对于监狱上级

机关传递过来的关于执法的,或者有关刑事政策方面的信息,监狱各级管理者都应当认真领会,坚决贯彻,防止对信息产生错误理解;对于其他途径传递过来的信息,监狱管理者则应当仔细甄别,明辨真伪。

3. 及时

信息的使用价值将随时间的推移与决策系统或者外界环境的变化而下降,决策者所需要的是在特定时间段内能够反映决策系统与外界环境真实性的信息。先于决策的信息对于该项决策具有一定的价值,但是先于决策的信息若不能为决策者及时处理和应用,也会相应降低或丧失它的使用价值。狱政管理对信息的时效性要求也很高,这就要求收集者应当发挥主动性和敏锐的观察力,主动地去捕捉有价值的信息线索。在有了一定信息线索后,则要根据不同的对象和条件,用各种有效的方法去找、去搜、去追,以便收集到更多的有价值的信息。比如,关于监狱安全方面的信息,如果没有及时收集到,或者收集到后没有及时处理,那么监狱的安全就将要受到严重的现实危害;关于罪犯改造的信息,如果不及时处理,监狱人民警察就很可能错过对该罪犯进行教育的最佳时机,有的甚至会演化成影响监狱安全的因素。影响信息时效性的因素有两个:信息发送者的发送时机和所选择的信息载体。信息发送不及时,时效性较差;信息载体不合适,影响了信息的流转速度,时效性也会相应降低。

(三)恰当选择监狱信息载体

通常认为,信息在发展过程中经历过以下不同的载体阶段:语言、文字、电磁波和计算机。这几种信息载体在监狱管理中有着各自的地位。语言作为信息的载体,其优点是使用快捷、方便。监狱人民警察与罪犯谈话,安排改造任务等都是以语言为载体进行的信息交流。文字作为监狱信息的载体,其优点是能将信息在流转过程中形成的规律性的信息固定下来,直观性强。监狱中的各种文字宣传,监狱人民警察的工作经验总结、调查报告、科研成果等是以文字为载体进行信息交流和信息存储的。电磁波作为监狱信息的载体,优点是速度快、可以互相转换、可控性强。监狱中的各种监控报警设施、通讯装备等都是以电磁波为载体来进行信息交流。计算机作为信息的载体应用于监狱管理中,推动了监狱信息管理的重大变革。计算机本身就是一个信息处理系统,其应用大大提高了信息管理的效率,给狱政管理也带来了极大的便利。监狱在实现管理现代化过程中出现的狱政管理的智能化、无纸化办公、电子档案等都是以计算机为载体进行信息控制和信息存储的。载体选择合适,信息流程顺畅,信息能及时以恰当的方式流转,则可大大提高管理的效率。

(四)克服监狱信息流程中常见障碍

通常情况下,监狱信息的管理者在对所收集的信息进行加工后,就要将处理过的信息推入流转系统,一个简单的流转系统包括信息的发送、传递、接收几个环节,参与者主要有三方面:信息的发送者、信息的传递者和信息的接收者。

监狱信息交流中常见的障碍有:

1. 原发障碍

信息交流过程中的原发障碍,是指由于发送者信息表达不清或是受到当时环境的影响,而造成传送出的信息与发送者的本来意图相左的现象。另外,信息发送者意思表达不清或不完整、所选载体不合适、信息的发送时间不恰当等,也会造成信息的原发性障碍。原发障碍是信息交流中常见的一种障碍,在狱政管理工作中,许多时候管理者要主动地去收集有关信息,在收集有关信息时,有时会遇到这种原发障碍。

2. 传递障碍

信息的传递是一个重要的环节。大量的事实证明,这个环节极有可能发生各种障碍,必须引起管理者的高度重视。常见的现象有:信息传递者把信息发送者的原意夸大、缩小或者改变;信息传递过程过慢,信息不能及时送到目的地;信息传递渠道负荷过重,致使一些有价值的信息淹没在传递途中等。

3. 接收障碍

信息的接收是信息传递的又一关键环节。在这一环节也可能出现各种障碍,直接影响信息的交流。这些障碍有:接收者对信息加以曲解,接收者所理解的不是发送者的原意;接收者在接收过程中过早地加以评论,即接收者在信息未完全到位,情况没有完全弄清时就急于下结论;接收者注意力不集中,致使重要信息到这一关键环节白白流失等。

4. 反馈障碍

反馈在交流中不一定出现,但在有这一步骤的交流(双向交流)中,反馈即是一个需要引起高度重视的环节。反馈中,接收者成为传送者,反馈的信息也会遇到传递和接收过程中的各种障碍。

上述这些障碍是可以克服的,监狱应当着力建立高效、规范的信息管理系统,以此来保证信息的安全、迅速传递。我国监狱正在大力推动“智慧监狱”建设,促进对监狱信息的管理达到较高的水平。

第二节　罪犯档案管理

一、罪犯档案的概念

罪犯档案,是指监狱在惩罚和改造罪犯的过程中,按照一定的程序和方法收集、整理、保管的,由执行刑罚的法定文件和罪犯在服刑改造中形成的具有存查价值的材料所组成的系统材料。

罪犯档案是监狱存储信息的一种重要形式,罪犯档案管理在监狱信息管理中具有十分重要的意义。

二、罪犯档案的作用

在监狱执行刑罚、改造罪犯的过程中,罪犯档案有着重要作用。

(一)罪犯档案在执行刑罚中的作用

监狱在对罪犯执行刑罚过程中,所有的法律依据文件都要按要求装入罪犯档案,以利查询并保证这些文件的安全和完整。罪犯档案在监狱执行刑罚中发挥着重要的作用,其反映了监狱对罪犯执行刑罚的过程,保证刑罚执行的准确性。

(二)罪犯档案在教育改造罪犯中的作用

罪犯档案在教育改造罪犯中有重要作用,主要体现在:一是通过罪犯档案可以了解和掌握罪犯的基本情况,便于有的放矢,因人施教;二是通过罪犯档案可以了解罪犯的阶段性和整体服刑表现和改造程度,便于对罪犯的改造作出全面评价;三是罪犯档案有助于管理人员掌握罪犯基本情况,便于其处理罪犯在服刑期间出现的各种问题;四是便于监狱人民警察从中总结管理教育中的经验和教训。

(三)罪犯档案在防治犯罪中的作用

罪犯档案在防治犯罪中有重要作用,主要体现在:一是可以为侦破罪犯在监狱服刑期间的犯罪案件提供一定线索和帮助;二是为公安机关追捕逃犯提供线索和依据,如罪犯档案中的罪犯体貌特征、社会关系的记载及罪犯照片等都是追捕中需要的资料;三是可以为公安机关侦破社会上的一些犯罪案件提供线索和帮助。

(四)罪犯档案在刑事司法研究中的作用

罪犯档案在刑事司法研究中有着重要作用,主要表现在:一是从大量的罪犯档案材料中可以了解押犯的构成特点,某类罪犯的犯罪原因等,为犯罪学研究提供大量翔实的素材;二是为做好社会犯罪治理预防和控制提供参考。

三、罪犯档案的主要内容

罪犯档案由正卷和副卷组成。正卷装入对罪犯执行刑罚的法律依据文件和罪犯服刑期间的重要材料,有人民检察院的起诉书(副本)、人民法院的判决书、执行通知书、结案登记表、罪犯评审鉴定表、奖惩审批表、人民法院的减刑裁定书、人民法院的假释裁定书、暂予监外执行审批表、出监鉴定表、释放证明书等。副卷装入对罪犯执行刑罚的法律依据文件的副本和不归入正卷的罪犯的其他有保存价值的材料。

正卷一般由监狱的狱政管理部门的档案室保存,副卷在罪犯服刑期间则由罪犯所在监区或分监区保存。罪犯被释放后,副卷也要交监狱的狱政管理部门的档案室保存。

四、罪犯档案的管理

罪犯档案,应本着集中统一、专人负责、科学管理的原则进行管理,以发挥其在执行刑罚、改造罪犯和刑事司法活动中的作用。罪犯档案的管理主要包括收集、整理、鉴定、保管、统计、提供利用六个环节。

(一)罪犯档案的收集

罪犯档案的收集,是罪犯档案管理的第一个环节,其主要的工作:一是罪犯入监后,监狱要立即建立罪犯单人档案;二是将对罪犯执行刑罚的法律依据文件收集归档;三是将收监时所形成的有关文书收集归档;四是将罪犯在服刑改造中形成的有存查价值的材料收集归档。

(二)罪犯档案的整理

罪犯档案里的材料,要按要求进行整理,其具体做法:一是将罪犯档案中的材料按一定的顺序排列,一般是将具有法律效力的材料排列在前,将罪犯在服刑改造中形成的材料排列在后;二是统一编排页码;三是制作档案材料目录;四是按照标准将档案材料装订。

(三)罪犯档案的鉴定

罪犯档案鉴定的具体做法:一是将已过保存时效,或已失去保存价值的材料剔除,主要是指罪犯在改造中形成的材料;二是履行严格的审批程序,慎重进行;三是按照一定的方法将剔除的材料妥善处理。

(四)罪犯档案的保管

罪犯档案保管的具体做法:一是按一定方法将罪犯单人的档案排列在档案橱

中(排列的方法主要有姓氏笔画排列法、姓氏汉语拼音顺序排列法、罪犯所在单位排列法、收监时间排列法);二是制作档案索引卡片;三是做好防火、防蛀、防潮、防尘等工作,保证档案的存储安全。

根据有关规定,被判处死刑缓期二年执行、无期徒刑、15 年以上有期徒刑罪犯的档案,要永久保存;判决书、决定书、出监鉴定表、释放解教证明书存根,罪犯卡片,要永久保存。保存期为 51 年以上。

对判处有期徒刑 5 年以上(含 5 年)14 年以下(含 14 年)的其他刑事犯的档案材料,要长期保存,保存期为 21 年至 50 年。

对一般刑事犯判处有期徒刑不满 5 年的罪犯档案材料和过失犯罪的罪犯档案材料,短期保存,保存期为 20 年以下(含 20 年)。

(五)罪犯档案的统计

罪犯档案统计的具体做法:一是随时掌握押犯的数量及增减情况;二是准确掌握押犯的实际情况,如案别、刑期、性别、年龄等情况;三是及时准确地填写统计报表;四是根据需要制作统计表、统计图。

(六)罪犯档案的提供利用

罪犯档案提供利用的具体做法:一是根据实际需要,及时提供有关档案;二是指导监狱的人民警察有效地利用档案;三是具体解答人民警察查阅档案中的有关问题。

第三节　狱 政 统 计

一、狱政统计的概念

狱政统计,是指监狱、监狱的上级管理机关系统地收集、整理和分析研究狱政管理方面的数据资料及其数量关系的活动。

狱政统计,是对狱政管理活动进行系统调查的一种有效方法。狱政统计的结果可以为监狱工作系统提供真实可靠的原始数据,是全面系统准确地了解狱政管理工作的新情况、新特点的必要工具,为制订狱政管理计划、研究监管改造对策提供真实可靠的数据资料。

狱政统计工作包括狱政统计调查、狱政统计资料整理、狱政统计分析三个基本环节。

二、狱政统计调查

狱政统计调查就是根据事先确定的调查目的、任务和对象,按照一定的项目(指标),采用科学的调查方法,在狱政管理工作中收集有关原始资料的过程。

(一)狱政统计调查的内容

狱政统计调查的基本内容是调查能够真实反映狱政管理工作的基本情况的各种数据资料。

1. 在押罪犯的基本数据资料

在押罪犯的基本数据是狱政统计的一项基本内容,主要包括:在押罪犯的总人数,各种类型罪犯人数(包括各个年龄段的罪犯人数,各个刑种的罪犯的人数,各个刑期段的罪犯人数,各个犯罪类型的罪犯的人数等),以及每种类型罪犯在押犯总数中所占比例。

2. 在押罪犯的变动情况数据资料

在押罪犯的变动情况数据是狱政统计的一项重要内容,主要包括:新收监的罪犯人数,释放人数,调进调出罪犯人数,减刑、假释、暂予监外执行的罪犯人数,服刑期间死亡罪犯人数,因又犯罪被追究刑事责任的罪犯人数等。

3. 狱内发案、破案情况数据资料

发案情况,是指罪犯在监狱服刑期间的犯罪案件情况;破案情况,是指监狱侦破上述案件情况。发案、破案情况数据是狱政统计的一项内容,主要包括:各类案件的发生数及其所占比例,破案数量及破案数在已发案件中所占比例。

4. 狱内重大事故、严重灾害情况数据资料

重大事故、严重的自然灾害情况数据是狱政统计的内容,主要包括:重大事故,严重灾害的发生、人员伤亡、财产损失等情况数据。

5. 日常管理情况数据资料

日常管理情况数据是狱政统计的内容,主要包括:危险罪犯情况、违纪罪犯处理情况,戒具的使用情况,禁闭室的使用情况,武器的使用情况,罪犯离监探亲情况,罪犯通信、会见情况等方面的数据。

(二)狱政统计调查的方法

狱政统计调查的方法有经常性登记、统计报表、专题调查等。

1. 经常性登记

经常性登记是狱政统计的基础工作,它是狱政管理部门根据业务范围,把随时发生的各种情况及时记录下来。经常性登记中,或填写资料卡片,以便定期汇总统

计报表,或作为某种专题调查的原始资料。在经常性登记中,广泛采用的是资料卡片登记方法。

2. 统计报表

狱政统计报表,采用由监狱管理机关统一制发的统计报表格式。从报表的报送周期分,有月报表、季报表、年报表。定期报表是狱政管理统计调查的基本方法,也是收集统计资料的主要手段。狱政统计报表制度要求狱政管理部门自下而上定期向上级机关和有关部门报送统计报表。因此,时间性和准确性对于定期狱政管理统计报表是至关重要的。负责狱政统计的人员必须严格遵守狱政统计报表制度所规定的统计范围、统计指标、统计期限等,确保调查资料的完整性和统一性。

3. 专题调查

专题调查,是由于某种特定的任务需要,而专门进行的数据收集活动。专题调查经常采用的形式有普查、典型调查、重点调查、抽样调查。

(1)普查,是为了一定目的,针对研究对象而专门组织的全面调查。这种方式主要用来调查研究某一时点上某类狱政管理活动的全貌,为管理机关制定政策、编制计划提供必要的依据和参考。普查的特点是对所有被调查单位无一例外地进行调查登记,调查项目一般比较多,得到的调查资料也比较全面、准确。但由于涉及的面比较广,需要动用较多的人力和物力,因此,必须认真做好准备工作和组织指挥工作。

(2)典型调查,是在对所有的研究对象进行初步的全面的分析基础上,有意识地选择若干具有典型意义或者代表性的单位,进行详细的、系统的调查,其目的在于进一步认识所研究对象的变化规律。比如,通过对某单位一个时期的狱内发案情况的详细调查,可以分析产生犯罪的具体原因和条件,这就属于典型调查。典型调查的关键在于选择典型,选择典型要根据调查目的来确定。如果调查的目的是了解一般情况,可以选择总体当中居于中等的单位作为典型;如果调查的目的是反映工作优劣情况,总结经验与教训,可以选择成功与失败的典型。

(3)重点调查,就是在所要全面调查的对象范围内,选择一部分重点单位进行调查。所确定的重点单位要在所研究对象的总量中占有较大的比重,能够反映整个研究对象的基本情况。重点调查可以用较少的时间、人力、物力,满足一般性的研究任务的需要。

(4)抽样调查,是按随机原则在总体中抽取一部分单位进行调查,从数量上推算全部总量的一种非全面调查。抽样调查不带主观意识,不先入为主,比较客观,调查的效果也比较理想。抽样调查与典型调查的主要区别在于,典型调查是有意识地确定调查单位,而抽样调查的单位是随意确定的,任何单位都可能被抽取。抽样调查还能节省人力、物力和时间。

三、狱政统计资料整理

狱政统计资料整理,就是将调查收集到的大量原始资料,按照既定的统计调查研究目的和要求,进行科学的分类处理,得出反映狱政管理工作总体特征的综合数字。狱政统计资料的整理,是狱政统计工作的中间环节和统计分析的前提。狱政统计资料整理是比较复杂的工作,其内容主要包括:资料的审查、统计分组、资料汇总和编制统计图表等。

(一)资料的审查

资料的审查,就是对统计调查中收集到的原始资料进行审核,鉴别其可靠性,校正数据上的差错。只有严格审查和核实材料,才能保证统计数据整理的质量。

(二)统计分组

统计分组,就是按照某种重要标志,把总体单位或总体指标分成若干部分和不同的组。为了更深刻地认识和研究监狱押犯情况,必须将调查来的资料,按照研究问题的目的,进行多层次的分组,以便从不同的层次和角度来观察和研究押犯中的新情况、新特点。比如,要研究监狱押犯的年龄结构,可以把押犯划分为成年犯与未成年犯;对于押犯又可以划分为若干个年龄段,从各年龄段的数值及其变化,就可以看到罪犯是否存在向低年龄化发展的问题,从而研究这一现象产生的原因,采取相应的对策。正确进行分组的关键是选择分组标志,所谓分组标志,就是对事物进行分类所依据的标准。狱政统计的分组标志,应根据统计调查的目的和任务而定。目的和任务不同,采取的分组标志也就不同,如研究罪犯又犯罪的动态,分组的标志是又犯罪案件的性质;研究又犯罪成员构成,则可以年龄或性别为分组标志。

(三)资料汇总

狱政统计资料汇总工作是狱政统计资料整理的中心环节,实际工作中经常采用的资料汇总方法有两种:逐级汇总和集中汇总。

逐级汇总,是狱政统计的主要形式。它是根据统计报表的内容和要求,对狱政管理的原始材料进行分级汇总整理,分别得出本单位情况的综合资料,由下而上进行汇总。

集中汇总,就是把基层单位的统计资料,集中在一个主管部门进行汇总。采用这种汇总方法,常常可以收集到日常统计报表中反映不出来的情况。

(四)编制统计图表

编制统计图表是专题统计调查的一项经常性工作。通过统计图表的编制,可以把统计图表的形式更直观地表现出来,也易于比较各项指标之间的关系,发现统计中的错误。因此,统计图表是狱政统计的一个有力工具。统计图表有统计表与统计图两类。

统计表从结构形式来看,是由标题、横行和竖栏数字资料等部分组成。从它的内容看,包括主项和宾项两个部分,主项是要说明的总体,或是总体的各个组,各种单位的名称;宾项是用来说明主项的各种指标。

统计图是用图形来说明现象的数量关系的一种形式,统计图的种类很多,在狱政管理工作中,常见的有条形图、平面图、曲线图。

四、狱政统计分析

狱政统计分析,就是从统计数字着手,对汇总整理的数字和有关资料进行由表及里、由此及彼的工作过程,是提供统计研究成果的阶段。狱政统计分析的主要方法是比较对照法,就是应用总量指标、相对指标、平均指标,对狱政管理的统计对象进行动态分析、平均分析、相关分析等,从而反映狱政管理方面的数量、结构特征,反映狱政管理工作的水平、工作量和规律性。在狱政管理工作中,常用的分析指标有:脱逃率、非正常死亡率、狱内发案率、狱内破案率、罪犯违纪率等。

第四节 狱务公开

一、狱务公开的概念

狱务公开,是指监狱依法将执法的依据、程序和结果分别向社会公众、罪犯亲属和罪犯公布的刑罚执行措施。

狱务公开的对象包括社会公众、罪犯近亲属和罪犯等。根据不同的对象,监狱依法公开相应的执法信息。狱务公开还分为应当公开和依申请公开。应当公开按司法部统一的标准执行,依申请公开则是监狱或监狱管理机关根据罪犯近亲属或罪犯的申请,向罪犯家属或罪犯本人公开其个人执法信息。狱务公开是刑罚执行工作的重要组成部分,是监狱依法履行职责、接受监督的具体体现。

司法部在认真总结九省十一所监狱深化狱务公开试点工作经验的基础上,于2015年4月1日制定下发了《关于进一步深化狱务公开的意见》(以下简称《深化狱务公开意见》),在全国范围内全面推开深化狱务公开工作。《深化狱务公开意见》较以前的规定,具有以下特点:一是狱务公开的内容更深入更明确。《深化狱务公开意见》围绕罪犯及其近亲属、社会公众关注度较高的、监狱执法领域的重点和热点问题,根据现行法律法规要求,结合监狱工作实际,提出了根据社会公众、罪犯近亲属和罪犯等公开对象的不同需求分类公开的要求,并细化了公开的具体内容。二是狱务公开的方法更多样更便捷。为切实增强狱务公开的实际效果,《深化狱务公开意见》在总结近年来各地狱务公开创新经验的基础上,提出要突出利用现代信息手段,进一步丰富和创新公开的方式方法,拓宽公开的渠道,使罪犯近亲属和社会公众能够更加方便、快捷地获得公开信息。三是狱务公开的工作制度更系统更完备。狱务公开涉及监狱工作的方方面面,一些关于狱务公开的要求常散见于与监狱工作相关的法律法规和规范性文件中。《深化狱务公开意见》对近年来出台的法律法规和规范性文件进行了全面梳理,把与狱务公开工作相关的规定、要求补充进来,进一步健全完善了狱务公开工作制度。

二、狱务公开的原则

(一)依法公开原则

狱务公开要坚持依法公开原则,严格依照有关法律法规和规章规定的内容和程序,向社会公众、罪犯及其近亲属公开相关执法信息,不得公开涉及国家秘密、工作秘密和个人隐私的信息,以及可能妨害正常执法活动或者影响社会稳定的执法信息。这里需要注意以下问题:

第一,处理好公开与保密的关系。公开与保密始终是一对矛盾的统一体,对于监狱工作而言,亦是如此。从大的方面讲,对于监狱执法、管理的条件、程序、结果等应当依法公开、主动公开的信息,要坚持“公开是原则,不公开是例外”,全方位、无死角地公开;对涉及国家秘密、监狱工作秘密和个人隐私的信息,以及可能妨害正常执法活动或者影响社会稳定的执法信息,不得予以公开;对只能向罪犯及其近亲属公开的信息,不得向社会公众公开。在具体工作中,对于已经明确属于国家秘密的这部分内容不能公开,这不存在问题,按照密级就可以把握。那么,对于没有明确是否保密的监狱执法管理的一些事项能否公开,就需要从公开后有利还是保密有利等方面进行综合研判,并履行严格的审批程序,切实做到公开的信息不涉密;涉密的信息或是经过研判认为公开可能妨害正常执法活动或者影响社会稳定的执法信息绝对不能公开。①

第二,处理好公开与保障罪犯合法权益即保护罪犯隐私权的关系。无论是向

① 参见李静:《关于深化狱务公开工作的几点思考》,载《中国司法》2016 年第 8 期。

社会公开还是向罪犯亲属、罪犯群体公开，都要注意依法保障罪犯合法权益，保护罪犯的隐私权。对涉及罪犯个人隐私的相关内容，如向社会公开减刑假释建议书、暂予监外执行决定书时，对罪犯的家庭地址、通讯方式、身份证号码、具体病情等个人信息就不宜公开。对未成年罪犯有关信息的公开还要遵守未成年人保护法有关规定。①

（二）及时准确原则

狱务公开要坚持及时准确的原则，凡是依法应当公开的执法事项和信息，都应当在法定期限内采用方便、快捷的方式及时公开，在内容上确保客观、真实、准确。这里需要注意以下问题：

第一，准确把握应当公开和依申请公开的关系。监狱及其管理机关应当根据社会公众、罪犯亲属及罪犯等公开对象的不同需求，分别确定不同的公开范围和公开方式。向社会公众公开的狱务信息以执法依据、执法程序为主，对涉及罪犯个人服刑情况的信息，除法律法规规章有明确规定的以外，一般不向社会公开。对应当向社会公开的狱务信息，监狱机关应当主动公开，对涉及罪犯个人服刑情况的信息，监狱机关可以依照特定公开对象的申请作定向公开。②

第二，处理好公开和宣传的关系。宣传是公开的一部分，但宣传不等于公开，二者不能画等号。公开是相对于保密而言，是满足社会公众、罪犯亲属、罪犯想知道的执法信息需求，相对于宣传而言，是一种被动的。宣传是特定主体有目的地通过讲述自己的意见以影响他人意识和行为的一种社会活动，是一种主动的、想让受众知道的行为。二者有一定联系但也有明显的区别，在实践中要注意把握，不能把宣传视同为或等同于公开，更不能为公开而公开，异化狱务公开的作用与意义。③

（三）强化监督原则

狱务公开的初衷和目标是监狱机关主动接受监督，构建开放、透明的阳光执法机制，杜绝“暗箱操作”。监狱机关应当增强自我监督意识，主动公开狱务信息，加强内部监督，依法接受检察机关监督，自觉接受人大、政协、监察机关及社会公众监督，确保狱务公开工作持续健康开展，以狱务公开促进执法公正。

---

① 参见李静：《关于深化狱务公开工作的几点思考》，载《中国司法》2016 年第 8 期。

② 参见李静：《关于深化狱务公开工作的几点思考》，载《中国司法》2016 年第 8 期。

③ 参见李静：《关于深化狱务公开工作的几点思考》，载《中国司法》2016 年第 8 期。

三、狱务公开的内容

(一)对社会公众公开的内容

对社会公众,监狱应当依法公开下列信息:

1. 监狱执法基本信息

(1)监狱的性质、任务和职责权限;

(2)监狱人民警察的权利、义务和纪律要求;

(3)对监狱机关和监狱人民警察执法、管理工作进行举报投诉的方式和途径。

2. 监狱刑务办理信息

(1)罪犯收监、释放的法定条件和程序;

(2)罪犯的基本权利和义务;

(3)罪犯申诉、控告、检举的方式和途径;

(4)罪犯减刑、假释的法定条件、程序和结果,监狱向人民法院提请罪犯减刑、假释的建议书;

(5)罪犯暂予监外执行的法定条件、程序和结果,罪犯暂予监外执行决定书;

(6)罪犯狱内又犯罪的处理程序和结果;

(7)罪犯服刑期间应当遵守的行为规范。

3. 狱政管理信息

(1)对罪犯服刑改造表现进行考评的条件和程序;

(2)罪犯分级处遇的条件和程序;

(3)罪犯获得表扬、记功或物质奖励等奖励的条件和程序;

(4)罪犯受到警告、记过或者禁闭等处罚的条件和程序;

(5)罪犯立功和重大立功的条件和程序;

(6)罪犯通信、会见的条件和程序;

(7)罪犯离监探亲、特许离监的条件和程序。

4. 罪犯教育改造和劳动改造信息

(1)罪犯思想、文化、职业技术教育有关情况;

(2)罪犯劳动项目、岗位技能培训、劳动时间、劳动保护和劳动报酬有关情况。

5. 罪犯生活卫生信息

罪犯伙食、被服实物量标准,食品安全、疾病预防控制有关情况。

6. 其他信息

(1)监狱执法管理重大事件的处置及调查情况;

(2)监狱工作相关法律法规和规章;

(3)法律、法规、规章和其他规范性文件规定的应当向社会公开的内容。

对依法向社会公开的信息,应当以便于公众知晓的方式予以公开。

(二)向罪犯近亲属公开的信息

除向社会公众公开的内容外,监狱还应当依法向罪犯近亲属公开有关罪犯的个人服刑信息。公开的内容包括以下方面:

1. 监狱的名称、地址及联系方式。

2. 对监狱提请罪犯减刑、假释、暂予监外执行建议有异议的处理方式。

3. 监狱对罪犯实行分级处遇、考评、奖惩的结果,以及对结果有异议的处理方式。

4. 罪犯立功或重大立功的结果,以及对结果有异议的处理方式。

5. 监狱批准罪犯通信会见、离监探亲、特许离监的结果。

6. 罪犯参加文化、职业技术教育、社会自学考试、考核的结果。

7. 罪犯从事的劳动项目、岗位和劳动报酬,以及劳动技能、劳动绩效和劳动素养的评估等情况。

8. 罪犯食品、日用品消费及个人钱款账户收支等情况。

9. 罪犯身体健康状况、体检结果以及疾病诊治等情况。

10. 监狱认为需要向罪犯近亲属公开的其他信息。

(三)对罪犯公开的信息

对罪犯公开,除向社会公众和罪犯近亲属公开的内容外,监狱还应当以监区或分监区为单位,向罪犯全面公开监狱执行刑罚和管理过程中的法律依据、程序、结果,以及对结果不服或者有异议的处理方式,但对涉及国家秘密、工作秘密和罪犯个人隐私的信息不得公开。

对涉及罪犯个人服刑情况的相关信息,可以依法向罪犯及其近亲属告知,也可以根据罪犯及其近亲属的申请依法予以公开。司法部要求各地应当结合实际,建立健全依申请公开的工作规程,明确办理依申请公开的受理、审查、处理、答复等各个环节的具体要求,确保罪犯及其近亲属提出的申请及时得到妥善处理。例如,上海市司法局规定依申请公开的内容包括:监狱受理罪犯申诉、控告、检举的结果;罪犯受到警告、记过或者禁闭等处罚的结果;罪犯财产刑的履行情况;监狱认为可以依罪犯及其近亲属申请公开的其他信息。

四、狱务公开的方式

狱务公开要求在完善常规的狱务公开方式的基础上,注重运用新媒体和先进的科技成果的优势,形成一整套科学有效的狱务公开方式。

(一)以自动查询为方向,整合对罪犯公开方式

向罪犯公开执法信息是监狱狱务公开工作的重点。监狱应当继续借助狱务公开手册、狱务公开栏、狱内报刊广播等传统公开方式,开拓狱内闭路电视、罪犯教育专网、电子触摸屏等现代信息技术方式,多渠道地及时发布狱务信息。

1. 监狱应当将“向社会公开的狱务内容”印制成《狱务公开手册》,在罪犯收监后发给罪犯。司法部发布的《监狱服刑人员行为规范》等文件也应当印制成册后发给罪犯。

2. 狱务公开栏是当前及今后一个时期十分重要的公开方式。监狱应当重视、完善监区(分监区)狱务公开栏的设置,其面积应当满足重要狱务信息和日常通知通告的发布,其位置应当便于阅览,张贴的信息应当保留合理的时间。

3. 监狱应当有计划地建设电子查询系统,逐步在监区(分监区)设置服刑信息电子查询终端,按照个人权限,就罪犯本人的服刑信息,在计分考核、分级处遇、奖惩、刑罚变更、教育情况、劳动任务完成情况、劳动报酬、狱内消费和个人钱款账户等方面提供自助查询。

4. 监狱应当置备与监狱工作相关的法律法规汇编或者法律法规单行本,陈列于罪犯阅览室,供罪犯在需要时查阅。

5. 监狱应当在罪犯生活区的自由活动区域设置检察机关信箱、监狱管理局局长信箱、监狱长信箱和其他有关信箱,供罪犯投放书面材料。根据不同的权限,信箱由相应的专人开启、处理。

(二)以会见环节为重点,优化对罪犯近亲属公开方式

罪犯近亲属是指罪犯的配偶、父母、子女、同胞兄弟姊妹。他们是高度关注监狱执法的人群,他们对监狱的执法工作了解程度,直接关系到监狱机关的形象,也直接关系到对罪犯教育改造的成效。因此,向罪犯近亲属公开狱务信息,是狱务公开工作极其重要的一个方面。当前,监狱应当将会见场所作为狱务公开工作的重要阵地,在为罪犯亲属提供咨询和查询服务的同时,也可在此处宣传监狱的执法工作。

1. 监狱应当在会见场所的醒目处,固定布置“会见须知”“监狱的性质、任务和职责权限”“罪犯的基本权利和义务”“监狱人民警察的纪律要求”“对监狱工作进行举报投诉的方式和途径”等文字介绍。

2. 监狱应当在会见场所置备《狱务公开手册》,发放给有需要的罪犯亲属。

3. 监狱应当有计划地在会见场所设置罪犯服刑信息电子查询终端,按照唯一的

权限，就特定罪犯（会见人的近亲属或者监护对象）的服刑信息，在计分考核、分级处遇、奖惩、刑罚变更、考试成绩、劳动情况、个人钱款账户等方面，向罪犯的近亲属或者监护人提供自助查询。

4. 监狱应当安排精通执法业务的民警在会见现场值班，接受罪犯亲属的现场咨询。监狱应当预先公布监狱领导接待日的安排，并在接待日由值日监狱领导在会见现场接受罪犯亲属的咨询或者投诉举报。

5. 监狱应当在会见场所设置投诉举报箱和意见箱，供罪犯亲属投放书面材料。

6. 监狱机关应当加快门户网站建设，在条件具备时，向罪犯近亲属提供网上查询服务。

（三）以新媒体为依托，完善对社会公众公开方式

新媒体是一个相对概念，是继报纸、广播、电视之后新的媒体形态，主要是指基于计算机技术和移动技术而产生的一种新的传播形式。网站、微博、微信等都属于新媒体的范畴。新媒体深刻改变了公众的信息接收方式和习惯，使其可以随时随地捕捉、交流信息。在新媒体快速发展的今天，张榜、上墙、发放《狱务公开手册》等方式的狱务公开，已不能满足社会的需要，运用现代化、信息化手段成为必然的选择。2013 年，国务院办公厅下发的《关于进一步加强政府信息公开回应社会关切提升政府公信力的意见》指出，要“充分发挥政府网站在信息公开中的平台作用”，“积极探索利用政务微博、微信等新媒体，及时发布各类权威政务信息”。监狱机关也顺应形势开始尝试运用多样化的新媒体形式实施狱务公开。司法部提出可通过新媒体让群众了解信息。司法部《深化狱务公开意见》也指出“可以通过门户网站、政务微博、微信公众平台等新兴媒体，增强狱务公开的影响力和舆论引导力”。

第五节　监狱信息化建设

一、监狱信息化的含义

监狱信息化，是指以信息技术为手段，对传统监狱管理模式进行创新和优化，以实现高效率、高质量、低成本的全新监狱管理模式，从而实现信息资源数字化、信息传输网络化、信息管理智能化、管理手段现代化。

监狱信息化主要包括硬件设施和软件资源两大部分，硬件设施和软件资源通过网络、数据库、应用系统被优化组成可以满足监狱工作需要的完整体系，数字化、网络化、智能化是监狱信息化建设的主要指标之一。监狱信息化就是将传统的监

狱行刑、矫正手段和现代科技相结合,把以计算机和网络技术为核心的信息技术广泛应用到监狱各项工作中。

监狱是国家的刑罚执行机关,也是国家实行社会管理的重要部门,承担着惩罚和改造罪犯的重要职能,是促进社会和谐稳定的重要保证力量,其权力的行使和职能的发挥离不开社会的进步发展,社会信息化的发展必然要求监狱信息化。监狱信息化是人类发展到信息化社会的必然产物,是信息社会形态下的监狱特有形态;监狱信息化是以监狱行刑和矫正模式为基础的信息技术革命,通过先进信息技术的广泛应用,实现监狱工作的数字化、网络化、智能化,由此可见,信息化已成为创新驱动发展的先导力量,没有信息化就没有现代化。

当前,监狱信息化基础支撑能力不断加强,基本实现部、省、市三级司法系统网络及监狱的联通。有的省加强司法系统数据资源体系建设,探索建立了监管和安置帮教对象信息资源库、队伍信息资源库和行政管理资源库等基础数据库。有的省积极探索跨部门信息共享交换,融入当地政府统一平台,实现了信息共享,并与公、检、法等政法机关协同执法。数字化监狱率先突破,全国监狱系统网络平台全面联通;监狱安防系统持续加强,应急指挥体系初步形成。

二、监狱信息化建设的意义

(一)信息化已成为引领监狱建设发展的先导力量

当前,以云计算、物联网、移动互联网、大数据、人工智能等为代表的新一代信息技术飞速发展,引发经济社会结构、生产生活方式的颠覆性变革。信息化成为引领经济社会发展的重要驱动力,信息化水平成为衡量一个国家、地区综合实力、竞争力和现代化水平的重要标志。以信息化推动现代化,已成为时代的共同选择。新的形势为监狱信息化发展蓄积了强大势能。

(二)信息化已成为推动监狱管理能力现代化的重要手段

党中央、国务院高度重视信息化发展。党的十八大以来,相继作出了实施创新驱动战略、网络强国战略、国家大数据战略、“互联网+”行动等一系列重大战略部署,信息化已成为推进国家治理结构转型、方式升级、环境优化的重要途径。传统管理模式转型换代,“互联网+政务服务”新模式深入推进,基于大数据的政府治理新格局不断拓展,为司法行政信息化以及监狱信息化发展提供了广阔空间。

(三)信息化已成为新时期深化监狱事业改革发展的重要引擎

新形势下监狱工作任务日益繁重,以信息化提升工作效能和科学决策水平尤为迫切。信息化与监狱工作深度融合,辅助智能管理、预警预测、科学决策,驱动传统工作模式转型，增强工作前瞻性、科学性、精确性，能有效提高监狱工作效能。现代信息技术深度应用于监狱工作，实现数字化、可视化、全程留痕，可增强执法的确定性、公开性、公正性，提高监狱执法公信力。

三、监狱信息化建设的原则

（一）坚持统筹规划、协同建设

监狱信息化建设应立足领先的信息化发展理念和发展机制，着眼监狱工作实际，坚持全国司法行政信息化建设“一盘棋”，完善顶层设计和整体规划，统一标准和技术规范，理顺和优化信息化工作管理机制，形成司法行政信息化统筹管理格局。其中，监狱信息化是重要组成部分。

（二）坚持需求导向、数据引领

深入挖掘监狱工作应用需求，以解决实际问题为出发点，推动信息技术在监狱工作中的深度应用。以数据汇聚共享促进业务流、管理流有机融合，最大限度发挥数据在决策预判、执法管理、应急指挥等方面的引领性、先导性、预警性作用。

（三）坚持创新驱动、深度融合

促进云计算、物联网、大数据、人工智能、区块链等信息技术与监狱工作的深度融合，以融合促创新，以创新促改革，培育新动能新模式，拓展发展新空间。

（四）坚持开放共享、安全可控

加强资源整合，推进信息资源的共享交换，实现狱务信息对社会公众开放。处理好开放、发展和安全之间的关系，建立有效的安全保障体系，积极防御、综合防范，切实提升安全防护能力和水平。

四、监狱信息化建设的任务

（一）支撑体系的建设

依托国家电子政务外网、电子政务内网和互联网，推进监狱信息化基础网络全国贯通。推进全国司法行政数据中心体系建设，促进“司法云”应用。完善信息标准规范、安全保障和运维服务体系，夯实监狱信息化建设基础。

1. 加快信息化基础网络建设

按照国家电子政务网建设总体部署，整合司法行政系统各级业务网络，加快地（市）司法局、监狱联网进程，推进县级司法局、乡镇（街道）司法所的网络建设，切实解决偏远地区基层司法行政机关的网络连接问题，全面实现部、省、市、县、乡等五级网络纵向贯通。推进各业务专网改造并向电子政务外网迁移。推动网络横向联通，整合网络资源,实现与公、检、法等政法机关及党委、政府有关部门的网络贯通,为跨部门资源共享、业务协同打下良好基础。按照中共中央办公厅、国务院办公厅的部署,分步推进电子政务内网建设,构建监狱涉密内网。畅通互联网接入,规范互联网出口,实现各级公共法律服务平台的互联互通。积极采用先进通信技术,进一步扩大覆盖范围,提升网络速度,切实提高对监狱业务承载能力和应用服务水平。

2. 健全信息标准规范

建立健全系统全面、统一规范、科学适用的监狱信息化标准规范体系。修订整合司法行政现行标准,按照数据、基础平台、应用技术、基础设施和管理等五个方面补充制定和修订标准规范,指导全国监狱信息化建设,为信息共享、业务协同和系统集成提供支撑。建立标准动态管理机制,定期对各项标准进行检查评估,做好持续改进,实现静态、动态标准的有机统一。强化标准的培训、监督和推广应用,为信息系统互联互通、数据共享提供保障。

3. 加快推进"司法云"建设

以集约化方式弹性构建计算资源、存储资源和网络资源,依托部、省两级数据中心推进"司法云"建设。规范接口,实现部、省平台的有机对接。有序开展现有业务系统入云迁移工作,按照"先易后难、逐步云化"的原则,制定业务应用分类、分批上云计划,实现信息资源的整合和业务协同。

4. 强化信息安全保障

按照网络安全等级保护要求和相关标准规范,建设符合保护等级要求的信息安全设施,明确各信息系统的网络安全等级保护级别,确保关键信息基础设施安全、稳定。构建安全基础设施,统一信息服务系统,为监护业务应用提供统一的安全支撑、资源管理、身份认证、访问控制、授权管理、责任认定、电子印章等服务。健全完善网络安全管理制度,落实网络安全责任制,实现网络安全管理的规范化、精准化。准确把握信息共享与安全保障的平衡点,既要防止有密不定,又要纠正随意定密。加快构建全国司法行政一体化网络安全应急体系,加强大数据环境下防攻击、防泄露、防窃取的监测、预警、控制和应急处置能力建设,实现对全网安全设备的集中监管和统一呈现,更好感知网络安全态势,做好安全事件追踪、安全风险响应、安全监测预警和风险防范工作,提高信息安全综合保障水平。

(二)应用平台的建设

以各类应用系统为基础,以打通数据接口、集成应用界面、拓展和完善业务功能为目标,构建应急指挥、执法管理平台,推进各类系统的融会贯通,并利用数据共享交换系统,实现内外部数据的交换共享。

1. 建设应急指挥平台

建设以司法部信息指挥中心为龙头,各省(区、市)司法厅(局)信息指挥中心、监狱管理局指挥中心为重要节点,部、省、市、县贯通的四级指挥网络,建设纵横联动、平战结合、反应迅速、指挥顺畅的应急指挥平台。应急指挥平台联网和接入监狱视频资源,实现全局性、可视化、扁平化指挥,提升监测预警、快速响应、综合调度和精准处置能力。广泛运用新型物联网技术,创新人员定位及监管区内部无线专网技术,积极探索人工智能、机器人的应用,打造人防、物防、技防、联防"四位一体"的智能化、立体式安防网络。

2. 建设执法管理平台

建设涵盖监狱、社区矫正、安置帮教等业务的执法管理平台,对监狱服刑人员、社区服刑人员、刑满释放人员等特殊人群进行依法监管,实现整个执法活动的全方位、全过程网上管理。落实《促进电子商务发展三年行动实施方案(2016—2018年)》,积极推动被监管人员生活物资的电子商务和智能配送,促进监狱生活卫生管理规范化。深化执法结果、狱务网上公开,不断提高精准执法水平和司法公信力。加强与公、检、法等政法机关在收押管理、刑满释放以及罪犯减刑、假释、暂予监外执行诊断评估等方面的业务协同与信息共享,提高办案质量和执法效率。

(三)大数据治理应用体系的建设

认真贯彻落实国务院印发的《促进大数据发展行动纲要》,围绕提升监狱行业数据治理能力,建立完善监狱行业数据资源体系,强化数据资源管理,推动监狱系统数据资源的开放共享,构建全国监狱大数据资源,加强大数据研究分析,深化大数据在监狱各业务系统应用,形成大数据治理应用体系,全面提升监狱大数据的管理服务能力和利用水平。

建设部、省两级大数据分析服务平台,汇聚全国监狱基础数据和业务数据,构建全国监狱案例库、大数据信息资源库、行业知识库和模型库,研发大数据管理和分析挖掘工具集,为开展监狱大数据智能分析应用提供基础支撑。建立监狱大数据实验室和研究中心,开展监狱安全风险分析,犯情、狱情、案情分析,监狱服刑人员出监评估等大数据分析业务模型研究和示范应用,为教育矫治罪犯、提高矫治质量提供有力的科技支撑。

五、监狱信息化建设的具体项目

监狱信息化建设具体项目包括:建设一个平台、一个标准体系、三个信息资源库、十个应用系统。"一个平台",即网络和硬件平台;"一个标准体系",即监狱信息化标准体系;“三个信息资源库”,即监狱管理信息库、罪犯信息库、警察信息库;“十个应用系统”,即监狱安全防范和应急指挥系统、监管及执法管理系统、教育改造系统、生活保障及医疗卫生系统、警察管理系统、狱务公开系统、监狱建设与保障系统、生产管理与劳动改造系统、办公自动化系统、决策支持系统。

以上项目的主要功能体现在以下方面。

(一)网络和硬件平台

网络和硬件平台由全国各监狱的计算机网络和各级数据中心组成。主要内容包括:建设部、省、和监狱内部局域网,实现各职能部门网络互联;建设部、省到监狱三级专网,实现监狱系统纵向联网;建设部、省、监狱三级数据中心,实现对各级数据的存储和共享。

(二)监狱信息化标准体系

监狱信息化标准体系是监狱信息化建设的基础,是实现信息共享的前提。根据监狱管理和执法工作流程,对各业务数据进行编码,制定相应的标准。第一,监狱管理编码标准包括:全国监狱机构、安全防范、应急指挥、工人管理、生产安全、监狱建设规划和经费保障等信息编码标准;第二,罪犯信息编码标准包括:罪犯管理、刑罚执行、心理矫治、改造质量评估、劳动改造、医疗卫生等信息编码标准;第三,警察信息编码标准包括:全国监狱警察基本信息和警察执法质量评估等信息编码标准。

(三)信息资源库

三个信息资源库是监狱信息化建设的核心环节,主要内容包括以下方面:

1. 监狱管理信息库:记录监狱场所自然信息、监狱建设投资、经费执行情况、生产安全、工人管理、警用装备、武器、法律法规和行政办公等基础信息。

2. 罪犯信息库:罪犯信息库记录罪犯从入监到释放全过程的基本信息。包括罪犯姓名、出生日期、性别、相片、体貌特征、指纹、DNA、社会关系等自然信息,罪名、刑期、犯罪事实等判决信息,罪犯减刑、假释、暂予监外执行、疾病治疗、教育、劳动等刑罚执行信息,狱内发案、案件性质、侦破情况等狱内案件信息。罪犯基本信息由监狱按照统一的规范进行采集,上传省局、部局,逐层汇集,形成全国统一的罪犯信息库。利用全国罪犯信息库可查询全国任何一名罪犯的基本信息;对罪犯基本信息进行汇总、分类整理、分析研究,为决策部门提供各类情报信息;与公安、法院、检察、武警等部门实现信息共享。

3. 警察信息库:记录监狱警察自然信息、工作执法信息、奖励、惩处和绩效考核等基础信息。

（四）十个应用系统

应用系统包括以下内容：

1. 监狱安全防范和应急指挥系统。通过多媒体监控，门禁控制、会见监听录音、突发事件快速报警、周界防范等科技手段，构建全方位、多层次的监狱安全防范和应急指挥系统，实现与武警、公安的联动，做到反应处置迅速、信息沟通快捷、指挥协调有力，全面提升各级监狱管理部门的安全防范和处置突发事件的能力。

2. 监管及执法管理系统。该系统实时采集并记录罪犯计分考核、坦白检举、奖惩情况、刑期变动等信息，记录狱内信息员物建和工作情况、狱内预谋案件的侦破情况，科学分析狱内案件的发生规律，有效预防并及时侦破狱内案件。

3. 教育改造系统。该系统用于罪犯教育改造信息的处理。包括入监教育、三课教育、个别教育、社会帮教管理、心理档案、心理矫治、出监教育等管理功能。

4. 生活保障及医疗卫生系统。建设罪犯生活保障管理系统，实现对罪犯生活保障、狱内消费等各项业务的管理和控制；以智能卡为载体，根据罪犯处遇级别，建立罪犯零花钱管理系统，实现对罪犯零花钱消费的智能管理；建立医疗卫生管理系统，实现监狱医院工作质量、罪犯医疗费用、罪犯健康档案、疾病防控等医疗卫生管理，提高疾病预警和医疗卫生的管理。

5. 警察管理系统。该系统用于对监狱警察信息的处理。

6. 狱务公开系统。该系统是监狱面向社会公开的重要载体，要实行内网、外网物理隔离，严格分开。

7. 生产管理与劳动改造系统。该系统用于监狱生产和罪犯劳动改造信息的处理。

8. 监狱建设与保障系统。实现对全国监狱布局、建设的统一规划和管理分析统计监狱建设情况和监狱投资执行情况；完善经费保障和会计电算化管理，提高警用装备等后勤保障管理的水平。

9. 办公自动化系统。实现系统内部公文、信息等主要办公业务网络化和会议视频化，使各级信息化应用水平从单纯的业务数据处理，提升到业务管理和决策支持的层次。

10. 决策支持系统。在罪犯信息库等基础信息库基本建成、各业务应用系统得到有效运用的基础上，建设监狱决策支持系统，构建数据仓库，进行数据挖掘，研究工作规律，分析发展趋势，为制定监狱宏观政策研究和决策提供信息支持。

监狱信息化建设对于推动科技强警，促进公正执法，确保监管安全，提高教育改造质量具有举足轻重的作用。同时，监狱信息化也是一个不断完善的过程，是不断与社会发展相协调相适应的过程,监狱必须应对信息化带来的挑战,适应社会信息化的发展要求,加快监狱信息化建设步伐,以监狱信息化推动监狱工作的科学发展。

研究与思考

1. 如何理解监狱信息的含义和特征?
2. 如何理解监狱信息管理的要求?
3. 如何理解罪犯档案的概念和作用?
4. 简述罪犯档案管理的要求。
5. 如何理解狱政统计的概念?
6. 简述狱务公开的原则。
7. 简述监狱信息化建设的意义。

第十二章 未成年犯和女犯的管理

重点提示

1. 未成年犯是指已满12周岁未满18周岁，实施了犯罪行为，依法被判处刑罚在监狱服刑的罪犯。未成年犯的心理特征包括接受新事物快但认知水平并不高、情绪易变且好感情用事、自控能力较差、独立意向强烈、自尊感较强、需要增强且多样化发展等，行为特征包括易冲动、好模仿、纠合性强、改造中易出现动摇反复、可塑性大等。对未成年犯的管理要遵循与成年犯分开关押、教育改造为主、依法监管与教育感化挽救相结合、符合未成年犯身心特点、实施权益特别保障等原则；未成年犯的管理包括分押分管、警戒看押、通信会见、生活卫生、考核奖惩、转监和刑满释放等六方面内容。

2. 本章研究的是狭义的女犯，专指在监狱服刑改造的女性犯罪人。女犯的心理特征包括认知能力低下、情绪情感复杂多样、意志较薄弱、物质需要强于精神需要、某些女犯自卑心理较重等，行为特征包括易变性与守旧性并存、易受暗示性与模仿性、明显的情绪性、利己性与功利性、报复性强等。对女犯的管理要遵循区别对待、女性人民警察直接管理、平等保护、特殊保护等原则；女犯的管理包括收监、警戒看押、通信会见、生活卫生、行为管理、劳动管理、考核奖惩、回归社会的准备等八方面内容；要根据女犯的心理、行为特点确定对女犯教育的重点内容，并选择适合于女犯特点的方式、方法实施教育。对女犯要在隐私、婚姻家庭、生活卫生、劳动等方面进行特殊保护。

第一节 未成年犯的管理

一、未成年犯的概念

未成年犯是指已满12周岁未满18周岁，实施了犯罪行为，依法被判处刑罚在监狱服刑的罪犯。

这一概念有以下三层含义:

第一,未成年犯的年龄已满12周岁不满18周岁。这是未成年犯在年龄上的特征。我国《宪法》第34条规定:"中华人民共和国年满十八周岁的公民,不分民族、种族、性别、职业、家庭出身、宗教信仰、教育程度、财产状况、居住期限,都有选举权和被选举权;但是依照法律被剥夺政治权利的人除外。"我国《未成年人保护法》第2条规定:"本法所称未成年人是指未满十八周岁的公民。"在中华人民共和国,已满18周岁的公民属于成年人,享有公民的特定权利、承担特定的义务。未满18周岁的公民,属于未成年人,在权利和义务上有所不同。根据《刑法修正案(十一)》的规定,已满16周岁的人犯罪,应当负刑事责任。已满14周岁不满16周岁的人,犯故意杀人、故意伤害致人重伤或者死亡、强奸、抢劫、贩卖毒品、放火、爆炸、投放危险物质罪的,应当负刑事责任。已满12周岁不满14周岁的人,犯故意杀人、故意伤害罪,致人死亡或者以特别残忍手段致人重伤造成严重残疾,情节恶劣,经最高人民检察院核准追诉的,应当负刑事责任。因此,不满12周岁的公民犯罪,不被追究刑事责任,不会成为未成年犯。已满18周岁的人是成年人,如果犯罪就成为成年罪犯,也不属于未成年犯。

第二,未成年犯必须实施了《刑法》规定的犯罪行为。这是未成年犯在法律实体上的特征。

第三,未成年犯必须是经法院判决生效后交由监狱执行刑罚时尚未成年的罪犯。这是未成年犯在法律程序上的特征。我国《刑事诉讼法》第12条规定:"未经人民法院依法判决,对任何人都不得确定有罪。"人民法院是我国唯一法定的能确定公民有罪的机关,其他任何机关、政党、社会团体、组织和个人都无权确定其他自然人和单位的行为是否构成犯罪。另外,未成年犯还必须是依法交付监狱执行的未成年的罪犯,被判处管制、拘役和有期徒刑同时宣告缓刑的,不在监狱内执行的不是狱政管理学意义上的未成年犯。

二、未成年犯的心理特征

从发展心理学角度来看,年龄在12周岁至18周岁之间的未成年犯正处于青春期,这个时期的最大特点就是从心理不成熟向心理成熟过渡,因而其心理面貌不稳定,可塑性大,是心理成熟前的动荡不定时期。①

---

① 林崇德:《发展心理学》,浙江教育出版社2002年版,第362~363页。

处在青春期的未成年人,生理发育已基本成熟,体内各种生理机能与童年期相比显著增强,精力相当充沛,愿意进行多种活动;快速增长并逐渐超过父母的身高使其产生了"成人感",其自我意识也有了新的体验。总体而言,处于青春期的未成年人的一般心理特点是:"自尊心和自信心在增强,对于别人的评价十分敏感,好斗好胜;逻辑思维水平有所提高,但思维仍具有片面性,容易偏激,容易摇摆;他们很热情,也重感情,但有极大的波动性,容易爆发激情;他们的意志品质不断提升,但在克服困难中毅力还不够,常常把坚定与执拗,勇敢与冒险混合起来。"①由于未成年犯处在一个生理机能已快速发育成熟,但社会心理发展却尚未成熟的阶段,其身心发展的不平衡引发的种种矛盾,使未成年犯心理不平稳、行为多变化,一遇到挫折困难就会对人生前途产生迷茫,这必然会使其改造表现与成年犯有很大差异。具体来说,未成年犯的典型心理特征主要有以下六个方面。

(一)接受新事物快但认知水平并不高

未成年犯像其他未成年人一样,对任何新事物不仅充满好奇,而且要比成年人接受新事物快且运用能力强。但是,由于未成年犯的文化水平普遍低于同龄人,他们的认知水平并不高,其认知具有表面性、片面性、肤浅性的特点,这导致未成年犯很容易因认识不清而引发盲目冲动的行为,如为了显示自己的"英雄气概"或为了替朋友出气产生暴力伤害犯罪等;也可能会因为愚昧无知、是非不分而不加选择地接受任何新事物,或随意使用其所掌握的新技能导致危害社会行为的发生,如模仿他人实施犯罪、利用精通网络技术的优势进行网络犯罪等。未成年犯接受新事物快的特点既可使他们更快适应未成年犯管教所的新环境而产生有利于其改造的结果,也可能因其认知水平不高错误地选择接受了负面事物的影响而对其顺利接受改造带来阻碍作用。

需要注意的是,由于未成年犯身心发育尚未完全成熟,他们的认知会有进一步发展。但未成年犯很容易受到外界因素影响而产生变化,其发展具有正反两种可能,可塑性很大。因此我们要注意对其积极引导,使其朝着实现我们工作目标的方向发展。

(二)情绪易变且好感情用事

由于人格不成熟、社会经验不足,未成年犯会随着外界刺激的变化而产生情绪变化,而且很少掩饰,比较外露。未成年犯对自己情绪的产生往往是缺少反省、不加克制的,再加上他们受暗示性强,就更加敏感冲动,易暴易怒,常常任由一时的情绪

---

① 林崇德:《发展心理学》,浙江教育出版社2002年版,第362页。

支配自己的行为,放荡不羁,难以遏止,偶遇强烈刺激,还会产生过激行为,甚至有可能违反监规纪律造成危害监管安全的事故发生。少数未成年犯在激情状态下,肆无忌惮,不计后果,有较大的现实破坏性和人身危险性。

(三)自控能力较差

未成年犯往往意志薄弱,不仅不能调节控制自己的不良情绪,而且常常破坏纪律,顶撞监狱人民警察,产生不良示范效应。知行脱节是未成年犯改造中常见的心理特点。一方面,在监狱人民警察的教育下,他们渴望通过积极改造获得减刑,早日脱离监管环境。另一方面,由于他们坚韧性和自律性较差,实际表现又往往与初衷背道而驰;决心虽大,但在实际行动中,既吃不得苦,又耐不得劳,还经不起考验,也改不掉恶习;虽然承认错误快,但过后又一再重犯。对未成年犯而言,监管机关限制常态需要与其勃发的物欲、性欲之间的矛盾,严格监管教育与其放荡不羁、寻求刺激的消极人格之间的矛盾,常使其处于两难境地,内心常处于烦恼紧张、焦躁之中,自控能力较差的未成年犯就可能采用非法手段寻求解脱。因此,在改造中,未成年犯比成年犯出现反复的频率高、强度大。

(四)独立意向强烈

处处要求独立,处处渴望独立,是青春期未成年人的一大心理趋向。未成年人希望摆脱家长和老师的管制,自己为自己做主,能够按照自己的主张行事。但是由于未成年人的认知能力较低,世界观刚萌芽,自我控制能力又不够好,所以,他们独立自主的想法虽好,但很难做到真正意义上的独立自主,常常会做出错误的决定而产生不恰当甚至是危害社会的行为。未成年犯在这方面表现得更为突出,因此,那些独立自主愿望过于强烈的未成年犯,会因为不愿受监规纪律的约束而产生违规违纪的行为,不愿听从监狱人民警察的指挥而产生抗拒管教的行为等。

(五)自尊感较强

青春期的未成年人有着强烈的自尊感。出于强烈的自尊感并受独立意向的驱使,他们总想做出各种大胆的尝试,以此来展示自己的能力、显示自己的价值并确立自己在他人心目中的地位。因此,未成年犯会积极参加各种活动,并力求在活动中有好的表现,以期得到他人特别是监狱人民警察的认可。他们期望得到更多的表扬,而不愿意接受批评,对当众批评自己的人会产生敌视。因此,监狱人民警察在管理未成年犯时要注重发挥他们的长处以提升其自尊感,尽量不当众批评他们,这样才能协调与他们的关系进而有利于改造工作的顺利进行。

(六)需要增强且多样化发展

在青春发育期,未成年人的物质和精神需要在质和量上都有很大提升,尤其是他们的物质需要的强度和频度要远大于成年人。由于他们涉世不深,再加上认知水平不高、自我控制能力差,对自己强烈的物质需要无法有效调控,不加节制地过分满足就可能导致犯罪。进入未成年犯管教所后,未成年犯的强烈物质需要受未成年犯管教所的条件限制难以得到完全满足而使他们产生紧张感、挫折感和消极否定的情绪,这会导致他们无心接受改造,对监内的物质文化生活的改善却斤斤计较。

未成年犯的精神需要涉及多个方面:首先,他们的尊重需要强烈,渴望人格受到尊重,对讽刺、挖苦、歧视自己的人非常反感;其次,他们提升自己的愿望较强,对学文化、学技术有特殊的兴趣,注意了解多方面的社会信息来充实自己;再次,他们的亲和需要较强,重视与他犯和监狱人民警察建立协调友好的关系,但也可能与他犯结成具有负性作用的罪犯团伙;最后,他们也有较强的获得成就的需要,力争把监狱人民警察交给自己的任务完成好,以期实现自己的价值,并渴望自己的才能和上进心受到监狱人民警察的重视和赏识,但某些邀功心理过于强烈的未成年犯,为了表现自己逞强拔份,也可能造成危害结果。

三、未成年犯的行为特征

(一)易冲动

由于未成年犯的自控能力较差,情绪波动大又易于感情用事,在行为上常常显现出冲动的一面。在改造过程中,未成年犯常常为了一点小事话不投机而大动肝火,一怒之下就大打出手,事后又常常后悔不已。这就是自控力差导致盲目冲动行为的结果。因为易冲动,未成年犯往往一受刺激就管不住自己,极有可能出现违规违纪的行为。因此,监狱人民警察对未成年犯改造中的反复要有耐心,要多给予他们细心指导,并注重提高他们的自控力,这样才能逐渐降低反复出现的频率和强度。

(二)好模仿

模仿是人天生就有的学习能力。未成年犯由于心理发展尚未成熟,认知能力较低,自控力较差又易感情用事,受暗示性强,因此很容易受他人影响,通过模仿他人学会新技能或新的行为方式。例如,那些崇尚江湖义气的未成年犯,认为模仿团伙中头目或被自己认可的团伙成员的行为,就是“讲义气”的表现。因此,在改造过程中,未成年犯常常会向与之关系密切的他犯看齐,表现出与其相似的改造行为,即“近朱者赤,近墨者黑”。这就提醒我们的监狱人民警察既要为未成年犯树立一个学习的好榜样促其不断进步,也要注重未成年犯的交往对象,通过优化其交往对象来促使他们积极接受改造。

(三)纠合性强

未成年犯一方面有强烈的独立意向,另一方面又表现出合群的倾向。这种矛盾心理导致他们既不想受到监规纪律的约束,又希望能得到伙伴的支持。因此,一旦性格、兴趣、需要相近时,未成年犯就会纠合在一起,形成各种各样的非正式小群体。因为对于未成年犯来说,组成小群体既可以满足其社会归属的需要,又有利于弥补其个人经验和能力不足的缺陷,在监狱这种特殊环境中能更好地生存下去,同时还可为其将来的发展打下基础。

(四)改造中易出现动摇反复

由于未成年犯认知能力不高、意志品质不够好,所以在改造过程中比成年犯更易于表现出动摇反复的特点。在监狱人民警察的教育下,未成年犯对我国的改造政策有了比较清晰的认识,下定决心用自己的良好表现争取早日出所,但一遇到困难、挫折就会灰心丧气;在受到监狱人民警察的正面引导、教育后,未成年犯往往信誓旦旦,对前途信心十足,随即表现出学习认真、劳动积极的状态。然而,若受到他犯的负面影响后,又会对未来产生疑虑,学习、劳动都会出现懈怠。这些都是动摇反复的具体表现。

(五)可塑性大

未成年犯在心理上正处于从不成熟向成熟过渡的时期,所以他们的可塑性非常大,受到好的影响就会变好,受到坏的影响则会变坏。未成年犯一般都不是累犯,他们大多是在他人的诱导下犯罪,或者是由于不辨是非胡乱模仿而导致犯罪,他们的反社会性不明显,心理恶性不大,如果能给未成年犯创建一个好的改造环境,监狱人民警察能加大正面引导的力度,对他们动之以情、晓之以理,是易于把他们引导到正确道路上来的。

四、对未成年犯的管理原则

对未成年犯进行管理,总的原则是《未成年犯管教所管理规定》当中要求的“依法、科学、文明、直接管理”,这是对所有罪犯普遍适用的管理要求。此外,对未成年犯管理还有以下几项特殊的原则。

(一)与成年犯分开关押的原则

根据《监狱法》和《未成年犯管教所管理规定》,未成年犯应当在未成年犯管教所执行刑罚、接受教育改造,而未成年犯年满 18 周岁时,剩余刑期不超过 2 年的,仍可以留在未成年犯管教所执行剩余刑期。将未成年犯与成年犯分开关押,可以创建一种有利于未成年犯身心健康的教育改造环境，防止未成年犯受到来自成年犯的不良影响，有利于对未成年犯实施特殊处遇，也便于对未成年犯实施有针对性的教育改造。

（二）教育改造为主的原则

我国《监狱法》第69条规定："有劳动能力的罪犯，必须参加劳动。"在未成年犯的教育改造方面，关于劳动的处理具有特殊性。根据《未成年犯管教所管理规定》的规定，组织未成年犯劳动，应当在工种、劳动强度和保护措施等方面严格执行国家有关规定，不得安排未成年犯从事过重的劳动或者危险作业。未满16周岁的未成年犯不参加生产劳动。未成年犯的劳动时间，每天不超过4小时。这一规定说明，教育改造是改造未成年犯的主要手段，劳动在改造未成年犯工作中则处于辅助的地位。组织未成年犯参加劳动必须符合未成年人的特点，以习艺性的劳动为主，以学习、掌握技能和促使未成年犯形成正确的劳动观念、养成劳动习惯为目的，对其劳动的考核也是以学习、掌握技能的考核和劳动态度的考核为主。

（三）依法监管与教育、感化、挽救相结合的原则

未成年犯是罪犯的一种类型，未成年犯管教所则是监狱的一种类型，是国家的刑罚执行机关，对未成年犯的教育改造是执行刑罚的活动。所以，在对未成年犯的管理上，首先必须明确监管改造的性质，依法严格监管。同时，也应当意识到未成年犯与成年罪犯的区别，认真贯彻"惩罚和改造相结合，以改造人为宗旨"以及"教育、感化、挽救"的方针。未成年犯管教所的人民警察要意识到，对未成年犯的管理，教育是主导，感化是手段，挽救是目的。

（四）符合未成年犯身心特点的原则

未成年犯在身心发展上与成年犯有明显的不同，在对他们的教育管理当中，必须符合未成年犯身心特点。由于未成年犯的身心发展具有矛盾性、可塑性等特点，这就要求对未成年犯的管理方法要与其身心特点相适应，从改造人、挽救人、造就人的目的出发，宽严适度，发挥管理的教育功能。

（五）实施权益特别保障的原则

1. 受教育权利的保障

未成年犯依法享有受教育的权利。未成年犯管教所应该按照《未成年犯管教所管理规定》的要求对未成年犯进行思想、文化和技术教育，对于尚未完成国家规定的九年义务教育的未成年犯，未成年犯管教所要对其继续进行义务教育。

未成年犯管教所应当确保对未成年犯进行教育的师资的质量和数量，不使用罪犯担任教师。对未成年犯的教育应当列入当地教育发展的总体规划，应当得到

当地教育行政部门在教育经费、师资培训、业务指导、考试及颁发证书等方面的支持。

2. 劳动权利的保障

由于未成年犯的劳动属于习艺性质,未成年犯管教所应根据现实需要并结合未成年犯的特点设立习艺劳动场所。在组织未成年犯劳动时,未成年犯管教所应当严格执行国家有关规定为未成年犯选择工种、确定劳动强度和采取保护措施等。不安排未成年犯从事重体力劳动或者危险作业。根据规定,未满16周岁的未成年犯不参加生产劳动。

3. 民事权利的保障

(1)隐私权的保障

为了避免未成年犯出狱后的生活、学习和工作遭受不应有的负面影响,未成年犯管教所应当对未成年犯的档案材料严格管理,不得公开和传播,不得向与管理教育无关的人员泄露未成年犯的任何信息。

对未成年犯的采访、报道,须经省、自治区、直辖市监狱管理局批准,并且不得披露其姓名、住所、照片及可能推断出该未成年犯的资料。任何组织和个人不得披露未成年犯的隐私。

(2)对未成年犯的监护

未成年犯的父母或者其他监护人应当依法履行监护责任和义务,不得遗弃或者歧视他们,还要协助未成年犯管教所做好对他们的教育改造。

4. 诉讼权利的保障

我国《刑事诉讼法》第281条规定:"对于未成年人刑事案件,在讯问和审判的时候,应当通知未成年犯罪嫌疑人、被告人的法定代理人到场。无法通知、法定代理人不能到场或者法定代理人是共犯的,也可以通知未成年犯罪嫌疑人、被告人的其他成年亲属,所在学校、单位、居住地基层组织或者未成年人保护组织的代表到场,并将有关情况记录在案……"第285条规定:"审判的时候被告人不满十八周岁的案件,不公开审理。但是,经未成年被告人及其法定代理人同意,未成年被告人所在学校和未成年人保护组织可以派代表到场。"第278条规定:"未成年犯罪嫌疑人、被告人没有委托辩护人的,人民法院、人民检察院、公安机关应当通知法律援助机构指派律师为其提供辩护。"上述规定同样适用于未成年犯在服刑期间又犯罪的案件。

5. 对未成年女犯的特别保护

未成年犯管教所对于未成年的女犯,应当实行与未成年的男犯分开关押的措施。对未成年女犯,安排女性人民警察直接管理和教育。在生活卫生方面,要向未成年女犯进行青春期卫生保健知识的教育,适当增发卫生费。

五、对未成年犯的管理

(一)分押分管

未成年犯管教所对未成年男犯、女犯,实行分别编队关押和管理。未成年女犯由女性人民警察管理。对于少数民族未成年犯较多的,可单独编队关押和管理。除按性别、民族分别关押外,未成年犯管教所还按照未成年犯的刑期、犯罪类型,实行分别关押和管理。

未成年犯管教所也要根据未成年犯的改造表现,在活动范围、通信、会见、收受物品、离所探亲、考核奖惩等方面给予不同的处遇。

(二)警戒看押

未成年犯管教所建立警卫机构,负责警戒、看押工作。警卫队的主要职责包括:对未成年犯的学习、劳动、生活场所的外围警戒和大门管理,夜间对所区内外进行巡逻,管理禁闭室,协助处理各类突发事件,执行未成年犯管教所赋予的其他任务。

根据规定,未成年犯管教所监管区的围墙,可以安装电网。在重要部位安装监控、报警装置。未成年犯管教所还应当配备必要的通信设施、交通工具和警用器材。

对未成年犯原则上不使用戒具。但是当未成年犯有脱逃行为、使用暴力行为或正在押解途中、有其他危险行为需要采取防范措施的时候,可以使用手铐。

(三)通信会见

未成年犯的通信会见制度也有其特殊规定:经批准,未成年犯可以与其亲属或者其他监护人通电话,必要时由监狱人民警察监听;未成年犯会见的时间和次数,可以比照成年犯适当放宽。未成年犯遇有直系亲属病重、死亡以及家庭发生其他重大变故时,经所长批准,可以准许其回家探望及处理,在家期限最多不超过7天,必要时由监狱人民警察护送。

(四)生活卫生

根据《未成年犯管教所管理规定》,未成年犯的生活卫生制度包括以下内容:

1. 日常生活

未成年犯的生活水平,应当以保证其身体健康发育为最低标准。第一,未成年犯管教所应当合理配膳,保证未成年犯吃饱、吃得卫生。对有特殊饮食习惯的少数民族罪犯,应当单独设灶配膳;对生病者,在伙食上给予照顾。第二,未成年犯的被服,须依照规定按时发放。第三,未成年犯管教所应当合理安排作息时间,保证未成年犯每天的睡眠时间不少于 8 小时。第四,经检查批准,未成年犯可以收受学习、生活用品以及钱款,现金由未成年犯管教所登记保管。第五,未成年犯管教所设立生活物资供应站,由监狱人民警察负责管理,保证未成年犯日常生活用品的供应。供应站所得收入,用于改善未成年犯的生活。

2. 卫生医疗

未成年犯管教所定期安排未成年犯洗澡、理发、洗晒被服。禁止未成年犯吸烟、饮酒。

未成年犯管教所在当地卫生主管部门指导下开展医疗、防疫工作,设立医疗机构,保证未成年犯有病得到及时治疗。按照“预防为主,防治结合”的要求,做好未成年犯的防疫保健工作,每年进行一次健康检查。

(五)考核奖惩

1. 日常考核

对未成年犯的日常考核,采用日记载、周评议、月小结的方法,坚持达标考核的原则,由监狱人民警察直接考核。考核的结果应当作为对未成年犯奖惩的依据。

2. 减刑、假释

对未成年犯的减刑、假释,可以比照成年犯依法适度放宽。

3. 表扬、物质奖励或记功

未成年犯有《监狱法》第 57 条的规定情形之一的,未成年犯管教所应当给予表扬、物质奖励或者记功。

4. 离所探亲

对被判处有期徒刑的未成年犯在执行原判刑期 1/3 以上,服刑期间一贯表现好,离所后不致再危害社会的,未成年犯管教所可以根据情况准其离所探亲。未成年犯被批准离所探亲的时间为 5 ~ 7 天(不包括在途时间),两次探亲的间隔时间至少在 6 个月以上。离所探亲的未成年犯必须由其父母或者其他监护人接送。

5. 警告、记过或者禁闭

未成年犯有《监狱法》第 58 条规定的破坏监管秩序情形之一的,未成年犯管教所可以给予警告、记过或者禁闭处分;构成犯罪的,依法追究刑事责任。对未成年犯实行禁闭的期限为 3 ~ 7 天,未成年犯禁闭期间,每天放风两次,每次不少于 1 小时。

对未成年犯实施奖惩,应及时在所务公开栏和会见室公示,并通知其家长或监护人。

(六)转监和刑满释放

在未成年犯管教所服刑的罪犯,年满 18 岁、剩余刑期不足 2 年的,可以留在未成年犯管教所继续服刑。年满18岁,剩余刑期满2年的,移送成年犯监狱继续服刑。

未成年犯服刑期满,未成年犯管教所应当按期释放,发给释放证明书及路费,通知其亲属接回或者由监狱人民警察送回。

第二节　女犯的管理

一、女犯的概念与特征

(一)女犯的概念

女犯,即女性犯罪人,其含义有广义和狭义之分。广义的女犯包括女性未决犯和女性已决犯(女性已决犯又可分为在监狱执行刑罚的女犯和不在监狱执行刑罚的女犯)。这里所说的是狭义的女犯,专指在监狱服刑改造的女性犯罪人。按照年龄标准,女犯又可分为成年女犯和未成年女犯。这里主要讨论的是成年女犯的管理。

(二)女犯的特征

1. 女犯的生理特征

女犯作为在监狱中服刑的女性,首先具有女性的一般生理特点,同时由于监狱是进行惩罚和改造的场所,因此又会引发女犯产生某些生理上的变化。

(1)性和生理期特征

女性具有与男性不同的特征。成年女性有经期、孕期、产期、哺乳期、更年期等需要特别注意和关照的时间段。对在监狱服刑的女犯来讲,一般不存在孕期、产期、哺乳期的问题,需注意的是女犯的经期保护以及中老年女犯的更年期问题。

(2)体力与体能特征

由于男女生理上的差异,一般来说,女性的体力、体能不如男性。女性不适宜从事重体力劳动,但适合进行精细的活动。因此,监狱在安排女犯劳动时应注意到这一点,开展适应女性生理特点的劳动项目,并控制女犯的劳动时间和劳动强度。

(3)饮食与营养需求特征

一般女性的进食量比男性要少一些,因此为了保证充足的营养供给,相同数量食品的营养含量要求,女犯的就要相对高一些。此外,由于月经期失血,女犯的饮食中要增加补血活血的食物以防止贫血的发生;处于更年期女犯的食物则要含钙丰富,蛋白质和维生素含量要比以前适当增高但脂肪含量要有所减少,这样可有利于女犯顺利度过更年期。

(4)服刑引发的生理变化特征

女犯在监狱服刑过程中,一般比男犯更容易产生焦虑、悲观等消极情绪,再加上入监前后的环境发生很大变化,这就很容易引起女犯产生生理上的变化,如经期的不正常、内分泌失调,食欲突减或食欲突增,体重发生大幅度变化等现象。

2. 女犯的心理特征

(1)认知能力低下

由于女犯中文盲、半文盲居多,而且生活范围狭小,因而认知能力普遍偏低。女犯认知能力低下主要表现在三个方面:一是认知范围狭窄。女犯对自己的罪行常常不能正确评价,钻牛角尖而不能自拔,对监管法规、政策等许多问题不能正确理解,不是牵强附会,就是发生抵触。二是认知过程的肤浅性与直观性。女犯容易被事物的表面现象迷惑,较难客观、辩证地看问题,对抽象概念较难接受,相信经验,否定理性,抽象思维能力低于男犯,但感知觉的敏锐性常超过男犯。三是认知的独立性差。女犯往往缺乏主见,易受他人暗示影响,认识易反复,思想不稳定。

(2)情绪情感复杂多样

女人特别重感情,女犯更是如此,因而与男犯相比,女犯的情绪情感复杂多样,主要表现为:一是思亲恋家之情强烈、外露、持久而不易自控。女犯对亲人的思恋之情会贯穿其服刑的全过程,在入监初期尤其突出。亲人的关爱是女犯积极改造动力的重要来源。二是渴求亲密情感关系。女犯在改造中常以情感为纽带,三三两两结成亲密的伙伴关系以便相互关照、支持和帮助。但这种伙伴关系常因利益冲突而解体。三是嫉妒情绪极易产生。女犯比一般女性更容易产生嫉妒,但若不能得到有效调节,则可能变成一种危害监管安全的破坏性力量。四是依附归属感较强。由于女犯在观念上常把自己置于弱者地位,她们就会通过依附于强者(监狱人民警察或女犯中的强者),来提高自己的安全感和应对各种复杂情况的能力。五是敏感多疑、戒备心强。女犯对他人的言语特别敏感,对监狱人民警察或别的女犯总是持怀疑的态度,不信任他人,易把他人的好意当恶意,甚至还会无端猜忌他人而引发矛盾冲突等。

此外,与正常社会生活中的女性相比,女犯还具有情感细腻多变、情绪波动性大、对情绪的调节控制能力差、易受负性情绪影响、念旧情绪突出、愚昧轻生情绪严重等特点。

(3)意志较薄弱

女犯中多数人缺少坚定的生活目标,因经不起生活的挫折和考验而犯了罪,表现出意志的薄弱性。这种意志特征在女犯入狱后仍然会继续存在。虽然从总体上看，女犯在自我改造方面比男犯自觉，但女犯的自律性、稳定性、有恒性差，这种改造的自觉性很难落实到踏实的改造行为中，一旦遇到困难或受到干扰，女犯的改造行为就会出现动摇反复或停滞不前。尤其是性犯罪女犯的改造意志更加薄弱，改造中就更易出现反复。

(4)物质需要强于精神需要

由于认知能力低下，大多数女犯物质需要很强烈，但精神需要相对贫乏。女犯大多不关心政治，对事业没有什么大的追求，对吃穿住用却非常重视，在改造中只要能吃饱穿好、健康安全、人际关系和谐、受到监狱人民警察的称赞，她们就会心满意足。女犯的精神需要主要表现在自尊心较强，爱面子，害怕受他人冷落，害怕监狱人民警察当众批评。因此，女犯一般能服从分配，按时完成生产任务，在竞赛中也不甘落后。为了缓解在改造中产生的紧张、焦虑情绪，丰富服刑生活，女犯对文化娱乐活动也有一定需要。

(5)某些女犯自卑心理较重

来自农村和文化素质低的女犯，由于知识面狭窄，受教育程度低，家庭条件差，被捕前又没有稳定的收入来源，与条件较好的女犯相比，会产生较重的自卑心理。例如，家境贫困的女犯看到别人家里每次探视都给钱，就感到惭愧和自卑；不善言辞的女犯面对能写会道的女犯，就自叹不如；笨手笨脚的女犯与干活麻利的女犯相比，认为自己再怎么努力也赶不上别人而自暴自弃；甚至有的女犯会因为自己在狱内超市只能买最便宜的生活必需品，数量又不多，就觉得掉底子、丢面子。

3. 女犯的行为特征

(1)易变性与守旧性并存

女犯大多文化水平不高，认识能力和思考能力较弱，缺乏主见，很容易受到他人的影响而改变认识，再加上其意志比较薄弱，因此其行为会随着认识的变化而不断发生变化。女犯行为的情绪化色彩较浓，在改造过程中一旦遇到外界刺激必然会引起其情绪变化，改造行为则出现波动。对女犯而言，能够引起其情绪变化的因素很多，而且女犯又比较敏感，因而其情绪变化对行为的影响更大一些，女犯与男犯相比，其改造行为更易发生变化，稳定性较差。

与此同时，女犯与男犯相比，大多缺少自己的主见，依赖性相对较强，接受新事物的能力不够好，因而女犯在日常活动(尤其是劳动或工作)中习惯固守过去的行为模式，不喜欢经常发生变动，更愿意做过去常做的事情。她们不希望自己的劳动岗位经常发生变化，一旦出现劳动岗位变化的情况，她们则特别渴望得到更多的指导和帮助。

(2)易受暗示性与模仿性

女性的依赖、顺从、容易受感染、愿意向他人学习的特点在女犯身上也表现明显,因此,女犯在行为上就容易表现出易受暗示性与模仿性的特点。比如,看到他犯边读家信边落泪,自己也会触景生情跟着一起落泪;当其他女犯学习某种职业技能时,不管是否对自己有用也跟着去学;邪教类女犯,看见别人闹绝食,自己马上也学着以绝食对抗监管等。

(3)明显的情绪性

女犯一般意志薄弱,缺乏自我克制的能力,加上女犯重情感但理智程度不够,因而行为的情绪性非常明显,其行为往往随着情绪的变化而变化。高兴时,改造表现就积极一些,受到表扬则备受鼓舞,改造表现可能更加出色;不高兴时,改造表现就消极懈怠一些,如果受到批评,情绪就会更加低落,甚至悲观失望。尤其需要注意的是,女犯很容易在某种消极、否定的情绪支配下产生出乎预料的丧失理智的行为。例如,女犯龚某就是因为听他犯说杀过丈夫的手是世界上最脏的手,想不开,当天半夜就实施自杀行为(未遂)。

(4)利己性与功利性

对吃穿住用的看重,使女犯很讲究"实惠",注重自身获益,其行为的利己性与功利性非常明显。为了给监狱人民警察留下好印象,她们往往在劳动中不怕苦、不怕累,积极完成监狱人民警察交给的各项任务。她们也会像某些男犯一样是"有好处就干",只是好处多时争抢的意识更明显一些。

在女犯中很流行"明哲保身,方便自己"的信条,因而她们往往是多一事不如少一事,同犯之间相互利用,相互包庇,你说我好,我说你好。但是,当涉及自身利益时,就会寸利必争,一旦反目成仇,便耿耿于怀,伺机报复,以宣泄心中的不满。

(5)报复性强

由于利己性较强,女犯容易因为一些利益之争而对他犯实施报复。不仅如此,女犯还会因为一些日常生活中的小事记恨他人进而产生报复行为。女犯一般比男犯要心思更细,很容易因怀疑、嫉妒而产生报复心理,进而引发破坏监管秩序的行为。如某女犯因犯错误受到主管监狱人民警察的批评,她怀疑是其组长向监狱人民警察告密,因此偷藏了一把生产用的剪刀,这既可以陷害组长,又得到了杀害组长的工具。监狱人民警察及时发现了丢失剪刀的情况,通过耐心说服使该女犯最终交出了剪刀,避免了一起严重的监管安全事故。

二、对女犯的管理与教育

（一）女犯管理的原则

1. 区别对待的原则①

（1）对女犯与男犯区别对待

女犯与男犯相比，在生理、心理上都有自己的特殊性，因此应当对女犯贯彻与男犯区别对待的原则。为此，《监狱法》第 39 条第 1 款规定："监狱对成年男犯、女犯和未成年犯实行分开关押和管理，对未成年犯和女犯的改造，应当照顾其生理、心理特点。"为了将女犯与男犯分开关押和管理，各省、自治区、直辖市设立独立的女子监狱，由省、自治区、直辖市监狱管理局直接领导。

（2）对不同情况的女犯实行区别对待

女子监狱对于女犯的区别对待措施，主要是对女犯进行分押分管：一是根据女犯的犯罪类型和刑种、刑期进行深层次的分押。根据女子监狱的押犯构成和特点，按照犯罪类型，可将女犯分为财产型、暴力型、性欲型和其他类型（包括涉毒、邪教、过失犯罪等）。这种分押以监区、分监区为单位进行。二是对于分押后的不同类型的女犯施以具有针对性的管理和教育改造措施。三是根据女犯的改造表现和服刑期限，进行分级处遇。

2. 女性人民警察直接管理的原则

《监狱法》第 40 条规定："女犯由女性人民警察直接管理。"这一规定确立了女性人民警察直接管理女犯的原则。这项原则有以下三方面含义：

第一，女子监狱直接接触女犯并行使管理、教育、组织劳动等职权的管理人员必须是女性监狱人民警察。一般认为，女子监狱的监区、分监区的工作人员，狱政管理、教育改造、生活卫生等职能科室的工作人员，以及担任女子监狱内部警戒的看守人员被视为"直接管理"人员。这些部门或机构，要配备女性工作人员，男性不能在上述部门或机构工作。男性人民警察可以任职于日常管理中不接触女犯的职能部门或机构，女子监狱的领导班子可以配备男性人民警察。总之，只允许在间接管理的岗位上安排男性工作人员。②

第二，直接管理女犯的女性工作人员必须是监狱人民警察。

第三，直接管理女犯的女性人民警察不得将监管权力交由他人行使，包括上述

---

① 参见王泰主编：《新编狱政管理学》，中国市场出版社 2005 年版，第 389 ~ 390 页。

② 参见王泰主编：《新编狱政管理学》，中国市场出版社 2005 年版，第 391 页。

不得直接管理女犯的人员,特别是女犯。

3. 平等保护的原则

男女平等是社会主义国家的法定原则。我国《宪法》第 48 条第 1 款规定:"中华人民共和国妇女在政治的、经济的、文化的、社会的和家庭的生活等各方面享有同男子平等的权利。"因此,在监狱执行刑罚和对罪犯实施管理的时候,都必须坚持男女平等的原则,这一原则的实质性内容是不得歧视和虐待女犯,所有女犯都能得到平等对待。

监狱执行刑罚的内容,包括依法剥夺罪犯的人身自由,剥夺或限制罪犯一定的公民权利,同时也包括依法保护罪犯的合法权益、保障罪犯的基本人权。保护罪犯的合法权益、保障罪犯的基本人权,是执行《监狱法》的要求,也是落实国家刑事政策的要求。在政治权利、宗教信仰自由权、人格权、人身权、通信权、申诉权、控告权、著作权、休息权、劳动权、财产权、继承权等方面,女犯享有同男犯完全平等的法定权利。①

4. 特殊保护的原则

监狱在实行女犯与男犯平等保护的基础上,对女犯还需要给予特殊保护。特殊保护,实质上是为了做到真正意义上的男女平等。特殊保护原则具有充足的法律依据。2018 年修正的《妇女权益保障法》对妇女在政治、文化、教育、劳动和社会保障、财产、人身、婚姻家庭等方面的权益都作出了全面具体的规定。监狱在对女犯执行刑罚的时候,也要根据这一法律对她们实行特殊的权益保护。

监狱对女犯的特殊保护主要体现在三个方面:一是对女犯隐私的尊重与特别保护;二是对女犯婚姻家庭方面的权利保护;三是对女犯生活卫生、劳动保护方面的特别关照。

(二)女犯管理的基本内容

1. 收监

对女犯的收监工作,应当按照《监狱法》规定的基本程序和条件进行,应特别注意以下三个问题:

第一,对怀孕或者正在哺乳自己婴儿的女犯收监后,可依法提请暂予监外执行。对女犯收监后,要进行全面的身体检查,如果是正在怀孕的有期徒刑女犯,监狱可以依法提请暂予监外执行。对于正在哺乳自己婴儿的女犯,监狱也可以依法提请暂予监外执行。

第二,对女犯的人身检查应当由女性人民警察进行。依照法定程序,对女犯收

---

① 参见孙平主编:《狱政管理》,中国政法大学出版社 2005 年版,第 367 ~ 368 页。

监时,也要进行人身和物品检查。对女犯的人身检查应当由女性人民警察进行。检查时,男性一律不得在场。

第三,女犯不得携带子女在监内服刑。《监狱法》第19条规定:“罪犯不得携带子女在监内服刑。”这项规定是依据刑罚只及罪犯本人的原则,同时也是为了避免监狱这一封闭性极强的特殊环境对罪犯子女健康成长造成不良影响。

2. 警戒看押

女子监狱的安全戒备程度一般可以采用中度以下标准,适当减少部分警戒设施,可以不进行武装看押,如确有必要,必须由武装警察看押的,只限于外围警戒和门卫,不得在女犯监舍区设置居高临下的哨位。女犯监舍可以安装电子监控装置,但必须由女性监狱人民警察进行监控。

3. 通信会见

针对女犯重视亲情、家庭观念强的特点,可适当增加女犯家属会见的次数和时间。对表现好的女犯可以适当延长与其未成年子女的会见时间,并可进行亲情聚餐。有条件的女子监狱还可安排亲情会见,允许女犯与未成年子女共度节假日。

女犯写信的次数可不过多限制。打亲情电话可适当放宽,但“放宽”的程度由监狱根据自己的实际情况决定。建立短信或微信平台的女子监狱,在可发送短信或微信的人员条件和次数上也可适当放宽。

4. 生活卫生

(1)生活管理

在女犯的生活管理中,需要特别注意以下四个方面的问题:

第一,饮食要力求精细,营养丰富。由于女犯的食量一般比男犯要小一些,在同等的标准内就需要把食物做得精细一些,可口一些,而且要注意营养丰富,以满足她们的身体所需。

第二,保证水的供应。女犯比男犯更爱清洁,因此,对女犯要保证水的供应。在女犯的监舍、教室、生产场所,应设置饮用水供给点,使女犯能喝到开水或其他达标的饮用水,用到热水。

第三,安排室外活动时间。由于女犯的劳动大多在室内,如果长期见不到阳光,对女犯的身体健康极为不利;缺乏室外活动,也使女犯易于产生烦躁情绪和倦怠感,不利于她们的心理健康。因此,对女犯,特别是从事室内劳动的女犯,必须安排室外活动时间。室外活动时间的长短,可以根据实际情况掌握。

第四,适当提高女犯零用钱标准。对女犯要比照男犯的零用钱标准适当提高,以满足女犯日常用品的需求。

(2)卫生与医疗管理

第一,浴室采用淋浴。为了避免女犯之间疾病的传染,保证女犯的健康,女犯所用的浴室应采用淋浴,同时要保证定期洗热水澡。

第二,定期体检。女子监狱要对女犯定期进行体检。对已婚(尤其是已生育的)女犯,除了一般健康检查项目外,应增加妇科项目的检查。

第三,做好经期、更年期和老年期女犯的卫生保健。对处于生理期的女犯,进行有关经期保护的教育,适当增发卫生费;对于进入更年期的女犯,进行必要的卫生保健知识教育和心理辅导,使其能顺利度过更年期;对老年女犯则要做好老年期易发疾病的防治。

第四,做好老残病犯的保外就医。从维护女性基本人权的目的出发,对那些符合保外就医条件的老残病女犯,要及时办理有关手续,让其尽快保外就医。

5. 行为管理

对女犯的行为要规范管理。女犯的行为规范可分为普通的行为规范和特殊的行为规范。普通的行为规范即所有服刑罪犯必须遵守的行为准则,包括基本规范、生活规范、劳动规范、学习规范和文明礼貌规范。特殊的行为规范是仅适用于女犯的行为准则,即在女犯管理中需要特别强调的行为规范。例如:女犯要留短发,但也要尽量美观、大方;女犯在平时不允许化妆,但考虑到女犯的生理、心理特点,可以允许女犯在会见、参加社会帮教活动、外出参观、排演文艺节目时化淡妆,化妆品要由监狱人民警察统一保管。

6. 劳动管理

女犯在服刑期间,有劳动能力的,必须参加劳动。女犯的劳动,要符合其生理、心理特点。女犯一般不进行重体力劳动,宜进行轻体力劳动,需要耐心细致才能完成好的劳动项目更适合于女犯进行。

在女犯的劳动管理中,女子监狱要严格按照《监狱法》的有关规定,严格控制女犯的劳动时间、劳动强度和生产定额,认真执行有关规定。对参加劳动的女犯进行劳动保护,并按规定给付女犯劳动报酬。

7. 考核奖惩

从心理的角度来看,对女犯的考核奖惩要在策略上与男犯有所不同。由于奖惩在女犯身上起作用快而明显,而且女犯对奖励更加看重、对惩罚却刻意避免。因此,对女犯的考核奖惩宜采取“考核从严,奖励从宽”的策略,即对女犯宜多使用奖励手段进行正面引导,少使用处罚手段。对女犯的考核制度要详尽、具体和可操作性强,特别注意考核的真实性,要在严格考核的前提下,选择最佳时机,及时准确予以奖惩。对女犯的奖惩应注意以下三方面问题：

第一，可适当放宽离监探亲的适用条件。离监探亲是一种规格比较高的行政奖励措施，考虑到女犯的家庭问题比较多，思念亲人特别是子女的情绪强烈，因此可以依法适度放宽离监探亲的适用条件，特别是在春节、中秋节等传统节日前后，可以依法安排符合条件的女犯离监探亲。

第二，可相对扩大对女犯假释的比例。在严格依法的前提下，对思想稳定、一贯表现较好的女犯，要适度扩大假释的比例，充分发挥社区矫正的作用。

第三，对女犯的惩戒要特别注意适度。对女犯的惩戒，尽量使用警告和记过，虽然禁闭、警械具也是法律规定可以使用的惩戒措施，但在女犯管理中警械具、禁闭的使用应尽量少一些，或者不用。女犯对负面刺激的感受性强，负面刺激在女犯身上所起的作用以及引起的痛苦感受都要大一些，因此，一般来说，对女犯进行惩戒时，强度不用很大，就可以起到预期的作用。

8. 回归社会的准备

（1）心理准备。女犯在临近刑满释放时，普遍担心出狱后社会公众对自己的歧视与排斥，自己能否被社会、家庭所接纳，自己能否很快适应社会生活等。因此，女犯大多顾虑重重、焦虑不安，情绪波动较大，甚至不能安心改造。针对女犯的这种心态，监狱应该在出监教育和管理阶段，采取适当的方式帮助女犯树立信心，打消各种顾虑，培养和强化她们的自信心，提高其适应社会生活的能力。

（2）技能准备。在培养良好心态的同时，监狱还要根据女犯自身的条件和她们出狱后的谋生需要，安排女犯学习一些比较实用的专业技能，以增强其回归社会后的就业能力。监狱可以根据女犯的特点，开办美容、美发、服装设计、插花及手工艺品制作等专业技能培训项目。同时，监狱也可以在女犯刑满释放前，与社会上具有一定实力和社会责任感的单位联系，签订就业帮扶协议书，通过招聘和双向选择的方式，为女犯提供就业机会并进行必要的岗前技能培训。

（3）安置准备。在女犯释放前夕，监狱既要跟女犯的家庭进行联系，做好相关信息的沟通，使女犯离开监狱后能有一个安身之处；又要与女犯家庭所在地的政府安置帮教部门、公安机关和基层组织取得联系，一旦女犯回归社会后在生存、就业等方面遇到困难时，可以得到这些部门或机构的帮助，使其能顺利融入社会。

（三）对女犯的教育

1. 女犯教育的基本内容

对女犯教育的内容应该与男犯一样，包括政治教育、文化教育、法治教育、道德教育、技术教育等。但由于女犯与男犯在心理、行为特点上的差异，对女犯进行教育时侧重点就要有所不同。

第一,应加强文化教育(特别要加强文化扫盲)和法治教育,这是因为大多女犯认识水平低、文盲加法盲式的犯罪人较多。

第二,对女犯进行道德教育,既要传授社会基本道德知识和道德规范,还要传授人际关系、婚恋、家政等知识,帮助她们提高协调人际关系和处理家庭事务的能力,避免与此有关的犯罪行为再次发生。

第三,进行技术教育,要充分考虑女性的特点,选择适合于女性的、比较实用的技能进行培训。

第四,对女犯应强化心理教育,培养女犯的自尊、自信、自立、自强精神,提高女犯自立于社会的能力,增强女犯对社会生活的适应性。

第五,随着女性涉毒犯罪的增多,应在女犯中广泛进行禁毒教育,通过教育使女犯深刻认识毒品的危害,进而自觉珍爱生命,远离毒品。

此外,对女犯还要进行女性基本礼仪、维权知识、职场中的自我防卫技术等教育,提高女犯的素质和自我保护意识,使其将来能更好地进行社会活动。

2. 女犯教育的实施要点

除了按照一般的常规教育原则进行教育外,对女犯还要充分考虑其心理特点,选择适宜的教育方式、方法和内容,才能使教育富有成效。在对女犯进行教育时,要注意以下五方面问题:

(1)注重实施感化教育。女犯感情丰富细腻,非常重感情,也很容易动情,其情绪的变化还会带来其认识和行为的变化。因此可以借助女犯重情感的特点,对女犯进行感化教育,这将有利于女犯的转化。

(2)充分运用感性教育手段。一般来说,女犯的形象思维好于抽象思维,感知器官比较敏锐,倾向于直观、形象的思维方式。因此在对女犯进行教育时,应注意多运用具体、生动、形象、直观的教育方式,也就是要多使用感性教育手段,避免空洞的理论说教。比如,可以采用组织文体活动、观看图片展览、手工制作比赛、请专家学者举办讲座等方式对她们进行教育,有条件的女子监狱还可以组建女犯文艺表演队,把一些教育内容通过文艺表演的方式展示给女犯,使其既容易接受,又印象深刻。寓教于乐可以收到良好的教育效果。

(3)针对女犯的实际情况进行个别教育。首先,要根据女犯的犯罪性质、犯罪恶习的不同,进行有针对性的个别教育;其次,根据女犯的不同心理特点采用不同的教育方式,例如,对眼浅心细的女犯要以细对细进行教育,对心存疑虑的女犯则要以诚开导(也可以加上必要的心理矫治),对心灰意冷的女犯则要以热对冷进行鼓励教育,对爱慕虚荣的女犯要在尊重其人格的基础上进行教育,对情感脆弱的女犯则要以情动人、循循善诱,对依附心理强、喜欢组织“小圈子”的女犯要赏罚分明、瓦解其“小集团”。另外,考虑到女犯爱面子、虚荣心强的特点,在对女犯进行批评时,尽量避开大庭广众,但表扬则宜在公开场合进行,这样才能获得最佳的教育效果。

(4)注重发挥家庭对女犯的帮教作用。女犯思家念亲心理较强,对家庭非常依恋,因此要重视亲人对女犯的规劝,充分发挥家庭对女犯的帮教作用。可以利用通信、亲情电话、亲情寄语、亲情聚餐、离监探亲等形式,多渠道地组织家庭力量对女犯进行帮教,进而起到增强监狱常规教育效果的作用。

(5)加强心理矫治,注重心理疏导。由于认知能力低下、情绪不稳且敏感、自我调控能力较差等心理特点的存在,使女犯在监狱这个特殊环境里更容易产生各种各样的心理问题。如果这些心理问题不能及时得到解决,既会损害女犯的身心健康,也可能会引发危害监管安全的事件。因此,要加强对女犯的心理矫治工作,既要在女犯中广泛传播心理健康知识,提高女犯的心理健康意识和主动维护自身心理健康的自觉性,传授一些调控情绪的方法,使女犯能较好控制自己的情绪,保持情绪的平稳;也要对存在心理问题的女犯进行心理咨询,做好心理疏导工作,对于心理问题严重并已演化成危机的女犯,则要及时进行心理危机干预。

三、对女犯的特殊保护

(一)对女犯隐私的尊重与特别保护

女犯的隐私权不因其入狱服刑而受到冲击和影响。女子监狱及其工作人员必须尊重和保护女犯的各种隐私。为此,女子监狱在警戒、看管、人身检查等许多方面都要注意对女犯隐私权的有效保护。

女犯的档案材料要严格管理,不得公开和传播,不得向与管理教育无关的人员泄露。任何组织和个人不得披露女犯的隐私。公开发表的文章中引用女犯的案情时,应隐去其真实姓名等信息。

要注意保护女犯的肖像权,不能随意在公开刊物上发表有其正面形象的照片和影像。

(二)对女犯婚姻家庭方面的权利保护

一般来说,女犯的婚姻家庭问题比较突出,如有的女犯的子女生活、就学、监护存在难题,有的女犯与其他家庭成员的关系紧张或淡薄,甚至配偶提出与其离婚等。这就需要监狱做好女犯的思想工作,与此同时,积极与当地妇女联合会、基层组织等单位联系,妥善解决女犯在婚姻家庭中出现的各种实际问题。

对于蓄意破坏女犯家庭,虐待、遗弃女犯子女的违法犯罪行为,监狱则要依法保障女犯提起民事诉讼、刑事自诉的权利。

此外,监狱还要特别注意对女犯在婚姻家庭财产方面权利的保护。监狱协助有关部门对女犯婚姻家庭财产权益进行保护,除了具有依法保障妇女权益的意义,更有利于稳定服刑女犯的情绪,使其受到感化而促进其改造。

(三)对女犯在生活卫生方面的特殊保护

1. 生活方面

第一,在饮食上,女犯特定的生理特点,决定了她们对铁、钙、锌、某些维生素等微量元素的需求要大一些,因此,在女犯的饮食中要注意增加这些微量元素的补给。比如,可以在饮食中多加一些新鲜蔬菜、水果、牛奶、豆浆、红枣、红豆等。

第二,在居住上,女犯监舍内的居住面积比照男犯监狱标准要适当增加,除了监舍要宽敞明亮外,还可以允许女犯根据自己的喜好,对监舍进行适当的美化性装饰(如在墙上贴画或装饰性拉花、自制的工艺品,养花种草等),以增添监舍的"家庭气氛",这既有利于稳定女犯的情绪,也更有利于女犯的改造。

第三,由于女犯对进行文娱活动的需要强烈,女子监狱最宜设可举办罪犯文艺演出等大型活动的礼堂,用于文体活动的设施及场所也要多一些。女犯活动区域各种建筑适宜采用轻松、明快的色彩,以减轻女犯服刑的沉重感,引导和激励女犯积极向上。

2. 卫生方面

第一,女犯爱清洁,而且其生殖健康的维护也需要保持清洁,所以要给女犯多配备一些卫生清洁设施。

第二,女子监狱的医院要配备妇科医生,并针对女犯特点设置必需的医疗器材。平时要对女犯进行经期卫生教育和妇科病防治教育,还要适当增加性病、艾滋病的相关知识的传播。对育龄女犯在定期体检中应增加妇科体检,对处于或即将进入更年期的女犯既要传授相关的知识,更要通过采取适当的措施,使其顺利度过更年期。

(四)对女犯劳动的特殊保护

女犯劳动的特殊保护是根据女犯的生理特点,对其在劳动保护方面所应享有的劳动权益进行保护。对女犯实行特殊劳动保护,关心女犯在服刑中的安全和健康,充分体现了党和国家对女犯的特殊关怀。

我国《监狱法》第72条规定:"监狱对参加劳动的罪犯……执行国家有关劳动

保护的规定。"所以在劳动保护问题上女犯与我国女职工享有同样待遇。对女犯的特殊劳动保护主要有以下两个方面:

1. 对女犯在劳动过程中的特殊劳动保护

(1)严格控制劳动时间

女犯的劳动时间,应当严格按照有关规定进行控制,即每天不超过8小时,平均每周不超过40小时。正常情况下,不允许安排女犯加班加点,尤其禁止连续性的加班加点。

(2)严格控制劳动强度和生产定额

女子监狱应参照《劳动法》中的相关规定安排女犯的劳动强度。女犯的生产定额,应低于男犯。

(3)执行有关劳动保护的其他规定,按规定给付劳动报酬

女子监狱不得安排女犯从事有毒作业和高空作业,按规定配备和管理劳动安全设施,注意室内劳动场所的通风、换气和采光,做好劳动保护用品的发放。

女子监狱对于参加劳动的女犯,必须安排工间休息并做工间操。

女子监狱按照《监狱法》的规定,给付参加劳动的女犯劳动报酬。

2. 对女犯生理机能变化过程中的特殊劳动保护

对女犯生理机能变化过程中实行特殊劳动保护是十分必要的,有些工种,如果防护不好会严重损害妇女的生理及其机能,如影响月经和生育机能等。女性生理机能变化过程中的劳动保护,一般是指女性的月经期、孕期、生育期、哺乳期等"四期"的特殊保护。女犯在狱中,应该做好月经期的特殊保护。

《劳动法》第60条规定:"不得安排女职工在经期从事高处、低温、冷水作业和国家规定的第三级体力劳动强度的劳动。"女子监狱应该参照此规定对女犯进行经期特殊劳动保护。

此外,参照《女职工劳动保护特别规定》中对女性劳动保护设施方面所作的规定,女子监狱应设专门的卫生室,并配备温水箱、冲洗器及洗涤设备等,保证女犯经期的安全和健康。

研究与思考

1. 如何理解未成年犯概念的含义?
2. 根据未成年犯的心理特征和行为特征,思考为什么对未成年犯的管理要采取与成年罪犯不同的方式。
3. 对未成年犯的管理要遵循哪些原则?为什么要对未成年犯实施权益特别保障?

4. 对未成年犯的具体管理措施与成年罪犯有哪些不同之处?
5. 如何根据女犯的心理特征与行为特征对女犯进行管理?
6. 对女犯进行管理要遵循的原则和基本内容有哪些?
7. 对女犯进行教育应侧重哪些方面? 实施教育时应注意哪些问题?
8. 对女犯的特殊保护有哪些?

主要参考文献

1. 王泰主编:《新编狱政管理学》,中国市场出版社 2005 年版。
2. 孙平主编:《狱政管理》,中国政法大学出版社 2005 年版。
3. 吴宗宪主编:《中国服刑人员心理矫治》,法律出版社 2004 年版。
4. 王秉中主编:《罪犯教育学》,群众出版社 2003 年版。
5. 王晓思主编:《狱政管理学》,金城出版社 2003 年版。
6. 黄兴瑞主编:《罪犯心理学》,金城出版社 2003 年版。
7. 徐勇、周雨臣主编:《罪犯劳动管理学》,金城出版社 2003 年版。
8. 张雅凤主编:《罪犯改造心理学新编》,群众出版社 2007 年版。
9. 王泰主编:《狱政管理学》,中国政法大学出版社 1996 年版。
10. 冯建仓、陈文彬:《国际人权公约与中国监狱罪犯人权保障》,中国检察出版社 2006 年版。
11. 马志冰、赖德毅主编:《监狱文化建设与监狱管理创新工作研究》,法律出版社 2014 年版。
12. 房玉国:《北京监狱狱政管理实务》,中国财政经济出版社 2013 年版。
13. 李全军等:《监狱突发事件应急处置》,河北人民出版社 2010 年版。
14. 吴丙林、裴玉良主编:《监狱文书制作原理与实务》,中国市场出版社 2012 年版。
15. 李静:《关于深化狱务公开工作的几点思考》,载《中国司法》2016 年第 8 期。
16. 吴丙林:《精化理论　侧重实务　关注技术——论狱政管理学学科建设的思路》,载《中国监狱学刊》2013 年第 6 期。
17. 侯英奇、张东:《狱内劫持犯罪及其对策研究》,载《中国监狱学刊》2007 年第 5 期。
18. 徐为霞:《狱内犯罪防控模式》,法律出版社 2014 年版。
19. 孙梦真、潘春燕:《论监狱人民警察的职业涵养及其历练》,载《安徽司法警官职业学院学报》2018 年第 1 期。
20. 孙延庆:《监狱安全情报:狱情分析的理论与实务》,法律出版社 2014 年版。